윤리경영시대의

전문직업인의 윤리발달과 교육

James R. Rest, Darcia Narváez 편

문용린 · 홍성훈 · 이승미 · 김민강 공역

학지사

해제

문용린(서울대학교 교육학과 교수)

1. 이 책의 특징: 인지발달론적 접근과 DIT 검사

이 책은 흔하게 볼 수 있는 책은 아니다. 전문직업인, 예컨대 간호사, 의사, 치과의사, 수의사, 교사, 회계 · 감사인, 스포츠인, 기자 등의 윤리발달과 그것을 촉진하기 위한 교육의 가능성을 탐색한 책이기 때문이다. 아울러 그런 전문직업인 이외에도, 대학생이 대학이라는 환경 속에서, 그리고 청소년과 일반 성인이 사회라는 환경 속에서 어떻게 윤리의식을 발달시키고 있는지, 그리고 이런 발달을 어떻게 교육을 통해서 촉진할 수 있는지를 다룬 책이기도 하다.

전문직업인의 윤리발달과 교육에 접근하는 방식에는 여러 가지가 있겠지만, 크게 보아 윤리학적 접근과 도덕심리학적 접근으로 나눌 수 있다. 윤리학적 접근은 전문직업인의 의무와 책임 그리고 권리 등의 개념을 사변적으로 정리하여, 행위규칙의 체계를 제시하는 데 관심이 많다. 이에 비해 도덕심리학적 접근은 전문직업인의 윤리적 행동과 판단에 영향을 주는 요인과 변수를 경험 또는 실험과 조사를 통하여 알아내고, 그 변수와 요인을 조정하고 조절함으로써 도덕적인 직업인이 되게 하는 데 관심이 있다.

이 책은 전문직업인의 윤리발달과 교육을 도덕심리학적으로 접근한 것이다. 그런데 도덕심리학적 접근에도 다양한 분파가 있다. 정신분석학적 접근이 있고, 행동주의에 뿌리를 둔 사회학습이론의 접근이 있고, 피아제와 콜버그에 의해서 시작된 인지발달론적 접근도 있다. 정신분석학은 윤리의식을 무의식의 관점에서 분석하고, 사회심리학은 학습과 습관의 관점에서 그것을 살펴본다. 그러나 인지발달론에서는 윤리의식이나 행동의 문제를 도덕판단 능력의 수준 문제로 본다. 즉 도덕판단력의 수준은 사람마다 다른데, 이 수준이 높을수록 더 합리적이고, 더 성숙하며, 더 적절한 도덕판단과 행동을 할 수 있을 것으로 가정한다.

이 책은 전문직업인의 윤리발달과 교육을 인지발달론적 관점에서 분석하고 설명한다. 그러나 도덕 및 윤리발달에 대한 인지발달론의 연구 흐름도 그리 단순하지 않은데, 도덕판단력의 수준을 재는 방식의 차이에 따라 대체로 두 가지 부류로 나뉜다. 하나는 MJI(Moral Judgment Interview)라는 측정도구를 선호하는 콜버그(Kohlberg) 방식의 접근이고, 다른 하나는 DIT(The Defining Issues Test)라는 측정도구를 선호하는 레스트(Rest) 방식의 접근이다.

MJI는 면담(인터뷰)을 통해서 도덕판단력의 수준을 측정하는 방법인데, 개인검사가 불가피하고 한 사람 측정에 최소한 두세 시간이 걸린다. 아울러 채점도 녹취록을 바탕으로 주관적으로 할 수밖에 없다. 채점에 걸리는 시간도 최소한 한두 시간 이상이다. 이러한 MJI의 시행상의 불편함과 어려움, 그리고 채점의 주관성을 극복하고자 새롭게 고안된 것이 DIT이다. 이것은 MJI와 거의 동일하게 도덕판단력 수준을 측정하도록 고안된 객관식 검사로서, 중학생 이상의 독해능력을 가진 사람은 누구나 30분 이내에 응답을 할 수 있는 집단용 검사이다.

이 책은 전문직업인의 윤리발달과 교육을 레스트 방식의 DIT로 접근한 연구를 모아 놓은 책이다. 이런 점에서 이 책은 아주 보기 드문 책이다. 즉, 전문직업인의 윤리발달과 교육의 문제를 도덕심리학의 한 분야인 인지발달론의 관점에서 다루었고, 그중에서도 DIT라는 도덕판단력검사를 이용한 연구만을 수록하였기 때문이다. 그래서 이 책은 전문직업인의 윤리를 윤리학이나 사회학, 경영학 등의 관점을 포괄적으로 다룬 개론서나 입문서와 같은 서적이 아니라는 제한점도 있다.

그러나 이 책은 인지발달이라는 분명한 이론적 토대 위에서, DIT라는 과학적이고 객관적인 측정방법을 사용한 연구들을 다루고 있기 때문에, 전문직업인의 윤리발달과 교육이라는 주제를 다룬 가장 심도 있는 전문서적이라는 장점도 갖고 있다. 그래서 이 책은 전문직업인의 윤리발달과 교육을 위한 연구의 추진과 교육계획의 수립에 많은 시사를 준다.

2. 도덕판단력의 측정과 발달수준

이 책이 다루고 있는 주제는 전문직업인의 윤리발달이 어떻게 이루어지고 있으며, 어떻게 변화시킬 수 있는가 하는 것이다.

이 책에서 말하는 윤리발달은 콜버그의 6단계 발달모형에 입각한 것이다. 이 모형에 따르면, 사람은 4~5세에서부터 전생애에 이르기까지, 1단계에서 6단계에로 끊임없이 윤리발달을 겪어가는데, 1단계는 벌과 복종 중심의 도덕판단, 2단계는 도구적 이기주의 중심의 도덕판단, 3단계는 친애주의 중심의 도덕판단, 4단계는 실정법 중심의 도덕판단, 5단계는 자연법 중심의 도덕판단, 6단계는 보편적 윤리원칙 중심의 도덕판단이다.

단계가 높아질수록 더 성숙하고 더 보편적인 윤리판단을 할 수 있게 되며, 판단과 행동의 일치율도 높아진다. 콜버그는 1~2단계를 인습 이전 수준, 3~4단계를 인습적 수준, 5~6단계를 인습 이후 수준으로 구분했는데, 초등학교 저학년까지는 인습 이전 수준이 많고, 그 이후부터 중학교와 고교 저학년까지는 인습 수준이 지배적이며, 고교 상급학년과 대학생 이후부터는 인습 이후 수준의 도덕판단이 나타나기 시작한다고 주장한다.

인습 이후 수준의 도덕판단력을 콜버그는 원리화된 도덕추론 능력(principled moral judgment ability)이라고도 했는데, 이 능력을 측정한 수치가 DIT의 P-점수(P-Score: Principled morality score)이다.

이 책에서 다루는 전문직업인의 윤리발달은 결국 인습 수준에서 인습 이후 수준에 걸쳐 있는 셈인데, DIT를 통해 얻은 P-점수를 활용하여, 전문직업인들이 어느 정도로 인습 이후 수준의 도덕판단을 하는지 연구자들은 추정해낼 수 있게 된다. 따라서 이 책에서는 각 전문직업인 집단의 평균적인 P-점수를 측정해 내서 이를 다른 집단과 비교하거나 연도별 변화 추세를 살펴보기도 한다.

이 책에 수록된 많은 연구들은 10개 분야의 전문직에 대해 다양한 지역과 연령집단을 대상으로 하여 P-점수를 측정하고 분석한 것이다. 이런 객관적이고 양화(量化)된 윤리발달 점수(P-점수)를 얻게 됨으로써, 전문직업인의 윤리발달에 대한 논의와 설명이 통계적으로, 실증적으로 전개될 수 있었다.

전문직업인의 도덕판단력 수준이 일반인의 그것과 크게 다른 점은 없었다. 일반적으로 그들의 교육 연한이 길었기 때문에, 그리고 그들에게 주어진 사회적 역할기대에 도덕적 측면의 강조가 크기 때문에, 도덕판단력 점수가 높을 것으로 기대했었지만, 실제로는 그렇게 나타나지 않았다. 직종 간에도 그리 큰 차이를 보이지 않았다.

전문직업인의 도덕판단력을 객관적으로 추정해낸 덕분에, 우리는 직종 간의 비교라는 측면보다는 동일직종 내에서 윤리발달에 영향을 주는 요소와 변인에 대한 상호관련성을 이해하는 데 큰 도움을 얻게 되었다. 예컨대 의사의 어떤 경험이 그들의 윤리발달을 촉진하거나 억제하는지를 통계적으로 예측할 수 있게 되었으며, 조직(회사나 대학 등) 풍토의 유형이 그 속에 몸담고 있는 구성원의 윤리발달과 체험에 어떤 영향을 주는지도 통계적으로 추정할 수 있게 되었다. MJI를 가지고는 하기 어려운 이러한 통계분석의 가능성을 바로 DIT가 크게 열어 놓았고, 이로써 전문직업인에 대한 윤리발달 연구가 활성화될 수 있었던 것이다.

3. 도덕판단과 행동 그리고 교육

이 책은 전문직업인의 윤리발달 수준을 측정하는 데만 관심을 두고 있지는 않다. 오히려 전문직업인의 윤리발달을 촉진하려는 웅대한(?) 목표를 위한 하나의 디딤돌로서 정확한 측정이 필요함을 강조한 것에 지나지 않는다.

이 책은 전문직업인의 윤리발달과 교육을 레스트 교수가 오래 전부터 주장해오고 있는 4-구성요소 모형이론(The Four Components Model)에 입각하여 다루고 있는 책이기도 하다. 이 모형은 DIT와 함께, 콜버그 이론에 대한 레스트 교수의 독창적인 기여물(寄與物: contributions)이기도 하다.

레스트 교수에 의하면, 한 사람이 어떤 구체적인 장면에서 윤리(도덕)적인 행동을 실제로 수행해내는 데는 네 가지 심리적인 요건이 구비되고 작동되어야 하는데, 그것이 바로 4-구성요소이다.

첫째는 도덕감수성으로서, 자신이 지금 도덕적인 또는 윤리적인 문제에 봉착해 있다는 지각이나 느낌을 가져야 한다는 것이다. 이런 예민성이 낮은 사람은 도덕적인 문제를 도덕적인 문제로 인식하지 못하기 때문에 도덕적인 고민이나 결심을 못하게 된다는 것이다.

둘째는 도덕판단의 수준인데, 콜버그의 1~6단계가 그것이다. 도덕적인 문제에 봉착하면, 사람들은 이 행동을 자신이 왜 해야 하는지 또는 왜 하지 말아야 하는지에 대한 생각을 하게 되는데, 그 이유의 내용이 아주 어린아이의 매우 유치한 수준에서부터 보편적, 윤리적, 원리적 수준까지 다양하다는 것이다.

셋째는 도덕적 가치 이외에 다른 가치들, 예컨대 종교적, 심미적, 경제적 가치 등이 도덕적 가치와 경쟁하는 측면인데, 이런 경우 도덕적 가치보다 종교적 가치를 앞세우게 되면 아무리 도덕민감성이나 도덕판단력의 수준이 높아도 도덕적 행동은 출현하기 어렵다는 것이다.

마지막으로 넷째는 자아강도(ego-strength)의 측면인데, 의지와 추진력 그리고 지구력 등의 심리적 특징이 약하면, 도덕적인 판단을 하고 결심을 했어도 실제로 그것을 행동에 옮기기는 어렵다는 것이다.

그래서 레스트 교수는 이 네 가지 요소를 모두 한꺼번에 고려해야만 인간의 윤리적인 도덕행동의 실천 여부를 정확하게 설명하고 예측할 수 있다고 주장한다. 레스트 교수의 4-구성요소 모형에 대한 현장적용 연구는 이제 시작단계에 머물고 있지만, 이 모형은 윤리적인 사고와 정서, 행동을 아우르는 통합적인 관점을 제공하고 있다는 점에서 큰 의미를 지닌다. 그래서 레스트 교수는 이 모형이 전문직업인의 윤리발달 연구에서 하나의 기본 설계도로서 활용되기를 희망하고 있다.

어느 경우에서건, 윤리나 도덕연구에서는 지행합일의 문제, 즉 앎과 삶의 격차, 지식과 행위의 불일치, 판단과 행동의 괴리 문제가 크게 대두되곤 하는데, 4-구성요소 모형은 이런 문제의 해결을 겨냥한 아주 강력한 도덕심리학적 연구모형이 된다고 그는 믿고 있는 것 같다. 이 책의 1장과 12장, 13장에서 레스트 교수는 바로 이런 주장을 웅변적으로 펼치고 있다.

이 책은 모두 13개의 장(章)으로 구성되어 있는데, 이 책의 이론적 기조를 밝힌 1장에서는 인지발달론, 콜버그의 6단계, 측정도구, 일반적인 윤리발달 경향, 4-구성요소 모형에 대해 언급하고 있다. 2장과 3장은 청소년과 성인, 대학생의 윤리발달 연구를 소개하고 있다. 4장에서 11장까지는 간호사, 의사, 치과의사, 수의사, 교사, 회계 · 감사인, 스포츠인, 기자의 순서로 한 장씩을 할애하여 그들의 윤리발달과 교육에 대해서 논의하고 있다.

12장에서는 윤리나 도덕연구의 항구적 문제인 '판단과 행동'의 문제를 4-구성요소 모형에 입각해서 논의하고 있다. DIT 검사에서 P-점수나 D-점수와 함께 중요한 척도인 U-점수가 판단과 행동을 연구하는 척도로 유용할 수 있는 근거를 제시한다.

13장은 이 책의 결론이다. 여기에서 레스트 교수는 4-구성요소 모형의 유용성을 세 가지 측면에서 강조하면서 이 책을 마무리하고 있다.

첫째는 전문직업인을 위한 윤리 · 도덕 교육 프로그램의 가능성에 관한 것이다. 그는 수많은 교육 · 실험 연구가 시도되었지만 그렇게 낙관적인 결론을 확실히 제시한 연구가 압도적으로 많은 것은 아니라고 인정하면서도, 이 분야의 연구가 매우 중요하고 희망적이라고 말한다. 즉, 그간의 성인을 대상으로 한 교육 · 실험 연구는 잘 계획된 교육전략과 충분한 지원을 갖고 시도되면, 전문직업인의 윤리 및 도덕 수준을 상당한 수준에까지 끌어 올릴 수 있을 것이라고 전망하는 것이다.

두 번째는 윤리발달 수준에 대한 측정의 세련도를 높여야 하고, 또한 높일 수 있다는 점이다. 모든 직종에 보편적으로 쓰일 수 있는 DIT와 더불어, 전문직업 분야별로 특화된 DIT를 병용함으로써 좀 더 세밀한 도덕판단 능력의 측정이 가능하리라는 전망을 그는 하고 있는 것이다. 예컨대, 치과의사의 경우 DIT와 유사한 DEST(Dental Ethical Sensitivity Test)가 개발되어 사용 중에 있고, 교사의 경우 TTMR(Test of Teacher's Moral Reasoning)이라는 교사용 DIT도 있다. 회사에 몸담고 있는 직장인을 위한 BDIT(Businessmen's DIT)라는 것도 필요하다면 제작해 볼 수 있다는 것이다.

세 번째는 윤리 · 도덕적인 삶에서 지행합일의 문제, 즉 판단과 도덕의 괴리 또는 일치 문제에 대한 제안인데, 4-구성요소 모형을 가이드라인으로 삼아서 세밀한 연구를 축적해 나가면, 이 문제에 대한 해답 역시 찾을 수 있지 않을까 하고 그는 전망한다.

4. 향후의 과제와 한국의 DIT 연구

이 책의 저자인 레스트(James R. Rest) 교수는 1999년에 58세의 나이로 타계했다. 그는 시카고대학에서 콜버그의 지도를 받아 도덕심리학 분야에서 박사학위를 취득한 후, 미네소타대학교의 교육심리학과 교수로 있으면서, 윤리발달연구센터(The Center for the Study of Ethical Development: CSED)에서 교육과 연구에 몰두해 왔다.

그는 1979년에 DIT를 독자적으로 개발하였고, 이 검사의 신뢰도와 타당도를 높이기 위한 연구를 꾸준히 해 왔다. 1989년에는 New DIT를 개발하였는데, 종래의 DIT와 큰 차이는 없어서 지금은 이 두 가지가 함께 사용되고 있다. 레스트 교수가 세상을 떠난 후, 미네소타대학교의 윤리발달연구센터는 이 책의 공동저자인 나바에즈(Darcia Narváez) 교수가 맡고 있었으나, 그녀가 다른 대학으로 옮긴 이후 지금은 미네소타대학교 치과대학에서 치의학 윤리를 가르치고 있는 비보(M. Bebeau) 교수가 책임을 맡고 있다.

지금도 미국 전역에서 시행되고 있는 DIT는 이 CSED에 보내져서 채점되고 있다. 아직 상용화는 되고 있지 않기 때문에 DIT를 이용하고자 하는 사람이나 기관은 이 센터의 서면 허락을 받아야 한다. 1980년대부터 사용되기 시작한 이 DIT는 현재 콜버그식의 도덕판단력을 재는 측정도구로서 가장 광범위하게 쓰이고 있는 도구이며, CSED에 모여 있는 DIT 자료는 이미 수십만 명분을 초과하고 있다고 한다.

전문직업인의 윤리발달 및 교육에 관한 연구는 초창기에는 간호사, 치과의사, 의사 등 생명윤리 쪽에서만 활발했으나 오늘날에는 군인, 기업인, 스포츠인, 카운슬러, 공무원, 판매원 등등의 영역으로 확대되어 가고 있다. 자료가 넓게 그리고 많이 모일수록 이 분야에 대한 연구의 세밀도와 정확도는 점점 더 높아질 수 있을 것이다.

국내의 DIT 연구는 서울대학교 사범대학 도덕심리연구실(http://moral.snu.ac.kr)에서 레스트의 DIT(문용린, 1987)를 처음 번역하여 사용하면서 시작되었다. 이 DIT는 다시 부분적으로 수정되어 초등학생도 사용할 수 있도록 이해도 수준이 낮추어졌는데, 이를 KDIT(문용린, 2004)라 부른다. 그래서 현재 국내의 DIT연구는 대부분 이 KDIT를 사용해서 이루어지고 있다. 연구자를 위해서 검사지 제공과 컴퓨터에 의한 채점 서비스, 데이터 해석에 대한 서비스도 도덕심리연구실(홈페이지 참조)을 통해서 이루어지고 있다.

1987년 이래 누적된 국내의 DIT연구는 이미 100여 편을 넘어서고 있다. 석사와 박사 논문은 물론이고 도덕교육에 적용된 연구물도 많다. 최근 들어서는 전문직업인의 윤리발달과 도덕 분야에도 많이 적용되고 있는데 의대, 치대, 경영대 등이 그 좋은 예가 될 것이다. 그동안 초·중·고·대학생의 도덕발달과 교육을 위주로 이루어지던 DIT연구가 앞으로는 더 많은 전문직 분야로 번져나가고 활성화되기를 기대한다.

저자 서문

윤리나 도덕의 문제에는 다양한 측면의 연구가 필요하다. 그중 하나는 범죄와 폭력 행위에 관한 관심이다. 미국은 전 세계에서 폭력 사건이 가장 흔히 일어나는 나라들 중 하나일 것이다. 매년 이백 만이 넘는 사람들이 맞고 칼에 찔리고 총에 맞고 공격을 당한다. 매일 십만 명의 학생이 학교에 총을 가지고 간다. 남녀를 불문하고 청소년들이 강간과 폭력 범죄로 구속되는 건수는 날로 증가하고 있다. 미국은 또한 매우 높은 알코올 및 약물 남용률을 보이고 있으며, 세계에서 가장 높은 십대 임신율을 기록하고 있다. 이웃과 학교, 지하철, 거리는 더 이상 안전한 곳이 아니다. 도시들, 특히 로스앤젤레스와 마이애미는 거의 폭동 직전의 상황에 놓여 있다.[1)]

그러나 전문직 윤리는 이와 다른 영역의 문제를 다루고 있다. 총을 쏘고 칼로 찌르고 강도짓을 하고 폭력을 행사하는 것과는 관련이 없는 화이트칼라의 윤리문제를 다룬다. 사실, 전문직에 몸담고 있는 사람들은 적어도 어느 정도 충동을 통제할 수 있고, 자기 규제와 자기조절 능력, 자아 강도, 그리고 사회화 기술을 가지고 있다고 보아야 한다. 물론 이는 학교 교육과 전문직 내에서의 경험 덕분일 것이다.

전문직 윤리는 기본적인 사회화(rudimentary socialization)의 문제와 그렇게 많이 관련되어 있지는 않다. 그보다는 갈등하는 가치들 사이의 판단과 관련

1) 미국에서 일어나는 폭력행위에 관한 좀 더 광범위한 논의는 에치오니(Etzioni, 1993)와 리코나(Lickona, 1991)의 글에 담겨있다. 보고서마다 통계에 인용되는 숫자의 정확성은 다르지만 문제의 상태는 심각하다.

되어 있는데, 각각의 가치는 그 자체로 좋은 결과를 주는 것이다. 예를 들면, 회계감사를 마친 다음 사례비를 건네준 특정 회사의 재정상의 결함을 드러낼 것인가 말 것인가의 문제에 직면해 있는 회계사의 문제라든가, 학습장애를 가지고 있는 학생에게 좀 더 많은 관심을 주어야 하는지, 아니면 모든 학생들에게 똑같이 시간을 배분해야 하는지 결정해야 하는 교사의 경우가 이에 해당한다. 또 의사로부터 자신의 상태에 대한 정보를 충분히 제공받지 못한 환자가 자신의 상태에 대해 더 자세히 알고 싶다고 간호사에게 물었을 때 간호사는 어떻게 해야 하는지, 어떤 환자에게서 자기 동료로 보이는 이전의 치과의사가 치아를 기준 이하의 싸구려 수복재료로 치료한 사실을 발견한 치과의사는 어떻게 해야 하는지가 이에 해당한다.

전직 백악관 대변인인 조셉 캘리파노(1991, p. 124)에 따르면 존슨 대통령은 "대통령으로서 진정으로 어려운 일은 옳은 바를 행하는 것이 아니라 무엇이 옳은 일인지를 제대로 아는 것이다."라는 말을 즐겨 했다고 한다. 그러나 많은 심리학자들은 정반대로, '도덕성의 핵심은 당신이 옳다고 알고 있는 바를 행하는 것' 이라고 말할 것이다. 범죄와 폭력 행위에 관심이 많은 일탈행위 연구자들은 도덕성에서 '행하는' 측면을 강조한다. 반면, 전문직에 종사하는 성인을 대상으로 연구하는 사람들은 도덕성에서 문제를 '정의하는' 측면을 중시한다.

전문직 종사자들이 윤리적 문제의 소지가 많은 상황에서 올바른 행동을 선택하도록 준비시키는 것이 점차 중요한 과제로 부각되고 있다. 한 조사에 따르면 미국에서 응용윤리 과목을 가르치는 대학이 10,000개에 달한다.[2] 만약 윤리학 과정이 교육과정에 포함되려면, 적어도 다음의 세 가지 전제조건이 충족되어야 한다고 본다.

1) 무엇이 옳은지 결정하는 특정의 윤리적 의사결정 방식은 다른 의사결정 방식보다 더 정당하다. 주어진 도덕적 문제에 대하여, 우리가 생각할 수 있는 여러 행동이나 이유가 다른 모든 것들과 똑같이 좋은 것이라고 가정할 필요는 없다.
2) 보다 정당한 윤리적 입장이 무엇인가에 대하여 '전문가들(experts)' 사이에 합의가 있어야 한다. 비록 완전한 일치는 아니더라도, 그 문제에 정통한 공평한 식견을 가진 사람이라면 어떤 입장은 다른 것보다 더 정당화될 수 있고, 다른 것은 그렇지 않음에 동의할 수 있을 것이다. 정당화 가능성은 보편타당성을 토대로 한다.
3) 윤리교육은 학생들에게 긍정적인 영향을 미친다. 학생들이 전문직으로 자신의 삶을 살아가는 방식은 윤리 교육에 의해 크게 영향을 받을 것이다.

만약 이러한 세 가지 전제들 중 어느 하나라도 사실이 아니라면 윤리교육을 실시할 수 없을 것이다. 우리는 이 세 가지 전제조건에 대한 어떤 근거를 갖고 있는가? 정당화 가능성(전제-1)에 관해서는 많은 연구문헌이 있다. 오늘날 응용윤리학 분야는 방대한 철학적 논의를 포함하고 있다. 응용분야(간호사, 회계사, 치과의사, 교사 등)의 전문가와 철학자들은 전제-1에 관한 논의와 주로 관련된다. 그러나 다른 두 가지 전제(동의의 문제와 관련된 전제-2와 윤리교육의 효과성에 관련된 전제-3)와 관련된 문헌으로는 무엇이 있

2) 응용윤리 과목의 개설에 대한 추정 수치는 포인터 센터(Poynter Center)의 실천적 윤리와 전문가 윤리 연합회(Association for Practical and Professional Ethics)의 스미스(David Smith)와 슈렉(Brian Shrag)의 논의로부터 도출된 것이다.

는가? 이 책의 주요 목적은 사회과학, 특히 심리학이 응용윤리학 분야에 기여할 수 있는 방식을 보여 주는 데 있다.

교육과 관련된 전제-3을 생각해 보면, 금방 몇 가지 이슈가 떠오른다. 첫째는 윤리교과를 공부하는 학생에 관한 것이다. 말하자면, 학생들이 중요하게 고려하는 것은 무엇인지, 그들은 어떤 논리와 직관으로 무엇이 옳은지 혹은 무엇이 최선인지 판단하게 되는지, 만일 전문인으로서 생활을 시작하는 학생들이 윤리교육을 받지 않았다면 윤리적 문제에 대해 어떻게 반응할 것인지 등이다. 두 번째는 수업 경험이 학생들에게 미친 영향에 관한 것으로서, 학생들의 변화를 가늠할 확실하고 기록 가능한 방식이 있는가의 문제이다. 셋째는 학생들이 전문인으로서 도덕적 삶을 살아가는 데 실제로 관여하는 요인은 무엇인가에 관한 문제이다. 교실에서의 경험과 바깥 세상에서의 도덕적 수행은 어떻게 관련되는지, 도덕적 행위를 실행하는 데 관련되는 심리적 과정은 무엇인지 등의 문제가 이와 관련된다.

이 책의 각 장에서 저자들은 이러한 문제와 관련된 사실들을 기술하고 있다. 인지발달 접근(콜버그의 이론과 관련된)을 바탕으로 하고 있는 이 책은 콜버그식의 측정방식을 중다선택형으로 전환시킨 도덕판단력검사(Defining issues Test: DIT)에 대한 설명으로부터 시작한다. 제1장은 이 접근의 출발점에 관하여 논의하지만, 그 이후 각 장에서는 여러 필자들이 서로 다른 방향에서 접근하고 있다. 즉, 각 장은 서로 다른 전문직(간호사, 회계사, 상담가)에 관하여 논의할 뿐만 아니라, 서로 다른 연구문제를 갖고 있고 서로 다른 연구전략을 사용하고 있다. 한 분야의 전문인은 다른 분야의 업무에는 그리 친숙하지 않게 마련이다. 예를 들어, 간호사를 가르치는 교육자는 상담직에 관한 연구문헌을 많이 읽지 않고, 치과의사의 경우 회계직에 관한 연구문헌들을 많이 읽지 않을 것이다. 이 책은 응용윤리학에서 이루어진 다양한 심리학 연구들을 한 데 모아 놓은 것이다. 한 분야에서 제시된 새로운 아이디어는 다른 분야에도 적용될 수 있다. 이 책을 통해 각 전문직 분야들이 서로 보완하며 발전할 수 있기를 바란다.

이 책에서 사용하고 있는 주요 용어에 관심이 있는 사람들도 있을 것이다. 콜버그는 도덕추론(moral reasoning)이라는 용어를 자신의 특별한 평가방식(특정인에게 6단계 중 어느 하나를 할당하는)에 의해 생겨나는 특정한 변인을 지칭하는 것으로 사용하였다. 우리는 콜버그의 연구 전통으로부터 시작한다. 그러나 도덕적 행동을 조절하고 수행하도록 하는 모든 심리적 과정을 포괄하기 위해서는 보다 확장된 범위에서 논의를 시작할 필요가 있었다. 그러므로 여기서 사용하는 도덕발달(moral development)이란 도덕추론보다는 더 광의의 개념이다. 도덕발달에 관한 이러한 관점을 알고 싶다면 제1장의 4-구성요소 모형에 관한 논의를 참조하기 바란다.

전문직(professional)이라는 용어에 관해서는 흥미로운 문헌들이 대단히 많다. 바버(Barber, 1963)는 전문직이라는 용어를 직무의 특성을 설명하는 것으로 사용하였는데, 그는 "전문직은 고도로 일반화되고 체계화된 지식을 가지고 개인의 자기 이해보다는 공동체의 이해관계를 더 지향하고, 윤리강령을 통해 행동에 대한 고도의 자기 통제를 하는데… 이는 직무 성취의 근본적 상징이다."(p. 669)라고 하였다.

이 정의에 따르면 간호사와 기자는 '새롭게 부상하는 전문직'이며, 스포츠 분야는 전혀 전문직이 아닐 것이다. 그러나 우리는 전문직이라는 용어를 특정한 전문성을 가진 직무환경에 속한 개인을 총칭하는 것으로 사용하고자 한다. 그러한 개인들은 자신의 직무수행에 앞서 심사숙고할 필요가 있는

데, 도덕판단은 바로 여기에 해당된다.

이 책에서 도덕성(morality)과 윤리(ethics)의 용어를 동일한 개념으로 사용한다. 도덕성과 윤리를 구별할 필요가 있다고 지적한 필자들도 있지만, 두 용어는 명확하게 구별되지 않는다고 본다.

이 책은 관련 이론과 선행연구를 소개하는 것으로 시작한다. 그 이후에는 대학교수, 간호사, 교사, 상담가, 회계사, 치과의사, 의사, 수의사, 운동선수, 그리고 기자의 순으로 장을 구성하고, 그 다음에는 도덕판단과 도덕행동 간의 관계에 관한 일반적인 논의를 실었다. 마지막 장에서는 앞의 모든 장에서 보여 준 전문직 윤리에 관한 제반 심리학적 연구들을 요약하였다. 연구 문제와 논의가 좀 더 정교하고 구체적인 장들은 이 책의 앞부분에 배치하였다.

감사의 글

우리는 이 연구에 피험자로 참여한 수천 명의 사람들과 이 책의 필자들에게 감사의 뜻을 표한다. 이 글이 나오도록 끊임없는 독려와 관심을 아끼지 않았던 로렌스 얼바움(Lawrence Erlbaum Associates)의 암셀 박사(Dr. Judith Amsel)에게 감사의 마음을 전한다. 그리고 이 책의 출판이 가능하도록 도와주고, 우리의 요구사항에 귀 기울여 준 학과장인 마크 데이비슨(Mark Davison) 교수에게 특별한 감사를 드린다.

James Rest
Darcia Narváez

차례

Chapter 1

이론적 배경

– 레스트/미네소타대학교

요약

이 장은 이 책 전체의 이론적 토대를 설명하는 장이다. 이 장에서 레스트는 피아제와 콜버그에 의해 시작된 인지발달론적 도덕성 연구의 개요를 간단히 소개하고, 측정도구(MJI, DIT)와 프로그램에 대해 자세히 설명한 다음, 도덕행동의 표출을 설명하기 위해 자신이 처음 제시한 4-구성요소 모형(The Four Component Model)에 대해 상세히 논의하고 있다. 레스트는 도덕적 인지(사고 또는 판단)를 중시하는 콜버그의 전통적인 관점을 계승하면서도 도덕적 행동을 설명함에 있어 도덕적 사고(인지)와 정서를 통합하는 관점을 취하고 있어 매우 인상적이며, 그의 4-구성요소 모형은 교육현장에서 실제로 도덕적 행동을 촉진시키기 위한 교육 프로그램의 기본 모형이 될 수 있다는 점에서 시사적이다. 이 책의 각 장에서 소개하고 있듯이, 그의 모형은 현재 여러 전문직 분야에서 도덕성을 계발하기 위해 수행되고 있는 많은 연구나 교육 프로그램의 토대가 되고 있다는 점에서 큰 의미가 있다.

도덕성에 관한 인지발달론적 접근은 콜버그(L. Kohlberg)로부터 시작된다. 최근 콜버그에 관한 연구물이 쏟아져 나오고 있지만,[1] 놀랍게도 최근의 많은 연구들은 그의 이론을 왜곡하거나 제대로 이해하지 못하고 있는 듯하다. 이러한 인식 아래, 이 장에서는 1950년대 중반 콜버그로부터 시작된 인지발달적 접근에 대해 간단히 설명하되, 최신의 연구결과도 포함시킬 예정이다. 물론 도덕판단력에 관한 연구의 장단점에 대해서도 논의하고자 한다. 그런 의미에서, 이 장은 이 책의 모든 장들의 이론적 토대가 될 것이다. 따라서 콜버그의 이론과 DIT검사, 4-구성요소 모형을 이미 알고 있는 독자들은 이 장을 건너뛰어도 무방하리라 본다.

여러 가지 자료들을 볼 때 도덕성에 관한 심리학적 연구의 대중적 인기는 그리 크지 않은 듯하다. 대중적 인기는 주로 학술지나 개론서에 인용·게재되는 정도, 학회 모임에서 소개되는 횟수, 각종 연구기금의 수혜 가능성 등을 통해 알 수 있는데, 대체로 사회·정치·이념적인 주제들이 대중의 인기를 끌게 마련이다. 도덕성에 관한 콜버그의 관점은 1960년대 후반의 학생운동, 특히 반전 및 시민권리 운동의 조류와 함께 주목받기 시작했다. 많은 사람들이 그의 이론에 공감하였고 도덕성에 대한 그들의 견해를 과학적으로 지지해 주는 이론으로 생각한 것이다.

콜버그의 인기는 1970년대에 절정에 달한다. 그러나 1974년에 이르러 그의 이론에 대한 중대한 비판(Kurtines & Grief, 1974)이 제시되는데, 그 내용은 콜버그 이론의 경험적 근거가 불확실하다는 것이었다. 이 비판은 일면 타당해 보인다.

이런 비판들은 콜버그의 인기에 그다지 큰 영향을 미치지는 못했지만, 중요한 것은 당시 일반 대중들이 정의(正義)에서 다른 주제들로 관심을 돌리기 시작했다는 점이다. 행동주의적 접근과 인지적 접근 사이의 이론적 논쟁 이후에 미국의 심리학은 인지적 접근을 선호하게 되었지만(콜버그는 인지에 대한 초기의 옹호자 중 한 사람이었다), 인지적 접근은 새로운 도전을 받게 된다. 콜버그의 이론에 대한 증거가 축적되고 강화될 즈음에 오히려 인지발달론적 접근 자체에 대한 대중의 관심이 줄어들기 시작한 것이다.

1980년대에 이르러 페미니즘 연구자들이 남녀 간의 유사성을 부정하는 쪽으로 연구 방향을 정했던 그 무렵, 길리건(Gilligan, 1982)은 콜버그의 이론을 비판하기 시작한다. 그로써 길리건은 콜버그에 대한 비판자로 세상에 널리 알려지게 되었지만, 그 후 10년이 지나도록 길리건의 비판을 지지하는 경험적 증거는 축적되지 않았다. 따라서 '길리건 붐'은 대중적인 인기가 반드시 실증적인 증거와 일치하는 것은 아니라는 사실을 드러내었다. 현시점에서 콜버그의 이론에 관한 논의를 재검토할 필요가 있는 것은 바로 그 때문이다.

도덕성 발달에 대한 사회화 관점과 인지발달 접근

피아제는 1930년대에 도덕성에 관한 인지적 접근의 문을 처음 열었다. 그러나 1950, 60년대에 콜버그가 도덕성 연구를 시작할 때까지 미국 심리학계에서는 행동주의 이론이 세력을 떨치고 있었고, 도덕성 연구에 있어서는 사회화 관점이 압도적이었다. 이 관점에 의하면, 도덕성의 발달은 한 개인이 속한 문화권의 규범을 배우는 것, 혹은 그 규범을 받아들이고 내면화하여 그것에 순응하는 행동을 하는 것이다. 이를테면 수프를 먹을 때 소리를 내는 행동이 정당한지 아닌지, 혼외정사가 옳은지 그른지를 결정하는 유일한 근거는 그것을 규정한 규범의 유무라는 것이다. 사실, 1950년대의 심리학에서 가장 인기 있는 용어는 '적응된(adjusted)'이었다.

그러나 콜버그는 도덕적으로 옳은가 그른가를 결정하는 것은 '사회'가 아니라 '개인'이라는 이유에서 사회화 관점을 거부한다. 어떤 사회적 문제를 해석하고 거기서 심리적이고 도덕적인 의미들을 추출해 내고, 그것을 바탕으로 도덕판단을 내리는 주체는 사회가 아니라 개인이라는 입장이다. 사실, 때로는 사회 규범에 순응하는 것이 도덕적으로 옳지 않을 수 있고, 마틴 루터 킹의 경우처럼 기존 체제의 비순응자들이 오히려 도덕적으로 정당할 수도 있다.

그러나 이러한 주장은 1950년대 후반의 미국 심리학의 주류나 미국 사회의 지배적인 이데올로기와는 거리가 먼 것이었다. 게다가 콜버그는 도덕판단이 도덕성 발달에서 가장 흥미로운 과정이라는 이유에서, 심리학자들은 한 개인이 어떻게 도덕판단에 이르게 되는지를 탐구해야 한다고 주장한 바도 있다. 이처럼 콜버그는 도덕판단에 초점을 맞추다 보니 사회화 관점의 매력적인 주제들, 즉 권위자와의 동일시, 죄의식, 만족 지연 등에 대해서는 소홀하게 된 것이다.

콜버그는 피아제의 이론적 관점을 적극 옹호한다. 그러나 1950년대의 미국 심리학자들에게 피아제는 생소한 인물이었고, 그가 주도한 심리학 분야에서의 '인지적 혁명'은 아직 일어나지 않고 있을 때였다. 콜버그는 당시 새로운 접근으로 등장한 피아제의 인지이론을 도덕성에까지 확장하고 연구를 진척시켜 나갔다. 콜버그가 피아제에게서 이어받은 점은 다음과 같다.

첫째, 피아제와 마찬가지로 콜버그는 인지, 즉 실재(reality)와 의미를 구성해 나가는 사고절차와 표상에 초점을 맞추었다.

둘째, 피아제처럼 콜버그는 도덕판단을 조직화하는 데도 단계가 있을 것이라는 가정을 하였다. 따라서 이러한 도덕판단의 단계들을 기술하고 평가하는 방법을 고안해 내는 것이 우선적인 과제라고 보았다.[2)]

셋째, 콜버그는 피아제와 마찬가지로 피험자들에게 딜레마 상황을 제시한 다음 그것을 해결하도록 요구하고, 그들이 어떻게 문제를 해결하는

가를 관찰하여 자료를 수집했다.

넷째, 피아제처럼 콜버그는 서로 다른 연령의 아동에게 도덕적 딜레마를 제시하고 기본적인 문제해결 전략에서의 연령차를 탐색하는 연구를 선호했다. 즉, 아동의 문제해결 전략이 성인의 그것과 어떻게 다른가를 설명하는 데 관심을 가졌다.

그 후 콜버그는 연령 증가에 따른 도덕판단의 변화가 실제로 자신의 이론에 맞게 이뤄지는지를 확인하기 위하여, 동일한 피험자들에게 3년 간격으로 반복해서 검사를 실시하는 방식으로 종단연구를 수행하였다. 이 연구에 활용된 딜레마는 널리 알려진 하인츠 딜레마로, 내용은 이러하다. '하인츠의 아내가 암으로 죽어 가고 있고, 한 약사가 개발한 약을 꼭 사 먹어야 하지만 약값이 너무 비싸서 하인츠로서는 감당하기 어려운 상황이다. 이런 경우 하인츠는 아내를 위해 약을 훔쳐야 하는가' 라는 것이다. 이 딜레마 스토리는 다소 진부한 내용 같지만, 실제로는 여러 부류의 피험자들로부터 다양한 반응을 이끌어 내는 데 성공적이었다. 그 반응들은 세 가지 유형으로 분류될 수 있었는데, 구체적 내용은 〈표 1-1〉과 같다.

콜버그는 '세 가지 유형의 반응들은 어떻게 다른가?', '이러한 반응들 밑에 깔려 있는 기본적인 문제해결 전략은 무엇인가?' 라는 물음을 통해 세 가지 유형의 반응을 다루었다.

A유형은 도덕문제에 대해 정교하게 접근하지 못하고 있다. 이 유형은 도덕문제를 해결함에 있어 행위자가 원하는 것이 무엇인지, 행위자의 이익을 얻는 데 동원되는 수단이 무엇인지를 밝힘으로써 도덕적 문제들을 해결한다.

B유형은 하인츠와 그 아내의 관계, 즉 부부간의 의무를 형성하는 정서적 유대를 고려한다. 하인츠뿐 아니라 아내의 이해관계까지 생각할 수 있게 된다. 더구나 하인츠의 행동이 좋은 의도로 동기화되어야 함을 고

표 1-1 하인츠 딜레마에 대한 세 가지 반응 유형

유 형	내 용
A	하인츠가 얼마나 아내를 사랑하고 있는지, 약을 훔치는 것이 얼마나 위험한지가 중요하다. 그 방법 외엔 다른 방법이 없고, 그가 아내를 정말로 사랑한다면 약을 훔쳐야 한다.
B	남편이라면 아내가 그냥 죽어 가도록 방치해서는 안 될 것이다. 그는 자신의 이익을 위해서가 아니라 사랑하는 사람을 구하기 위해 약을 훔치는 것이다.
C	하인츠는 자신의 개인적 감정을 떠나, 그 약사는 법의 보호를 받고 있다는 점을 인식해야 한다. 법 위에 있는 사람은 아무도 없으므로 하인츠는 약을 훔치지 말아야 한다. 만약 하인츠가 약을 훔치는 것을 허용한다면, 사회 전체는 무정부 상태에 빠질 것이다.

려한다.

C유형은 전체 사회라는 관점을 고려한 응답으로서, 하인츠 부부와 약사만을 묶어서 생각하지 않고 공동체 전체 차원의 질서유지 관점에서 접근한다. 즉, 법이 도덕문제 해결에서 가장 중요한 역할을 한다.

도덕발달의 여섯 단계

위의 세 가지 반응유형은 콜버그의 이론형성에 중요한 자료가 된다. 그의 이론은 두 가지의 대담한 주장을 담고 있다. 첫째, 이 세상 모든 사람들의 도덕적 문제해결 전략은 여섯 가지로 나눌 수 있다. 둘째, 이러한 여섯 가지 전략들은 1단계, 2단계 등의 순서로 옮겨가는 발달적 계열성을 갖고 있고, 이는 모든 사람들에게 적용된다.

단계의 계열성을 주장하는데 있어서, 콜버그는 피아제와 같은 근거를 제시한다. 즉, 낮은 단계에서 높은 단계로 나아갈수록 논리적으로 더 복

잡해지는 계열성을 지니고 있다는 것이다. 말하자면, 아동들은 초기 단계에서는 특정 상황의 피상적인 측면들만 보고 문제해결 전략을 고려하지만, 이후 단계에서는 더욱더 복잡하고 미묘한 측면들을 고려하는 새로운 관점들도 적절하다는 점을 인식하게 되면서 문제해결 전략을 바꾸게 된다. 이처럼 각각의 새로운 단계들은 이전 단계가 정교화된 것들이고, 바로 이것이 단계의 계열성을 구성하게 된다는 것이다.

하나의 비유로 두 가지 수준의 수학적 추론을 생각해 보자. 한 사람은 나누기를 할 수 있고, 다른 한 사람은 더하기만 할 수 있다고 치자. 이럴 경우, 나누기 능력은 더하기 능력을 전제하고 있으므로, 후자가 전자보다 먼저 나타나고 논리적으로도 앞선다는 것이다. 이와 같은 방식으로 피아제와 콜버그는 '높은 도덕단계일수록 논리적으로 더욱 복합적인 인지적 구조'라는 계열성을 주장하게 된다.

그렇다면 여섯 단계는 무엇인가? 콜버그의 여섯 단계를 간단히 진술한 표가 여러 군데 등장하고 있다. 이렇게 간단한 진술은 여러 가지 독창적인 해석들을 낳게 하는데, 길리건의 해석이 한 예다. 길리건은 1982년 콜버그의 단계들이 사회적 차원은 고려하지 않은 채 개인의 도덕발달에만 초점을 맞추고 있다고 비판한다. 콜버그 역시 수년 동안 단계에 대한 설명을 여러 번 바꾸어 이러한 혼란을 증폭시킨 바 있다.

필자는 여섯 단계에 대한 간략한 진술 중 가장 좋은 것은 협동을 어떻게 조직화하는가의 관점에서 설명한 것이라 생각한다. 따라서 도덕단계에 대해 오랜 시간을 두고 발전되어 온 핵심적인 개념화 방식은 사람들이 협동의 조직화를 어떻게 이해하는가를 따져 보는 것이다. 〈표 1-2〉는 '협동의 조직화'라는 핵심 개념에 초점을 두고 여섯 단계를 진술한 것이다.

제1단계에 있는 어린아이들의 관심은 온통 타인의 힘에 쏠려 있다. 부모들은 아이들에게 불복종은 처벌을 낳는다는 사실을 인식시키고, 아이

표 1-2 협동 개념을 기준으로 본 여섯 단계

단 계	도덕성에 대한 개념화 방식	구체적인 내용
1단계	복종으로서의 도덕성	시킨 대로 행동한다.
2단계	도구적 이기주의와 단순교환으로서의 도덕성	손해 보지 않는 거래를 한다.
3단계	대인적 동조로서의 도덕성	남들에게 신중하고 친절하고 좋은 사람이라는 인상을 심어 주라. 그러면 친구가 많아진다.
4단계	법과 사회에 대한 의무로서의 도덕성	사회 속의 개인은 모두 법을 지켜야 하고 법의 보호를 받는다.
5단계	사회적 합의로서의 도덕성	개인의 의무는 정당한 과정과 절차를 거쳐 이루어진 사회적 합의에 의해 부과된다.
6단계	비임의적인 사회적 협동으로서의 도덕성	도덕성은 합리적이고 비편파적인 사람들이 협동을 이상적으로 조직함으로써 정의된다.

들은 이를 재빨리 알아차린다. 이 단계에서 아이들은 사람들과 어울려 지내는 것의 의미를 처음으로 알게 되는데, 그것은 남이 자신에게 시킨 대로 행동한다는 것이다. 이 단계에서는 권위자의 요구를 따르는 사람이 선한 사람이 된다.

제2단계에서 아이들은 사람들마다 챙겨야 할 이익이 있다는 점을 깨닫는데, 이러한 인식을 갖게 되면 '권위자에 대한 복종의 의무' 라는 1단계의 관점은 사라진다. 예컨대, '사람마다 자신의 이익을 챙기게 마련인데, 왜 남이 시킨 대로 행동하겠는가' 하는 식이다. 이 단계에서 '선을 행한다는 것' 은 다른 사람의 요구대로 행동하는 것이 아니라, 자신을 만족시키는 행동을 말한다. 이 단계에서 모든 사람들은 자기중심적인 존재로 인식되지만, 협동하는 방식에 대한 개념화는 계속적으로 이뤄지고 있다. 사람들은 타인들과 호의를 교환하는 간단한 거래를 할 수 있다. 이 단계에서 협동은 간단한 호의의 교환이 되고, 공정함이란 거래의 한 쪽 당사자에게만 실현된다.

제3단계의 아동들은 사람들이 일시적인 교환의 관점에서만 서로 거래를 하는 것이 아니라는 사실을 깨닫는다. 사람들 간의 상호 작용에는 일회적인 거래만 있는 것이 아니라, 충성과 감사, 상호부조 등 장기적으로 지속되는 관계까지 포함된다. 이러한 관계 속에서 사람들은 누가 누구에게 무엇을 신세졌는가를 따지는 이해타산이 아니라 다른 지속적인 대인관계에 신경을 쓰게 된다. 이처럼 3단계의 협동 개념은 사람들과 긍정적이고 지속적인 관계를 유지하는 것을 말한다. 3단계의 아이들은 상보적인 역할채택, 즉 타인의 관점을 상상하여 구성해 볼 수 있는 능력을 갖게 된다. 또한 다른 사람이 자신의 관점을 생각하려고 노력하고 있다는 사실도 인식할 수 있게 된다. 이러한 양방향적인 역할채택으로 사람들 간의 관심의 공유와 이익의 조정이 가능해지는 것이다. 이제 3단계의 도덕성은 친구관계를 형성·유지하고, 타인을 사려 깊게 대하거나 돌봄으로써 협동적인 관계를 맺는 것이 된다.

제4단계에 이르면 사람들은 3단계의 한계를 알아차리게 된다. 3단계의 관점은 친구나 또래들과 협동하는 토대를 제공하지만, 낯선 사람이나 경쟁자들과 협동하는 지침은 제공할 수 없다. 4단계의 도덕성은 자신의 친구나 좋아하는 사람들을 떠나 사회일반의 차원에서 협동의 도식(schema)을 형성하는 것을 뜻하는데, 주로 법에 의존하는 형식을 취한다. 사회는 공적인 법률과 공식적인 역할체제에 따라 조직된다. 법은 공적이고 사회 내의 모든 구성원들에게 알려지며 누구에게나 적용된다. 즉, 모든 사람은 법의 지배를 받고, 우리는 남들이 법을 알고 그 법에 맞는 방식으로 행동하기를 기대할 수 있다. 달리 말하면, 법은 사회 전체의 차원에서 협동적인 질서를 창조할 수 있다는 것이다.

5, 6단계와 같은 높은 도덕단계의 사람들도 사회 전체의 협동체계 구

축을 위한 토대의 필요성을 인정할 수 있다. 5, 6단계의 사람들도 사회가 다양한 법체계로 유지될 수 있다는 점은 인정한다. 고대 이집트처럼 노예제를 인정하는 법을 가진 사회를 생각해 보자. 그런 사회에서는 2%의 인구는 안락한 생활을 하고, 나머지 98%의 사람들은 그들을 위해 고생을 감내해야 한다.

5, 6단계의 특징은 어떠한 법률이나 역할체계를 형성하는 도덕적 원리를 지향하는 데 있다. 도덕 원리란 이상적인 협동사회를 향한 비전을 말한다. 따라서 그것은 한 사회의 법률이나 역할체계를 결정하고 규율하고 비판하게 한다(그러므로 5, 6단계는 원리화된 도덕성을 지칭한다). 4단계에서 도덕적으로 옳은 행동은 법이 정하는 바이지만 5, 6단계에서는 도덕 원리에 부합하는 것이 옳은 행동이다.

5단계와 6단계의 차이는 지금까지 많이 논의되었다. 그런데 실제로 경험적 연구에 있어서는 콜버그가 자신의 채점 가이드(Colby & Kohlberg, 1987)에 6단계를 포함시키지 않은 점을 주목해야 한다. 콜버그는 6단계가 아주 드물게 나타나기 때문에 특정인을 6단계로 평정하지 않는 것이 오히려 평정자 간의 일치도를 높인다고 생각하였고, 따라서 1987년도 채점 매뉴얼에서 6단계를 배제하였다. DIT에서는 5, 6단계의 문항이 매우 유사하다고 보고 이를 원리화된 점수로 통합시켰다. 따라서 자료분석이라는 실제적 이유에서는 5, 6단계는 구별되지 않는다.

5단계와 6단계에 관한 이론적 논의는 콜버그의 1984년 연구와 1986년 연구에 제시되어 있다. 콜버그는 5단계를 공리주의로, 6단계를 의무주의로 규정하고 있다. 푸카(Puka, 1991)와 같은 철학자는 콜버그가 불필요하게 의무론과 목적론 사이의 철학적 논쟁에 휩쓸렸다고 주장했는데, 이는 정당하다. 사실 콜버그는 철학자들 간의 논쟁을 일거에 종식시키기를 원하였다. 그는 특히 로울즈(Rawls, 1971)와 하버마스(Habermas, 1979)의 철학을 빌려 왔는데, 이로 인해 정의와 합리성, 개인주의와 서구적 자유주의에 너무 치우쳤다는 비판을 받게 된다. 그러나 도덕판단의 다양한 발달적 특징들을 다룸에 있어서 굳이 그런 특정 입장을 지지할 필요는 없었다고 본다.

DIT 연구(Rest, 1979)에서는 5단계와 6단계의 정의문제를 보다 적절히 다루고 있다. 이를테면, 5단계에서는 도덕성을 정치적 접근으로 특징짓는데, 집단적 합의에 도달하려는 의사결정을 위하여 선거와 여론조사, 대리 투표 등의 정치적 메커니즘에 의존한다. 즉, 무엇이든 정당한 절차에 따라 결정된 것은 옳다는 것이다. 이와는 대조적으로 6단계는 협동적인 생활에서 의무와 혜택 간의 균형을 맞추고 한 사회 내에서 구성원 각자의 몫과 복리를 최적화하는 이상적인 사회에 대한 비전을 나타내는데, 이는 5단계의 정치적인 과정으로는 도달할 수 없는 것이다. 다시 말하면 5단계는 절차적 정의(procedural justice)를, 6단계는 실체적인 정의(substantive justice)를 나타낸다고 볼 수 있다.

철학자들은 이상적인 사회를 조직하는 주요 원리(정의, 공리주의, 선행, 개인 존중, 자율성 등)에 대해서 각기 다른 입장을 취하지만 그것들은 이상적인 것이 아니다. 사회를 구성하는 바람직한 방식으로(그 구성원인 각 개인은 합리적인 존재라고 가정하고서) 타인의 지지를 얻으려 한 것에 지나지 않는다. 이 문제에 대해 콜버그(1984)는 로울즈(1971)의 무지의 베일(veil of ignorance), 하버마스(1979)의 이상적 담화(ideal discourse)나 도덕적 음악의자(moral musical chairs) 개념을 들어 다양하게 논의한 바 있다. DIT에서는 6단계로 채점되는 여러 가지 방식이 있고, 니체류의 철학을 제외한 현대의 도덕철학들이 대부분 DIT에서 6단계의 점수를 받는다. 사실, 도덕철학자들이 대부분 가장 높은 DIT점수를 받기 때문에, 한 개인의 DIT 수치는 그가 도덕문제에 대해 어느 정도로 도덕철학자들처럼 사고하고 있는지를 의미할 수도 있다.

지금까지 일별한 콜버그의 도덕단계들에 대해 필자는 다음 세 가지를 지적하고자 한다. 첫째, 도덕단계는 개인들 사이의 협동을 조직화하는 방법이므로, 한 개인을 타인으로부터 분리하는 것으로 볼 수 없다. 둘째, 단계에 깔려 있는 협동의 개념은 디폴트 스키마(default schema)[3)]라는 것이다. 즉, 단계는 어떤 다른 조직적인 사고들에 의해 압도되지 않는 한, 사람들이 사회적 상황을 이해하는 자발적이고 자연스러운 방식이다. 셋째, 한 사람의 도덕적 추리를 단계로 분석하는 데는 한계가 있다.

먼저, 단계들은 사람들 간의 분리가 아니라 협동에 관심이 있다는 첫 번째 관점에 있어서, 높은 단계일수록 사람들 간의 상호 작용의 범위는 확대되고 더 많은 사항들을 고려할 수 있게 되며, 높은 단계의 사고는 낮은 단계보다 더욱 복잡한 사회적 문제들을 다루는 방향으로 도덕단계들이 정의된다는 점을 인식하는 것은 매우 중요하다. 예를 들어, 나치의 명령을 충실하게 수행한 독일 전범들을 단죄한 뉴렘버그 재판에서 제기된 이슈들은 4단계 이하의 사고에서는 이해될 수 없다. 도덕단계들은 사람들이 권리와 의무를 확립하고 상호관계의 네트워크를 형성하기 위하여 협동을 어떻게 조직할 것인가를 개념화한 것이다. 도덕단계는 길리건의 지적처럼 개인들 간의 분리와 소외를 나타낸 것이 아니라, 오히려 각 개인들이 타인들과 서로 연결되는 방식을 드러내고 있다고 보아야 한다.

도덕단계들이 디폴트 스키마라는 두 번째 관점과 관련하여, 단계들은 어디까지나 개념화한 것이라는 사실에 주목할 필요가 있다. 그것들은 인지 이면에서 작동하는 직관적인 것이며, 따라서 언어적으로 표현된 신조나 신념체계로 명확하게 진술될 수 없는 것이다. 그래서 심리학자들은 한 사람이 어떤 문제해결 방안을 가장 좋은 것으로 생각하는 이유를 물음으로써 그가 지닌 개념화 방식을 추론할 수 있게 된다. 그 사람에게는 자신이 갖고 있는 해결방안이 사리에 맞고, 따라서 굳이 논쟁할 이유가 없어 보일 것이다. 이처럼 사람들마다 도덕적 문제들을 개념화하는 방식이 다르다는 것은 놀랄 만한 사실이다. 그런데 그러한 협동에 대한 개념화 방식은 특정 상황에서 어떻게 도덕적 판단으로 연결되는가? 도덕단계들에 대하여 위에서 진술한 바를 살펴보면 그 연결과정을 쉽게 알 수 있다. 우리는 사람들이 저마다 협동을 개념화하는 심층구조(deep structure), 즉 사회적 세계를 해석하는 기본틀을 갖고 있다고 가정한다. 한 사람이 하인츠 딜레마와 같은 도덕적 갈등상황에 처해 있다고 생각해 보자. 그 딜레마에는 다양한 자극과 사건들이 내포되어 있다. 여기서 개인이 갖고 있는 협동의 개념화는 그로 하여금 그 상황에 내재한 여러 가지 고려사항들 중에서 가장 중요한 핵심에 주목하도록 돕는다. 또한 그 상황의 여러 측면들을 서로 연결하는 방법을 제공하고, 도덕적으로 옳은 행동방안을 결정하는 전략을 마련해 준다. 이처럼 협동의 개념화는 한 사람으로 하여금 딜레마의 모든 부분들을 파악하여 도덕적으로 가장 바람직한 방향으로 행동하도록 안내한다. 따라서 도덕단계는 디폴트 스키마, 즉 상황을 자동적으로 이해할 수 있도록 해 주는 도식이라고 할 수 있다. 여기서 '자동적'이라는 것은 어떤 다른 외적 신념에 압도당하지 않는 한 그 상황에 저절로 개입한다는 의미이다.

마지막으로, 도덕단계로 분석하는 데는 한계가 있을 수 있다는 세 번째 관점을 살펴보자. 단계분석은 다음 두 가지 점에서 제한적이다. 첫째, 단계분석은 개념화에 대한 매우 기본적인 수준의 분석이다. 둘째, 도덕성을 도덕판단력만으로 보고 이를 단계로 평정하게 되면, 4-구성요소 모형에서 제시되는 다른 여러 가지 심리적 과정들을 고려하지 못한다.

한 개인의 도덕단계를 '이 사람은 1단계, 저 사람은 2단계' 식으로 평정하는 것은 도덕적 이슈에 대해 사고하는 한 개인의 내적 세계를 부분적으로만 파악하는 것이다. 도덕단계는 한 개인의 도덕적 사고를 나타내는 엉성한 지표로 볼 수 있다. 한 개인의 도덕단계를 평정하는 것은 그가 특정의 도덕 딜레마 상황에서 도덕적으로 가장 바람직한 행동을 선택하기 위해 저울질하는 모든 측면을 반영하지 못하는 지표라는 것이다.

콜버그의 초기 관심이 전 생애 발달의 주요 내용들을 파악하는 것이었다는 점을 상기해 보라. 그 관심은 8세 아동이 18세, 48세 성인과는 어떻게 다른가를 그려내는 것이었지, 24세 청년이 6주간의 윤리 프로그램을 이수한 후 얼마나 변화했는가를 파악하려는 것은 아니었다. 단계의 분석이 인지를 매우 폭넓게 특징짓는 것이라고 본다면, 충분한 설명에 근거한 동의(informed consent), 남을 배려하기 위한 거짓말(paternalistic deception), 비밀보장의 특권(privileged confidentiality) 등 응용윤리학이 다루는 중간 수준의 개념들에 대해선 단계보다 더 구체적이고 정교한 분석이 필요하다. 이러한 중간 수준의 개념들은 단계분석에서는 놓치기 쉽다.

그러나 단계나 중간 수준의 개념보다 더 구체적인 수준의 개념화도 이뤄지고 있는데, 전문직 집단의 윤리강령이 좋은 예가 된다. 강령은 특정 상황에서 어떻게 행동해야 하는가를 상당히 구체적으로 진술하고 있기 때문이다. 따라서 이것들은 상황에 따라 특수성을 지니고 있으며, 합리적인 제반 근거들과 연결은 미흡한 것이 사실이다.

요약하면, 도덕판단에 대한 개념화에는 세 가지 수준이 있는데, 단계분석, 도덕원리에 대한 중간 수준의 논의, 매우 실제적이고 구체적인 수준의 윤리강령이 그것이다. 이렇게 보면 단계분석은 상당히 기본적인 분석에 불과하다.

창(Chang)은 이 책의 4장에서 교사의 도덕판단력을 측정하는 도구의 개발에 관해 논의한 바 있는데, 그의 도구는 도덕성에 관한 중간 수준의 개념화를 반영하고 있고 교직이라는 특정한 상황에 한정하고 있다. 이 책의 11장에서 웨스트브룩(Westbrook)이 도덕문제를 언론 분야에 한정하여 논의한 것도 같은 맥락일 것이다.

단계분석이 갖는 또 하나의 제한점은 도덕심리학과 관련된다. 이 책에서는 콜버그가 연구한 것 이외의 심리적 과정들이 논의되고 있다(이 장의 4-구성요소 참조). 한 사람의 도덕적 사고 속에는 도덕판단 이외에 세 가지의 다른 심리적인 과정들도 작동하고 있다는 것이다. 도덕감수성을 예로 들면, 도덕단계만으로는 한 사람이 처음으로 어떤 딜레마 상황에 직면하여 그 상황 속에 도덕적인 이슈가 내재해 있는가를 가려내는데 있어서 얼마나 민감한가를 반영하지 못한다는 것이다. 이 책의 7장에서 비보(Bebeau)는 치과의사의 도덕감수성을 측정하는 연구를 소개하면서, 도덕감수성이 도덕판단력과 얼마나 다른지를 언급하고 있고, 2장에서는 맥닐(McNeel)이 대학생들의 도덕감수성에 대해 기술하였다. 도덕판단력 수치에는 도덕감수성과 도덕동기화, 도덕적 품성 등 도덕심리학적 요소들에 관한 정보가 빠져 있다.

관련된 연구 프로그램들[4)]

인간의 본성과 조건에 대해 지적 자극을 촉발하는 흥미로운 여러 가지 연구들이 다양한 분야에서 수행되고 있다. 그중 사회과학은 어떤 아이디어를 제시할 뿐만 아니라 그 아이디어를 경험적으로 검증하는 체계적인 연구방법론이라 할 수 있다. 이 장에서 제반 연구들을 제시하는 목적은 도덕성 발달이론의 의미를 분명히 하고 측정도구와 구인의 타당도를 입증하기 위한 연구사례를 소개하며, 도덕판단력의 발달 경로에 대한 새로운 정보를 제공하고, 전반적인 도덕성 발달에서 도덕판단이 맡은 역할을 분명히 하려는 것이다. 물론 지금까지 콜버그식의 접근을 활용한 수많은 연구들을 모두 고찰하려는 것은 아니다. 그러나 이 책에서 소개한 많은 연구들의 연구문제와 연구결과를 일별해 보면, 콜버그의 이론이—당시의 지배적 조류와 일치하든 아니든 관계없이—인간의 본성을 피상적으로 고찰한 이론이 아니라, 경험적 자료들을 토대로 정초되고 검증된 튼튼한 이론임을 알 수 있을 것이다. 이하에서는 콜버그의 이론을 측정도구, 연령별 발달추세, 발달 위계, 문화 간 보편성, 교육적 개입의 효과, 다른 도구와의 변별성, 도덕적 행동과의 연결 등 일곱 가지 관점으로 나누어 논의하고자 한다.

첫째, 측정도구의 문제로서, 도덕판단을 어떻게 측정할 수 있는가? 하나의 표집이 어떻게 모집단을 대표하는가? 우리의 도구로 믿을 만한 점수를 얻어낼 수 있다는 것을 어떻게 확인할 수 있는가? 예를 들면 한 피험자의 도덕판단력이 언제, 누가 측정하느냐에 관계없이 안정적으로 측정되는지를 어떻게 확인할 수 있는가?

둘째, 연령 또는 교육수준에 따른 발달추세의 문제로서, 도덕판단의 발달경로에 있어서 도덕판단 능력이 연령 또는 교육수준의 상승에 따라 변화해 간다는 증거는 무엇이고, 또 그 변화가 콜버그의 이론에서 규정된 방식으로(예컨대, 한 단계에서 다음 단계로) 이뤄진다고 주장할 수 있는 근거는 무엇인가? 어떤 조건 아래서 도덕판단은 자연스럽게 발달하는가?

셋째, 발달적 위계의 문제로서, 상위 단계가 하위 단계보다 더 낫고 더 진보된 것이라고 주장할 수 있는 근거는 무엇인가?

넷째, 문화적 보편성의 문제로서, 어떤 문화권에서든 도덕단계를 보편적으로 적용할 수 있는가?

다섯째, 교육적 개입의 효과에 관한 문제로서, 도덕판단의 발달은 정교한 교육 프로그램에 의해 촉진될 수 있는가? 만일 그렇다면 그 프로그램은 누구에게 어떻게 작용하는가?

여섯째, 측정도구의 변별 타당도에 관한 문제로서, 도덕판단 점수는 이론적으로 유사한 다른 척도들과 정적인 상관을 갖는가(수렴타당도)? 이론적으로 다른 척도들과는 상관이 없는가(확산타당도)? 그리고 다른 측정도구가 밝혀 내지 못하는 독특한 정보를 제공할 수 있는가?

일곱째, 도덕행동과의 관계로서, 우리의 도덕판단 점수가 실제 생활 속에서 나타나는 행동과 관계가 있음을 입증하는 증거는 무엇인가? 도덕판단 점수는 한 개인이 실제로 자신의 삶을 살아가는 방식과 일치하는가?

측정도구

한 이론의 경험적 타당화를 연구하는 심리학자들이 제일 먼저 해야 할 일은 구인 측정법을 고안하는 일이다. 만일 한 사람이 어떤 특성을 갖는다고 할 때, 그 특성을 어느 정도로 갖고 있는지, 그리고 그것을 어떻게 알 수 있는지가 문제가 된다. 심리학자들은 정보를 체계적으로 수집하는 방법과, 그 정보를 분석 가능한 범주의 자료로 전환시켜 그 자료로부터 함축된 의미를 이끌어 내며, 측정이 신뢰할 만하고 타당하게 이루어졌음을 입증하는 방법을 탐색해야 한다.[5)]

도덕판단 면담검사(MJI : The Moral Judgment Interview)

콜버그의 단계평정 방법은 단도직입적이다. 이를테면 콜버그는 반구조화된 면담을 통해 피험자들에게 하인츠 딜레마와 같은 몇 가지 가상적 딜레마를 들려 주고 나서, 어떤 행동이 다른 행동보다 더 도덕적으로 정당화될 수 있는지에 대한 피험자들의 논리적 근거를 경청한다.

콜비와 콜버그(Colby & Kohlberg, 1987)는 800쪽이 넘는 채점 매뉴얼에서 채점방식을 설명한 바 있는데, 피험자의 반응을 옮겨 적은 다음, 이를 채점 매뉴얼에 있는 예시(example) 및 기준(criterior)과 비교하는 방법을 취한다. 채점 매뉴얼은 여러 도덕단계들에 해당하는 피험자의 진술들을 항목화하고 매뉴얼에 제시된 범주들과 맞추어 볼 수 있도록 제작되었다. 한 피험자와의 인터뷰에서 매뉴얼에 완전히 일치되는 반응은 약 50개 정도인 것으로 알려져 있다. 그 반응들을 종합하는 규칙에 근거하여 한 피험자는 하나의 도덕단계를 할당받게 된다.

도덕판단력 검사(DIT : The Defining Issues Test)

콜버그가 인터뷰 자료를 통해 도덕단계의 특징들을 규정한 지 몇 년이 지나, DIT가 미네소타대학(Rest, 1979)에서 제작되었다. DIT는 콜버그의 척도처럼 훈련된 평정자들이 개별 인터뷰에서 나타난 피험자들의 반응을 분석하는 것이 아니라, 집단으로 실시하여 컴퓨터로 채점할 수 있게 만든 선택형 검사다. DIT검사에서 피험자들은 맨 처음 도덕 딜레마(MJI와 DIT는 하인츠 딜레마 같은 공통적인 딜레마를 사용함)를 제시받는다. 그러나 DIT에서 피험자의 과제는 특정 행동의 이유를 직접 진술하는 것이 아니라(예를 들면, 하인츠가 약을 훔칠 것인가, 말 것인가의 이유), 행동을 결정하는 데 고려해야 할 사항으로 제시된 진술문들(각 딜레마마다 12가지씩 제공)의 중요성을 5점 척도로 평가하는 것이다. 피험자들은 하나의 딜레마(예컨대 하인츠 딜레마)에 제시된 12개의 진술문을 읽고 각 진술문의 중요도를 5점 척도로 평가한 다음, 12개 진술문 중 가장 중요한 것과 둘째, 셋째, 넷째로 중요한 것을 선택한다. DIT검사의 가정은 사람들은 특정 딜레마에서 가장 중요한 이슈를 정의하는 방식이 서로 다른데, 그것이 한 개인의 도덕발달 수준을 나타낸다는 것이다.

각 진술문들은 그 딜레마에 대한 사고의 틀을 반영하고 있다. 예를 들면, 1번 진술문은 4단계 관점, 2번은 3단계 관점, 3번은 2단계 관점을 나타낸다는 식이다. 만일 피험자가 특정 도덕단계를 이해한다면 그 단계에 해당하는 진술문을 중요하다고 인정할 것이고, 그렇지 않으면 그것을 무의미한 단어들의 나열로 볼 것이라고 가정한다. 그런데 피험자들은 한 진술문을 이해하였다고 해서 반드시 그것을 5점에 가깝게 평가하거나 '중요하다'고 선택하는 것은 아니다. 어떤 피험자들은 특정 진술문을 단순하고 유치하고 미성숙한 것으로 생각할 수도 있다. 그들은 이런 진술문에 대해서 이해는 하면서도 못마땅해하거나 중요한 것으로 선정하지 않을 수도 있다는 것이다.

초기 연구에서 우리는 피험자 집단마다 선호하는 진술문이 다를 수 있다는 사실을 발견했다. 예컨대 중학생들[6]은 3번 진술문('하인츠는 강도로서 총을 맞을 위험이 있는가')을 선호하지만, 고등학생과 대학생은 이를 덜 좋아하고 대학원생은 전혀 좋아하지 않는 경향이 있다는 것이다. 한편, 대학원생들은 8번 진술문('사람들이 상대방에 대한 자신의 행동방식을 통제하는 데 바탕이 될 만한 가치는 무엇인가')을 선호하는 것으로 나타났는데, 이 진술문은 '원리화된' 도덕적 사고에 대한 우리의 초기 논의를 연상케 한다. 그러나 중학생 집단에게 이 진술문은 단지 무의미한 단어의 묶음에 불과한 듯했다. 이처럼 피험자들은 각 진술문들에 대해 서로 다르게 평가하고 순서를 매기게 된다. 도덕성 발달 수치는 6개의 딜레마에 관한 총 72개의 진술문에 대한 각 피험자의 중요도 평가와 순위매김을 토대로 산출된다.

가장 빈번히 사용되는 DIT점수는 P-점수인데, 이는 피험자가 5, 6단계의 원리화된 도덕적 사고를 반영하는 진술문들에 대해 평가하는 상대적 중요성을 바탕으로 산출된다. P-점수는 0~95 범위의 수이고, 수치가 높을수록 해당 피험자의 도덕판단 수준이 높음을 의미한다. 몇 주의 간격을 두고 실시한 검사-재검사 신뢰도는 .80대이고 내적 신뢰도(Cronbach's Alpha)는 .80이었다. 신뢰도에 관한 상세한 내용은 1979년과 1986년에 발표된 레스트의 연구물에 실려 있다.

DIT는 1970년대 이래 널리 사용되었다. 현재 DIT를 도구로 사용한 연구는 1,000개가 넘고, 피험자는 수십만 명에 이른다. 40여 개 국가에서 사용되었고 해마다 150개의 새로운 연구물이 발표되는 등 DIT 연구는 날로 확장되는 추세다.[7] 하인츠 딜레마에 대한 DIT 진술문 12개는 〈표 1-3〉과 같다.

표 1-3 하인츠 딜레마에 대한 DIT 진술문

1. 이유가 무엇이든 법은 지켜져야 하지 않을까?
2. 정말로 아내를 사랑한다면 약을 훔쳐서라도 아내를 살려야 하지 않을까?
3. 약을 훔치는 대가로 하인츠는 강도로서 감옥에 갈 위험을 기꺼이 감수해야 하는가?
4. 하인츠는 프로레슬링 선수인가, 혹은 프로레슬러에게 상당한 영향력을 행사할 수 있는가?
5. 하인츠가 약을 훔치는 것은 그 자신을 위해서인가, 남을 돕기 위해서인가?
6. 그 약을 개발한 약사의 권리는 존중받아야 하는가?
7. 삶의 본질은 사회적으로나 개인적으로나 궁극적인 사멸을 능가하는가?
8 사람들이 상대방에 대한 행동의 방식을 통제하는 데 바탕이 되는 가치는 어떤 것인가?
9. 약제사가 단지 부자들만을 보호하는 무가치한 법의 울타리 속에 숨도록 허용되어야 하는가?
10. 이런 경우, 법은 사회의 모든 구성원의 가장 기본적인 요청에 위배되는 것은 아닌가?
11. 약제사는 탐욕스럽고 잔인하므로 강도를 당할 만하지 않은가?
12. 그런 경우, 훔치는 행동은 사회 전체를 위해 선을 가져올 것인가?

연령 및 교육수준에 따른 발달추세

어떤 발달척도든지 맨 처음 행해지는 연구는 연령 및 교육수준이 다른 피험자 집단들 사이의 차이를 살펴보는 것이다. 어떤 척도가 발달척도라 함은 피험자들이 특정 이론에서 예언한 대로 변화한다는 것, 즉 연령이 높은 집단일수록 발달단계도 높다는 것을 함축한다.

〈표 1-4〉는 DIT의 집단평균을 나타낸다. 대체로 중학생 집단은 평균 20점대이고, 고등학생 집단은 30점대이다. 대학생 집단의 평균은 40점대이고, 대학원생 집단(도덕적 사고를 강조하는 전공이 아닌 경우)의 평균은 50점대이며, 도덕적 탐구를 전공으로 하는 대학원생 집단의 평균은 60점대이다. 이 책에는 간호사, 회계사, 치과의사, 상담자, 교사, 의사, 수의사, 저널리스트의 평균이 제시되어 있다.

표 1-4 여러 연령집단의 DIT P-점수

집 단	P-점수
도덕철학/정치학 전공 대학원생	65.2
자유주의적 프로테스탄트 세미나 참여자	59.8
법학과 학생	52.2
의과대 학생	50.2
내과 개업의사	49.2
치과대 학생	47.6
정식 간호사	46.3
경영학과 대학생	42.8
일반 대학생	42.3
해군사관생도	41.6
일반 성인	40.0
고등학생	31.8
교도소 재소자	23.5
중학생	21.9
소년원 재소자	18.9

〈표 1-5〉는 교육수준과 성별이라는 두 가지 변인을 기준으로 제시된 집단점수이다. 모든 교육수준에서 여성의 점수는 남성보다 약간 높았는데, 이는 길리건(Gilligan, 1982)의 주장과는 완전히 어긋나는 것이다. 그리고 이런 성차는 DIT변량의 0.5%만을 설명해 주는 것이므로 사소한 것이다. 반면에 교육수준은 성별보다 250배 더 강력한 변인인 것으로 밝혀졌다(Thoma, 1986). MJI 자료들에 대한 체계적인 고찰에서도 성차는 매우 사소한 변인으로 나타났다(Walker, 1991).

근래 콜버그 학파(Colby et al., 1983)는 20년에 걸쳐 남자만을 대상으로 실시한 한 종단연구의 결과를 발표하였다. 이 연구는 3년에 한 번씩 정기적으로 동일 피험자를 대상으로 재검사를 실시한 연구이다. 그 결과를 보면, 10세에서 48세까지 도덕판단은 콜버그의 이론에서 예언한 대로 단계별 진전을 보여 주었다. 그보다 시간 간격이 더 짧고 남녀 혼성집단을

표 1-5 집단별 · 성별 DIT P-점수

학 교 급	남학생	여학생
중학생	19.1	19.8
고등학생	28.7	30.4
대학생	44.1	45.9
대학원생	61.0	63.0

N=2,886

대상으로 실시된 다른 몇 개의 종단연구(예를 들면 Kohlberg, 1984)에서도 동일한 결과가 나타났다.

레스트(1986)는 DIT에 관해 10년간 종단연구를 한 뒤 그 결과를 보고하였다. 그 연구에서는 연령이 증가할수록 도덕판단력도 향상된다는 이미 알려진 연구결과와 함께, 도덕판단력의 발달에 있어서 교육수준이 연령보다 훨씬 더 강력한 예언자가 된다는 사실이 밝혀졌다. 피험자가 학교교육을 계속 받는 한 DIT점수는 계속 상승하는 것이 일반적인 추세지만, 피험자가 학교교육을 그만두면 DIT점수가 더 이상 상승하지 않고 그대로 유지되는 고원현상도 나타났다. 따라서 만일 한 사람의 DIT점수를 예언할 때 그들의 연령이나 성별보다는 교육수준을 아는 것이 최선의 방법일 것이다.

맥닐(McNeel)은 이 책의 2장에서 DIT점수에 대한 대학교육의 효과를 측정하는 연구들을 요약하여 보고하였다. 많은 대학들을 표집하여 분석한 결과, 대학교육 경험은 DIT점수의 상승에 매우 효과적인 변인인 것으로 나타났다. 사실, 다른 변인들(언어능력, 수학, 자아개념, 태도)에 따른 변화와 비교해 볼 때, 대학교육 경험이 미치는 영향이 가장 크고 인상적이었다.

이런 효과를 있게 한 대학교육은 어떤 특징들을 갖고 있는가? 대학교육은 도덕판단을 발달시키는 몇 가지 특정한 경험, 즉 특정의 심리적 조건들을 포함하고 있다. 이에 관한 몇몇 연구들(Rest, 1986; 1988)을 종합할 때, 도덕판단 수준이 높은 사람의 특징은 다음과 같이 정리할 수 있다.

> 도덕판단력이 발달된 사람은 배우기를 좋아하고, 새로운 도전을 추구하고, 지적으로 자극적인 환경을 즐기고, 반성적으로 사고하고, 계획을 세우고 목표를 설정하며, 위험을 무릅쓰고, 역사와 제도, 문화라는 더 큰 사회적 맥락 속에서 자신을 바라보고, 자신과 환경에 대해 책임감을 갖는 사람이다. 도덕판단력이 발달된 사람은 외부환경에서 자신의 교육과 발달의 지속을 자극할 계기를 얻는다. 그들은 자극적이고 도전적인 외부환경으로부터 도움을 받고, 그들의 활동을 지원하고 흥미를 유발시키고 성취를 보상해 주는 사회적 환경을 활용한다. 도덕판단력이 발달한 젊은이들은 그들의 직업에 대한 포부를 더욱 충족시키고, 꾸준한 지적 자극과 도전을 지향하며, 지역사회에 더 많이 참여하고 보다 광범위한 사회적 문제에 대해 더 많은 관심을 갖는다. 이러한 경향은 보편적으로 나타나는 사회 · 인지적 발달의 한 추세이기도 하다(Rest, 1986, p. 57).

그러므로 대학교육이 도덕판단 발달의 강력한 예언자가 되는 까닭은, 일반적으로 대학진학에 관심이 있는 사람일수록 자신의 발달에 더 많은 시간과 정력을 바치고, 동시에 대학환경은 그들의 도덕적 발달을 자극하고 강화하기 때문이다.

요약하면, 두 검사(MJI와 DIT) 모두에서 발달적 추세를 확인하는 근거는 많이 나타나고 있고, 도덕판단의 발달에 있어서 연령과 교육수준의 효과를 따로 측정해 보면 교육수준이 훨씬 더 강력한 변인이 된다.

발달의 위계성: 더 높은 단계가 더 나은 단계라고 말할 수 있는가?

몇몇 철학자들은 지금까지 "나중에 나타나는 단계가 더 나은 것이다. 왜냐하면 그 단계는 발달순서에서 뒤에 오기 때문이다."라는 콜버그의 주장을 비판해 왔다(Modgil & Modgil, 1986 참조). 그런 주장은 자연주의적 오류(naturalistic fallacy)를 범할 수 있다는 것이다. 앞서 그 증거를 제시한 바 있지만, 발달단계가 순서대로 나타난다고 해서 이후의 단계가 논리·철학적으로 더욱 정당하다는 의미에서 더 낫다고 주장해서는 안 된다는 것이다. 간단히 말하자면, 연령상 나중에 나타나는 모든 것이 반드시 더 나은 것은 아니라는 것이다. 예컨대 나이 든 사람들은 두발과 치아를 잃게 되는데, 이것이 그 이전 상태보다 더 나은 것은 아니기 때문이다.

먼저, 더 높은 단계가 더 낫다는 의미에 대해 살펴보자. 피아제에 따르면, '더 낫다'는 것은 높은 단계의 피험자가 더욱 많은 지적 능력이나 더 높은 도덕적 지위를 가졌다거나 세상의 재화와 특권을 더 많이 누릴 수 있다는 의미가 아니다. 오히려 더 높은 단계는 세상을 이해하고 의사결정을 도출해 내는 더 좋은 개념적 도구라는 의미이다. 나눗셈을 할 수 있는 것은 덧셈만을 할 수 있는 것보다 더 바람직하다고 말할 때의 '더 낫다'는 것과 같은 의미이다. 나눗셈을 할 수 있는 개념적 도구가 있으면, 그런 도구가 없으면 풀기 어려운 수학문제를 더 잘 해결할 수 있게 된다.

다음으로, 레스트(1974)를 포함한 일련의 연구들(Rest, Turiel, & Kohlberg, 1969; Walker, deVries, & Bichard, 1984 참조)은 도덕판단 단계의 발달적 위계성, 즉 높은 단계가 더 나은 단계인가를 다루고 있다. 도덕판단력 검사에 덧붙여 이해능력과 선호도를 측정하는 새로운 척도도 개발되었다. 이 척도에서는 각 단계에 해당하는 전형적인 진술문들을 작성하여 카드에 타이핑하였다. 피험자들은 카드를 하나씩 전해 받고 직접 읽은 다음, 그 진술문의 요점을 그들 자신의 말로 바꿔서 말해 보도록 요청받는다. 만일 그가 이 과제를 성공적으로 수행한다면 그 단계의 진술문을 이해하고 있는 것으로 판단하고 점수를 준다. 이렇게 하면 각 단계에 대한 이해력 점수의 산출이 가능해질 것이다. 각 단계마다 10개의 진술문이 사용되었는데, 만일 한 피험자가 특정 단계에서 10개의 카드 모두를 성공한다면 그는 그 단계에 대한 완전한 이해력을 가진 것으로 판정할 수 있다. 그런데 이러한 이해력 척도는 피험자가 특정 개념을 실제로 어떤 행동을 하기 위해 활용하든 아니든 단지 그 개념을 '이해하는' 정도만을 검사하는 척도라는 점에서, 도덕적 해결책을 결정하기 위한 개념을 측정하는 MJI이나 DIT 같은 척도와는 차이가 있다는 점에 주목할 필요가 있다.

이러한 연구에서 단계에 대한 이해력이 누적적이라는 점이 발견되었다. 즉, 만일 한 피험자가 4단계에 대한 높은 이해력을 갖고 있다면 그들은 3단계, 2단계, 1단계에서도 높은 이해력을 갖는다는 것이다. 우리는 그런 이해력 수준이 콜버그식 절차에 따라 평정된 피험자 자신의 도덕판단 단계를 표현한 진술문까지는 높아지고, 피험자의 현재 단계보다 더 높은 단계의 진술문에 대해서는 이해의 정확도가 떨어진다는 사실을 발견했다. 다시 말해서 MJI에서 3단계로 판정된 피험자는 1, 2, 3단계 진술문에서는 높은 이해력 점수를 받지만, 4, 5, 6단계에서는 낮은 점수를 받게 된다는 것이다. 이는 단계가 점차 어려워진다는 증거인데, 더 높은 단계가 더 복잡하고 더 많은 사항들을 고려하며 제시된 문제에 대한 이해의 폭을 넓힌다는 주장과도 일맥상통한다.

비록 피험자의 이해력 카드에 초점을 맞추기는 하지만, 우리는 또한 그들에게 진술문이 얼마나 적절하고 설득력이 있게 느껴지는지를 5단계로 평가하도록 요청하였다. 이것은 단계 선호도(stage preference)를 측정하기 위한 것인데, 그 결과 피험자들은 자신보다 낮은 단계의 진술문들을 이해할 수는 있지만 그에 대한 선호도는 낮았다는 사실을 발견했다. 예를 들면, MJI에서 3단계 점수를 받고 1, 2, 3단계의 진술문을 잘 이해하면서도 1, 2단계의 진술문에 대한 선호도는 낮게 평가한다는 것이다.

물론 피험자 자신의 단계, 즉 3단계에 대한 선호도는 높았다. 실제로 피험자들은 자신보다 낮은 단계의 진술문에 대해 '참 단순한 생각이군' 또는 '나도 전엔 그런 식으로 생각하곤 했지만 이제는 아니야', 또는 '이건 완전히 어린애 같은 얘기군' 하는 식으로 이야기를 하였다. 피험자는 자신보다 더 낮은 단계의 진술문에 대해 반박할 수 있고 그것들이 왜 부적절한지를 말할 수 있다.

요컨대, 더 높은 단계가 더 좋다고 말하는 사람은 피험자 자신이다. 사람들이 과거의 사고방식을 깨치고 보다 더 성장하게 되면, 즉 그 사고방식이 너무 단순하고 부적절하다고 느끼게 되면, 그들은 그것을 이해하기는 하지만 더 이상 선호하지는 않게 된다. 특정 단계의 사고는 그보다 더 높은 단계의 사고가 나타나 그것을 대체할 때까지는 '더 좋은 것'으로 인식된다. 그러나 콜버그는 더 낮은 단계가 더 부적절하다는 그의 이론의 근거로서 실제로 피험자들이 더 낮은 단계를 선호하지 않는다는 점을 이유로 들었기 때문에 비판을 받았다. 이러한 이론과 이유의 병립은 콜버그의 용어로는 상보성가설(complementarity hypothesis)이 되는데, 이것은 '더 높은 단계가 더 좋다'는 이론적 주장에 대한 중요한 경험적 토대를 제공한다. 간단히 말해서, 피험자가 두 단계를 이해할 때, 그는 더 높은 단계를 선호하고 낮은 단계는 거부하게 마련인데, 선호 또는 거부의 이유는 왜 더 높은 단계가 더 나은가에 대해 콜버그가 제시한 이유와 같다는 것이다.

맥저지(McGeorge, 1975)의 실험연구는 콜버그의 이론에 대한 두 번째 종류의 경험적 토대를 제공한다. 이 연구에서 그는 이해력은 도덕판단에 사용할 수 있는 단계의 상한선을 정하고, 선호도는 논리적이라고 받아들일 수 있는 단계의 하한선을 설정한다고 주장하였다. 구체적인 실험절차를 살펴보면, 그의 실험에서 피험자들은 두 집단으로 나뉘어 DIT검사를 받는데, 높은 단계를 가장하도록 하는(fake high) 집단과 낮은 단계를 가장하도록 하는(fake low) 집단이 그것이다. 전자 집단에서 피험자는 첫 번째 검사에서는 통상적인 절차에 따라 DIT검사를 받고, 두 번째 검사에서는 "가장 높은 점수가 나오도록 해 주십시오.", "정의에 대해 가장 높은 수준에서 추론하는 것처럼 응답해 주세요."라고 주문하면서 높은 단계를 가장하도록 요청한다. 후자 집단에서 첫 번째 검사는 전자와 같지만 두 번째 검사에서는 "가능한 한 가장 미성숙한 단계, 가장 낮은 단계가 나오도록 응답해 주세요."라고 말하면서 낮은 단계를 가장하도록 주문한다. 〈표 1-6〉에 제시된 연구결과를 볼 때, 낮은 단계를 가장하는 것은 쉽지만 높은 단계를 가장하는 것은 어렵다는 점을 알 수 있었다.

보통 DIT검사에서 산출된 수치는 한 피험자의 가장 공정하고 정당하

표 1-6 DIT검사에서 상위 가장과 하위 가장 검사 결과

표준상황 수치	상위/하위 가장 상황 수치
44.0	40.0 (상위 가장)
44.3	16.7 (하위 가장)

고 높은 도덕판단의 수준을 나타낸다. 이해력은 피험자들이 어느 단계까지 나아갈 수 있는지 그 한계를 정하는 변수이기 때문에, 높은 단계를 가장하려 해도 점수는 올라가지 않는다. 그러나 낮은 단계를 가장하는 조건에서 피험자들은 자신의 현 단계보다 더 낮은 단계 문항, 즉 보다 덜 적절하고 덜 성숙한, 보다 더 유치한 DIT 문항을 쉽게 선정한다.

도덕판단에서 더 높은 점수는 발달적으로 더 진보되어 있다는 세 번째 증거는 도덕판단 점수가 다른 발달척도와 상관이 있고(Perry, Loevinger, Hunt, Selman, Piaget의 연구 참조), 바람직한 행동을 예언할 수 있다는 사실(Thies-Sprinthall & Sprinthall, 1987 참조)이다. 요약하자면, 콜버그가 주장한 도덕판단 단계의 발달적 위계성을 입증할 경험적 증거가 있다는 것이다.

단계의 보편성에 관한 비교문화적 연구

콜버그는 자신의 단계이론이 전 세계 사람들에게 얼마나 보편적으로 적용될 수 있다고 생각하였을까? 민족이 다르면 가치관도 다르다는 것은 자명한 원리처럼 여겨진다. 그럼에도 불구하고 단계의 보편성 주장이 비판의 대상이 되지 않는 이유는 무엇인가?

다시 한번 강조하지만, 콜버그는 피아제의 연구 전통을 따른다. 피아제는 물리적 세계에 초점을 맞춘다. 물리적 세계는 에스키모 아동과 뉴욕의 아동과 아마존 우림지역의 아이들에게 매우 다르게 보일 것이다. 그러나 각 지역의 아동들은 길이, 밀도, 인과, 방향이라는 공통적인 기본 개념들을 써서 물리적 세계에 대한 그림을 그린다. 그러한 개념은 대단히 근본적인 것이어서 빙하지대에 살든 뉴욕에 살든 아마존 우림지역에 살든 모든 사람들에게 기본적인 범주가 된다는 것이다. 이렇게 해서 콜버그는 어떤 개념들은 특정 문화와 상관없이 집단 구성원 사이의 상호 작용에서 기본적인 것이기 때문에, 그것들은 모든 문화권에 있어서 의미를 갖게 된다고 주장하게 되었다. 사람들은 모두 집단으로 살면서 함께 어울려 살아갈 방도를 찾게 마련이라는 점을 생각하면, 타인의 권리, 선호물의 교환, 구성원들 간의 관계 및 애정의 지속, 규범과 집단 관행의 존재 등의 문제는 어느 문화권에서든 고려해야 할 공통된 사항이라는 것이다.

콜버그는 특정 문화권의 예법은 계속 변화할 수 있지만 이런 표면적 차이의 이면에는 깊고 구조적인, 적절한 개념이 자리해 있다는데 동의하였다. 콜버그의 여섯 단계가 바로 그런 깊고 구조적인 개념들이다.

단계의 보편성에 대해 상당 기간 찬성이나 반대로 일관하는 사람들이 있을 수 있다. 그런데 겉으로 드러나는 현상과 드러나지 않는 내면의 깊은 구조 사이의 차이를 받아들인다 해도, 여섯 단계로 묘사되는 심층 구조가 도덕성을 구성하는 유일한 구조인지에 대해선 의문의 소지가 있다.

이 문제에 대해 모호한 논쟁을 계속하는 대신, 실증적 자료들을 한번 살펴보도록 하자.

보편성 문제와 관련하여 40여 개 국가에서 연구가 수행되었는데, [그림 1-1]은 그중 6개국의 자료만 제시한 것이다. 그러나 이 여섯 나라는 서구 국가와 비서구 국가를 대표한다. 연령과 교육은 X축에, DIT의 P-점수는 Y축에 제시되었다. 서로 다른 국가들은 네모, 세모, 원 등과 연결된 서로 다른 선으로 표시되었다. 여기서 두 가지 사실에 주목해야 한다. 첫째, 모든 나라에서 DIT점수는 연령과 교육수준이 증가함에 따라 동반 상승하였는데, 나라마다 변화 양상에 다소 차이는 있지만 변화 추세는 일관적이다. 둘째, 미국은 역삼각형으로 표시되었는데, 미국이 모든 연령 · 교육수준별 분포의 중간에 위치하고 있는 점에 주목할 필요가 있다. 이는 미국은 우수하지만 다른 국가들은 열등하다는 것이 아니다. 어떤 비판자들은 콜버그의 이론이 미국 남성들을 보다 고상하게, 다른 이들은 '덜 발달된' 사람으로 그려 낸다고 주장하지만, 이 표는 그렇지 않다는 점을 여실히 말해 준다.

그런데 [그림 1-1]에는 몇 가지 제한점이 따른다. 첫째, 여러 국가의 자료들은 무선적으로 표집된 것이 아니어서 전체 집단에 대한 대표성을 확인하기 어렵다. 둘째, 많은 비교문화 연구에서 사용된 검사지인 DIT는 모두 해당 국가의 언어로 번역된 것인데, 검사지의 번역에는 매우 복잡한 문제가 개입될 수 있어, 각국 DIT점수들 간의 대등한 비교가 얼마나 타당한지 명확하지 않다(보다 상세한 논의는 Rest, 1986, 4장 참조).

이 책의 많은 부분은 미국 내의 여러 다양한 하위 집단이나 표본들을 활용하여 DIT의 유용성을 탐색하는 것이기 때문에, 보편성 가정에 대한 다소 느슨한 탐색이라 볼 수도 있을 것이다. 그러나 다양한 사회 상황에서의 심리학적 모형의 일반적인 유용성에 대한 탐색인 것은 확실하다. 우리는 이 책에서 콜버그의 이론을 문화적 보편성의 관점에서 검증하기

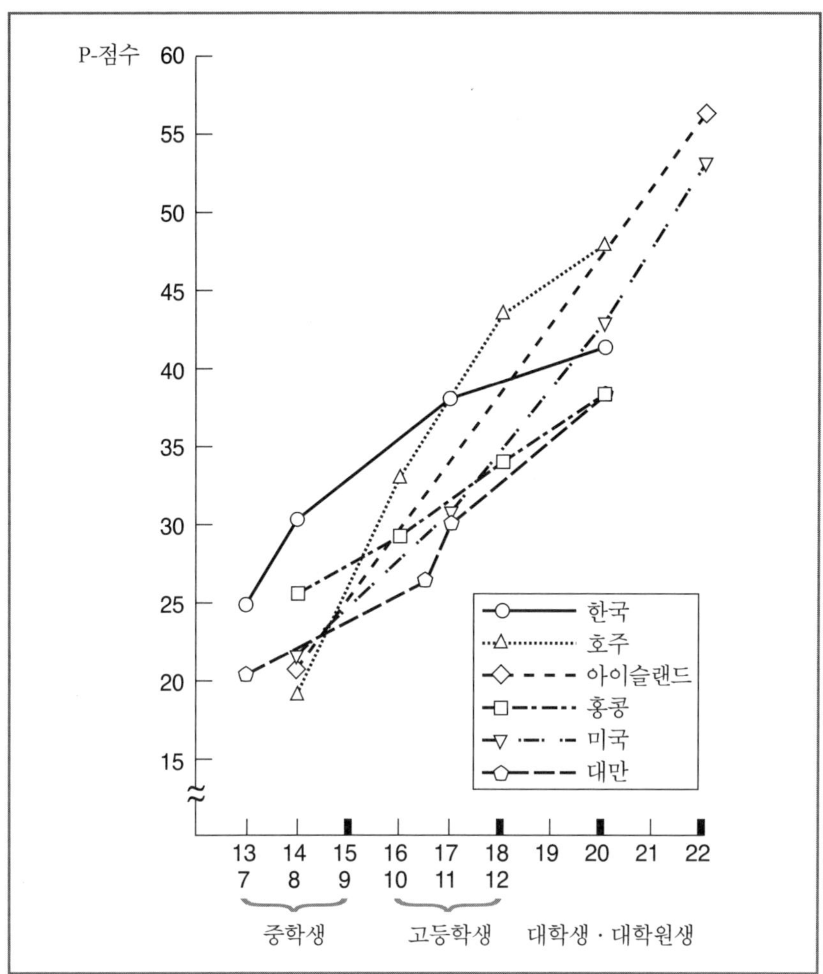

[그림 1-1] 연령 및 교육수준에 따른 도덕판단력의 발달추세에 관한 비교문화적 연구
(출처: Rest, 1986, p. 408)

보다 그 이론의 유용성을 다양한 직업적인 상황이나 실제 생활에서 확인해 보려는 목적을 가지고 있다.

프로그램의 효과

여기서 '도덕판단의 발달은 의도적인 교육 프로그램에 의해 촉진될 수 있는가' 라는 매우 중요한 문제 하나가 대두한다. 프로그램의 효과를 다룬 56개의 연구를 메타분석한 한 연구(Rest, 1986, 3장 참조)에 따르면, 프로그램에 참여한 실험집단은 비교집단보다 통계적으로 더 높은 점수를 보여 주었기 때문에 교육 프로그램은 DIT점수를 높이는 데 효과적이라고 판단할 수 있다. 그 연구에서는 사회과학 연구에서 자주 사용되는 통계치인 효과 크기(effect size)[8)]를 산출하였다. 보고된 효과 크기는 약 0.4로서 중간 수준이지만, 대학교육 프로그램 연구로서는 상당히 인상적인 수치라 할 수 있다(Pascarella & Terenzini, 1991). 더구나 메타분석 결과, 나이 든 피험자일수록(예컨대, 중학생보다는 대학원생이나 전문직 양성교육기관의 교육생) 도덕판단 발달의 촉진을 위한 교육 프로그램에 대해 더욱 수용적이었다. 이러한 점으로 미루어 볼 때, 대학이나 전문적인 교육기관에서 실시하는 도덕교육이 시기적으로 너무 늦다는 주장은 근거 없음을 알 수 있다.

이 책의 여러 장들은 도덕교육 프로그램에 대해 지금까지 알려진 것보다 더 많은 내용을 담고 있다. 예를 들어, 비보(Bebeau)는 7장에서 자신이 직접 치과의사를 대상으로 10여 년 동안 개발한 프로그램에 대해 설명하고, 스프린달(Sprinthall)은 5장에서 카운슬러들이 고안한 다양한 형태의 프로그램에 대해 논의한다. 또한 듀켓(Duckett)과 라이든(Ryden)은 3장에서 도덕판단뿐 아니라 다른 요소의 성장을 촉진하는 간호사용 교육 프로그램에 대해 기술하고, 맥닐은 2장에서 대학교수를 위한 프로그램이 학생들에게 효과가 있음을 보여 주었다.

다른 변인들과의 상관관계

수렴타당도는 한 척도가 이론적으로 유사한 다른 척도와 관련이 있어야 함을 의미하고, 확산타당도는 한 척도가 이론적으로 유사하지 않은 다른 척도와 관계가 없어야 함을 의미한다. 일반적으로 볼 때, DIT는 MJI나 도덕이해력 검사처럼 도덕적 사고를 측정하는 다른 척도들과 0.6~0.7의 상관이 있다. 반면에 DIT는 MMPI, 내외통제성 검사, 올포트-버넌-린제이(Allport-Vernon-Lindzey) 가치관 검사, 자아존중감 검사, 불안검사 등 사회적 적합성이나 성격 특성을 재는 척도와는 상관이 나타나지 않는다. 또한 DIT는 태도검사나 IQ검사와는 보통 수준(0.2~0.5 범위)의 상관을 보인다. 사실, 도덕판단이 지닌 인지적 특성 때문에 우리는 도덕판단 척도와 다른 인지적 척도들 사이에 이처럼 중간 정도의 상관이 있으리라 예상했다. DIT는 또한, 자유주의와 보수주의에 대한 정치적 태도나 다른 발달변인(전술한 Perry, Loevinger, Hunt 참조)을 재는 척도들과는 중간 수준의 상관을 보였고, 사회·경제적 지위, 종교적 보수주의와는 상관 정도가 약했다(구체적인 논의는 Rest, 1979, 1986 참고).

또 하나의 문제는 DIT가 어떤 다른 변인에 편승하는(piggy backing) 효과 때문에 그러한 상관이 나타나는 것이 아닌가 하는 점이다. 다시 말해, 우리가 DIT에서 관찰한 패턴이 어떤 다른 변인, 예컨대 IQ나 자유-보수주의적 태도와 공유된 변량에 기인한 것이 아니라는 사실을 우리가 어떻게 확인할 수 있는가, IQ점수(또는 언어적 유창성 수치나 정치적 태도 점수) 이상의 정보를 포함하고 있는가의 문제가 된다.

이러한 문제들은 레스트의 1979년 저술에서 매우 상세하게 논의되었다. 몇몇 연구가 그 책에 요약되었고, 이후 그것에 관련된 몇몇 연구들이 수행된 바 있다. 그 연구에서는 DIT가 태도검사 또는 정치적 태도검사가 주는 정보 이외의 유용한 정보들을 별도로 제공한다는 점을 보여 주었다. 요약하면, 도덕판단과 다른 변인들 간의 상관관계를 볼 때 DIT는 수렴타당도와 확산타당도는 물론, 다른 척도들과의 변별성도 확보하고 있다고 판단된다.

도덕행동과의 연결

도덕판단은 도덕행동을 예언하는가? 이 문제를 다룬 연구는 수백 개나 된다(Blasi, 1980; Rest, 1986, 5장 참조). 일반적으로 도덕판단은 수백 개의 다른 척도들이 재는 특정 행동들과 관계(대부분 0.3~0.4의 상관)가 있으나 그 정도는 그리 크지 않은 것으로 나타났다.

토마(Thoma)는 12장에서 도덕판단을 도덕행동에 연결시키는 데 관련된 일반적인 문제들에 초점을 맞추면서 DIT와 행동적 척도 사이의 상관을 증대시키는 매개 변인으로 U-점수(Utilizer Score)를 들고 있다. 파네만(Ponemon)과 가바트(Gabhart)는 6장에서 DIT점수가 회계사의 부정행위와 어떻게 관련되는지를 논의한다. 듀켓과 라이든은 3장에서 DIT점수가 간호사의 임상적 수행평정을 얼마나 잘 예언하는지 밝힌다. 한편 셀프(Self)와 볼드윈(Baldwin)은 8장에서 도덕판단 점수가 의사의 임상적 수행을 얼마나 잘 예언하는지를 탐색하고, 창(Chang)은 4장에서 DIT점수가 교사의 직무 수행을 어느 정도 예언할 수 있는지를 논의한다. 그런가 하면 브레드마이어(Bredemeier)와 쉴즈(Shields)는 10장에서 도덕판단이 신체행동과 어느 정도 관련되는지를 밝힌다. 이를 종합할 때, 도덕판단과 도덕행동 간에는 통계적으로 유의미한 보통 수준의 상관이 있다고 결론을 내릴 수 있다. 이런 사실로 미루어 볼 때, 도덕적 행동은 몇 가지 심리학적 과정들이 공동으로 작용하여 결정되고, 도덕판단은 이들 중 하나에 불과함을 알 수 있다. 만일 행동을 결정하는 단 하나의 요인이 나타난다면 도덕판단과 도덕행동은 완전히 일치되겠지만, 다른 결정요인들이 무작위적으로 변화하기 때문에 양자 간에는 단지 중간 수준의 상관만이 나타난 것이다. 따라서 도덕행동에 대한 강력한 예언 변인을 찾기 위해서는 모든 결정인자들을 동시에 측정해야 하는데, 이는 두 가지 변수만으로는 불가능한 일이다.

4-구성요소 모형

콜버그의 저술을 읽은 많은 사람들은 그의 여섯 단계들이 흥미롭긴 하지만 그 단계들이 도덕심리학의 모든 것은 아니라고 지적한다. 달리 말하면, 도덕발달에는 도덕판단의 발달만 있는 것이 아니고, 도덕판단에는 콜버그의 여섯 단계가 전부는 아니라는 것이다.

이에 대해 콜버그 자신도 동의했다는 사실을 모르는 이들이 많지만, 그 역시 도덕판단이 도덕발달의 전부가 아님을 인정했다(Modgil & Modgil, 1986년 참조). 이처럼 도덕성에는 도덕판단 이외에도 다른 많은 요소들이 존재한다는 데 대해서 많은 연구자들이 의견일치를 보이고 있다. 따라서 도덕성을 구성하는 제반 요소들을 정확히 추출하고 이들 요소 모두를 통합하는 것은 또 하나의 중요한 연구과제가 될 것이다.

도덕행동의 주요 결정인자에 대한 나의 견해가 반영된 4-구성요소 모형(The Four Component Model)은 도덕성에 관한 여러 분야의 문헌들을 폭넓게 고찰하는 과정에서 형성되었다. 이 문헌들은 인지발달 접근뿐 아니라 사회학습 · 행동주의 · 정신분석학 · 사회심리학적 접근까지도 포함한다(Rest, 1983). 이러한 다양한 접근들은 도덕성에 대해 각기 다른 이야기를 하고 있는 것이 분명해 보였다. 사실 나는, 그처럼 많은 접근들은 도덕성과 실제로 관계가 없다는 주장과, 그런 다양한 접근들은 도덕성의 여러 측면에 대해 언급하고 있기 때문에 도덕성은 실로 다양한 측면을 지닌 현상이라고 하는 주장 중에서 후자를 선택한 것이다. 요컨대 4-구성요소 모형은 순전한 사색만의 산출물은 아니다. 각 요소마다 연구 사례들을 갖고 있다(보다 상세한 내용은 Rest, 1984, 1986 참조).

표 1-7 도덕행동을 결정하는 네 가지 심리적 요소

요 소 별	내 용
도덕감수성 (제1요소)	상황의 해석
도덕판단력 (제2요소)	특정 행동이 도덕적으로 옳은지 그른지에 대해 판단
도덕동기화 (제3요소)	도덕적 가치를 다른 가치보다 우선시하는 것
도덕적 품성 (제4요소)	마음이 흐트러지지 않고 용기 있게 행동에 옮김

4-구성요소 모형은 도덕성에 관한 여러 가지 다양한 문헌들을 하나로 종합한 틀이기도 하지만, 필자는 이 모형을 도덕행동을 결정하는 하나의 이론으로 제시하고자 한다. 이 모형에서는 도덕발달에 대한 지금까지의 많은 설명들처럼 도덕성을 인지, 정서, 행동으로 분리하지 않는다. 이 모형은 "도덕적 행동이 가능하기 위해서는 심리학적으로 무엇이 일어나야 한다고 가정해야 하는가?"라는 물음을 출발점으로 해서 시작되었다. 이에 대해 우리는 적어도 네 가지의 서로 다른 심리적 과정[9]에 주목하게 되었다.

이러한 네 요소는 네 가지 서로 다른 종류의 도덕적 실패 이유, 즉 사람들이 도덕적으로 행동하지 못하게 되는 서로 다른 이유들을 살펴보면 쉽게 이해될 수 있다.

제1요소 : 도덕감수성

자신이 하고 있는 일이 다른 사람들에게 영향을 줄 수 있다는 생각을 전혀 하지 못하기 때문에 도덕적으로 행동할 수 없는 사람을 상상해 보

자. 예를 들면, 교사들은 교실에서 자신이 여학생보다 남학생에게 더 많은 주의를 집중하고 격려하고 있다는 사실을 알아차리지 못할 수 있다. 이런 경우, 만일 그런 편파적 행동을 다른 사람이 지적한다면 그는 당황할 것이다. 왜냐하면 그가 그런 행동을 의도적으로 한 것은 아니기 때문이다. 이럴 때 그는 상황을 적절하게 해석하지 못한 것이다.

도덕감수성은 자신의 행동이 다른 사람들에게 미치는 영향을 인식하는 것이다. 여기에는 여러 가지 다양한 행동 경로들과 각 경로들이 관련자들에게 주는 영향에 대한 인식이 포함된다. 이것은 특정 상황에 대처할 가능한 행동의 시나리오를 풍부한 상상력을 써서 구성하고, 현실세계에서 일어나고 있는 많은 일들의 인과관계를 파악할 수 있는 능력이기도 하다. 여기에는 감정이입과 역할채택의 기술도 포함된다. 비보는 이 책의 7장에서 치과의사의 도덕감수성에 대해 연구한 바 있고, 듀켓과 라이든은 3장에서 간호사의 도덕감수성에 대해 설명한 바 있다. 브레드마이어와 쉴즈는 10장에서 운동선수들의 도덕감수성에 대해 논의하였다.

제2요소 : 도덕판단력

이 요소는 콜버그의 이론이 제시한 도덕성 개념으로서, DIT로 평가되는 요소이다. 제1요소를 통해 일단 사람들이 가능한 행동경로를 결정하고 각 경로가 관련자들에게 어떤 영향을 주는지를 인식할 수 있게 되면, 제2요소에서는 어떤 행동이 도덕적으로 더 정당한지를 판단하게 된다.

이 요소가 결핍되면 지나치게 단순한 방법으로 도덕적 행동의 선택을 정당화하게 된다. 예를 들어, 어떤 테러리스트의 행동을 과거의 잘못에 대한 복수라는 측면에서 정당화하는 사람들이 있을 수 있는데, 이는 무고한 민간인들에게까지 해를 끼칠 수 있는, 근시안적인 사고의 소산이다.

하인츠 딜레마처럼 도덕판단을 연구하는 데 사용되는 딜레마는 이미 행위자들이 선택할 수 있는 특정 행동을 시사하고, 다른 사람들이 그 행동으로 인해 어떤 영향을 받을 수 있는지를 제시한다. 그러므로 도덕판단(제2요소)을 재는 도구는 도덕감수성(제1요소)을 재는 도구와는 다르다. 도덕판단이 중요하긴 하지만, 그것이 도덕적 행동을 결정하는 유일한 요소는 아니라는 점에 대해선 이미 여러 차례 논의한 바 있다.

제3요소 : 도덕동기화

히틀러나 스탈린 등 인류 역사상 유례없이 악명 높은 사람들을 어떻게 설명할 것인가? 제1요소에 비추어 볼 때, 그들의 도덕적 실패의 원인은 그들 자신이 당시 무슨 행동을 하고 있는지를 잘 모르고 있는 데 있지 않다. 또한 제2요소에서 살펴볼 때, 무엇이 바람직한 행동인지를 이해할 수 없었기 때문도 아닐 것이다. 그들은 도덕이 아닌 다른 가치에 몰두하다 보니 도덕적 관점은 미처 고려하지 못한 것이라고 보아야 한다. 예를 들면, 이른바 천년제국을 꿈꾸던 히틀러는 고상한 도덕원리나 개념 때문에 자신의 욕망 충족을 멈출 수 없었다. 그에게는 도덕보다 제국이 더 중요했기 때문에 다른 가치가 도덕적 가치를 완전히 압도한 것이다.

이처럼 제3요소는 도덕적 가치가 다른 가치들에 대해 갖는 상대적인 중요성과 관계가 있다. 제3요소의 결핍은 한 사람이 도덕적 가치를 다른 가치보다 더 높게 동기화시키지 못할 때 발생한다. 자기 세계의 실현이나 보호 등과 같은 가치들에 너무 집착하다 보니 무엇이 도덕적으로 옳고 정당한 행동인가를 충분히 살피지 못하게 되는 것이다. 그런데 실제로 수행된 연구를 보면, 그동안 이 요소에 대해서는 그리 많은 연구가 행해지지 않았음을 알 수 있다(7, 10장 참조).

제4요소 : 도덕적 품성

이 구성요소는 자아강도, 인내력, 강인함, 신념, 용기 등을 포함한다. 도덕적으로 민감하고 도덕판단을 잘하며, 다른 가치들보다 도덕적 가치를 더 우선적으로 고려할 수 있더라도, 의지가 약하고 쉽게 산만해지며 의기소침하고 무기력해진다면 그것은 제4요소의 결핍 때문에 도덕적 행동이 일어나지 않는 것이다. 심리적인 강인함과 강한 품성은 전술한 다른 구성요소들과는 전혀 다른 경로를 통해 어떤 행동을 일으키는 데 중요한 요소가 된다.

우리는 지금까지 도덕적 행동을 일으키는 데 관여하는 네 가지 구성요소에 대해 살펴보았다. 요컨대, 도덕적 실패는 그 요소들 중 어느 하나만 결핍되어도 일어날 수 있기 때문에, 이 요소들은 모두 도덕행동의 결정인자가 된다. 그리고 각 요소들은 도덕적 행동의 분석을 위한 논리적 개념일 뿐이어서, 각 요소들 간에는 복잡한 상호 작용이 있고 시간적 순서는 없다. 듀켓과 라이든은 제3장에서 네 가지 요소를 모두 고려하는 교육 프로그램의 개발에 대한 의견을 개진하고 있고, 브레드마이어와 쉴즈는 10장에서 도덕행동을 네 가지 요소의 관점에서 파악하는 논의를 진행하였다.

이 장은 이후에 나오는 이 책의 모든 다른 장들의 토대가 되는 이론과 실제를 요약한 것이기도 하다. 이후의 장들은 대체로, 일반적인 이론적 관점들을 구체적인 실제 생활의 맥락 속으로 확장 · 적용하는 데 관심이 있다. 놀라운 것은 연구자들마다 각 장에서 각기 다른 방식으로 연구를 진행했고 새로운 전략을 개발했으며 서로 다른 경로로 탐색했다는 점이다. 특정 분야의 새로운 연구방법은 다른 분야에서도 적용될 수 있을 것이다. 따라서 각기 다른 전문직 분야를 다루는 각 장들을 종합적으로 고찰한다면 각 분야들이 서로 도움을 주고받을 수 있을 것이다.

미주

1) 콜버그의 주요 저작은 세 가지 시리즈로 출판되었는데, 첫 번째는 『도덕발달의 철학』(1981), 『도덕발달의 심리학』(1984), 그리고 『콜버그의 도덕교육 접근』(1989)이고, 두 번째는 두 권의 채점 매뉴얼이다. 세 번째는 20년에 걸친 종단연구에 관한 모노그라프이다.

2) 이 점에 대하여 콜버그는 자신만만하게 '계단의 비유'를 들어 설명하고 있다. 사실 그는 경성단계(hard stage) 모형의 가장 열렬한 주창자였다. "종단연구의 결과에서 단 한 사례라도 발달단계의 순서가 어긋나면 그것은 단계이론이 아니다… 단 한 명의 아동에게서라도 발달단계의 순차성이 나타나지 않으면 그것은 발달계열(sequence)이 아니다."라고 그는 말한다(Kohlberg, 1973, p. 182). 콜버그만큼 엄격한 단계모형을 주장한 심리학자는 거의 없다(Rest, 1979, 3장 참조).

3) 여기서 디폴트 스키마란 특별한 의도 없이 생활 속에서 자연적으로 반영되는 것을 말한다. 콜버그는 이 스키마가 도덕적 이슈에 관련되었을 때만 발동되는 것으로 보았지만, 이 장의 저자인 레스트는 이 스키마를 인간의 모든 삶 속에 배어 있는 자연적인 것으로 파악하였다(역자 주).

4) 이러한 연구문헌들에 대하여 콜버그(1984)와 레스트(1979; 1983; 1986)는 몇몇 단행본에서 상세하게 정리한 바 있다. 그러나 이 장의 목적은 연구 프로그램에 대한 간단한 개관이기 때문에, 세부적인 문헌자료와 인용들은 각 장의 참고문헌에 수록하였다.

5) 길리건(1982)은 콜버그의 이론이 전 세계의 여성에 대해서 성차별적이고 타당하지 못하다고 비판했다. 길리건은 여러 저작물과 대담에서 몇 차례 입장을 바꾸기는 했지만, 1982년도의 저작물은 가장 많이 인용되는 책이고, 이로써 그녀는 콜버그를 비판하는 선두주자가 되었다. 1982년의 책에서 길리건은 여성들에겐 배려(Care) 지향의 도덕판단 발달경로가 따로 있다고 주장한다. 길리건은 여성들에게 나타나는 배려 단계가 남성 위주의 도덕발달인 정의 단계보다 열등한 것이 아니라 그저 다른 것이라고 말한다. 그 증거로 길리건은 여성들과 면접한 내용에서 선정된 약간의 발췌문을 제시하였다. 그러나 그런 부분적 자료가 어떻게 전체 여성을 대표할 수 있고, 심지어 면접 내용 전체를 대표할 수 있겠는가? 길리건은 남성피험자에 대해서는 여성 피험자와 같은 주제로, 같은 방식으로 면접한 것이 아니었기 때문에 남녀 간의 차이에 대한 진술은 근거가 없다. 실제로 워커(Walker, 1991)는 남녀 모두에 대해 낙태에 관한 면담을 실시한 결과, 남성과 여성의 반응이 유사하다고 보고한 바 있다.
길리건(1982)의 주장을 경험적으로 검증할 때 문제가 되는 것은 배려 지향의 도덕단계를 평가할 방법이 없다는 것이다. 여성은 남성과는 다른 도덕발달 경로를 거친다는 길리건의 주장 이후 10년 동안 그것이 사실이라는 횡단적, 종단적 증거는 확보되지 않았다. 배려 지향의 발달단계를 재는 척도가 없다면, 나중의 배려 단계가 이전의 것보다 더 진보된 것인지, 배려 지향에 관한 언어적 진술이 특정 행동을 예언할 수 있는지를 검증할 방법이 없다. 또한 배려와 다른 변수의 상관 관계도 검증하지 못하고, 어떤 조건이 그것의 발달을 촉진시키는지도 검증할 수 없다.

물론 특정 딜레마에서 각 피험자마다 '정의 지향'과 '배려 지향'을 사용하는 비율은 산출할 수 있겠지만, 그것은 배려 지향의 도덕발달 경로가 따로 있다거나 한 단계에서 다음 단계로 배려 지향이 발달한다는 주장의 근거는 되지 못한다. 한 피험자의 면담반응을 '배려'와 '정의'로 분류하는 것은 단지 언어적 표현의 차원에 매달리는 것일 수도 있다.

배려는 어떤 때는 다른 사람의 요구와 관심에 대한 민감성을 뜻하고, 인간관계의 가치를 다른 많은 가치들보다 우선시하는 것을 의미하기도 한다. 그것은 또한, 자신의 친구들에게 항상 잘하라는 식의, 타인을 향한 최상의 의무에 관한 언급을 의미하기도 하고, 실제로 헌신적인 행동에 대한 적극적이고 전적인 추종을 의미하기도 한다. 배려에는 이처럼 다양한 의미들이 서로 연결되어 있는데, 이런 복합적인 의미들을 각기 다른 발달경로를 거치는 도덕성의 구성요소로 간주하는 데는 문제가 있음을 지적한 연구도 있다(Bebeau & Brabeck, 1989 참조).

6) DIT의 실시를 위해서는 최소한 중학생 수준 이상의 읽기능력이 필요하기 때문에 연구대상은 중학생 이상의 집단이다.

7) DIT를 사용하는 데 필요한 더 많은 정보는 미네소타대학교의 윤리발달연구센터(The Center for Ethical Development)에서 얻을 수 있다.

8) 효과 크기는 사전·사후 검사의 평균치의 차를 사전검사의 표준편차로 나눈 것이다.

9) 여기서 숫자 4는 중요하지 않다. 네 가지 이상일 수 있다. 필자는 다만, 적어도 네 가지 다른 과정들이 있다고 주장한다. 이 책의 10장에서 브레드마이어와 쉴즈는 12가지 요소가 있다고 주장하고 있다.

참고문헌

Beabeau, M., & Brabeck, M. (1989). Ethical sensitivity and reasoning among men and women in the professions. In M. Brabeck (Ed.), *Who cares?* (pp. 144-163). New York: Praeger.

Blasi, A. (1980). Bridging moral cognition and moral action: A critical review of the literature. *Psychological Bulletin, 88*, 1-45.

Colby, A., & Kohlberg, L. (1987). *The measurement of moral judgment* (Vols. 1-2). New York: Cambridge University Press.

Colby, A., Kohlberg, L., Gibbs, J., & Lieberman, M. (1983). A longitudinal study of moral judgement. *Monographs of the Society for Research in Child Development, 48*(1-2, Serial No. 200).

Habermas. J. (1979). *Communication and the evolution of society*. London: Heineman.

Gilligan, C. (1982). *In a different voice*. Cambridge, MA: Harvard University Press.

Kohlberg, L. (1973). Continuities in childhood and adult moral development revisited. In P. B. Baltes & K. Schaie (Eds.), *Life-span developmental psychology: Personality and socialization* (pp. 93-120). New York: Academic Press.

Kohlberg, L. (1981). *The philosophy of moral development* (Vol. 1). San Francisco: Harper & Row.

Kohlberg, L. (1984). *The philosophy of moral development* (Vol. 2). San Francisco: Harper & Row.

Kohlberg, L. (1986). A current statement on some theoretical issues. In S. Modgil & C. Modgil (Eds.), *Lawrence Kohlberg: Consensus and controversy* (pp. 485-546). Philadelphia: The Falmer Press.

Kurtines, W., & Grief, E. (1974). The development of moral thought: Review and evaluation of Kohlberg's approach. *Psychological Bulletin, 81*(8), 453-470.

McGeorge, C. (1975). The susceptibility to faking of the Defining Issues Test of moral development. *Developmental Psychology, 44*, 116–122.

Modgil, S., & Modgil, C. (Eds.). (1986). *Lawrence Kohlberg: Consensus and controversy*. Philadelphia: The Falmer Press.

Pascarella, E. T., (1991). *How college affects students*. San Francisco: Jossey–Bass.

Power, C., Higgins, A., & Kohlberg, L. (1989). *Lawrence Kohlberg's approach to moral education*. New York: Columbia University Press.

Puka, B. (1991). Toward the redevelopment of Kohlberg's theory: Preserving essential structure, removing controversial content. In W. M. Kurtines & J. L. Gewirtz (Eds.), *Handbook of moral behavior and development: Vol. 1. Theory* (pp. 373–393). Hillsdale, NJ: Lawrence Erlbaum Associates.

Rawls, J. (1971). *A theory of justice*. Cambridge, MA: Harvard University Press.

Rest, J. R. (1974). The hierarchical nature of moral judgment. *Journal of Personality, 41*, 86–109.

Rest, J. R. (1979). *Development in judging moral issues*. Minneapolis: University of Minnesota Press.

Rest, J. R. (1983). Morality. In P. H. Mussen (series Ed.) & J. Flavell & E. Markman (Vol. Eds.), *Handbook of child psychology: Vol. 3 Cognitive development* (pp. 556–629). New York: Wiley.

Rest, J. R. (1984). The major components of morality. In W. Kurtines & J. Gewirtz (Eds.), *Morality, moral behavior, and moral development* (pp. 24–40). New York: Wiley.

Rest, J. R. (1986). *Manual for the Defining Issues Test*. Minneapolis: Center for the Study of Ethical Development, University of Minnesota.

Rest, J. R. (1986). *Moral development: Advances in research and theory*. New York: Praeger Press.

Rest, J. R. (1988). Why does college promote development in moral judgment? *Journal of Moral Education, 17*(3), 183–194.

Rest, J., Turiel, E., & Kohlberg, L. (1969). Level of moral judgment as a determinant of preference and comprehension made by others. *Journal of Personality, 37*, 225–252.

Thies–Sprinthall, L., & Sprinthall, N. A. (1987). Experienced teachers: Agents for revitalization and renewal as mentors and mentor educators. *Journal of Education, 69*(1), 65–79.

Thoma, S. J. (1986). Estimating gender differences in the comprehension and preference of moral issues. *Developmental Review, 6*, 165–180.

Walker, L. (1991). Sex differences in moral reasoning. In W. Kurtines & J. Gewirtz (Eds.), *Handbook of moral behavior and development* (pp. 333–364). Hillsdale, NJ: Lawrence Erlbaum Associates.

Walker, L., deVries, B., & Bichard, S. L. (1984). The hierarchical nature of stages of moral development. *Developmental Psychology, 20*, 960–966.

Chapter 2

대학교육과 대학생의 도덕발달

– 맥닐/베델대학

요 약

이 장에서는 대학교육이 학생들의 도덕발달에 얼마나 효과가 있는지 탐색할 것이다. 필자는 미국 대학교육의 주된 목적이 도덕교육이었음을 상기하면서 논의를 시작한다. 그는 먼저 베델대학에 대한 연구사례를 소개한 다음, 총 12개 대학을 대상으로 대학의 유형이 학생들의 도덕발달에 어떤 영향을 미치는지 규명하였다. 다음으로 그는 대학 전공 분야와 도덕발달의 관계를 분석하고, 몇몇 대학에서 실시한 현장연구의 결과를 소개하였다. 이어서 그는 교외 학습 경험이나 교수와의 상호 작용 효과를 분석하고, 대학교수가 대학생의 도덕발달에 미친 영향을 SPECTRUM이라는 프로그램을 통해 상세히 설명하고 있다. 우리나라의 경우 대학 경험이 도덕발달에 미치는 효과 또는 영향에 관한 연구가 국내 14개 대학을 대상으로 수행된 적이 있다. 이 연구에서는 민주시민교육체제의 관점에서 우리나라의 대학들을 유형화하고, 이를 바탕으로 대학의 도덕적 풍토와 대학생활 경험이 학생들의 도덕발달에 미친 영향을 분석하였다.

고등교육의 목표로서 도덕발달

미국의 대학들 중에는 도덕교육을 교육의 궁극적 목표로 삼아 설립된 곳이 많다. 누치와 파스카렐라(Nucci & Pascarella, 1987)는 대학의 전반적인 환경과 교육과정이 도덕적 책임감을 기르고 윤리적 사고와 행동을 가르치며 학생의 인성을 발달시키는 것을 목적으로 하고 있음을 밝혔다. 미국의 고등교육은 본래 전인교육을 목표로 하고 있는데, 이는 제1장에서 레스트가 제시한 도덕성의 네 가지 구성요소(도덕감수성, 도덕판단력, 도덕동기화, 도덕적 품성)와 상당히 밀접한 관련이 있다.

그러나 19세기 말과 20세기 초에 이르러 전공이 세분화되고 특수화되면서 지식은 파편화되었고, '인간의 가치와 도덕성에 대한 관심'은 확연히 줄어들었다(Nucci & Pascarella, 1987, pp. 271-272). 사회과학 분야 연구의 초기에는 '윤리학과 사회과학 간의 불가분의 관계'를 확신했으나, 그 이후 가치중립성에 대한 관심이 점점 증대되었다(Sandin, 1989, pp. 219-220). 그 후 나타난 교양교육운동(general education movement)에서는 도덕교육이 대학교육의 주요 책무라는 초기의 관점을 회복하려고 노력했지만 성과는 그리 크지 않았다. 왜냐하면 교양교육운동은 도덕교육을 완전히 구현하는 데 필수적인 전인교육에 관심을 두지 않았거나 반감을 가졌기 때문이다(Sandin, 1989).

그러나 근래에 도덕과 관련된 주제들이 여러 교과에 통합적으로 포함되는 추세가 더욱더 뚜렷해지고, 고등교육이 적절하게 이루어지려면 '교육과정 전반에 걸친 윤리교육'이 필요하다는 인식이 점점 더 명확해지고 있다. 각 대학의 설립이념이나 교육이념에 언급된 대학의 사명에 관한 조항들은 항상 도덕교육에 대한 대학의 역할을 암묵적으로 강조하고 있지만, 이제는 언어적 표현에 머물지 않고 이를 효과적으로 실천해야 한다는 인식이 점점 더 뚜렷해지고 있다. 이런 측면에서, 미국 교육을 주도하고 있는 교육자들은 윤리교육을 개선하는 것이 미국 대학교육의 필수적인 과제라고 강력하게 주장하고 있다(Bok, 1988 참조).

인지발달 접근

제1장에서 개관한 바 있는 도덕성에 대한 인지발달 접근은 도덕발달을 증진시켜야 할 중요한 임무를 지닌 대학 교육자들에게 좋은 아이디어를 제공하고 있다. 첫째, 인지발달론자들은 도덕판단에 초점을 맞추어 왔다. 〈표 1-7〉의 4-구성요소 모형에서 언급한 바와 같이 도덕성은 도덕판단을 넘어서는 보다 폭넓은 개념이라는 사실이 명백하지만, 인지적 요소는 여전히 인지적 성장을 강조하는 대학교육에 있어서 적절한 목표가 될 것으로 기대할 수 있다.

둘째, 도덕판단의 향상은 적어도 인문적 교양(liberal arts)에 초점을 맞춘 대학의 교육에서는 아주 잘 들어맞는 기제라 할 수 있다. 콜버그의 이론에 따르면, 도덕판단의 발달, 즉 높은 도덕단계로의 상승은 인지적인 조절(cognitive accommodation)을 통해 일어나는 것으로 가정된다. 한 사람의 인지구조의 변화는 초기의 단순한 개념에 맞지 않는 새로운 경험을 통해 이뤄지기 때문에, 인지적 불평형(cognitive disequilibrium)은 발달의 조건이 된다(Rest, 1986, p. 32). 인문교양 교육은 이러한 '도덕판단의 발달' 관점과 일치한다. 왜냐하면 그 교육의 주요 목적이 학생들로 하여금 세계 전반에 내재한 여러 가지 다양한 사실이나 관점과 접하도록 하는 데 있기 때문이다. 문학, 철학, 사회학, 간호학 등 어떤 교과목이든 우리가 세상에서 협동하여 살아가고자 할 때 생기는 복잡한 문제와 딜레마들을 내포하고 있다. 이를 통해 학생들은 다른 사람의 관점에서 사물을 보는 것과, 자신의 생각과는 다른 체제들을 평가하는 것을 배운다. 콜버그(1976)에 따르면, 확장된 역할 채택 경험이야말로 도덕판단 발달의 중요한 관건이 된다. 왜냐하면 이러한 경험이 인지적 불평형을 일으켜서 도덕판단을 발달시키기 때문이다.

레스트는 제1장에서 교육 연한의 증가가 일반적으로 높은 수준의 도덕판단과 연관됨을 밝힌 연구들을 많이 개관하였다. 파스카렐라(Pascarella)와 테렌치니(Pascarella & Terenzini, 1991, 8장 참조)는 대학시절에 일어나는 도덕판단 발달에 관한 수많은 연구들을 개관하였다. 그들은 대학 경험과 도덕판단의 발달 간에는 유의미한 정적인 효과가 있기는 하지만, 그 효과가 어느 정도인지는 불분명하다고 결론지었다. 이 장에서는 그들의 개관 이후에 수행된 연구들을 살펴보고, 이를 통해 대학 경험이 도덕판단에 미치는 효과에 대해 잠정적이기는 하지만 좀 더 명확한 결론을 내려 보고자 한다.

대학교육의 유형에 따른 효과

특정 유형의 고등교육은 도덕판단의 발달이 포함된 인문교양 교육의 목표를 잘 성취하지 못하고 있다는 주장이 제기된 바 있는데, 직업교육 지향(vocationally oriented)의 고등교육이 그 첫 번째 유형이다. 인문교양 교과를 담당하는 일부 교수들은 경영학이나 간호학처럼 직업교육의 성격을 가진 전공분야 교육의 부정적 효과에 대해 염려해 왔다. 이러한 염려는, 19세기 후반의 경우처럼 일부 제한된 영역의 능력을 기르는 교육을 강조하다 보니 인간의 가치와 도덕성의 문제를 간과하는 부작용이 나타날 수 있다는 우려와 같은 맥락이다. 이를 지지하는 견해가 일부 경영학 문헌(Scott, 1988; Sims & Sims, 1991)과 교육학 문헌(Goodlad et al., 1990)에 나타나 있는데, 이 문헌들은 당해 학문 영역에서 도덕적 위기가 실제로 나타나고 있다고 주장한다.

비록 직업교육 영역에서의 몇몇 교육적인 접근들은 도덕원리화된 사고를 촉진하지는 못하고 있지만, 직업교육과 교양교육을 통합하려는 시도는 가능해 보인다. 이러한 통합은 특정 교과내용에서 자연스럽게 제기되는 가치 문제들을 거론하거나, 과학이나 사회과학, 철학 등 다른 교과의 내용에 도덕과 관련된 지식들을 포함시킨다면 가능해질 것이다. 이 장에서는 특정 직업교육 전공을 포함하여 대학 전공분야에 따른 도덕판단 발달의 차이를 기술하고, 이러한 차이의 원인을 분석해 보고자 한다.

보수적인 기독교 계통의 대학교육은 도덕판단의 발달이라는 인문교양교육의 목표를 잘 성취하지 못하는 두 번째 유형의 고등교육이다. 실제로 그 영역이 낮은 수준의 도덕판단과 관련이 있다고 주장한 연구자들이 있다. 레스트(1979; 1986)는 몇몇 보수적인 기독교 교회들과 근본주의 신학교(fundamentalist seminary) 1개교에서 나타난 관련 자료를 요약한 바 있고, 보다 최근의 연구결과(Shaver, 1987)는 신학대학(Bible College)의 교육이 도덕판단의 발달을 저해하고 있음을 보여 주었다. 도덕판단의 발달을 저해하는 기제는 아마도, 자율적인 원리화된 사고와는 정반대의 이데올로기적이고 정답 지향적인(answer-oriented) 교육일 것이다. 즉, 주어진 문제의 답을 성경에 의존하기 때문에 기독교적인 고등교육은 서구의 철학자들이 도덕적 관점이라 부르는 정의나 인간 생명의 존엄성과 같은 보편적인 원리들에 의거하여 도덕판단을 내리도록 학생들을 이끌어 주지 못한다는 것이다.

그러나 이데올로기적 지시나 교화에 의존하지 않고 진정으로 진리를 추구하는 기독교 계통의 대학교육도 있을 수 있다(McNeel, 1991 참조). 홈즈(Holmes, 1975)는 세상을 보는 적절한 관점은 개인적 관점(한 인간은 어디에서 시작되었는가?)에 충실하면서 동시에 다른 관점(어떻게 인간은 성장하는가?)에 개방되어 있는 것이라고 하였다. 이러한 두 가지 관점 모두에 충실한 고등교육은, 미국 역사의 전반기에 대학들이 전형적으로 추구하던 도덕적인 목표를 포함한, 인문교양 교육의 목표를 실현할 수 있게 된다. 기독교 계통의 대학들은 보수적인 신학과 함께 자신의 관점과는 다른 대안적인 관점을 개방적으로 검토함으로써 그러한 통합을 실현할 수 있다(Christian College Consortium, 1979). 홈즈(1991)는 그런 대학에서는 '윤리는 모든 사람의 필수과제'가 된다고 보고, 통합을 달성하는 방법으로서 11가지의 도덕교육 목표를 제안한 바 있는데, 그가 제안한 목표들은 레스트의 4-구성요소 모형을 좀 더 세분화한 것이라 볼 수 있다. 이 목표들은 도덕감수성(각성하는 의식, 감지하는 의식), 도덕판단력(도덕적 상상, 도덕적 분석, 도덕적 의사결정), 도덕동기화(가치 분석, 가치 명료화, 가치 비판), 그리고 도덕적 품성(책임의 증진, 덕성의 발달, 도덕 정체감의 형성)이다.

도덕판단에 대한 대학교육의 효과

베델대학에서의 도덕판단력의 발달

연구자들은 대학 교양교육의 결과변인으로서 도덕판단력의 발달을 측정하는 것이 적절하다고 보고, 대학 4년의 경험을 통해 이루어진 학생들의 도덕판단 능력의 발달에 대해 횡단적이고 종단적인 연구를 시작하기로 결정하였다. 수년 동안 학년 초에 신입생 오리엔테이션에 참가한 학생들을 대상으로 DIT를 실시하였다. 그러고 나서 그들이 4학년이 되는 봄에, 각각의 동년배 집단에서 무작위로 표본을 표집하여 DIT검사로 추수연구를 실시하였다. 몇 년 동안, 좀 더 완전한 횡단적인 표본을 확보하기 위하여 다른 학교에서 해당 학교로 편입해 온 4학년 학생 중에서 표본을 추가하였다.

이 연구의 첫 번째 목표는 베델대학의 교육의 최종 성과를 총괄적으로 평가하기 위한 적절한 자료를 구축하는 것이다. 이 대학은 성서를 중심으로 하면서도 인문교양 교과에 대한 개방성을 갖춘 기독교적 인문교양 교육을 하는 대학이기 때문에, 도덕판단력의 발달이 이 대학의 중요한 결과물일 것이라고 상정하였다. 두 번째 목표는 여러 가지 정보들을 형성적인(formative) 방식으로 사용하여, 교수진과 행정가들이 대학생들의 도덕발달 상태를 더 잘 이해할 수 있도록 돕는 것이었다. 이 연구의 목표는 교수진과 행정가들이 학생의 도덕성 발달이라는 이 대학의 핵심적인 교육목표를 성취하기 위해서는 자신들의 교수법과 대학운영 프로그램을 수정할 필요가 있음을 이해하도록 만드는 것이었다. 이하에서는 이러한 목표들이 SPECTRUM(Scholars Pursuing Educational Competencies to Reach Undergraduate Maturity)이라는 교원교육 프로그램과 여러 학과들 간의 학제적 연구를 통해 어떻게 달성되었는지를 기술하고자 한다.

연구결과(McNeel, 1992)는 대학 4년 동안 도덕판단력에서 강한 종단적 발달이 나타났음을 알려 주었다. 즉, 종단적인 동년배 집단(1, 4학년 때 모두 DIT검사의 일관성 점검을 거친 학생 216명)의 경우, DIT의 원리화된 추론 점수(P-점수)가 35.7에서 46.4로 증가한 것이다. 횡단적인 표본(N=920, N=433)에서도 종단연구와 거의 유사한 검사결과가 나타났다. 다른 DIT 연구와 마찬가지로 성별로 유의미한 차이는 발견되지 않았고, 굳이 밝히자면 여학생이 남학생보다 아주 미미하게 높았다. 학년 상승에 따른 성차도 나타나지 않았다. 이러한 대학교육 효과의 강도는 파스카렐라와 테렌치니의 대학효과 분석에서 사용된 효과 크기(effect size, d)에 따라 측정될 수 있었다. 여기서 효과 크기란 1학년에서 4학년까지의 평균치의 변화를 1학년 표본의 표준편차로 나눈 것인데, 미세한 변화(0.10~0.39), 중간 정도의 변화(0.40~0.69), 큰 변화(0.70~0.99), 매우 큰 변화(1.00 이상) 등으로 규정되었다. 이러한 기준에 따르면, 종단표본에서의 효과 크기(0.92)와 횡단표본에서의 효과 크기(0.93)는 모두 매우 큰 것이다.

대학효과에 대한 메타분석: 대학 유형 간의 비교

좀 더 넓은 맥락에서 이 연구결과를 살펴보기 위하여 광범위한 문헌조사를 수행하였다. 그 연구에서는 4년에 걸친 대학 경험 전체를 다루고, 효과 크기를 계산하기에 충분한 자료를 확보할 수 있는 다른 단과대학과 종합대학에 대한 연구가 포함되었다(McNeel, 1992). 총 12개 대학(인문교양대학 7개, 종합대학 3개, 신학대학 2개)에서 추출한 22개의 표본은 다소 제한적이긴 하지만 매우 실질적인 자료를 제공하여 주었다(〈표 2-1〉 참조). 그 결과는 놀랄 만한 것이었다. 왜냐하면 인문교양대학의 효과 크기는 컸고(종단자료=0.79, N=6; 횡단자료=0.81, N=7), 가장 작은 효과 크기도 중간 정도인 0.55였다. 대학의 표본 수가 매우 적기는 했지만, 종합대학의 효과 크기는 크거나 중간 정도였으며(종단자료=0.80, N=2; 횡단자료=0.48, N=3), 신학대학의 효과 크기는 없거나 중간 정도(종단자료=0.02; N=1; 횡단자료=0.48, N=2)였다는 점이 중요하다.

이러한 결과는 다음과 같은 관점을 지지해 준다. 즉, 이 장의 앞부분에서 논의한 바와 같이 보수적인 기독교 이데올로기는 원리화된 도덕추론의 발달을 저해한다고 하지만, 인문교양 교육에 초점을 맞춘 보수적인 기독교 계통의 대학교육에서는 일반적으로 이런 상황이 나타나지 않는다는 점이다. 이 메타분석에서 대부분의 인문교양대학들은 보수적인 개신교의 전통을 물려받았으며 학생 개인의 기독교적 신념을 발달시키고자 하는 강한 책임감을 지니고 있었지만 학생들은 원리화된 도덕추론에서 강한 발달을 보여 주었다. 이는 중간 정도의 효과만이 나타나거나 전혀 나타나지 않는 신학대학의 경우와는 상반된 결과이다. 그래서 초기 연구 결과와는 달리, 원리화된 추론의 발달은 보수적인 기독교 대학에서도 일어나는 것으로 볼 수 있다(Clouse, 1990; McNeel, 1991).

그러나 이 메타분석 결과에서 가장 두드러진 문제는 1, 2, 3, 4학년 모두를 대상으로 한 연구가 부족했던 점이었다. 이러한 현상은 종합대학과 신학대학에서 더욱 뚜렷하게 나타났다. 자료의 부족이 가장 문제가 된 부분은 종합대학의 횡단연구 결과였는데, 이 연구의 사례 수(3명)가 너무 적었기 때문에 과연 종합대학에서 확인된 효과가 인문교양대학의 경우만큼 믿을 만한가하는 의문을 불러일으켰다. 종합대학의 횡단적 효과가 더 약한 것은 연구대상이 특정 대학이라는 점과, 피험자의 선발 혹은 중도탈락과 같은 횡단연구 설계의 가외변인에 기인하는 듯하다. 종합대학의 종단적 효과는 큰 것으로 나타났지만, 연구표본이 두 개에 불과한 점은 그 효과를 부분적으로 제한하는 요소로 작용하였다. 종단적 연구를 수행한 한 신학대학에서 발달이 잘 나타나지 않은 것은 보수적인 대학환경이 도덕판단의 발달을 저해할 것이라는 초기의 연구가설과 일치하는 것이다. 그러나 신학대학이 보여 준 중간 정도의 횡단적 효과는 도덕판단의 발달이 보수적인 신학대학과 양립 불가능하지는 않음을 보여 준다. 앞으로 더 많은 인문교양대학과 종합대학, 신학대학에서 연구가 이루어질 필요가 있다.

다른 단과대학의 결과변인들과 비교

맥닐(1992)의 연구에서 자세히 다룬 바와 같이, 0.8 정도로 나타난 인문교양대학과 종합대학 종단연구에서의 효과 크기는 그동안 연구되었던 수많은 대학효과 변인들이 산출한 효과 크기들 중 가장 큰 경우이다(Pascarella & Terenzini, 1991). 이 효과 크기들은 여러 변인들이 산출한 효과 크기를 현저하게 능가하는데, 첫째 일반 언어능력(0.56), 계산기술(0.24), 구술 의사소통 능력(0.24), 필기 의사소통 능력(0.50)과 같은 인지적 변인, 둘째 개인적인 적응(0.40)이나 자기존중감(0.60), 독립성(0.36), 대인관계(0.16), 지적 지향성(0.30)처럼 자아나 대인관계와 관련된 기술, 셋째 그동안 연구된 모든 가치나 태도와 관련된 주제(0.10~0.50) 등이 바

표 2-1 1학년과 4학년 P-점수의 종단 · 횡단적 비교(효과 크기 d[1] 포함)

대학/대학교	종단적 결과					
	1학년	4학년[2]	사례 수	표준편차	변화량	효과 크기
인문교양대학						
본 연구	36.7	46.4	216	11.62	10.7	.92
알베르노대학 표본 A[3]	35.6	47.4	70	11.53	11.8	1.02
베델대학[4]	37.3	47.7	28	14.39	10.4	.72
휴튼, 메시아, 휘튼대학[5]	37.2	46.8	74	10.58	9.6	.91
휘튼대학[6]	41.5	52.4	44	17.22	10.9	.63
알베르노대학 표본 B[3]	42.8	50.9	70	14.53	8.1	.56
신학대학						
컬럼비아 신학대학[6]	33.4	33.2	54	12.73	-0.2	.02
종합대학						
캘리포니아주립대(어바인)[7]	36.9	48.1	95	13.26	11.2	.84
웨스트포인트[8]	34.4	43.3	104	11.83	8.9	.76

대학/대학교	횡단적 결과[9]					
	1학년	4학년[2]	사례 수	표준편차	변화량	효과 크기
인문교양대학						
본 연구	34.8	45.3	920(433)	11.28	10.5	.93
알베르노대학[3]	35.2	49.2	70 (53)	10.56	14.0	1.33
베델대학[4]	33.4	42.9	360 (36)	11.69	9.5	.81
크리스천대학 표본 A[10]	35.4	39.8	30 (30)	7.50	4.4	.59
크리스천대학 표본 B[10]	37.0	44.0	35 (30)	12.83	7.0	.55
크리스천대학 표본 C[10]	38.6	48.0	34 (33)	9.21	9.4	1.02
메인라인대학[11]	43.4	51.1	57 (46)	13.34	7.7	.58
휘튼대학[12]	41.5	52.2	116 (58)	15.48	10.7	.69
신학대학						
컬럼비아 신학대학[12]	32.4	36.7	212 (46)	14.89	4.3	.29
신학대학 표본 B[13]	30.3	39.8	39 (32)	13.98	9.5	.68
종합대학						
아이오와 대학[4]	37.8	46.8	112 (40)	17.54	9.5	.51
캘리포니아 주립대(어바인)[7]	41.4	44.4	85 (56)	14.82	3.1	.21
웨스트포인트[14]	34.4	42.6	167 (47)	11.5	8.2	.72

(〈표 2-1〉 계속)

1) 각 사례에서 효과 크기는 파스카렐라와 테렌치니(Pascarella & Terenzini, 1991, p. 15)에 따라 4학년 점수에서 1학년 점수를 뺀 것을 1학년 점수의 표준편차로 나눈 것이다.
2) 컬럼비아 신학대학(n.s.)과 크리스천 신학대학 표본 A(p〈.03, 일방검증)를 제외한 각 표본의 1, 4학년 차이는 유의미하다(p〈.01). 컬럼비아 신학대학과 캘리포니아 주립대학(어바인)의 횡단연구 통계분석 결과는 보고되지 않았다.
3) 멘코프스키와 스트레이트(Mentkowski & Straight, 1983) 참조. 여기서 종단표본 A는 전통적인 연령의 대학생이고, 종단표본 B는 나이 든 학생이다. 종단표본은 p. 178, 횡단표본은 p. 160 참조.
4) 맥닐(1991, p. 317) 참조. 표준편차는 저자가 삽입하였다.
5) 버웰 등(Burwell et al., 1992)의 〈표 1-B〉 참조.
6) 쉐이버(Shaver, 1987, pp. 214-215) 참조.
7) 록슬리와 화이틀리(Loxley & Whiteley, 1986, pp. 275~280) 참조.
8) 브릿지와 프리스트(Bridges & Priest, 1983, p. 29) 참조. 매우 복잡한 이 연구에서, 104명의 피험자는 4개의 표본에서 모은 것인데, 이들이 대학생활 4년 동안 받은 검사의 시기나 횟수는 각각 달랐다. 104명의 피험자 전원은 대학 경험을 막 시작할 때(예를 들면, 기초과정 전에) 검사를 받았고, 4학년 봄(몇몇은 다른 시점에도 검사되었다)에 다시 검사를 받았다. 여기서 제시된 평균은 4개 집단에서 주어진 평균과 사례 수로 계산되었다. 저자들은 종단표본에서 1학년의 표준편차를 제시하지 않았다. 따라서 여기서는 1학년 전체집단(N=616)의 표준편차가 효과 크기를 산출하는 데 사용되었다.
9) 첫 번째 사례 수는 1학년 표본크기이고, 괄호 안은 4학년 표본크기이다.
10) 부이어, 부트만, 버웰, 반 위클린(Buier, Butman, Burwell & Van Wicklin, 1989, p. 74) 참조
11) Mainline 신교 종파 중의 하나와 관련된 중서부 북부의 수준 높은 인문교양대학의 자료. 이 자료는 저자가 모은 익명의 데이터베이스에서 확보하였다.
12) 쉐이버(Shaver, 1985, pp. 123, 126) 참조
13) 소규모의 보수적 신학대학의 데이터이다. 이 데이터 역시 저자가 모은 익명의 데이터베이스에서 확보하였다.
14) 브릿지와 프리스트(Bridges & Priest, 1983, p. 30) 참조. 이 결과들은 1학년(1977)과 4학년(1981) 자료인데, 이들은 대학시절에 한 번만 검사를 받았다. 따라서 이 자료는 두 집단이 다른 사람들이라는 의미에서 횡단표본이다. 그러나 검사시점이 거의 4년 정도 떨어져 있다. 이 표본의 대표성은 보고서에 명확하게 드러나 있지 않았다.

로 그것이다.

원리화된 추론능력의 효과 크기(0.8)는 교과목 지식에 대한 효과 크기와 같았고, 권위주의에 대한 효과 크기(-0.81)와도 동일하였다. 비판적인 사고에 대한 효과 크기(1.00)와 추론 사용의 효과 크기(1.00), 개념적 복잡성을 다룰 수 있는 능력의 효과 크기(1.20)는 원리화된 추론능력의 효과 크기를 능가하였다.

대학에서 도덕판단의 발달과 관련된 이러한 연구결과들은 통계처리에 적정한 수준의 사례 수를 가진 단과대학이나 종합대학의 수가 비교적 적다는 점 때문에 해석상 제한을 받을 수 있다. 그러나 이러한 연구결과들은 도덕판단 발달에 대한 대학교육의 효과 크기가 명확하지 않다는 파스카렐라와 테렌치니(1991)의 결론에 대한 예비적인 검증의 기회를 제공한다. 즉, 적어도 인문교양대학에서 4년 재학한 경험은 원리화된 추론능력의 발달에 매우 강력한 영향을 미친다는 것이다.

대학 전공분야와 도덕판단 능력의 발달

베델대학의 자료는 표본의 크기와 상관없이 전공분야별로 분석되었다(McNeel, 1992). 모든 전공분야에서 통계적으로 유의미한 변화가 나타났고, 특히 몇몇 전공은 다른 전공보다 더 극적인 변화를 보여 주었다. 즉, 1학년 때는 전공분야별 차이가 없었는데 4학년 때는 차이가 있었던 것이다. 효과 크기는 심리학(1.48)과 간호학(1.47)에서 매우 큰 것으로 나타났고, 영문학(1.26)과 기타 전공(1.15), 그리고 사회복지학(1.01)에서도 큰 것으로 나타났다. 반면 다른 전공들에서는 효과 크기가 그보다 작게 나타났다. 효과 크기가 가장 큰 전공, 즉 도덕판단의 발달이 가장 많이 일어난 전공은 인간의 다양성을 이해하는 데 초점을 맞추거나 교과내용과 윤리를 통합하는 방향으로 교육과정을 운영한 전공분야였다. 이러한 결과는 대체로, 도덕발달에 영향을 미치는 요인에 관한 이론이나 실제 연구들과 일치한다(Rest, 1986).

이와는 대조적으로 직업적 지향성을 갖고 있다고 학생들이 지각한 교육학과 경영학 분야에서는 중간 정도의 효과 크기만 나타났다(McNeel, 1992). 사실, 이 두 전공에서 공통적으로 나타난 중간 정도의 효과 크기(0.58)는 다른 전공 수치(1.10)의 절반 정도이다. 이처럼 효과 크기가 두 전공에서 작게 나타난 것은 두 전공의 4학년 학생들의 도덕판단 점수(40.2)가 다른 전공들의 경우(49.4)보다 현저하게 낮은 데 기인한다. 사실, 두 전공의 4학년생들의 도덕판단 점수는 다른 전공의 4학년생의 점수(43~52점)보다는 단과대학 1학년생들의 점수(34~42점)와 더 비슷한 것으로 나타났다. 결국, 1학년 때 점수가 높은 학생이라도 경영학과 교육학을 전공하게 되면 4학년이 되었을 때 오히려 점수가 낮아진다는 것인데, 이는 도덕발달의 양상이 전공분야에 따라 달라짐을 의미한다.

이러한 자료들은 앞에서 언급한 다른 연구문헌들의 내용과 일치하는데, 이 문헌들은 전국적으로 경영학과 교육학을 전공하는 학생들이 도덕발달에서 문제가 있음을 지적하고 있다. 그러나 저자들의 연구표본에서는 이 두 학과의 도덕발달 수준이 그리 낮지 않고 중간 정도였음에 주목할 필요가 있다. 장차 다른 대학을 대상으로 연구했을 때 이러한 중간 정도의 효과 크기가 재차 확인된다면, 몇몇 연구자들이 썼던 '위기'라는 말은 다소 과장된 진단이 될 것이다.

경영학과 교육학을 전공하는 학생들의 도덕발달이 부진하다는 해석은 그 연구가 상관연구임을 감안할 때 문제가 있을 수 있다. 그러한 부진은 두 학과 고유의 어떤 다른 요인에 기인하는 것 같다. 교과내용이 윤리와 통합되지 못한 것도 원인이 될 수 있고, 교수법이나 학생들의 개인차, 부모의 욕구 또는 압력, 기타 요인들[1)]도 원인으로 작용할 수 있다. 향후의 연구에서는 이 요인들이 미치는 영향력의 범위나 종류 등이 연구될 필요가 있다.

경영학과 교육학이라는 두 전공은 국가 공동체 차원에서 매우 중요한 분야이기 때문에, 이 두 학과 학생들의 도덕발달이 중간 정도에 머물고 있는 것은 주목할 만한 현상이다. 따라서 다른 단과대학과 종합대학의 학생들을 대상으로 하는 종단연구에서도 동일한 현상이 나타나는지 확인할 필요가 있다.

단과대학과 종합대학에서의 현장연구

역사적으로 볼 때 과학자들은 기초연구와 응용연구를 구분해 왔다. 그렇게 나누는 것은 나름대로 의미가 있을 수 있겠지만, 그것은 너무 세부적인 구분이고 때때로 양자의 목표가 동시에 달성되는 경우도 있다. 예컨대 과학 분야에서, 원자폭탄을 개발하기 위한 응용 프로그램은 대단히 큰 이론적 발전을 가져오기도 했는데, 미국 우주개발 프로그램의 경우가 그러하다.

사회과학 분야에서는 현장연구(action research)가 그런 경우이다. 현장연구는 그 연구를 수행하는 단체나 조직의 실제적인 목표를 달성하는 동시에, 이론적으로도 의미 있는 연구결과를 산출할 수 있다. 과학의 통설은 가치 중립(value-free)을 주장하지만, 현장연구는 뚜렷한 가치 지향으로부터 시작되고 연구에 참여한 피험자들이 혜택을 받는 것을 목표로 하여 수행된다(Jacobs, 1974; Tax, 1975). 이러한 현장연구의 관점은 대학의 의무와 역할을 말할 때 흔히 등장하는 가치 함의적(value-laden) 표현들과 일치한다. 이러한 종류의 연구들은 많은 단과대학과 종합대학들로 하여금 현대사회가 강조하고 있는 고등교육의 책무성에 부응하기 위한 매력적인 대안들을 탐색할 수 있게 해 줄 것이다.

베델대학에서, 저자들은 현장연구의 성격을 띤 도덕판단 연구 프로그램을 수행하였다. 이러한 현장연구의 내용은 여러 학과들과 협동연구를 하여 실천 · 이론적으로 중요한 주제들(예컨대, 교외학습 경험의 효과)을 탐색하고, 윤리를 가르치는 효과적인 방법을 도입 · 평가하며, 학생들의 도덕발달에 대한 교수진의 이해를 증진시키기 위해 고안된 프로그램의 효과를 평가하는 것이었다. 연구의 목표는 프로그램의 개선이었는데, 이는 학생들에게 더욱 강력한 교육을 하기 위한 것이었다. 이러한 목표 때문에, 연구 프로그램은 교무처와 독립적으로 수행되었다. 교직원 업적평가를 맡고 있는 행정부서와 연결을 끊고 연구를 수행하면 평가에 대한 교수진과 사무직원들의 우려감을 해소할 수 있다는 점을 알고 있었기 때문이다. 도덕판단 연구는 주제가 도덕인데다 여러 사람들의 협동이 필요한 연구 프로그램이므로, 어떤 참여자들에게는 자신이 평가받고 있다는 심리적 압박으로 작용할 수 있는 미묘한 문제가 있는 게 사실이다. 그런 심리적 압박감을 느끼는 교수진과 직원들이 교육과정을 효과적으로 개선하리라고 기대하기는 어렵다. 이처럼 도덕판단의 발달을 위한 협동연구에서는 많은 학과들에게 참여 기회를 제공하고, 그중 진지한 관심을 보인 학과들에 의해 교육 프로그램이 개발되었다.

이론 · 실천적으로 중요한 쟁점들

도덕발달에 관한 광범위한 종단적 데이터베이스를 구축하면 이 자료를 다른 데이터베이스와 연결할 수 있다는 장점이 있다. 그렇게 되면 고등교육의 이론이나 실제에서 대단히 중요한 몇 가지 문제들을 풀 수 있는 잠정적인 해결책을 얻을 수 있다. 이에 대한 세 가지 예는 다음과 같다.

교외학습 경험

베델대학에서 이루어진 초기 연구에서는, 학생들이 신입생 오리엔테이션 때 언급한 교외학습 참여 계획이 이후 2년에 걸친 도덕판단의 발달궤적을 예언하는 변인이 된다는 사실이 밝혀졌다. 이는 놀라운 발견이 아니다. 그것은 교외에서 이뤄지는 경험학습이 강력한 교육적 효과를 나타낸다는 점을 밝힌 기존 문헌들(Borzak, 1981)과 일치하는 결과이기 때문이다. 그러나 계획과 실제 경험은 다른 것이기 때문에 실제 경험으로도 동일한 효과가 나타나는지를 확인하기 위한 검사를 실시하였다. 최근의 한 연구에서, 1학년과 4학년 때 동일한 도덕판단 검사를 사전 · 사후 검사로 받았던 4학년 학생들에게 자신들의 대학 경험이 어떠했는지에 대한 추수 질문지를 작성하도록 했다. 질문 항목은 다음 세 가지 형태의 경험, 즉 필수과목인 교외학습 경험, 필수과목이 아닌 교외학습 경험, 영국 · 코스타리카 · 워싱턴 DC에서의 1개 학기 수학, 이스라엘 · 에콰도르 · 필리핀의 1월 학기와 같은 비교문화적인 해외 프로그램 참여 등에 관한 것이었다.

연구결과, 해외 프로그램 참여 경험은 매우 극적인 도덕판단의 발달을 가능하게 하는 것으로 나타났고(1학년 때는 32.6, 4학년 때는 47.9, 효과 크기는 1.42), 참여 경험이 없는 경우에는 발달의 폭이 그보다 적었다(33.6→42.9, d=0.94). 마찬가지로, 필수과목이 아닌 교외학습 경험에 많은 시간을 투자한 학생들도 매우 큰 폭의 발달궤적(31.8→48.6, d=1.56)을 보여주었다. 필수과목이지만 적은 시간만을 투자한 학습 경험도 다른 경험에 비하면 작지만 여전히 큰 발달궤적(33.8→46.3, d=1.12)을 보여 주었다. 그러나 대학시절에 그런 경험을 하지 않은 학생들은 중간 정도의 발달(34.2→40.1, d=0.66)만을 보여 주었다. 이러한 결과와는 대조적으로, 필수과목인 교외학습 경험은 발달궤적과 관련이 없었다.

이것은 매우 흥미로운 결과이다. 왜냐하면 교외학습 경험이 도덕발달의 촉진을 위한 매우 강력한 자극이라는 믿음을 지지해 주기 때문이다. 그러나 양자 간의 인과관계에 대한 확고한 결론을 이끌어 내기 위해서는 보다 신중한 해석이 필요하다. 예를 들어, 교외학습 경험을 자발적으로 선택한 학생들의 도덕발달 수준이 이미 높아져 있었을 수도 있기 때문이다. 그러나 베델대학 피험자들의 1학년 때의 도덕판단 점수에서는 집단차가 없었다.

이러한 결과는 도덕발달에 있어서 교외학습 경험의 선택이 중요함을 시사한다. 이러한 견해는 인지발달론자들이 단계상승 또는 도덕판단 발달의 수단으로 파악하고 있는 부조화 기제(inconsistency mechanism)의 관점에서 보면 당연한 것이다. 인지부조화 이론가들은 태도와 행동의 불일치가 태도를 변화시키는 경우는, 사람들이 자신의 태도와 반대되는 행동을 자유롭게 선택했다고 지각하였을 때뿐임을 보여 주었다. 이러한 제약은 도덕판단의 발달에도 작용한다. 즉, 학생들의 과거 경험과 도덕문제에 대한 현재의 사고방식 간의 불일치는, 그들이 그런 경험을 자신의 자유의지로 선택했다고 생각할 때만 학생들의 사고방식(도덕판단)을 변화시키도록 동기화할 수 있다는 것이다.

그렇다고 해서 필수과목화된 경험이 반드시 도덕판단 발달을 촉진시키지 못한다는 것은 아니다. 단지, 학생들 자신이 직접 학습 경험을 선택했음을 지각하는 것이 필수적임을 지적한 말이다. 즉, 그 경험을 자신의 것으로 받아들이고 그 경험이 낳는 발달을 선택해야 한다. 인지부조화 이론가들은 피험자들로 하여금 자신의 현재 태도와 상반되는 선택을 마치 자신의 자유의사에 따른 것처럼 할 수밖에 없도록 실험 상황을 디자인하는 데 관련된 많은 경험을 갖고 있다. 교육자들도 필수과목을 구성할 때 이러한 이론들을 활용하면, 학생들로 하여금 자신의 선택이 자유의사에 따라 이루어진 것처럼 느끼게 하여 교육의 효과를 극대화할 수 있을 것이다.

교실 밖에서 이루어지는 교수와의 만남

두 번째 연구주제는 수업시간 외에 이루어지는 학생과 교수의 접촉 효과에 관한 것으로, 이론적으로나 실제적으로 중요한 함의를 가지고 있다. 소규모 인문교양대학에서는 학생들이 교수를 쉽게 만날 수 있다. 이 연구주제는 이러한 만남의 가치를 보여 준다. 예를 들어, 가프 부부(Gaff & Gaff, 1981)는 "강의실 밖으로 확장된 이러한 관계는 학생들의 생활을 가장 크게 변화시킨다. 이들의 만남의 특징은 지적인 흥미를 공유하고, 제한된 교과과정의 범위를 넘어선 대화를 나누는 데 있다."(p. 649)라고 지적한 바 있다.

이러한 교수와의 강의실 밖의 만남은 대학 4년 동안 이루어지는 도덕판단의 발달과 관련이 있는가? 최근에 이루어진 한 연구가 이 질문에 답한다. 대학시절에 이러한 만남을 가지지 않았다고 응답한 학생들(33.6→38.3, d=0.44)은 적어도 몇 번의 만남을 가졌다고 응답한 학생(33.2→47.5, d=1.44)보다 도덕판단 발달의 폭이 작았다.

도덕판단이론의 관점에서 보면, 교수들은 학생이 고심하고 있는 어려운 도덕적 문제에 관해 더 성숙되어 있고 전문적이기 때문에, 학생들의 도덕판단 발달에 강한 영향을 미쳤을 수 있다. 만약 학생들이 전혀 강압적이지 않은 방식으로 이러한 성숙함과 전문성을 접할 수 있다면, 혼자서 여러 가지 복잡한 도덕적 문제들과 씨름할 때보다는 발달의 폭이 더 커질 수 있을 것이다. 이러한 예상은 인지발달론의 핵심 관점에서 어긋나지 않는다. 왜냐하면 도덕판단 발달은 세상을 도덕적으로 이해할 수 있는 새롭고 더 나은 방식을 구성할 때 일어나기 때문이다. 사실, 이 연구의 결과는 이러한 관점과 일치한다. 왜냐하면 이 연구는 사람들이 자신의 모델이 되는, 어느 정도 높은 도덕적 추론에 끌린다는 점을 보여주기 때문이다(1장의 발달위계에 대한 논의 참조). 강의실 밖에서 이루어지는 교수와 학생 간의 개인적이고 친절하고 비권위적인 만남은 학생들의 도덕판단 능력의 발달을 극대화할 수 있는 좋은 여건을 제공한다.

개인적 능력들과의 관계

실천적 함의와 이론적 함의를 모두 지닌 세 번째 연구주제는 도덕판단 발달과 대학교육이 목표로 하는 다른 전인적인 특성 사이의 관계이다. 대학 평가기관들은 의사소통, 가치판단, 문제해결 등 각 대학들이 목표로 삼고 있는 교육적 성과를 명확하게 제시할 것을 요구하고 있고, 실제로 많은 대학들은 특정한 교육적 성과의 산출을 목표로 하는 통합된 교육과정을 구성하고 있다. 20년 전에 시작된 알베르노(Alverno)대학의 프로그램은 좋은 사례이다.

학생들에게 나타난 교육적 성과를 분석함에 있어, 다양한 성과들이 서로 어떻게 연관되어 있는지를 살펴보는 것이 중요하다. 도덕판단과 대학생 자신의 정체성 지각 사이의 관계를 생각해 보자. 버웰(Burwell et al., 1992)은 휴튼, 메시아, 휘튼 대학의 자료를 통해, 에릭슨의 심리사회적 발달단계가 전통적인 대학생 연령에 가장 적절하고, 도덕판단력의 발달은 자아정체감의 발달과 상관이 있음을 보여 주었다. 특히, 1학년에서 4학년까지 자아정체감이 크게 발달한 학생들은 도덕판단의 발달(41.2→52.7)도 큰 것으로 나타났다(Marcia, 1980). 이와 대조적으로, 스스로의 반성적 의사결정이나 위기 경험을 통해 형성된 정체성 폐쇄(identity foreclosure), 즉 정체성이 없는 상태가 지속된 학생들에게서는 도덕판단의 발달이 거의 나타나지 않았다(38.4→39.1).

현장적용의 관점에서 볼 때, 이러한 결과에는 중요한 의미가 담겨 있다. 이러한 결과는 학생 자신의 정체감이 도덕판단을 발달시키는 데 중요한 역할을 한다는 것을 보여 준다. 만약 그렇다면, 많은 인문교양대학들은 전인성 강조를 통해 학생들의 자발적인 자아탐색, 즉 반성적인 방식으로 자신의 정체감 선택을 도움으로써 학생들의 도덕적 발달에 중요한 영향을 미치는 것이다. 도덕발달이론의 관점에서 볼 때 여기에는 중요한 함의가 있다. 즉, 이러한 결과는 레스트(1장)가 도덕성의 세 번째 구성요소(도덕동기화)의 중요한 부분이라고 본 개인적 특성이 두 번째 구성요소(도덕판단)의 발달에도 중요함을 보여 준다. 도덕성의 구성요소들 간의 관계를 확인하는 것은 이론적 정교화를 위해 매우 중요한데, 이러한 정교화는 다시 도덕발달을 촉진할 구체적인 방법을 이해하도록 돕기 때문이다. 그러나 다시 한번 말하거니와, 그러한 이해를 더욱 촉진시키려면 관련 가설들을 검증할 수 있는 충분한 종단적 데이터베이스를 구축할 수 있어야 한다. 이것은 대학들이 전심전력을 다해야만 달성할 수 있는 목표이다.

학과별 연구

간호학

간호사의 행동이 다른 사람들에게 미칠 영향을 생각할 때 간호학과 학생들은 높은 수준의 도덕판단을 발달시켜야 할 특별한 필요가 있고, 간호 프로그램은 간호사들의 도덕판단 발달을 촉진해야 한다. 베델대학의 새로운 간호학부 프로그램을 보면, 적절한 윤리적 내용이 간호학 교육과정에 포함되어 있지만, 학생들의 실제 도덕발달은 거의 평가되지 않았다. 결과적으로, 이러한 필요성 때문에 간호학과와 협동 프로젝트가 구안되었다. 이미 보고된 자료에 더해, 3개의 부가적인 간호학과 대학생군(cohorts)이 1학년과 4학년 때 DIT검사를 받았다. 그리고 3학년 때는 다른 대학에서 온 편입생들을 포함한 모든 3학년 학생들이 그 검사를 받았다.

이 장에서 이미 언급한 다른 연구의 결과들과 마찬가지로, 이 연구

(McNeel et al., 1993)에 참여한 학생들도 4년 동안 인상적인 도덕발달을 보였다(35.5→50.8, d=1.46). 이 중 편입생과 비편입생을 비교한 데이터가 특히 흥미롭다. 즉, 비편입생들이 1~2학년 2년 동안에 대학 4년치의 발달(약 12점)을 보인 상태에서 3~4학년 2년 동안에도 중간 정도의 발달(45.3→51.2, d=0.48)을 보였는데, 3~4학년은 집중적으로 간호학 과정을 이수하는 기간이다. 이러한 연구결과는 멘코프스키와 스트레이트(1983)의 연구결과와는 반대되는 것이다. 그들은 전공별이 아닌 전체 학과로 볼 때 대학 후반기 2년 동안의 발달은 전반기 2년 동안의 발달보다 크지 않다고 주장하였다.

간호학 전공교과와 임상실습을 주로 하는 대학 후반기 2년의 경험이 도덕발달에 있어 강력한 영향을 미친다는 것은 편입생들의 자료와 비교해 보면 알 수 있다. 편입한 학생들은 비편입생보다 도덕발달 수준이 낮은 상태에서 3학년을 시작한다(36.8 대 45.3). 그러나 편입생들은 3, 4학년 때의 간호학 프로그램을 통해 비편입생들과의 격차를 줄이게 된다(49.5 대 51.2). 편입생들은 3, 4학년 때 간호학 과목을 집중적으로 들으면서 비편입생들의 경우 4년이나 걸린 도덕발달을 2년 만에 이루게 된다(36.8→49.5, d=1.38). 이러한 극적인 결과가 전적으로 간호학 프로그램 자체 때문이라고 할 수는 없겠지만, 그것이 효과적인 프로그램임을 시사하고 있는 것은 사실이다.

또 다른 흥미로운 결과는 도덕발달과 대학 4학년의 임상실습 간의 상관관계이다(McNeel et al., 1993). 이 연구의 대상은 입학시기가 1년 차이 나는 두 집단의 4학년생이었다. 1년 먼저 입학한 집단에서는 양자 간의 유의미한 상관관계가 나타나지 않았지만, 1년 뒤에 프로그램이 보다 완벽하게 개발되고 조율되었을 때 입학한 4학년 집단에서는 긍정적이고 유의미한 상관관계(r=0.23)가 나타났다. 이러한 결과는 의대생을 대상으로 수행한 쉬한 등(Sheehan et al., 1980)의 연구결과와 일치하고, 간호학 프로그램을 대상으로 진행된 듀켓(Duckett)과 라이든(Ryden)의 연구결과(3장 참조)와도 일치한다. 물론 상관의 정도는 그리 크지 않지만, 간호사의 도덕판단 발달에 있어서는 중요하다.

경영학

최근 베델대학에서 경영학과와 협동연구를 시작하였다. 그 연구를 시작하게 된 것은 종단적 자료를 비교해 본 결과 대학 4년 동안 경영학과 학생들의 도덕판단능력의 발달이 다른 학과의 학생들보다 낮았기 때문이었다. 이러한 자료는 전국적으로 일선 기업과 대학 경영학과에서 나타나는 윤리적 위기를 잘 보여 주었는데, 이러한 위기는 적어도 부분적으로는 윤리경영에 대한 부적절한 인지발달에 기인한다(Baxter & Rarick, 1987). 윤리경영의 위기는 대학에서 도덕교육 프로그램의 활성화 필요성을 환기시켰다(Scott, 1988; Sims & Sims, 1991).

베델대학 경영학과의 연구는 다음과 같은 단순한 질문으로 시작되었다. 경영학과 학생들은 베델대학의 다른 학과 학생들과 얼마나 유사하고, 또 얼마나 다른가? 이러한 질문에 답하기 위해 최근 종단적인 도덕판단 연구가 수행되었다. 이 연구는 4학년을 대상으로 하였는데, 공감의 몇 가지 유형을 측정하는 데이비스(Davis, 1983)의 대인반응성척도(Interpersonal Reactivity Index)를 사용하였다. 이 척도에서 측정하는 공감의 유형에는 인지적 요소인 관점 채택과 정서적 요소인 공감적 관심이 포함되어 있다.

이 연구의 결과는 다음과 같다. 첫째, 앞서 언급한 종단적 연구결과와 일관되게, 경영학과 학생들은 다른 학과 학생들보다 도덕발달 수준이 낮았다. 둘째, 4학년을 대상으로 실시한 질문지를 분석한 결과, 경영학과 4학년 학생들은 공감의 인지적 요소인 관점 채택에서는 차이가 없었음에도 정서적 요소인 공감적 배려에서는 다른 학과 학생들보다 낮았다.

즉, 경영학과 학생들은 다음과 같은 언어 표현을 자주 사용하지 않는 경향이 있다. "나는 종종 나보다 불운한 사람들에게 연민을 느낀다.", "나는 누군가가 이용당하는 것을 보면, 그들을 보호해 주고 싶다."

따라서 경영학과 학생들의 도덕판단 발달이 부진한 것은 공감 부족에서 오는 것임을 알 수 있다. 파스카렐라와 테렌치니(1991)는 "대부분의 발달 연구자들에게 타인에 대한 공감 능력은 높은 수준의 도덕발달을 가능하게 하는 중요한 결정요인이다."라고 주장했다. 그렇게 본다면, 경영학과 학생들에게는 도덕판단의 발달에 필수적인 공감 능력이 증대될 수 있는 여건이 갖춰지지 않았다고 볼 수 있다. 그러므로 경영학과의 교육프로그램에 공감훈련을 포함시키는 방안은 학생들의 도덕판단 발달을 촉진하는 효과적인 방법일 수 있는데,[2)] 학생들로 하여금 사회적 약자의 요구에 직면하여 그들의 고통을 느껴 보도록 하는 과정을 경영학 교육과정에 포함하는 것도 하나의 해결책이 될 것이다. 이러한 접근은 이윤 창출이라는 경영학 본연의 목표를 포기하지 않으면서도 학생들이 불우한 사람들에 대한 공감 경험을 갖도록 해 줄 것이다. 교외학습 경험의 영향을 다루는 부분에서 이미 언급하였듯이, 이러한 접근을 위한 가장 효과적인 수단은 학생들로 하여금 의뢰인에 익숙해지고 기업체의 내부업무에 숙달하도록 하는 인턴십이나 직접경험일 것이다. 예컨대 경영학과 학생들이 미시시피 강변에 가서 벌목인들로 하여금 공동소유 기업을 조직하게 함으로써 그들 자신의 판매능력과 가족 부양을 위한 수입창출 능력을 향상시킬 수 있도록 돕는 방안도 가능할 것이다.[3)]

교육과정 도입: 펜(Penn)의 직접적 접근

많은 교육 프로그램과 처치들은 도덕적 딜레마에 대한 또래 간의 토론이 도덕판단을 발달시킨다는 것을 보여 주었다(Rest, 1986, 3장 참조). 딜레마 토론은 사람들에게 도덕문제의 해결을 연습해 보도록 하고, 동료와 대화를 통해 자기보다 더 높은 도덕적 관점을 발견하고 이해 · 평가할 수 있는 기회를 줌으로써 도덕판단의 발달을 가능하게 한다.

그러나 펜(Penn, 1990)은 도덕판단 능력을 학생 혼자의 힘만으로 높이는 것보다 더 효과적이고 강력한 방법을 제안했다. 사람들에게 혼자서 미적분학을 이해하고 풀라고 요구하지 말고, 대신 주요 개념을 가르치면 된다. 논리적 기술과 역할 채택, 정의 추론 등과 같은 보다 효과적이고 효율적인 도덕판단의 기술을 직접 가르치면 된다는 것이다. 펜의 이러한 주장은 레스트(1986, 3장)의 연구에 의해 지지되었는데, 딜레마 토론 프로그램의 실행에 있어서 학생들에게 콜버그의 이론을 직접 가르치는 것, 즉 정의 추론의 조작에 대해 보다 직접적으로 가르치는 것이 효과가 더 크다는 것이다.

이러한 펜의 관점의 타당성을 검증하기 위하여, 필자는 그의 저작(Penn, 1992a; 1992b)을 바탕으로 4학년 학생들을 대상으로 한 코스를 구성하였다. 이 코스는 졸업을 위해 학점을 이수해야 하는 교양선택 과정 중의 하나였다. 필자는 이 코스를 두 학기 동안 가르쳤는데, 매 학기 첫 시간과 마지막 시간에 DIT검사를 실시했다. 28명의 학생들을 대상으로 검사한 결과(McNeel, 1994a), 도덕판단 발달의 폭이 어느 정도 큰 것으로 나타났다(41.7→50.6, d=0.65). 이러한 중간 정도의 효과 크기는 매우 인상적이다. 앞서 언급했듯이 인문교양대학 학생들이 4년 동안 보여 준 변화폭의 80%에 해당하는 발달이 불과 3개월 반 만에 일어났기 때문이다.

여기서 두 가지 중요한 점을 지적하고자 한다. 첫째는 이 과정이 일부 학생들에게만 강력한 영향을 미쳤다는 것이다. 약 1/3 정도의 학생이 도덕판단 능력에서 아주 높은 점수를 받은 반면, 나머지 학생들은 기껏해야 중간 정도의 변화만을 보였는데, 이는 펜(1991)이 보고한 결과와 같은 것이었다. 둘째, 이러한 도덕판단 점수의 획득은 특히 경영학과 교육학을 전공하는 학생들에게서 더 현저한 것으로 나타났다. 이들의 평균 변화폭은 12.4점(d=0.98)이었으나, 다른 전공 학생들의 경우는 5.9점(d=0.39)에 그쳤다. 물론 두 전공 학생들의 사전검사 수치는 동일한 수준이었다. 이것은 매우 중요하다. 앞서 언급했듯이, 경영학과 교육학을 전공하는 학생들은 분명히 대학 재학 중에 도덕판단 능력이 많이 발달하지 않기 때문이다. 이러한 결과는 부분적으로는 검사효과가 아닐까 하는 중요한 의문이 남아 있기는 하지만, 펜의 직접 교수법은 다른 교수들에 의해서도, 다른 집단에 대해서도 잘 적용될 수 있다. 그리고 대학 재학 중에 도덕발달이 많이 이뤄지지 않는 학생들에게도 잘 적용될 수 있다.

대학교수의 도덕발달

대학교수들을 대상으로 한 체계적인 도덕판단 연구는 거의 이루어지지 않았다.[4] 이것은 이상한 일이다. 왜냐하면 교수들은 학생들의 도덕판단 발달을 촉진시키는 환경을 형성할 수 있는 능력을 가졌고, 학생들의 도덕판단의 발달은 교수 자신의 발달 정도에 영향을 받기 때문이다.

이처럼 대학교수에 대한 연구의 부족을 극복하기 위해, 맥닐(McNeel, 1994b)은 기독교 계통의 인문교양대학 2개교에 재직 중인 교수를 대상으로 DIT를 실시하였다. 이들은 교육과정 차원의 윤리교육을 위한, 또는 대학생의 발달현상에 대한 이해를 촉진하기 위한 세 개의 교수 워크숍에 참석한 교수들이다. 비록 이들은 무작위로 표집된 것은 아니지만 전공분야가 매우 다양하여, 동일 규모의 인문교양대학 학과들을 대표할 만했다. 게다가 이들은 워크숍 참여에 대해 무시하지 못할 만큼의 금전적인 보상을 받았기 때문에 윤리에 대한 관심만이 참석 동기는 아니었을 것이다.

교수 39명의 DIT점수 평균은 56.1로서 대학 4학년생의 평균 점수보다 높았고(McNeel, 1992), 자유주의적인 개신교 신학대학원생들의 점수(55.5)와는 비슷하였으며, 레스트(Rest, 1979)가 보고한 도덕 및 정치철학을 전공하는 대학원생들로 구성된 전문가 집단의 점수(65.2)보다는 낮았다. 교수들이 학생들의 도덕발달을 위한 모델이 되어야 한다는 것은 당연하다. 그러나 교수들을 도덕판단 수준에 따라 세 집단으로 나누어 살펴보면 사정이 달라지는데, 세 집단 중 가장 낮은 집단의 평균 점수(37.2)는 대학 신입생의 점수보다 높지 않았다(McNeel, 1992).

만약 어떤 교수가 대학 1학년 수준에서 도덕문제에 대해 사고한다면, 도덕교육자로서 역할을 제대로 수행할 수 있을 것인가? 이 문제는 이런 연구가 다른 대학으로 확대될 필요가 있음을 확실하게 보여 준다. 만약 이러한 결과가 다른 모든 대학에서 전형적으로 발견된다면, 도덕판단 수준이 낮은 교수들을 위한 도덕성 발달 프로그램의 필요성은 더욱 커질 것이다.

학생의 발달촉진을 위한 교수의 능력개발

여러 연구들은 다양한 도덕교육 방법들이 대학생의 도덕판단을 향상시킨다는 사실을 부각시켰는데, 이러한 방법에는 딜레마 토론과 DPE(5장 참조), 펜(1990)의 직접 교수법 등이 있다. 이 방법들의 강점은 학생들의 도덕판단 수준을 유의미하게(또는 펜의 접근처럼 놀랄 만큼) 향상시킨다는 것이다. 그러나 이들은 별도의 교육과정으로 도입되어야 하는 문제점을 공통적으로 지니고 있다. 이것이 약점이 되는 것은 많은 대학들이 이러한 집중적인 도덕교육에 모든 학생들을 참여시킬 수 없기 때문이다. 그 결과, 많은 학생들은 다양한 도덕교육을 받지 못하게 된다.

이에 대한 하나의 대안적인 접근은 학생이 아닌 교수를 대상으로 한 것이다. 그리고 이러한 접근은 교육과정들이 학생들에게 보다 강력한 발달적 경험을 줄 수 있게 해 준다. 교수들의 발달적 수업을 통해 이러한 경험을 줄 수 있는 방법은, '교육과정과 수업, 평가전략을 대학생의 도덕발달을 촉진할 수 있도록 의도적으로 구성하는 것(Nevins & McNeel, 1992, p. 12)' 이다. 이런 종류의 대학 전체적인 프로그램의 한 예로서 대학생의 특성에 초점을 맞춘 알베르노대학(Alverno College)의 교육과정을 들 수 있다(Nevins & McNeel, 1992, p. 12). 그러나 많은 대학들은 대학 전체의 재조직화가 수반되는 프로그램에 대해서는 부담감을 느끼는 듯하다.

베델대학에서는 3년마다 1년짜리 교수개발 프로그램[5]이 실시되었다. 이 프로그램의 목적은 교수들에게 강의실에서 활용할 수 있는 발달적인 수업의 개념과 모델을 소개하는 것이었다. 이 프로그램은 SPECTRUM (Lawyer et al., 1984)이라고 명명되었다. SPECTRUM의 여름 집중과정과 1년짜리 확대과정의 참여는 자발적으로 이루어졌다. 그러나 교수들은 참여에 대한 보상을 받았다. 다양한 학과의 교수들이 참여하였고, 베델대학에서는 전체 교수의 절반 이상이 참여하였다. 여름 동안, 참여 교수들은 대학생의 발달에 대한 이론적 모형[6]을 익혔다. 필요한 경우에는 항상 베델대학 학생들의 자료(DIT 자료 포함)를 제공했는데, 이는 교수들이 자신이 속한 대학의 학생들을 발달적 관점에서 바라보도록 돕기 위한 것이었다. 이에 덧붙여, 성숙도나 발달적 전환, 개인차(학습 스타일을 포함한), 도전과 지원의 조화 등이 제시되고 논의되었다. 교수들은 또한 이러한 이론 모형과 개념들을, 자신들의 경험을 바탕으로 대학생들을 이해하는 데 적용해 보는 시간을 많이 가졌는데, 그 목적은 교수들에게 새로운 개념적인 모델을 제공하는 것이었지만, 한편으론 교수들이 오랜 세월 동안 가르쳐 오면서 쌓아 온 적지 않은 전문성과 견해를 존중하고자 한 것이다.

참여 교수 개개인은 그들이 새롭게 익힌 내용을 적용할 목표 코스(target course)를 선택하고 그 코스를 수정할 수 있는 자유시간을 가졌다. 더불어 교수들은 새롭게 구성된 코스를 가르치는 데 대한 지원을 받고 새로운 아이디어를 얻기 위해 소그룹 모임을 가졌다. 이러한 과정 전반에 걸쳐 교수들의 전문성과 선택은 존중받았다. 즉, 교수들에게 교실에서 발달적 모형들을 어떻게 적용하라고 지시하지 않았고, 도덕판단의 발달을 촉진하는 데 초점을 맞추라는 지시도 하지 않았다. 그 결과(Nevins & McNeel, 1992)를 살펴보면, 교수들은 이 프로그램에 매우 열중한 것으로 나타났다. 교수들은 "학생들의 발달적 차이를 올바르게 평가하고, 학생들을 한 개인으로서 제대로 바라볼 수 있고, 학생들이 왜 그렇게 행동하는지를 보다 명확하게 이해할 수 있는 능력이 향상되었음을 느꼈다. 그리고 발달적 수업모형에 대해 보다 긍정적인 태도를 갖게 되었고 교실에서 학생들의 성장을 촉진하는 데 보다 헌신하게 되었다." 이러한 태도의 변화는 다음 해까지 지속되었고, '목표 코스에서 교수법 · 구조 · 수업활동의 변화(p. 16)' 도 확인되었다.

이러한 교수들의 변화는 학생들의 도덕판단 발달과 관련이 있는가? 이 문제는 준실험적 연구설계에 따라 명확하게 규명되었다(McNeel et al., 1992; Nevins & McNeel, 1992). 학생들을 SPECTRUM에서 훈련받은 교수진과의 접촉의 양을 기준으로 집단을 나누고, 그들의 DIT점수가 1학년과 2학년 사이에 얼마나 상승했는가를 비교해 보았다. 두 가지 유형의 접촉이 따로 조사되었는데, 하나는 SPECTRUM의 목표 코스에 접촉한 것이었고, 다른 하나는 SPECTRUM에서 훈련받은 교수들과 접촉은 하지만 그 접촉은 목표 코스가 아닌 다른 교육과정에서 이루어진 경우였다.

주요 연구결과가 [그림 2-1]에 제시되어 있다. SPECTRUM에서 훈련받은 교수들을 목표 코스에서 거의 만나지 못한 학생들은 매우 적은 발달(40.9→43.6, d=0.33)을 보였고, 중간 정도의 접촉을 한 학생들은 급격한 발달(36.4→49.8, d=1.26)을, 많이 접촉한 학생들은 중간 정도의 발달(34.1→41.2, d=0.67)을 보였다. 비록 많이 접촉한 집단이 중간 정도의 접촉을 한 집단만큼 급격하게 발달하지는 않았지만, DIT의 D점수 또한 유의미한 변화를 나타냈기 때문에 이 집단 또한 어느 정도의 발달을 경험했다고 볼 수 있다. SPECTRUM에서 훈련받은 교수들과의 접촉이 목표 코스가 아닌 다른 과정에서 이루어진 학생들도 도덕발달을 보였는데, 적은 접촉은 중간 정도의 발달(36.4→41.6, d=.44)을 보였고, 중간 정도의 접촉은 발달의 폭이 매우 큰 것으로 나타났다(36.8→51.2, d=1.57).

맥닐 등(1992)은 이 연구에 나타난 서로 다른 발달궤적에 대해 몇 가지 가능한 설명을 제시하였다. 여기에는 천정효과(ceiling effect), 통계적 회귀, 각 집단 학생들의 이질성, 성숙 상호 작용에 따른 학생 선택, 더 유능한 교수들이 SPECTRUM에 들어왔을 가능성 등이 포함되었다. 가장 바

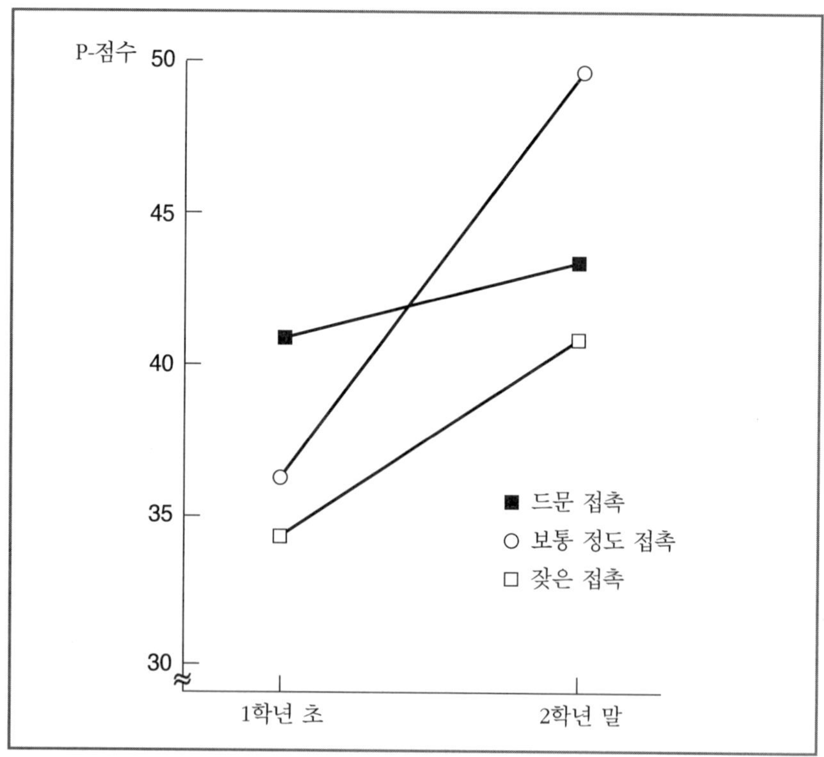

[그림 2-1] 교수진과의 접촉빈도에 따른 종단자료

람직한 결론은 SPECTRUM이 실제로 학생의 도덕판단을 촉진했다는 것이었다. 이 프로그램은 적은 비용으로 교수들을 보다 유능한 도덕교육자로 변화시키는 방법이라 할 수 있다.

대학생의 도덕감수성 측정

대학생의 도덕판단 능력을 향상시키는 것도 중요한 일이지만, 효과적인 대학교육은 도덕성의 모든 측면이 고루 성장하도록 해야 한다. 그럼에도 레스트가 제시한 네 가지 도덕성 구성요소들 중 어떤 것에 대해서는 아직 연구가 많이 이루어지지 않고 있고 적절한 측정도구도 지금까지 개발되지 않고 있는데, 특히 제1요소인 도덕감수성이 그러하다. 비보의 선구적인 연구(Bebeau, 1985; Bebeau et al., 1985)에 기초하여, 저자들은 대학생을 대상으로 하는 완전히 새로운 도덕감수성 측정도구를 개발하였다(McNeel et al., 1992). 이 검사는 대학생들이 흔히 경험하는 딜레마에서 도덕문제를 확인하는 능력에 직접적으로 초점을 맞추고 있다. 즉, 대학생들에게 친숙하고 의미 있는 맥락에서 일어나는 주제를 대상으로 그들의 도덕적 지각능력(도덕판단 능력이 아닌)을 측정한 것이다.

저자들은 8~10분 길이의 라디오 드라마 4편을 제작하였다. 이 드라마에는 복합적이고 실제적인 여러 가지 윤리문제가 들어 있다. 이 드라마는 대학 4학년생을 대상으로 한 심층면접을 통해 제작되었는데, 그들이 대학시절에 경험한 실제적이고 중요한 유형의 도덕적 딜레마를 토대로 만들어졌다. 이 4편의 드라마에 포함되어 있는 도덕적 문제들은 첫째 시험 부정행위, 학습문제, 인종주의, 둘째 성관계 강요, 강간, 우울, 의존, 셋째 부모의 죽음에 대한 애도, 자율성, 자아정체감, 직업 결정, 부모의 압력, 넷째 알코올 남용과 그 결과, 무책임, 신뢰의 파괴 등이다.

학생들은 "우리는 당신이 무엇을 주목하고 알아차리는지에 대해 관심이 있습니다."라는 말을 듣고 드라마를 주의 깊게 시청하고 난 후 개별적으로 검사를 받았다. 드라마를 듣고 난 다음 학생들은 자신이 드라마 주인공의 가장 친한 친구 역할을 맡아 그에게 직접 말하는 것처럼 얘기하는데, 이는 녹음된다. 그 후 탐색 질문이 주어지는데, 이는 학생들로 하여금 그가 들은 드라마 상황에서 알아차린 모든 문제를 표현하도록 하기 위한 것이다. 채점 매뉴얼은 녹음된 내용에 대해 신뢰할 수 있고 타당한 평정을 할 수 있도록 구성되어 있는데, 다양한 윤리·도덕적 이슈들에 대한 인지를 평정한다(McNeel et al., 1992).

이 연구의 결과, 다음과 같은 중요한 사실이 밝혀졌다. 첫째, 도덕감수성에 있어서 성별로 의미 있는 차이를 발견하였다. 몇몇 도덕적 이슈에 대해 여성이 더 높은 점수를 받은 것이다. 둘째, 강간과 같은 몇몇 이슈에서 도덕적 지각은 심각하게 낮은 점수를 보였다. 58%의 여성이 이 문제를 지각한 반면, 남성은 22%만이 이를 지각하였다(이 자료들은 1991년 봄에 수집되었다.). 다른 결과들도 이와 동일한 경향을 보였다. 학생들은 일반적으로 약속지키기에 대해 무감각했고, 많은 학생들이 알코올 남용 드라마에서 음주운전이라는 중요한 도덕적 문제를 언급하지 못했다. 이러한 결과들은 다른 증거들에서도 확인되었는데, 대학 캠퍼스에서 도덕감수성을 높여 주고 의식적으로 문제를 보게 할 특별한 문제영역이 있음을 보여 주었다는 점에서 중요한 의미를 지닌다.

마지막으로 지적할 점은 이 드라마들이 도덕감수성의 평가뿐 아니라 학급내 토론의 유발에도 유용하다는 것이 입증되었다는 것이다. 다음은 성관계 강요 드라마에 대한 학급 토론에서 나온 예이다. 몇몇 남학생들은 이 드라마의 핵심적인 이슈가 '혼전 성관계가 케티(Katie)의 개인적인 도덕기준에 반대되는 경우에도 잭(Jack)이 그녀에게 성관계를 강요한다면 그는 치한인가?' 라는 것임을 알아차렸다. 이것은 중요한 주제이기는 하지만 이 드라마에서는 매우 잘 드러나 있었기 때문에, 이 주제를 깨닫는 데는 감수성이 크게 필요하지는 않았다. 그런데 이 학급의 몇몇 여학생들은 전체 드라마를 이해하는 데 핵심이 되는 이슈에 대해 진지하게 토론했는데, 그것은 케티가 이전에 다른 학생에게 데이트 강간을 당했다는 것이다. 이는 겉으로 잘 드러나진 않지만 중요한 사실이다. 그 여학생들은 시청자가 이 사실을 지각해야만, 케티가 그 일을 당했을 때 심각한 우울증을 겪은 원인을 포함하는 드라마의 핵심내용을 제대로 이해하게 된다고 주장하였다. 이것은 이 상황에서 학생들의 책임(케티의 가장 좋은 친구로서의)이 무엇인지와, 어떤 행동을 취해야 하는지를 명확하게 해 주었다. 이러한 관점은 성관계 강요라는 한 가지 주제에만 집중했던 그 학급 내의 다른 남학생들에게는 새로운 깨달음을 주는 것이었다. 이 드라마가 학생들이 도덕감수성의 필요성을 이해하고, 특정 상황에서 도덕적으로 민감해지기 위해 필요한 세부기술을 알게 하는 데 효과적인 교육적 자극임을 알 수 있었다.

결 론

이 장에서 소개된 연구들은 도덕발달이 인문교양에 초점을 맞춘 고등교육의 바람직하고 당연한 결과라는 점을 제시하였다. 도덕성 발달을 극대화할 수 있는 더 좋은 조건을 찾아내려고 노력하는 것은 제한된 자원으로 최대의 효과를 이끌어 내야 하는 대학의 당연한 책무이다. 저자들은 베델대학에서 도덕발달을 대학 환경의 다양한 측면의 기능 중 하나로 보고 연구하였다. 연구의 목적은 이론적인 성과와 실제적인 성과를 동시에 거두는 것이었다. 즉, 공식적인 교육과정과 대학생활 전체를 통해서 학생들에게 더 훌륭한 교육을 실시할 수 있는 좀 더 나은 방법을 찾아내고, 도덕발달의 과정에 대한 이해를 더욱 진전시키려는 것이었다. 이 연구*는 기독교 대학 컨소시엄에 속한 많은 학교들이 참가한 사례연구이다(자세한 내용은 Burwell et al., 1992; McNeel, 1994c 참조). 다른 대학, 특히 도덕성 발달 자료가 매우 부족한 신학대학의 경우, 대학생의 도덕성 발달에 미치는 대학의 영향을 규명하는 현장연구 프로그램이 수행되어야 할 것이다.

미주

1) 전공분야마다 발달궤적이 다른 것은 때때로 ACT나 SAT 점수와 같은 투입변인의 차이에 따라 부분적으로 설명될 수 있는데, 이 점수들은 학생들이 대학에 입학할 때 이미 집단 간에 차이가 있다. 파스카렐라와 테렌치니(Pascarella & Terenzini, 1991)는 이 주제를 포함한 몇 가지 주요 주제들을, 종단연구에서 나타나는 전공분야들 간의 점수차의 원인을 규명하기 위해 다루었다. 최근 저자들은 전공마다 다른 발달의 의미를 밝히기 위해 자료들을 분석하고 있다.

2) 공감훈련 프로그램은 DPE(Deliberate Psychological Education) 접근과 유사한데, 이는 사회적 역할 채택을 강조하는 것이다. 이에 관해서는 스프린달(Sprinthall)이 저술한 5장을 참조-역자 주.

3) 이 아이디어를 제공한 로버트 위버(Robert Weaver) 교수께 감사드린다.

4) 공립학교 교사들을 대상으로 한 연구는 수행되었다(4장 참조).

5) 이러한 학생 중심의 교원교육 프로그램은 베델대학과 부시(Bush)재단에서 공동으로 기금을 제공하였다.

6) Kohlberg, Perry, Gilligan, Erikson, King and Kitchener, and Kolb 등의 이론이 포함되었다. 자세한 내용은 Nevins & McNeel, 1992를 참조.

---

* 이 연구는 Pew Charitable 기금의 재정지원을 받은 기독교 대학 컨소시엄의 지원으로 수행되었다.

참고문헌

Baxter, G. D., & Rarick. (1987). Education for the moral development of managers: Kohlberg's stages of moral development and integrative education. *Journal of Business Ethics, 6,* 243–248.

Bebeau, M. J. (1985). Teaching ethics in dentistry. *Journal of Dental Education, 49,* 236–243.

Bebeau, M. J., Rest, J. R., & Yamoor, C. M. (1985). Measuring dental student's ethical sensitivity. *Journal of Dental Education, 49*(4), 225–235.

Bok, D. (1988). Responding to the calls for reform. *Currents, 14*(4), 10–15.

Borzak, L. (Ed.). (1981). *Field study: A sourcebook for experiential learning.* Beverly Hills, CA: Sage.

Bowen, H. W. (1977). *Investment in learning: The individual and social value of American higher education.* San Francisco, CA: Jossey–Bass.

Bridges, C., & Priest, R. (1983). *Development of values and moral judgement of West Point cadets* (Report No. USMA–OIR–83–002). West Point, NY: United States Military Academy, Office of Institutional Research.

Buier, R. M., Butman, R. E., Burwell, R., & Van Wicklin, J. (1989). The critical years: Changes in moral and ethical decision making in young adults at three Christian liberal arts colleges. *Journal of Psychology and Christianity, 8*(3), 69–78.

Burwell, R., Butman, R., & Van Wicklin, J. (1992). *Values assessment at three consortium colleges: A longitudinal follow–up study.* Houghton, NY: Houghton College. (ERIC Document Reproduction Service No. ED 345 635).

Christian College Consortium. (1979). *Foundations of Christian higher education.* Arden Hills, MN: Author.

Clouse, B. (1990). Jesus's law of love and Kohlberg's stages of moral reasoning. *Journal of Psychology and Christianity, 9*(3), 5–15.

Davis, M. H. (1983). Measuring individual differences in empathy: Evidence for a multidimensional approach. *Journal of Personality and Social Psychology, 44*(1), 113–126.

Duckett, L., Waithe, M. E., Boyer, M., Schmitz, K., & Ryden, M. (Eds.). *MCSL building: Developing a strong ethics curriculum in nursing using Multi-Course Sequential Learning.* Minneapolis: University of Minnesota School of Nursing.

Gaff, J. G., & Gaff, S. S. (1981). Student-faculty relationships. In A. W. Chickering & Associates (Eds.), *The modern American college: Responding to the new realties of diverse students and a changing society* (pp. 642–656). San Francisco, CA: Jossey-Bass.

Goodlad, J. I., Soder, R., & Sirotnik, K. A. (1990). *The moral dimensions of teaching.* San Francisco, CA: Jossey-Bass.

Holmes, A. F. (1975). *The idea of a Christian college.* Grand Rapids, MI: Eerdmans.

Holmes, A. F. (1991). *Shaping character: Moral education in the Christian college.* Grand Rapids, MI: Eerdmans.

Jacobs, S. E. (1974).Action and advocacy anthropology. *Human Organization, 33*(2). 209–215.

Kohlberg, L. (1976). *Moral stages and behavior: Theory, research and social issue* (pp. 31–53). New York: Holt, Rinehart & Winston.

Lawyer, J., Nevins, K. J., Fauth, L., & Eitel, L. (1984). *SPECTRUM: A faculty development program grant reapplication.* St. Paul, MN: Bethel College.

Loxley, J. C., & Whiteley, J. M. (1986). *Character development in college student. Volume 11: The curriculum and longitudinal results.* Schenectady, NY: Character Research Press.

Marcia, J. (1980). Identity in adolescence. In J. Adelson (Ed.), *Handbook of adolescent psychology* (pp. 159–188). New York: Wiley.

McNeel, S. P. (1991). Christian liberal arts education and growth in moral judgement. *The Journal of Psychology and Christianity, 10*(4), 311–322.

McNeel, S. P. (1992). *Moral maturing in college.* Manuscript submitted for publication.

McNeel, S. P. (1994a). *Integrating psychology and philosophy in the teaching of ethics: A replication of Penn's direct approach.* Unpublished manuscript. Bethel College, St. Paul, MN.

McNeel, S. P. (1994b). *Moral maturity in Christian college faculty.* Unpublished manuscript, Bethel College, St. Paul, MN.

McNeel, S. P. (1994c). Assessment of dimensions of morality in Christian college students. In D. J. Lee, & G. G. Stronks (Eds.), *Assessment in Christian higher education: Rhetoric and reality.* Lanham, MD: University Press of America.

McNeel, S. P., Nevins, K. J., & Engholm, K. (1992). *Enhancing student moral reasoning through the SPECTRUM faculty development program* (Tech. Rep. No.17). St. Paul, MN: Bethel College.

McNeel, S. P., Frederickson, J., Talbert, b., & Lester, B. (1992. November 12–14). *Understanding difficult situations: Preliminary report of a moral sensitivity test for college students.* Paper presented at the annual conference of the Association for Moral Education, Toronto.

McNeel, S. P., Schaffer, M., & Juarez, M. (1993). *Growth in moral judgement among baccalaureate nursing students.* Unpublished manuscript, Bethel College, St. Paul, MN.

Mentkowski, M., & Straight, M. J. (1983). *A longitudinal study of student change in cognitive development, learning styles, and generic abilities in an outcome–centered liberal arts curriculum.* Milwaukee, WI: Alverno College, Office of Research and Evaluation.(ERIC Document Reproduction Service, No. ED 239 562)

Nevins, K. J., & McNeel, S. P. (1992). Facilitating student moral development through faculty development. *Moral Education Forum, 17*(4). 12–18.

Nucci, L., & Pascarella, E. (1987). The influence of college on moral development. In J. Smart(Ed.), *Higher education: Handbook of theory and research* (Vol. 3, 271–326). New York: Agathon.

Pascarella, E. T., & Terenzini, P. (1991). *How college affects students: Findings and insights from twenty years of research.* San Francisco, CA: Jossey–Bass.

Penn, W. Y., Jr. (1990). Teaching ethics–A direct approach. *Journal of Moral Education, 19*(2), 124–138.

Penn, W. Y., Jr. (1992a). *A logic primer: Skills for critical reasoning.* Unpublished manuscript, St. Edward's University, Austin, TX.

Penn, W. Y., Jr. (1992b). *Seeds of justice: A study of principle moral reasoning* (3rd ed.). Unpublished manuscript, St. Edward's University, Austin, TX.

Rest, J. R. (1979). *Development in judging moral issues.* Minneapolis: University of Minnesota Press.

Rest, J. R. (1986). *Moral development: Advances in research and theory.* New York: Praeger.

Sandin, R. T.(1989). *Value and collegiate study.* Atlanta, GA: Mercer University.

Scott, W. G. (1989). Profit at any price: The moral failure of business schools. In J. R. Schermerhorn, J. G., Hunt & R. N. Osborn (Eds.), *Managing organizational behavior.* New York: Wiley.

Shaver, D. G. (1985). A longitudinal study of moral development at a conservative religious liberal arts college. *Journal of College Student Personnel, 26*, 400–404.

Shaver, D. G. (1987). Moral development of students attending a Christian, liberal arts and a Bible college. *Journal of College Student Personnel, 28*, 211–218.

Sheehan, T. J., Husted, S. D., Candee, D., Cook, C. D., & Bargen, M. (1980). Moral judgement as a predictor of clinical performance. *Evaluation and the Health Professions, 3*, 393–404.

Sims, R. R., & Sims, S. J. (1991). Increasing applied business ethics courses in business school curricula. *Journal of Business Ethics, 10,* 211–219.

Sloan, D. (1980). The teaching of ethics in the American undergraduate curriculum, 1876–1976. In D. Callahan & S. Bok (Eds.), *The teaching of ethics. New York*: Plenum Press.

Tax, S. (1975). Action anthropology. *Current Anthropology, 16*(4), 514–517.

Chapter 3

간호사의 윤리교육

– 듀켓과 라이든/미네소타대학교 간호대학

요약

사회의 급격한 변화와 의료기술의 급속한 발달로 의료뿐 아니라 간호 분야에도 새로운 윤리적 문제상황들이 많이 생겨나고 있다. 간호행위는 타인의 건강과 복지에 매우 중요한 영향을 미치기 때문에 도덕적으로 훌륭한 간호사를 양성하는 것은 대단히 중요한 과제다. 필자는 간호윤리를 가르치는 것이 가능하고, 간호대학의 교육과정에 윤리를 포함시키는 것이 당연하다고 본다. 이 장의 말미에서 필자는 간호윤리 교육의 내용과 교육과정, 교수자에 대해 자세히 설명하였다. 한편, 간호윤리를 다룬 국내의 연구를 보면, 이론적 측면에서 간호사의 윤리와 윤리강령 등에 관한 연구가 몇 편 있고, 경험적 측면에서 간호사의 윤리의식과 가치관, 의사결정 과정과 윤리적 딜레마 상황에 대한 조사 연구가 몇 편 진행되었으나 그 수는 그리 많지 않다. 최근 들어서는 DIT를 활용하여 간호사의 도덕판단력을 측정한 연구가 시작되고 있다.

간호사 윤리교육의 필요성

의료기술이 점차 발전하고 보건의료 체제가 점점 더 복잡해짐에 따라 간호사들은 윤리적 문제가 제기되는 상황을 자주 접하게 되었다. 장기이식과 같은 의료기술이 발달하는가 하면, 에이즈 등의 전염병과 미성년자 임신과 같은 문제들이 계속 발생한다. 의료서비스를 받기가 쉽지 않은 환자를 접하면 정의의 문제가 제기되고, 경비 절감을 바라는 병원당국의 압력 때문에 자원을 배분할 때 힘든 결정을 내려야 한다.

이와 같은 사회적 추세 때문에 과거에 간호사가 환자를 돌보면서 일상적으로 직면했던 문제들 외에 새로운 윤리적 판단이 필요한 여러 가지 난해한 문제들이 계속 생겨나고 있다. 1800년대 중반 나이팅게일이 현대간호학을 창설한 이래, 간호사들은 강한 도덕적 가치를 바탕으로 직무를 수행하도록 교육받아 왔다. 찰스 디킨스(Charles Dickens)가 어느 작품에서 묘사한, 환자를 '간호'하였던 부정한 술취한 여인(Sairey Gamp)의 이미지에서 벗어나기 위하여, 나이팅게일은 신교도 집사와 가톨릭 수녀, 그리고 몇 명의 '숙녀'들을 신중하게 선발하여 크림전쟁이 한창인 곳으로 데려갔다. 고전적인 학문에 대한 교육을 잘 받은 그녀는 전문적 간호활동을 하는 데 있어서 지성과 교육, 강한 의지가 반드시 필요하다고 보았다(Barritt, 1973). 그런데 이러한 특징들은 오늘날에도 간호활동을 하는 데 필수적인 것으로 여겨진다.

윤리적 판단이 필요한 상황들

간호사들이 직면하는 윤리적 문제상황은 최소한 세 개의 범주로 구분된다. 첫째는 도덕원리나 환자에 대한 동정이 간호사로 하여금 어떤 행동을 취해야 할지 분명한 방향을 제시하는 상황이다. 예를 들어, 정신 치료를 하는 간호사는 자신의 성적 욕구를 충족하기 위하여 절대로 환자를 이용할 수 없다.

둘째 유형은 숙련된 간호사나 도덕철학자들은 무엇이 윤리적인 행동인지에 대해 충분히 의견이 일치하지만, 간호대학생이나 초보 간호사들은 자신이 견지한 도덕원리와의 갈등으로 혼란을 겪을 수 있는 상황이다. 이러한 경우 전문가들은 특정 도덕원리가 다른 원리보다 더 중요하다는 입장을 유지할 것이다. 예를 들어, 친구이자 동료인 간호사가 술에 취한 상태로 계속 출근하는 사례를 학생들에게 제시했을 때, 어떤 학생들은 친구에 대한 우정의 원리를 비교우위에 두는 대안을 제안한다. 그들은 자신의 동료가 곤란을 겪지 않고 환자를 보호할 수 있는 방법을 찾으려고 한다. 어떤 학생들은 환자의 건강과 안전에 위배되는 행동이 야기할 결과를 친구가 경험하지 못하게 하면 그런 행동이 지속될 수 있다는 것을 인식하지 못한다. 그리하여 친구의 목전의 이익(처벌의 회피)을 장기적인 이익(치료와 회복)보다 우위에 두고, 그가 당장이나 장차 맡게 될 환자들의 안전을 위협하게 한다.

셋째 유형은 윤리학자나 도덕적인 간호사에게도 딜레마가 될 수 있는 상황이다. 이런 상황에서는 두 가지 이상의 윤리적 기준이 충돌하기 때문에, 어떤 기준이 더 중요한지에 대해 전문의와 윤리철학자 사이에서도 의견이 일치하지 않을 수 있다. 이러한 경우에 해당하는 한 예로, 대부분의 의사들이 효과가 없다고 판단한 생명연장 치료의 지속을 고집한 힐다 웡글리(Hilda Wanglie) 가족의 사례를 들 수 있다. 이 상황에서는 환자(가족)의 자율성, 최상의 이익, 자원의 공평한 배분과 같은 기준들이 충돌하고 있다.

나이팅게일 선서나 초기의 미국 간호사협회 규약(American Nurses Association Code)과 같은 문서에는 간호활동에 있어서 윤리의 중요성을 보여 주고 간호실습 활동을 안내하기 위한 노력이 담겨 있다. 그 당시 윤리적 활동의 특징은 의사와 병원 관리자들에 대한 충성과 복종을 중시하는 것이었다. 그러나 전문적인 간호활동의 기반이 될 수 있는 지식이 많아지면서 간호학은 점점 발전하였다. 이에 따라 간호사들은 자율적이면서도 협동적인 윤리적 의사판단을 할 수 있는 기술을 개발하고 전문적인 간호활동을 이끌 새로운 윤리강령의 필요성을 인식하게 되었다.

윤리적 의사결정을 위한 학생들의 준비

학생들이 윤리적 의사결정과 행동을 할 수 있도록 준비시키는 최상의 방법이 무엇인가는 간호교육 담당자들에게 늘 문제가 되어 왔다. 간호윤리 교육의 개선에 대한 요구가 분명해지던 바로 그 무렵, 많은 간호대학의 학사과정 프로그램에서는 의료모형을 기반으로 한 교육과정(예컨대 의약, 외과, 소아과 등으로 단원 구성) 대신 전문 간호활동의 핵심 개념(예컨대 건강, 만성 질병, 통증, 사망)을 중심으로 구성된 통합적 교육과정을 선택하였다. 그렇게 함으로써 환자와 간호활동에 대한 더 총체적인 관점을 가질 수 있게 되었으나, 교육과정의 내용영역에 있어서 빠진 부분과 중복된 부분이 일부 생기게 되었다(Dison, 1985). 간호사와 윤리철학자들이 간호대학 교육과정에서 누락되었다고 거듭 지적한 것은 바로 윤리였다.[1)]

디슨(Dison, 1985)은 간호사 교육과정에 체계적으로 윤리를 포함시키는 것이 중요하다는 점과 윤리를 가르치고 배우는 기회가 학생들에게 풍부하게 제공되어야 한다는 점을 지적하였다. 그녀는 미국 중서부 5개 주에서 학사과정에 있는 32명의 간호과 학생들과 8개 주에서 과정을 마친 26명의 간호과 졸업생들을 대상으로 면접 조사를 실시하여 간호과 학생들이 반복적으로 경험하는 윤리적 딜레마를 확인하였다. 그리고 이 학생들에게서 확인된 25개의 딜레마를 바탕으로 설문지를 작성하여 42개 주에서 96개의 학사과정 프로그램을 이수하고 있는 995명의 간호과 4학년 학생들을 대상으로 조사를 실시하였다. 응답자는 각 딜레마의 중요성과 윤리적 문제를 경험한 빈도, 윤리적 문제를 인식하게 한 상황에 대해서 등급을 매겼는데, 그 결과 학생들이 직면하는 윤리적 문제들이 다양하고 빈번하게 발생한다는 사실이 밝혀졌다.

간호윤리는 가르치고 배울 수 있는 것이다

간호행위는 다른 사람들의 건강과 복지에 영향을 미치는 활동이기 때문에 도덕적으로 예민하고 윤리적 소양을 두루 갖춘 간호사를 양성하는 것이 무엇보다도 중요하다. 레스트(Rest, 1988b)는 "물론 성인기의 윤리적 행동을 결정하는 선행조건들이 따로 존재할 수 있고, 특정 분야의 전문직 종사자가 되기 위해 20세 이전에 이미 형성되어 있어야 할 중요한 성격적 특성이 있다. 그럼에도 특정 분야의 전문직 종사자가 자신의 직무를 윤리적으로 수행하기 위해서는 연령층에 관계없이 특별한 교육과 준비가 필요하다."(p. 25)라고 주장한 바 있다.

무엇을 배워야 하는가?

간호사가 되기 위해 학습해야 할 윤리에는 네 가지 영역이 있는데, 윤리적 지식, 비판적 사고능력, 지각능력, 행동수행능력 등이다.

첫 번째는 윤리적 지식으로 이는 간호활동에 관련된 지식의 네 가지 기본 영역들 중 하나로 간주된다(Carper, 1978). 나머지 셋은 경험적 지식(간호의 과학)과 미학적 지식(간호의 예술), 그리고 개인적 지식에 해당한다. 비록 대부분의 간호과 교육과정에서는 과학적 지식의 체계를 강조하지만, 윤리적 형태의 앎은 도덕적 지식의 체계에 대한 이해를 요구한다고 카퍼(Carper)는 지적한 바 있다. 그런데 그러한 지식은 가르칠 수 있는 것이다. 간호과 학생들이 도덕철학 프로그램을 완전히 이수해야 하는 것은 아니다. 그러나 가장 널리 알려져 있고 영향력이 큰 도덕이론과 그 이론에 내재되어 있는 도덕원리 및 가치에 관한 지식은 장차 전문활동에 종사하면서 윤리적 의사판단을 하는 데 중요한 토대가 되기 때문에 학생들에게 필수적이다. 이러한 지식은 또한, 동료들과 윤리적 문제에 대해 의사소통을 할 때 사용할 수 있는 공통의 언어를 제공하기도 한다.

두 번째는 비판적인 사고능력이다. 간호대학 학생들은 도덕적 지식 외에도 비판적으로 사고하는 방법을 학습해야 한다(Jones & Brown, 1991). 임상 문제에 대한 비판적 사고능력은 의료서비스의 윤리적 측면에 대한 도덕적 추론 과정의 바탕이 된다. 도덕이론의 학습 가능성과 비판적 사고능력의 개발 가능성에 대해 교육자들은 동의하고 있다.

세 번째는 윤리적 상황에 대한 지각능력으로서 네 영역들 중 가장 중요한 영역이라 할 수 있는데, 여기에는 가치 · 의무 · 권리 · 원리 · 요구가 충돌하는 상황에 대한 지각능력을 기르는 것이 포함된다. 교육자들은 타인의 권리와 가치에 대하여 이미 형성된 학생들의 지각능력을 사례 연구와 실제로 학생들이 겪은 임상적 경험에 대한 토의를 통해 더욱 발전시킬 수 있다. 교수자들은 학생들이 어떤 상황에 대하여 단지 불명확하고 직감적으로 불편함을 느끼는 수준에서 그 상황에 내포된 윤리적 문제들을 지각하는 수준으로 발전하도록 도울 수 있다. 또한 간호현장에서 제반 가치들이 충돌하거나 정의나 자율과 같은 도덕원리들을 위반할 수 있는 경우가 있을 수 있음을 전혀 모르는 학생들에게 상황에 대한 통찰을 제공할 수 있다.

네 번째 영역은 행동수행능력이다. 간호사의 윤리적 직무수행을 위해서는 도덕적 지식과 비판적 사고, 예민한 지각이 모두 필요하지만 이것들만으로는 충분하지 않을 수 있다. 간호윤리의 네 번째 측면은 도덕적 판단을 효과적으로 실행하는 방법이다. 예를 들어 의사소통 능력과 자신감, 갈등해결 능력은 도덕적 행동을 크게 촉진할 수 있다.

간호윤리 교육은 공감 · 관심 · 걱정 · 애정과 같은 정상적인 도덕정서가 이미 발달되어 있는 학생들에게도 가능하다. 도덕이론은 학습될 수 있고 지각과 추론 능력은 향상될 수 있으며, 도덕적 선택을 행동으로 옮기는 효과적인 방법은 교육을 통해 습득될 수 있다.

간호윤리 교육을 위한 다양한 교육과정들

보건의료 분야 전문직의 윤리교육은 다음 세 가지 기본 모형 중 하나를 따르는 경향이 있다. 첫째 필수 또는 선택 과정으로서 철학과나 신학과에서 별도로 윤리학 강의를 제공하는 경우, 둘째 필수 또는 선택 과정으로서 간호학과 내에서 윤리학 강의를 따로 제공하는 경우, 셋째 하나 이상의 주요 과목에 윤리학의 내용이 통합되어 있는 경우이다. 이 접근들은 모두 어느 정도 문제점을 가지고 있기 때문에 이에 대한 대안을 각각 제시하고자 한다.

개별 강의

다른 학과에서 제공하든 간호학과 내에서 제공하든 철학자나 신학자들이 가르치는 강의는 매우 추상적인 성격을 지니는 경향이 있다. 이 강의에서는 대체로 간호활동에 있어 구체적이고 사실적인 내용을 다루지 않는다. 학생들은 도덕철학에 대한 일반적인 교양교육이 자신의 실제 경험과 관련이 없는 것으로 인식하기 때문에 효과가 없게 된다. 간호과 학생들을 위한 윤리학 강의도 학생들이 일상적으로 당면하는 윤리적 문제에 대한 상세한 지식이 부족한 철학자가 맡는 경우가 많다. 윤리학 강의가 간호학 수업 및 임상 세미나와 연계되지 않는다면 학생들은 그들이 습득한 도덕적 지식을 전이 · 적용할 수 없을 것이다.

통합 과정

몇몇 대학에서는 윤리학의 내용이 간호과 교육과정의 여러 교과목에 포함되어 있는 세 번째 통합 모형을 사용한다. 이 접근은 잠재적 가치를 가지고 있으나 위험이 따를 수도 있다. 즉, 많은 교수자들은 윤리를 가르칠 준비가 되어 있지 않고, 초청 강사들은 도덕지식 영역의 단편적 측면밖에 제공할 수 없다. 윤리학의 포함 여부는 해당 과목 교수자가 윤리에 관심이 있느냐에 따라 결정된다. 주된 관심영역이 윤리가 아닌 교수자는 시간에 쫓겨 그저 윤리라는 이름만 내걸 수도 있다. 게다가 각 교과목 사이의 조정이 이루어지지 않으면 일부 내용은 중복되는 반면에 다른 중요한 영역은 빠질 수도 있다. 만일 이러한 통합 과정 때문에 윤리를 가르치는 것이 모든 사람의 책임이라는 인식이 널리 퍼진다면, 윤리는 그 누구의 책임도 아닌 것이 되어 버릴 수 있다.

중다과정 계열 학습법

앞서 기술한 윤리교육의 세 가지 접근이 모두 만족스럽지 못했기 때문에 미네소타대학교 간호대학에서는 미국 교육부 산하 고등교육진흥재단(FIPSE)으로부터 3년간 지원을 받아 중다과정 계열 학습법(MCSL : Multi-Course Sequential Learning Approach)이라는 모형을 개발하여 실행하고 평가하였다. MCSL은 교육과정 전체에 걸쳐서 동일한 내용 요소(이 경우에는 윤리)를 구성하는 교육과정 접근법으로서, 프로그램에 있는 다양한 수준의 강의들에 관련 단원을 삽입함으로써 수직적 단계로 전체 교육과정에 내용을 포함시킨다. 주의 깊게 구성된 MCSL('muscle' 처럼 발음함)은 교육과정 전체의 내용에 탄탄한 조직을 제공한다. MCSL의 중요한 특징은 다음과 같다.

첫째, 교육내용의 영역을 명확히 한다.

둘째, 학생들의 발달과정과 선수학습에 비추어 누락되거나 중복되는 부분이 없도록, 다양한 수준의 교육과정에 따라 개설되는 여러 교과목의 내용을 주의 깊게 계열화한다.

셋째, 교육과정이 하나의 실체로서 눈에 띌 정도로 가시적이다.

넷째, 학생들의 학습은 명시된 교육목표의 성취 여부를 기준으로 평가한다.

다섯째, 특정 집단의 교수자들에게 MCSL에 대한 의무와 책임이 주어진다.

이 모형에 대해서는 이전의 출판물에 더 자세하게 기술되어 있다(Duckett et al., 1990; Duckett et al., 1993; Ryden et al., 1989). MCSL의 전체 교육과정 중에서 선택된 일부 코스에는 핵심 단원 외에 부가적인 내용들도 포함된다. 여기서 '부가'란 내용의 확대나 확장, 강조를 뜻한다. 이전의 연구결과를 보면, 간호윤리와 관련된 특정 내용이 구체적으로 무엇인지에 대해서는 자세히 규명되지 않았지만, 그것은 대다수의 코스에서 핵심 부분을 차지하고 있는 것으로 나타났다. 따라서 부가적인 내용에는 학습내용의 윤리적 측면을 강조함으로써 교수자의 도움 없이는 개념을 전이하거나 적용할 수 없는 학생들이 이를 놓치지 않게 하는 것도 포함된다. 미네소타대학교의 MCSL에서는 핵심 단원과 부가적 내용을 결합하여 전통적인 4학기 과정의 강의를 제공한다.

간호윤리의 교수자

간호과 학생들에게 윤리를 가르칠 수 있는 자격에 관한 문제는 간호사와 도덕철학자 모두의 관심 사항이다(Aroskar, 1977; Rosen & Caplan, 1980). 간호윤리의 교수자로는 도덕철학과 간호학 모두에 대하여 전문지식을 갖춘 사람이 바람직하겠지만, 그런 사람은 흔치 않다. 최소한 한 쪽 분야의 전문가이면서 다른 쪽 분야를 존중하고 경험이 있는 사람이 필요하다. 다학문적 접근을 하면 양쪽 분야로부터 최상의 결과를 얻을 수 있을 터인데, 실제로 몇몇 간호대학에는 간호윤리에 특별한 관심을 가지고 있으면서 생명윤리나 철학을 전공한 교수자가 적어도 한 명은 있다.

미네소타대학교 간호대학에서는 MCSL방식으로 윤리를 가르치는 데 필요한 교수자의 역할을 몇 가지 정하였다. 첫 번째는 윤리 MCSL에 대한 의무와 책임을 갖는 교수자로서의 역할인데, 이 역할은 이 장의 필자들이 맡고 있다. 우리는 정기적으로 윤리 MCSL에서 가르치는 동시에, 윤리 MCSL의 각 단위들이 전체 계획에 따라 효과적으로 실행되도록 하기 위하여 특정 과목을 강의하는 교수자들을 조정하였다.

두 번째는 다학문 전문가로서의 역할인데, 이는 윤리 MCSL의 실행에서 매우 성공적으로 작용하였다. 미네소타대학교에는 윤리이론에 관한 단원을 가르칠 수 있는 철학자와 '적극적 치료와 제한적 치료'와 같은 내용의 단원을 가르칠 수 있는 생명윤리 전문가들이 있다. 다른 학문분야의 동료가 참여한 경우에는 윤리 MCSL의 특정 부분을 계획대로 실행하는 데 도움을 받도록 하였다. 따라서 초청된 강사들이 가르친 과목도 서로 관련 없는 단편적 부분이 아니라 전체 체계의 일부로서 다루어졌다.

세 번째는 강화자로서의 역할인데, 특정 강의를 하는 교수자들은 윤리

MCSL을 실행하는 데 추가적으로 중요한 역할을 한다. 그들은 뒤의 단원을 가르치면서 이전 단원의 내용을 다시 언급하여 윤리에 관한 내용을 강화시키는 역할을 한다. 또한 그들은 교과목 강의와 학생들의 일상 경험이 제대로 연결될 수 있도록 윤리 교수자에게 조언을 하는 역할도 한다. 이 조언자들이나 윤리 교수자들이 변화가 필요하다고 판단을 하면 윤리 MCSL 단원에 대한 수정이 이루어진다. 그러나 어떤 단원을 수정할 때에는 윤리 MCSL 전체에 미칠 수 있는 영향을 고려해야 한다.

네 번째는 촉진자로서의 역할인데, 이는 학습된 윤리적 지식이 임상적 경험으로 연결되도록 하는 임상교수의 몫이다. 촉진자의 역할을 하는 임상 교수자를 돕기 위한 효과적인 접근법은 윤리 교수자 중 한 명과 함께 공동으로 임상세미나를 진행하는 것이다. 윤리 교수자는 현재와 이전 학기의 강의에서 학생들이 윤리에 대해 배운 것을 정확히 알고 있고, 임상 교수자는 윤리적 의사결정과 행동을 하는 데 반드시 필요한 임상 환경 및 환자에 대한 지식을 갖고 있는 전문가이다. 학급 강의나 임상세미나에서 사용할 수 있는 전략에 대한 기술은 핸드북(Duckett et al., 1993)이나 저널의 글들(Pederson et al., 1990; Ryden et al., 1989; Waithe et al., 1989)에서 찾을 수 있다.

교수자가 윤리교육에 필요한 다양한 역할을 맡을 수 있도록 돕기

형식교육의 한 부분으로서 윤리를 배우지 않은 많은 사람들에게는 이처럼 중요한 영역에 대한 지식과 능력을 향상시킬 방법을 찾는 것이 중요하다. 미네소타대학교의 윤리교육 프로젝트에서는 간호학 교수자들을 위하여 1년에 1회 워크숍을 실시하였는데, 여기에서는 FIPSE의 지원을 받기 전에 그들이 승인한 윤리 MSCL의 개발과 실행에 관한 정보가 제공되었다. 자신의 윤리적 지식을 증가시키고 학생들이 윤리 MSCL에서 배우는 내용에 대한 정보를 얻기 위해서 교수자들은 간소화된 형태의 윤리 MSCL 학급과 임상세미나에 참여하였고, 다른 사람들에 대한 개략적 정보를 제공받았다. 소집단의 교수자들은 다양한 임상 환경에서 직면하게 되는 여러 윤리적 문제들을 확인하고 임상세미나에서 활용하기 위해 이들 중 전형적인 사례를 정하였다(Waithe et al., 1989). 그들은 임상세미나에서 이 사례들을 활용하기 위한 세부계획까지 마련하였다.

외부의 지원을 받는 마지막 연도에 간호학 교수자의 대표들이 '보살핌과 정의의 문제: 간호사의 윤리적 활동을 위한 교육'이라는 주제로 미네소타대학교에서 열린 학회에 참석하였는데, 이 학회에서 미국 26개 주와 캐나다에서 온 간호학 교수자들과 윤리교육에 대해서 논의할 수 있는 기회가 마련되었다.

교육과정 내에 간호윤리에 관한 내용을 보강하는 데 관심이 있는 교육자들로서는, 자신의 대학이나 학과 내의 교수자들이 간호윤리에 대해 어느 정도 지식을 갖추고 있다고 생각하는지, 어느 정도로 친숙하다고 느끼는지를 확인하는 것이 도움이 될 것이다. 실제로 우리는 간단한 설문조사를 통해 교수자 개발 워크숍에 사용할 수 있는 유용한 정보들을 얻을 수 있었다(Duckett et al., 1993).

간호윤리의 이론적 토대

최근의 간호학은 주로 과학적 지식에 초점이 맞추어져 있으나, 오랫동안 간호활동의 성격은 봉사활동을 실제로 하는 사람들에 의해 규정되어 왔다(Leininger, 1990). 간호학자들은 간호윤리를 정의하기 위해 열심히 노력하고 있다. 간호윤리 영역에 대한 간호학 연구자들의 활동은 고트너(Gortner, 1985), 케티피안과 오르몬드(Ketefian & Ormond, 1988), 케티피안

(1989)을 중심으로 진행되었다. 간호윤리는 세 가지 학문 분야, 즉 간호학과 도덕철학, 도덕심리학의 교차점이라고 볼 수 있다.

도덕철학 분야는 서구와 비서구 문명의 막강한 윤리이론들에 대한 지식을 포함한다. 비록 개인과 사회는 특정 종교의 영향을 크게 받을 수 있으나 다원주의적 사회에서 공공기관 윤리교육의 토대를 이루는 이론은 본질적으로 신학보다는 철학에 가깝다. 미국 사회구조의 토대를 이루는 철학적 입장은 다양한 종교적 전통에서 유래하는 개인의 도덕적 신념들을 인정하는 것이다.

도덕심리학 분야는 간호윤리와 관련된 둘째 영역이다. 도덕철학이 처방적이라면 도덕심리학은 기술적이다.[2] 도덕심리학은 심리학의 다양한 이론적 관점들 중에서 사회학습과 인지발달의 관점을 주로 다루는 분야이다.

간호사와 간호대학생의 도덕추론

기존 연구들의 개관

도덕심리학의 연구성과에 힘입어 간호사의 도덕추론 발달에 관한 연구들이 많이 이루어졌다.[3] 이 연구들은 대부분 레스트(1979)의 DIT나 크리샴(Crisham, 1981b)이 개발한 DIT와 유사한 간호딜레마검사(Nursing Dilemma Test, NDT)[4]를 이용하여 도덕추론을 측정하였다. NDT의 기여와 한계에 대해서는 케티피안과 오르몬드(1988)가 이미 논의한 바 있다.

간호사의 도덕추론에 관한 연구들과 DIT 측정연구에 관련된 논의들을 다룬 책이 출판되었다(Duckett et al., 1992). 그 책은 도덕추론의 측정과 이미 발표된 간호사의 도덕추론 점수의 부정확성과 오류를 설명하기 위해 쓰였다. 즉, 그 책의 목적은 첫째, DIT를 사용하려는 연구자들에게 DIT에 대한 주요 정보를 명확히 전달하고, 둘째, 간호사와 간호대학생의 도덕추론을 다루는 연구와 문헌들을 비판하고, 셋째, 이를 다른 연구자들이 보고한 간호사와 간호대학생들의 DIT점수 및 규준과 비교하는 것이다. 그 책에서 저자들은 다음과 같은 결론을 내렸다.

첫째, 간호사의 도덕추론에 대한 연구에서 과학적인 엄밀함이 필요하다.

둘째, 도덕추론 점수의 해석과 보고에 있어서 보다 정확할 필요가 있다.

셋째, 이전에 검사했던 다른 직종 종사자와 마찬가지로 간호사의 도덕추론은 형식교육의 연한에 비례하는 경향이 있다.

넷째, 간호사의 점수는 동등한 학력수준의 다른 분야 종사자들의 점수와 같거나 높았다.

배려의 도덕성과 정의의 도덕성 간의 관계

몇몇 간호학 연구자들은 정의에 기반한 도덕추론에 초점을 둔 기존의 연구 경향에서 벗어나 페미니즘의 관점에서 콜버그와 레스트의 이론이 여성에게도 적합한지를 검토하였다. 길리건과 나딩스(Gilligan & Noddings, 1984)의 연구에 의거하여 배려의 윤리를 간호윤리에서 가장 중요한 것으로 간주하는 간호학 연구자들은 배려의 윤리를 주관적이고 여성적이며 관계를 중시하는 것으로 파악하는 반면, 이에 대비되는 정의의 윤리는 간호사보다는 의사 같고 남성적이고 타인을 대상화하고 거리를 두는 것으로 파악했다. 왓슨(Watson)에 따르면, 간호윤리학의 영역은 현재 배려의 윤리(ethics of caring)로 언급되고 있다. 베너와 루벨(Benner & Wrubel, 1989)은 도덕으로서의 배려는 간호라는 행위에서 근본적인 것이라고 말하고 있다.

벡스트란드(Beckstrand, 1978)는 간호 현장에서 실제로 변화를 일으킬 수 있는 과학적이고 윤리적인 이론을 활용하는 것이 간호학 연구에서 필요하다고 주장한 바 있다. 프라이(Fry, 1989)는 탐구의 한 영역으로서 간호윤리학의 발전에 대해 논의하면서, 간호분야에서 과학적인 이론의 활용을 강조한 벡스트란드의 주장은 널리 받아들여졌지만, 실제 간호행위에 대한 윤리학의 공식적인 이론은 아직 형성되지 않았다고 지적하고 있다. 프라이는 간호윤리학의 가치가 간호사와 환자 간 관계의 특성에 토대를 두고 있음에 주목하고, 배려의 가치야말로 모든 간호윤리학 이론의 중심이 되어야 한다고 주장하였다. 그는 또한 간호윤리학 이론이 생명의료윤리의 전형적인 틀을 따라야 할 필요는 없다고 주장하였다. 스완슨(Swanson, 1991)은 현상학적 연구들을 바탕으로 배려의 이론을 경험적으로 정립하였다. 이 이론에서 그는 배려의 다섯 가지 과정을 설명하고 있다. 즉, 그를 알고(knowing), 그와 함께하고(being with), 그를 위해 무엇을 하고(doing for), 그에게 무엇인가를 할 수 있게 하고(enabling), 그에 대한 믿음을 유지하는(maintaining belief) 것이다.

배려와 정의를 종합한 통합적인 간호윤리학은 아직까지 나타나지 않았다. 오늘날 고도로 발달한 기술적인 건강관리 체제에서 간호사는 현장에서 과학적인 지식을 적용할 수 있는 이성적이고 논리적인 사고능력의 소유자여야 한다는 점에 대해서 많은 사람들이 동의하고 있다. 또한 인간에 대한 배려는 간호 분야의 오랜 역사가 남긴 핵심적 유산이라는 사실에 대해서도 모두 합의하고 있는 것으로 보인다. 우리는 간호 분야에서 과학적인 방법의 기저에 깔린 이성적인 객관성을 제한하는 것이 무슨 이득이 있는지에 대하여, 윤리적인 방법의 측면에서 도덕추론의 형식을 설명하는, 오랜 기간 다져 온 '정의의 전통'을 '배려의 전통'과 통합할 수 있는지에 대하여 고찰할 필요가 있다.

간호윤리 교육에서 배려와 정의의 통합

도덕판단 기술의 향상이 윤리교육 문헌에서 매우 강하게 강조되고 있지만, 우리는 간호윤리 교육의 궁극적인 지향점은 도덕적 행동이 되어야 한다고 믿고 있다. 도덕적 행동의 표출에 관여하는 모든 심리적 과정들을 함께 인정하는 관점인 레스트(1982; 1984; 1986)의 4-구성요소 모형은 〈표 1-7〉에 기술되어 있다. 이 구조틀 내에서는 정의와 배려가 모두 윤리적 행위의 핵심으로 간주될 수 있다(Rest, 1990). 제1장에서 레스트는 도덕적 행동의 표출에 필요한 네 가지 구성요소에 대하여 설명한 바 있다. 아래의 논의에서는 네 요소들이 배려와 관련되어 있음을 강조하고 있다.

도덕감수성

도덕적 문제가 내포된 특정 상황을 해석함에 있어서, 타인의 관점을 채택할 수 있고 그에게 공감할 수 있으며, 설령 그가 자신과 다른 점이 많은 사람일지라도 그를 돌보아 줄 수 있는 사람은 도덕감수성이 높은 경향이 있다. 관점 채택, 감정이입, 그리고 진실함은 여러 해 동안 간호대학 프로그램의 인간관계 수업에서 가르치고 연습해 온 주제이다. 학생들은 또한 역할놀이와 임상 경험을 통해서, 배려 접근이 다른 간호기법들이 현실세계에서 적절히 적용되도록 하는 주요 매개임을 학습한다. MCSL의 교육과정에 있어서, 두 가지의 대인관계 의사소통 과정들이 지닌 이런 측면들은 MCSL이 다른 과정에까지 확장된 것으로 볼 수 있다.

도덕판단력

이는 특정 상황에 대하여 추론하고 어떤 행동이 도덕적으로 옳은지 판단할 수 있는 능력을 말한다. 콜버그(1976)와 레스트(1979; 1986)에 따르면, 한 사람의 도덕추론이 5, 6단계로 향상되면 특정 상황에 관계된 이들의 주장을 도덕적 원리, 특히 정의의 원리에 비추어 살펴보게 된다. 인간관계와 맥락적 측면을 고려하는 추론은 배려 전통의 강점이다. 배려 관계에 있는 사람 이외의 다른 사람에게 옳은 것이 무엇인지에 대하여 고려하는 원리화된 사고를 사용하는 능력은 정의 전통의 강점이다.

도덕동기화

도덕적으로 옳다고 판단한 바를 행하기 위해서는 도덕적 가치를 그것과 경쟁하는 다른 가치들보다 우위에 두어야 한다. 가장 도덕적인 행동을 하고자 하는 강한 욕구와 타인에 대한 큰 배려는 모두 전문직에 종사하는 사람들이 자신에게 이익이 되는 어떤 행동을 가장 윤리적인 대안으로 선택하지 않도록 하는 데 필수적이다. 예를 들어, 한 간호사가 가장 도덕적인 행동을 하는 것이 병원 전체나 행정 직원, 오래 근무한 동료 간호사 또는 의사들과 충돌을 일으켜서 자신의 자리까지 위태롭게 할 수도 있음을 인지할 때가 있을 것이다. 그럴 때 그 간호사는 명백하게 위협을 지각하면서도 도덕적인 행동을 할 수 있을 것인가?

도덕적 품성

다른 사람들과 마찬가지로 간호대학생들도 레스트가 제1장에서 언급했던 자아강도, 인내, 강인함, 신념의 힘, 용기 등 도덕적 품성에서 차이가 나타나는 경향이 있다. 유아기 이후의 많은 과거 경험들이 도덕적 품성의 발달에 영향을 미친다는 것은 의심의 여지가 없는 사실이다. 그렇다면 간호사 양성교육과 같은 전문교육과정도 그것의 발달에 영향을 미칠 수 있는가? 아니면 전문교육과정의 학생들은 변화시키기에 너무 늦었는가? 경험적으로 볼 때, 간호대학에 막 입학한 학생이 전문교육을 받는 동안에 도덕적 품성을 발달시키기 위해 미리 갖추고 있어야 할 도덕적 품성의 역치 수준이 따로 있을지 모른다고 생각할 수 있지만, 이를 입증해 줄 경험적 자료는 없다. MCSL 과정에 참여한 학생들을 관찰한 결과, 용기 · 자아강도 · 강인함 · 인내심 등의 특성이 약한 학생이라도 그러한 특성을 확실하게 갖추고 있는 다른 학생이나 교수진과 함께 토론에 참여하게 되면, 그들을 자신이 닮고자 노력하는 긍정적인 역할모델로 삼는 것으로 나타났다.

도덕적 결정의 실행 : 다섯 번째 요소

레스트는 도덕적 행동의 표출에 관여하는 심리적인 과정으로서 위의 네 요소를 제시한 바 있다. 그런데 우리가 간호대학생들을 연구한 결과, 또 다른 하나의 요소가 필요하다는 사실이 밝혀졌다. 그러나 다섯 번째 구성 요소는 순수한 심리적인 과정이기보다는 대인관계 과정이라 할 수 있다. 사람들은 자신의 도덕적 결정을 직접 행동에 옮겨야 한다. 도덕적 결정의 실행은 합리적이지만 냉정하고 사심이 없고 단호한 방식으로 이뤄질 수 있고, 혹은 타인에 대한 온화함 · 감정이입 · 연민 · 관계감 등의 방식으로 행해질 수 있다. 도덕적 행동을 하는 데 필요한 설득력 있는 의사소통과 갈등해결 기술은 의사소통이 남을 배려하고 존중하는 침착한 방식으로 이뤄질 경우 보다 성공적일 수 있다. 도덕적 결정의 능숙한 실행은 그 결정에 내재되어 있는 도덕적 목표가 성취될 가능성을 증대시킨다.

도덕감수성, 도덕판단력, 도덕동기화, 도덕적 품성, 그리고 실행 기술 등 다섯 가지 구성요소는 MCSL의 내용 영역들을 구성하는 지침으로 활용되어 왔다. 전체 모형은 간호대학 교육과정의 첫 번째 핵심강좌에서 소개된다. 그 구성요소들은 매우 밀접하게 상호 관련되어 있지만, 엄격하게 순차적으로 작용하지는 않음을 학생들이 이해하도록 지도한다. 그러나 도덕감수성은 개념적으로 도덕행동의 선행 조건이 되기 때문에, 신입생의 주요 목표는 도덕감수성과 도덕판단 기술의 발달이다. 2학년 때의 학습 경험도 이러한 두 가지 구성요소에 계속 초점을 맞추고 있지만, 부가적으로 학생들에게 도덕적 실행과 품성, 대인관계 기술 등에도 도전해 보도록 한다. 레스트의 모형과 관련된 특정 교수·학습 전략과 환자의 상황 등의 자료들은 많은 저작들에 소개되어 있다(Duckett et al., 1993; Waithe et al., 1989).

도덕판단력의 향상

미네소타대학교 간호대학의 학부생들을 대상으로 교육과정의 효과를 측정하기 위하여 1987년 이후의 신입생 모두를 대상으로 도덕판단력 사전검사(DIT)를 실시하였고, 이들이 졸업할 무렵 사후검사를 실시하였다. 1989년 가을학기 이전에 프로그램에 참여한 학생들은 2학년으로 들어왔고, 1989년 가을에 시작하는 학생들은 개정된 상급 학부과정 프로그램에 3학년으로 들어왔다. MCSL에 참여한 학생들에 대해서는 여러 논문에서 설명하고 있다(Duckett et al., 1993; 1990; Ryden et al., 1989). 사전검사 DIT는 신입생 오리엔테이션이나 정규 수업시간에 실시되었고, 사후검사 DIT는 정규 수업시간에 실시되었다.

〈표 3-1〉에는 네 집단의 DIT 종단자료가 제시되어 있다. 집단 A와 B는 2학년, 집단 C와 D는 3학년 때 이 프로그램에 들어왔다. 사전·사후검사를 모두 받고, 이 두 검사에서 유효한 점수를 받은 학생들에 대한 분석 결과가 이 표에 제시되어 있다. 입학할 때 사전검사를 받지 못한 학생은 거의 없지만, 졸업할 때 사후검사에 불참한 학생이 많았다. 검사에 불참한 학생들에 대해서는 아주 가까운 시일 내 다시 검사를 실시하는 방식을 취했고, 검사를 완수하지 못한 학생들에 대한 벌점은 없었다. 채점을 위해서 레스트(1988a)에게 검사자료를 보냈다. 산출된 수치 중 전산화된 유효성 점검검사를 통과한 것만이 유효한 점수로 인정되었다. 네

표 3-1 간호대학생의 DIT P-점수(종단자료)

집 단	A	B	C	D
사전검사 시기	1987년 가을	1988년 겨울	1989년 가을	1990년 가을
사전검사 점수				
평균	46.6	41.8	43.4	46.0
표준편차	13.9	12.2	13.8	12.2
점수범위	20~72	17~62	13~75	23~73
사후검사 점수				
평균	53.2	43.7	51.1	50.3
표준편차	16.6	12.7	12.9	14.5
점수범위	17~87	25~70	22~77	17~82
사례 수[1]	32	27	48	48
t 값[2]	4.08	.84	4.42	2.31
유의도	.0003	.41	.0001	.0260

1) 사례 수는 사전 · 사후검사에서 허위반응 사례를 제외한 수임.
2) 대응표본(paired) t-검증임.

집단 중 세 집단에서 사전검사와 사후검사 간에 의미 있는 변화가 확인되었다.

네 집단 중 세 집단에서 대학 4년간 도덕판단력의 유의미한 향상이 확인된 것은 매우 고무적이다. 그러나 이러한 결과가 대학 재학 중의 다른 경험 때문인지, 학부 교육과정 전체 때문인지, MCSL 때문인지, 아니면 이 세 가지 중 몇 가지의 결합 때문인지는 명확하지 않다. 레스트(1979)는 지적 환경이 도덕판단과 관련 있다는 증거를 제시하고, 도덕판단력의 차이는 환경 양호성의 관점에서 해석될 수 있다고 언급한 바 있다. MCSL과 과거 간호대학 프로그램의 일부에는 도덕발달을 증진시키는 경험으로 제시되었던 학습활동들이 포함되어 있었다. 학생들은 윤리학 내용을 접하고, 그것을 바탕으로 자신의 기존 관점을 점검하고 타인의 관점과 비교해 보도록 격려를 받았다. 레스트에 따르면, 이러한 과정을 거쳐 사고가 더욱 복합적으로 진전되며, 그로써 보다 높은 도덕판단 점수가 도출된다.

한편, 유의미한 변화를 보이지 않았던 B집단은 흥미롭고 비전형적인 양상을 보인 집단이다. 이 집단의 경우, 사전검사와 사후검사의 평균이 가장 낮았다. 이 집단은 개정된 교육과정 프로그램이 실행되기 이전에 2학년으로 참여한 마지막 집단이었고, 프로그램 지원자의 수가 가장 적은 연도에 입학하였다. 유효한 사전검사 점수를 받은 입학생은 8명이었는데, 종단적 추후 조사를 실시한 결과 6명이 프로그램을 중단했고 2명은 사후검사 점수가 유효하지 않았다. 졸업하기 전에 프로그램을 중단한 6명의 사전검사 점수(48.2)가 전체 집단의 평균(41.8)보다 높은 것은 주목할 만하다.

B집단을 제외한 전체 집단의 사전검사 평균은 이 연구에서 산출된 대학생 전체의 규준(42.3~45.9)보다는 높지만, 레스트(1998a)가 제시한 대학원생 규준(53.3~63.0)보다는 낮았다. 사후검사를 받을 당시 학생들은 4학년 졸업반이었기 때문에, 그들은 4년간의 대학 경험과 간호학의 전 교육과정, 그리고 윤리 MSCL의 전 과정을 모두 경험했다고 볼 수 있다.

연구를 진행할 당시의 원고에는 DIT점수와, 그 점수와 이수학점과 연령, 기타 표준화된 검사점수 등의 다른 변인들 간의 관계가 자세히 기록되어 있다. 당시의 연구는 입학 및 졸업시의 DIT점수의 예언변인을 탐색하였고, 어떤 변인이 특별히 높거나 낮은 DIT점수와 관련이 있는지 조사하였다. 도덕판단과 임상수행의 관계는 다음 절에 기술되어 있다.

연구자들의 관심사항 중 하나는 입학 당시에 낮은 DIT점수를 받은 학생에 관한 것이었다. 그들도 프로그램에 참여하도록 허가해야 하는가? 만약 허가한다면 MCSL보다 더 심도 있는 다른 처치를 받을 필요가 있는가? 우리가 큰 관심을 갖고 있는 이들은 낮은 DIT점수를 받고 졸업하는 적은 수의 학생들이다.

도덕추론과 임상수행의 관계

앞에서 설명한 것처럼 도덕행동을 결정하는 레스트의 네 가지 구성요소 중에서 간호사의 도덕추론에 대한 정보는 상당히 많다. 그러나 간호사와 그들의 보살핌을 받는 환자 모두에 대해 궁극적으로 관심을 가져야 할 것은 간호사의 도덕추론 수준이 아니라 그들이 실제로 윤리적인 직무수행을 하고 있는가의 문제이다.

임상수행의 우수성은 항상 좋은 간호사의 징표가 되어 왔다(Krichbaum et al., 1994). 우리는 소아과 수련의의 도덕추론과 임상수행의 관계에 대한 연구결과를 가지고 우리 학생들을 연구하였다(Sheehan et al., 1980). 이 연구에서는 수련의들의 DIT점수와 그들의 임상수행에 대한 의료진의 평가를 비교하였다. 연구자들은 244명의 소아과 수련의들의 도덕추론 능력이 그들의 임상수행의 예측변인이 된다는 것을 밝혀 내었다. 연구자들은 높은 도덕추론이 미숙한 임상수행의 가능성을 차단하고, 가장 낮은 수준의 도덕적 사고를 하는 사람이 매우 높은 수준의 임상수행을 해내는 경우는 거의 없다고 결론지었다.

우리 프로그램에 참여한 학생들의 도덕추론 점수의 측정과정은 앞에서 설명하였다. 우리는 또한 2학년 말에 윤리 MSCL에 참여한 학생들의 임상수행에 대한 교수진의 평가자료를 확보하였다. 3학년과 4학년 때의 실습 과목 7개에 대한 임상 교수들의 평가자료도 구했다. 임상수행은 프로그램의 다양한 수준에서 학생들의 임상수행을 측정하기 위해서 개발된 임상평가 도구(Clinical Evaluation Tool, CET)를 활용하여 측정하였다. CET의 신뢰도와 타당도는 크리히바움(Krichbaum, 1994)이 설명한 바 있다. 3학년과 4학년의 CET점수 평균은 컴퓨터로 계산되었다. 그리고 나서 3학년과 4학년 평가점수를 합하여 평균점수를 산출하였다.

임상수행의 질을 예측하는 다른 변인들로는 입학 당시의 연령, 입학

전 이수학점, 학업 적성을 측정하기 위해서 가장 널리 사용되는 ACT점수, 평점(GPA), 프로그램의 두 번째 학기 동안에 실시했던 윤리이론 시험점수 등이 있다. 입학 당시 DIT를 받았던 학생 85명 중에서 자료가 완벽한 사람은 48명이었다. 학생 수가 줄어든 이유는 프로그램 중단(17명), 유효하지 않은 도덕추론 점수(5명), 그리고 CET점수의 손실 등이었다. 완전한 자료를 가진 집단과 일부 자료가 손실된 집단 사이에는 유의미한 차가 없었다.

변인들 간의 상관은 〈표 3-2〉에 제시되어 있다. 모든 변인들은 3학년 때와 4학년 때의 CET점수를 합산한 점수의 평균과 정적인 상관을 보이는 것으로 나타났다. 이 합산점수의 평균은 3학년 때와 4학년 때의 CET 점수를 합한 것이기 때문에 여러 종류의 CET점수와 높은 상관을 보일 수 있음을 예상할 수 있다. 마찬가지로 이수학점은 입학 당시의 연령과 매우 높은 상관이 있다. 입학 당시 DIT의 P-점수와 입학 당시의 연령은 CET 합산점수의 평균과 가장 높은 상관을 보였다.

합산된 CET 평균점수에 대한 단계별 중다회귀분석의 결과를 보면,

표 3-2 관련 변인들 간의 상관계수

관련 변인	1	2	3	4	5	6	7	8	9
1. 입학 당시 연령	1.00	***.69	**.33	**.37	.23	.17	**.36	**.39	***.48
2. 입학 전 이수학점		1.00	.20	**.32	.17	.02	.22	**.40	**.38
3. 입학시의 평점			1.00	***.42	.20	*.26	.17	*.31	*.29
4. ACT 점수				1.00	***.45	**.34	**.37	*.26	**.42
5. 입학시의 P-점수					1.00	.22	***.48	***.42	***.58
6. 윤리이론 시험점수						1.00	**.32	.21	**.35
7. 3학년 CET 평균							1.00	.18	***.87
8. 4학년 CET 평균								1.00	***.64
9. 3, 4학년 CET 평균									1.00

– CET는 임상평가(Clinical Evaluation Tool)로서, 10개 항목의 합산치임

– * .05≥p〉.01. **.01≥p〉.001. ***.001≥p.

1단계에서 DIT의 P-점수가 투입되었을 때 변량의 34%를, 2단계에서 연령이 투입되었을 때는 나머지 변량의 12%를 설명하였다(〈표 3-3〉 참조). 다른 변인들은 투입되지 않았다.

표 3-3 합산된 3, 4학년생의 CET 점수에 대한 단계별 중다회귀 분석

예측변인	3, 4학년 때의 CET 합산점수				
	b	se_b	b*	t	prob. t
입학시의 DIT P-점수	.14	.03	.50	4.44	.0001
입학시의 연령	.29	.09	.36	3.24	.002
절편	29.13	2.31			
R^2=.46 수정된 R^2=.44 F=19.51 prob. F=.00001					

- b는 비표준화된 중다회귀계수이고, b*는 표준화된 회귀계수임. 모든 수치들은 최종단계의 중다회귀계수임.
- 투입의 기준은 prob. t≤.05임. ACT점수, 입학시의 GPA, 입학 전 이수학점의 수, 윤리 시험 점수 등은 투입되지 않았음.

이러한 결과는 쉬한 등의 연구(Sheehan et al., 1980)에서 밝혀진 도덕추론과 임상수행 간의 관련성을 지지하는 것이다. 이 자료는 또한 간호대학생의 연령, 학문적 경험, 임상수행 간에 중요한 관계가 있음을 보여 주었다. 만일 이런 연구결과가 더 크고 다양한 집단에서도 나타난다면, 이 결과가 그동안 학업성취도만 중시했던 간호대학생의 선발에 주는 의미는 매우 클 것이다.

윤리 MCSL로 개편된 교육과정에 따라 교육을 받은 학생들의 자료는 완전하지 않지만, 전술한 48명의 학생에게서 확인된 도덕추론과 임상수행 간의 관련성보다는 더 약한 것으로 나타났다. 아마도 그 원인은 각 학생별로 충분한 횟수의 CET점수가 확보되지 않았기 때문일 것이다. 또한 학생들을 가르치고 평가하는 데 있어서 전업교수보다는 경험이 적은 외래교수들이 임상과정을 가르치고 있는 것도 원인이 될 수 있다.

요 약

간호 분야에서 전문직 윤리가 중요하다는 인식과 윤리가 학습될 수 있다는 확신은 윤리교육에 대한 다양한 접근을 이끌어 냈다. 간호사의 윤리적인 행동을 위해서는 간호직의 고유 특성인 배려와 도덕감수성, 정의에 기반을 둔 도덕추론, 그리고 도덕적 실행 등의 통합이 필요하다. MCSL에서 윤리교육을 받은 학생들의 도덕추론이 발달하는지를 평가한 결과, 네 집단 중 세 집단의 DIT점수가 유의미하게 상승하는 것으로 나타났다. 도덕추론과 임상수행의 관계를 분석한 결과 DIT점수는 임상수행의 강력한 예측변인인 것으로 나타났다.

미주

1) Aroskar, 1977; Benoleil, 1983; Bindler, 1977; Evers, 1984; Muyskens, 1982; Purtilo & Cassel, 1981; Steinfels, 1977 참조.

2) 여기서 처방적이라 함은 한 사람이 도덕적으로 어떻게 행동해야 하는지에 관한 것이고, 기술적이라 함은 한 사람이 도덕적 추론과 행동을 할 때 무슨 일이 어떻게 발생하는가를 의미한다.

3) 예를 들어, Crisham, 1981a; Felton & Parsons, 1987; Gaul, 1987; Ketefian, 1981, 1989; Ketefian & Ormond, 1988; Mayberry, 1986 참조.

4) DIT 방식을 활용하여 6개의 이야기로 구성되었다.

참고문헌

Arosker, M. A. (1977). Ethics in the nursing curriculum. *Nursing Outlook, 25,* 260–264.

Barritt, E. R. (1973). Florence Nightingale's value and modern nursing education. *Nursing Forum, 12*(1), 6–47.

Beckstrand, J. (1978). The need for a practice theory as indicated by the knowledge used in the conduct of practice. *Research in Nursing and Health, 3,* 175–179.

Benner, P., & Wrubel, J. (1989). *The primacy of caring.* Menlo Park, CA: Addison–Wesley.

Benoliel, J. Q. (1983). Ethics in nursing practice and education. *Nursing Outlook, 31*(4), 210–215.

Bindler, R. (1977). Moral development in nursing education. *Image, 9*(11), 18–20.

Carper, B. (1978). Fundamental patterns of knowing in nursing. *Advances in Nursing Science, 1*(1), 13–23.

Cook, S. E. (1913). *The life of Florence Nightingale* (Vol. 1). London: Macmillan.

Crisham, P. (1981a). *Moral judgement of nurses in hypothetical and nursing dilemmas.* Unpublished doctoral dissertation, University of Minnesota, Minneapolis.

Crisham, P. (1981b). Measuring moral judgement in nursing dilemmas. *Nursing Research, 30*(2), 104–110.

Dison, N. (1983). *Dilemmas of baccalaureate nursing students.* Doctoral Dissertation, University of Minnesota, Minneapolis.

Duckett, L., Boyer, M., Ryden, M., Crisham, P., Savik, K., & Rest, J. (1992). Challenging misperceptions about nurses' moral reasoning. *Nursing Research, 41*(6), 324–331.

Duckett, L., Ryden, M., Waithe, M. E., Schmitz, K., Caplan, A., & Crisham, P. (1990). Ethics education for professional students. *Thought and Action: The NEA Higher Education Journal, 6*(1), 77–84.

Duckett, L., Waithe, M. E., Boyer, M., Schmitz, K., & Ryden, M. (Eds.). (1983). *MCSL building: Developing a strong ethics curriculum in nursing Multi–Course Sequential Learning* (2nd ed.). Minneapolis: University of Minnesota School of Nursing.

Evers, S. L. (1984, Autumn). Nursing ethics: The central concept of education. *Nurse Educator*, pp. 14–18.

Felton, G. M., & Parsons, M. A. (1987). The impact of nursing education on ethical/moral decision making. *Journal of Nursing Education, 26*, 7–11.

Fry, S. T. (1989). Toward a theory of nursing ethics. *Advances in Nursing Science, 11*(4), 9–22.

Gaul, A. L. (1987). The effect of a course in nursing ethics on the relationship between ethical choice and ethical action in baccalaureate nursing students. *Journal of Nursing Education, 26*, 113–117.

Gilligan, C. (1982a). *In a difference voice.* Cambridge, MA: Harvard University Press.

Gilligan, C. (1982b). New maps of development: New visions of maturity. *American Journal of Orthopsychiatry, 51*(2), 199–212.

Gortner, S. R. (1985). Ethical inquiry. In H. H. Werley & J. J. Fitzpatrick (Eds.), *Annual review of nursing research* (pp. 193–214). New York: Springer.

Jones, S. A., & Brown, L. N. (1991). Critical thinking: Impact on nursing education. *Journal of Advanced Nursing, 16*, 529–533.

Ketefian, S. (1981). Moral reasoning and moral behavior among selected groups of practicing nurses. *Nursing Research, 30*, 171–176.

Ketefian, S. (1989). Moral reasoning and ethical practice. In J. Fitzpatrick, R. L. Taunton, & J. Benoliel (Eds.), *Annual review of nursing research* (pp. 173–195). New York: Springer.

Ketefian, S., & Ormond I. (1988). *Moral reasoning and ethical practice in nursing: An integrative review.* New York: National League for Nursing.

Kohlberg, L. (1976). Moral stage and moralization: The cognitive–developmental approach. In T. Lickona (Ed.), *Moral development and behavior: Theory research, and social issues* (pp. 84–107). New York: Holt, Rinehart &

Winston.

Krichbaum, K., Rowan, M., Duckett, L., Ryden, M., & Savik, K. (in press). *The Clinical Evaluation Tool: A measure of the quality of clinical performance of baccalaureate nursing students.*

Leininger, M. (1990). Historic and epistemologic dimensions of care and caring with future directions. In J. S. Stevenson & T. Tripp-Reimer (Eds.), *Knowledge about care and caring: State of the art and future developments.* Proceedings of a Wingspread Conference (pp. 19-31). Kansas City, MO: American Academy of Nursing.

Mayberry, M. A. (1986). Ethical decision making: A response of hospital nurses. *Nursing Administration Quarterly, 10*(3), 75-81.

Muyskens, J. L. (1982). *Moral problems in nursing.* Totowa, NJ: Rowan & Littlefield.

Noddings, N. (1984). *Caring: A feminine approach to ethics and moral education.* Berkeley: University of California Press.

Pederson, C., Duckett, L., Maruyama, G., & Ryden, M. (1990). Using structured controversy to promote ethical decision making. *Journal of Nursing Education, 29*(4), 150-157.

Purtillo, R. B., & Cassel, C. K. (1981). *Ethical dimensions in the health professions.* Philadelphia, PA: Saunders.

Rest, J. R. (1979). *Development in judging moral issues.* Minneapolis: University of Minnesota Press.

Rest, J. R. (1982). A psychologist looks at the teaching of ethics. *Hastings Center Report, 12*(1), 29-36.

Rest, J. R. (1984). The major components of morality. In W. M. Kurtines & J. L. Gewirtz (Eds.), *Morality, moral behavior, and moral development* (pp. 23-38). New York: Wiley.

Rest, J. R. (1986). *Moral development: Advances in research and theory.* New York: Praeger.

Rest, J. (1988a). *DIT manual: Manual for the Defining Issues Test* (Rev. 3rd ed.). Minneapolis: Center for the Study of Ethical Development, University of

Minnesota.

Rest, J. (1988b, Winter). Can ethics be taught in professional schools? The psychological research. *Easier Said Than Done*, pp. 22–26.

Rest, J. (1990, October). *The Four Component Model for moral action: Implications for teaching professional students.* Paper presented at the conference. The Care–Justice Puzzle, Education for Ethical Nursing Practice, St. Paul, MN.

Rosen, B., & Caplan, A. L. (1980). *Ethics in the undergraduate curriculum.* Hasting–on–Hudson, NY: Hasting Center.

Ryden, M., Duckett, L., Crisham, P., Caplan, A., & Schmitz, K. (1989). Multi–course sequential learning as a model for content integration: Ethics as a prototype. *Journal of Nursing Education, 28*(3), 102–106.

Ryden, M., Waithe, M. E., Crisham, P., Caplan, A., & Duckett, L. (1989). Wrestling with the larger picture: Placing ethical behavior in clinical situation in context. *Journal of Nursing Education, 28*(6), 271–275.

Sheehan, T. J., Husted, S. D. R., Candee, D., Cook, C. D., & Bargen, M. (1980). Moral judgement as a predictor of clinical performance. *Evaluation and the Health Professions, 3*(4), 393–404.

Steinfels, M. O. (1977, August). Ethics, education, and nursing practice. *Hastings Center report*, pp. 20–21.

Swanson, K. M. (1991). Empirical development of a middle theory of caring. *Nursing Research, 40*(3), 161–166.

Waithe, M. E., Duckett, L., Schmitz, K., Crisham, P., & Ryden, M. (1989). Developing case situations for ethics education in nursing. *Journal of Nursing Education, 28*(4), 175–180.

Waston, J. (1988). Introduction: An ethics of caring/curing/nursing qua nursing. In J. Waston & M. A. Ray (Eds.), *The ethics of care and the ethics cure: Synthesis in chronicity* (pp. 1–3). New York: National League for Nursing.

Chapter 4

교사의 도덕추론

– 폰 이얀 창/대만 국립 핑텅 사범대학

요 약

교사는 아동과 청소년의 성장을 돕고 다음 세대를 길러 내는 일을 사회로부터 위임받은 전문직업인이다. 이러한 교사의 사회적 임무는 학문적 성취에만 국한되지 않으며 도덕적이고 인격적인 면에서 학생들의 모범이 될 것까지 요구한다. 그런 이유에서 우리는 교사를 '사표(師表)'라고 칭하기도 한다. 이 장에서는 교사의 도덕추론 능력이 그들의 훈육방식이나 교사로서의 역할에 대한 지각, 학생과의 관계 등과 가지는 관련성에 대한 연구들을 소개한다. 이들 연구의 결과는 우리가 이상적으로 생각하는 교사의 특성들이 그들의 도덕추론능력과 밀접하게 관련되어 있음을 보여 준다. 즉, 학생 중심적인 시각과 인본적이고 민주적인 태도를 가진 교사들은 도덕추론 능력이 뛰어난 사람들이라는 점을 확인하게 될 것이다. 한편, 필자는 교직의 고유한 특성을 반영한 교사용 도덕추론 검사인 TTMR의 개발과정과 결과물을 소개한다. TTMR은 다른 전문직의 도덕발달을 진단하는 도구의 좋은 모델이 될 것이다. 이 장 말미에서 역자는 교사의 도덕적 의사결정과 도덕성의 발달을 촉진하는 교육 방안을 다루는 최근의 두 연구물을 소개하였다.[1)]

가르침은 본질상 도덕적이다

교사는 아동의 도덕성 발달에 지대한 영향을 미친다. 자녀를 교사에게 맡긴 부모는 교사가 교실에서 윤리적으로 행동하고, 사회에서 바람직하다고 여기는 가치를 전달하며, 학생들에게 도덕적 모범이 되리라고 믿는다(Sirotnik, 1990). 가정과 교회, 지역사회의 영향력이 점차 감소하고 있는 오늘날 학교와 교사의 영향력은 점점 더 증대되고 있다.

교사의 교육활동에 있어 윤리의 중요성은 아무리 강조해도 지나치지 않는데, 그것은 아동들이 사회적으로 연약한 존재이기 때문이다. 교사들은 보통 교실 내에서 타인의 감독을 받지 않고 독립적으로 직무를 수행한다. 특히 교사가 아이들을 비윤리적으로 대우하는 경우, 아동들은 이를 무기력하게 그냥 받아들이거나 그것의 부당성을 인식조차 하지 못할 수도 있다(Strike & Soltis, 1992). 한 마디로 말해서, 교사가 비윤리적인 행동을 하는 경우 아동들이 그 희생물이 될 위험이 있다.

20세기 초반부터 지금까지 가르침의 도덕적 측면은 매우 강조되어 왔다(Kimball, 1991). 다음에 소개되는 다양한 교육철학 저서들은 교수윤리에 대한 관심이 점차 증가하는 것을 보여 주는 예들이다. 사켓(Sockett, 1990)은 다원화된 사회에서 교사를 도덕적 대행자로 보았고, 굿래드(Goodlad, 1990)는 교직이 고귀한 소명이라고 주장했다. 킴볼(Kimball)은 굿래드의 견해에 동의하면서 한 걸음 더 나아가 교직을 소명으로 보는 것이 교직의 위상을 높이는 합리적 전략이라고 주장했다. 토마스(Thomas, 1990)는 교육활동이 많은 양의 도덕적 의사결정을 포함하고 있으며, 교육이 사회적 사업이기 때문에 이는 동시에 도덕적 사업이기도 하다고 주장했다. 그는 교사들이 매일 아동들과 오랜 시간을 보내는 동안 도덕적 선택을 해야 할 상황에 자주 접하기 때문에, 교사는 도덕교육의 중심부에 서 있다고 지적하였다. 스트라이크와 솔티스(Strike & Soltis, 1986; Strike, 1990)도 교사들은 일상에서 자주 도덕적 의사결정을 해야 하는 상황에 직면한다고 언급했다. 아동들이 아침에 등교하는 순간부터 교사는 끊임없는 도덕적 선택의 기로에 서게 된다. 스트라이크는 교수활동의 도덕적 성격을 예시하기 위하여 흔히 일어나는 다음의 예들을 인용하였다(Strike, 1988; Strike & Soltis, 1992). 그는 교사들이 매일 다섯 가지 종류의 의사결정을 한다고 주장했다. 그것은 첫째, 성적을 평가하고 그것에 근거하여 의사결정을 하는 일, 둘째, 교사 자신의 시간과 같이 중요한 자원을 학생들에게 분배하는 일, 셋째, 학생들을 훈육하고 벌 주는 일, 넷째, 부모 · 학생 · 행정가 · 학교운영위원 · 지역사회와 함께 교육 프로그램이나 기타 관련된 문제를 조정하고 협상하는 일, 다섯째, 예민하고 연약한 어린이들에 대해 의사결정을 하는 일 등이 그것이다.

가르침의 본질이 도덕적이고, 교사들은 계속적으로 도덕적 의사결정을 해야 한다고 가정할 때, 우리는 다음과 같은 문제를 생각해 보아야 한다. 어떻게 하면 교사들이 건전한 의사결정을 하고 윤리적으로 행동하도록 할 수 있을까? 먼저 생각할 수 있는 것은 교직 윤리강령을 제정하고 교사훈련 프로그램을 실시하는 것이다. 특별히 교수와 학습의 맥락을 중심으로 만들어진 교직 윤리강령은 교사들에게 일반적인 지침을 제시해 준다. 그러나 다른 전문직 윤리강령과 마찬가지로, 교직 윤리강령 역시 복잡하고 애매한 갈등상황에 적용하기에는 한계를 가진 것으로 보인다. 한편, 현재 운영되고 있는 대부분의 교사훈련 프로그램은 윤리학과 철학, 교육심리학 강좌를 중심으로 구성되어 있는데, 이러한 강좌들은 교사들에게 건전한 지식기반을 쌓아 주고 그들이 윤리적으로 수행하도록 유도할 것이라고 기대된다. 그럼에도 대부분의 교사들이 교육현장에서 매일 벌어지는 도덕적인 문제들에 추상적인 철학이론을 적용하기 어렵다고 호소한다. 즉, 지금과 같은 교사훈련 프로그램은 현실의 도덕적 문제를 지각하는 교사들의 통찰력을 기르는 데 한계가 있는 것으로 보인다(Strike, 1990). 마찬가지로 현재의 프로그램은 의사결정이 필요한 상황에서 요구되는 도덕판단 기술도 길러 주지 못한다.

교사들의 도덕판단

연구결과

예비교사와 현직교사의 도덕판단력 발달이 만족스러운 수준이 아님을 보여 주는 연구결과는 적지 않다. 블룸(Bloom, 1976)은 사범대 학생들의 도덕판단력이 다른 분야 대학생들의 도덕판단력에 비하여 상대적으로 낮다고 지적하였다. 디즈너(Diessner, 1991)는 콜버그의 MJI를 이용한 총 30편의 연구를 검토한 결과, 대부분의 교사들이 인습 수준 이상의 추론은 잘 하지 못한다는 결론을 내렸다. 그러나 다른 도구인 DIT를 활용한 연구에서 디즈너는 대부분의 예비교사와 현직교사들의 P-점수가 40점대에 있으며, 30~50%의 교사들이 도덕 원리적 수준, 즉 인습 이후 수준에서 추론했다고 밝혔다. MJI와 DIT의 성격을 고려할 때, 이러한 결과는 대부분의 교사들이 보편적 원리를 근거로 하는 도덕추론의 내용을 이해할 수는 있으나 실제 갈등상황에서 자발적으로 원리적인 추론을 수행하기는 힘들다는 것을 의미한다. 다시 말하면, 교사들의 도덕적 사고는 학교장이나 그들이 근무하는 학교 분위기에 따라 쉽게 달라질 수 있다. 요약하면, 가르침은 본질상 도덕적이고 교사들은 계속해서 도덕적 의사결정을 해야 하지만, 그들은 이러한 부분에 대하여 충분한 준비를 하지 못한 채 현장으로 나가고 있다.

이러한 문제들을 해결하기 위하여 교사교육 전문가들은 도덕성에 대한 인지발달이론에 눈을 돌렸다. 이미 1장에서 소개한 것처럼, 도덕성은 여섯 개의 특징적인 단계를 통해 순차적으로 발달해 간다.[2)] 이러한 콜버그의 이론은 폭넓은 경험적 연구를 통하여 그 타당성이 충분히 입증되었다(Rest, 1983). 한편, 레스트는 콜버그의 이론을 토대로 도덕문제에 대한 이해력과 선호도를 측정하는 DIT를 개발했다. DIT는 개발된 이래 1,000편 이상의 연구에서 효과적인 도구임이 입증되었으며, 이들 중에는 교사의 태도와 수행에 관심을 가지고 진행된 연구들도 많이 있다. 이러한 연구들을 간략히 소개하면 다음과 같다.

기존 연구에 대한 간략한 개관

많은 연구자들이 도덕판단과 도덕행동 사이의 관계에 관심을 가져 왔다. 그러나 교사의 도덕추론과 교수행위 사이의 관계에 대해서 관심을 가진 것은 1970년대 후반부터였다. 교사의 도덕추론을 측정하기 위하여 사용한 주요 도구는 레스트의 DIT와 콜버그의 MJI이다. 이 외에도 학생통제이념 검사(Pupil Control Ideology Inventory)와 미네소타 교사태도 검사(Minnesota Teacher Attitude Inventory)와 같은 도구도 교수행위에 대한 교사들의 태도를 평가하기 위하여 종종 사용된다. 이러한 연구들은 주로 초등학교 교사들을 대상으로 하였다. 또한 많은 연구들은 사범대학에 재학 중인 예비교사들을 대상으로 하였고, 중고등학교 교사들을 대상으로 한 연구는 상당히 적다.

연구자들은 보통 대상자들에게 몇 가지 검사지를 실시한 후 그들의 도덕판단과 다른 교수 변인들 간의 관계를 살펴보았다. 존스톤(Johnston, 1985; 1989)을 포함한 몇몇 연구자들은 실제 학교 현장에서 교사들의 행동을 관찰하거나 면접을 하고 이 자료와 교사들의 도덕추론 간의 상관관계를 알아보았다. 또한 어떤 연구자들은 교사들에 대한 학생들의 반응을 조사했다. 예를 들면, 교사 지지도나 교실의 도덕적 분위기를 조사하고, 그것과 교사의 도덕판단 사이의 상관관계를 알아보았다. 교생들을 대상으로 실시한 연구의 경우, 학교의 주임교사들에게 교생들의 수행을 평정하도록 하고 그 자료와 교생의 도덕판단력 사이의 상관관계를 확인하였다.

이러한 연구들의 주된 관심은 교사의 훈육방식, 교사의 역할에 대한 지각, 학생과의 관계, 교육의 개념에 대한 이해, 수행 등이었다.

도덕추론과 훈육

극소수를 제외한 대부분의 연구들이 도덕추론 수준이 높은 교사일수록 학생훈육에 있어 더 인본주의적이고 민주적인 방식을 옹호하는 경향이 있다고 결론지었다. 도덕추론 수준이 낮은 교사일수록 학생훈육에 대하여 관리적이고 권위주의적인 입장을 취하는 경향이 있었고, 교실을 질서 정연하게 유지하거나 규칙을 따르는 것과 같은 복종 지향 행동에 더 관심이 많았다.[3)] 마찬가지로 도덕추론 수준이 높은 교사는 교복을 입는 것이나 교사의 별명을 부르는 것과 같은 사회 인습적 문제에 대하여 다양한 입장들을 고려하고 수용할 수 있었다. 반면에 도덕추론 수준이 낮은 교사일수록 단지 자기 자신이나 학교의 관점으로 이러한 문제를 바라보았다.

또한 몇몇 연구들은 도덕추론이 학생들의 불손한 행동에 대한 교사들의 아량이나 포용력과 관련이 있음을 보여 주었다. 원리적 도덕 수준에 있는 교사들은 학생들의 반항적인 행동을 포용하려는 경향이 있는 반면에, 원리적 수준 이전의 도덕 수준에 있는 교사들은 학생들의 이러한 행동으로 괴로워하는 경향이 있었다(Bailey, 1985).

또한 교사들은 도덕추론 수준에 따라 규칙의 의미를 서로 다르게 이해하고 있었다. 도덕판단력 수준이 낮은 교사일수록 규칙이 주로 사회질서를 유지하기 위한 것이라고 여겼고, 규칙을 어기는 것을 교사에 대한 개인적 공격으로 보았다. 반면에 도덕판단 수준이 높은 교사일수록 규칙은 학생들의 권리를 보장하기 위하여 필요한 것이며, 학생도 규칙제정에 참여해야 한다고 생각했다(Johnston & Lubomudrov, 1987; Lubomudrov, 1982). 또한 도덕추론 수준이 높은 교사일수록 학생들이 다양한 관점에서 규칙을 이해하고 추론할 수 있도록 도와주려고 노력하였다.

도덕추론과 교사의 역할

교사들이 자신의 역할을 지각하는 방식에서 나타나는 차이 역시 교사 자신의 도덕추론 수준과 관련이 있었다. 도덕추론 수준이 높은 교사일수록 자신의 역할을 민주적이고 학생들의 성장을 돕는 촉진자로 생각하는 경향이 있었다. 반면에 도덕추론 수준이 낮은 교사일수록 자신의 역할이 학생들을 통제하고 단속하는 것이라고 생각하였다(Johnston & Lubomudrov, 1987; MacCallum, 1991).

도덕추론과 교사-학생의 관계

정서적인 측면에서 살펴볼 때, 도덕추론 수준이 높은 교사일수록 학생들의 감정과 요구를 더 잘 파악할 수 있었으며, 학생들과 더 긍정적인 관계를 유지했다(Johnston & Lubomudrov, 1987; Novogrodsky, 1977). 한편 홀트 등(Holt et al., 1980)의 연구결과에 따르면, 원리적 도덕추론을 하는 교사들이 그보다 낮은 수준의 도덕추론을 하는 교사들보다 지적이고 참여적인 교실 분위기를 조성하는 경향이 있었다.

또한 힐튼(Hilton, 1989)이 학생들을 면접한 결과, 도덕판단력 수준이 높은 교사의 지도를 받은 고등학생일수록 자신이 교사로부터 더 많은 격려와 지지를 받았다고 말했다. 학생들은 높은 도덕추론 수준을 가진 교사들이 더 흥미 있다거나 호감이 간다고 생각하지는 않았지만, 낮은 도덕추론 수준의 교사들보다 더 다정하고 활기차고 존경할 만하다고 인식하는 경향이 있었다.

제러티(Gerety, 1980)는 학생들이 인식하는 교실의 도덕적 분위기도 교사의 도덕추론과 관계 있음을 발견하였다. 높은 도덕추론을 하는 교사가 담임인 중고등학생들은 도덕추론 수준이 낮은 교사가 담임인 학생들보다 자기 학급의 분위기가 더욱 도덕적이라고 대답했다.

도덕추론과 교육적 개념에 대한 이해

도덕추론 수준이 높은 교사일수록 교육과 관련된 개념을 보다 폭넓고 깊게 이해하고 있다. 예를 들면, 서로 다른 도덕판단력 수준의 교사들은 '공부(on-task)'의 개념에 대해 서로 다르게 생각하고 있었다. 도덕판단 수준이 낮은 교사의 경우 교사가 부여한 과제를 하는 것이 '공부'라고 여기면서, 학생들이 '공부'하고 있느냐의 여부는 교사가 학생들의 행동을 관찰하면 알 수 있다고 생각했다. 반면, 도덕추론 수준이 높은 교사의 경우 공부의 개념은 학생마다 다르게 정의될 수 있는 것으로서 학생들의 특성과 그에 따른 교사의 반응으로부터 '공부'의 의미가 부여된다고 보았다(Johnston, 1985).

마찬가지로 교사들은 '개별화 수업'이라는 개념을 서로 다르게 이해했다. 도덕판단력 수준이 낮은 교사들은 개별화 수업이 학생들로 하여금 미리 정해진 수준을 달성하도록 돕는 방법 중의 한 가지라고 여겼다. 반면에, 도덕판단력 수준이 높은 교사들은 학생들의 능력과 요구에 맞게 교육과정을 조정하는 방법 중의 한 가지가 개별화 수업이라고 생각하였다(Johnston, 1989).

교사들이 전통적인 교육과정을 어떻게 인식하고 있는지 면접한 결과도 이와 비슷하다. 도덕추론 수준이 낮은 교사는 자신이 학생과 학습자료, 그리고 지역 교육과정의 관리자라고 여겼다. 반면에 도덕추론 수준이 높은 교사는 학생 개개인의 흥미를 고려함은 물론, 보다 포괄적인 사회적 시각에서 교육과정의 문제를 바라보았다. 더불어 도덕추론 수준이 높은 교사일수록 학생들이 학습의 의미와 학습이 그들의 삶에 주는 의의를 이해할 수 있도록 학생들을 교육과정 수립에 참여시키는 것이 중요하다고 주장했다.

도덕추론과 교사의 수행

교생의 도덕추론 능력과 직무수행 사이의 관계를 밝히려는 연구들이 많이 진행되었으나 이 두 가지는 서로 관계없는 것으로 밝혀졌다.[4] 이러한 연구들에서 교사의 직무 능력은 수업 능력, 교직원과의 관계, 의사소통 기술, 지도력 등을 포함하였다.

교생의 도덕추론 능력과 직무수행 사이에 상관관계가 없는 이유에 대해서는 다음과 같은 몇 가지 설명을 할 수 있다. 첫째, 교생들의 교육실습 환경은 정규 교사의 직무수행 환경과는 매우 다르다. 그런 친숙하지 않은 환경에서 교생들은 현장 주임교사의 평가까지 받고 있었다. 따라서 교생들은 새로운 환경에 적응하는 방법을 배우는 것을 어떤 다른 상위의 목표보다 중요하게 여겼을 것이다. 둘째, 교생들의 수행을 대상으로 한 연구들은 그들의 자기보고 자료보다는 현장 주임교사의 직무평가 기록을 활용했다. 교생들을 잘 알지 못하는 현장 교사가 관찰 가능한 행동만을 가지고 그들을 파악하고 평가하는 데는 한계가 따르게 마련이고, 이러한 부분이 연구결과에 영향을 미쳤을지도 모른다. 셋째, 이 글에서 다룬 다른 변인들과 달리 교사의 직무수행은 교수지식이나 교수기술과 더 밀접한 관련을 맺고 있다. 직무수행에 대한 평가결과가 도덕추론 능력과 관계 없는 것으로 나타난 것은 이해할 만하다. 왜냐하면 도덕추론은 도덕문제에 대한 추론과정이고 그것은 교수지식이나 교수기술과는 관련이 없기 때문이다.

지금까지 제시된 연구결과들을 요약하면 다음과 같다. 먼저 교사들의 도덕추론 능력은 학생훈육의 방법, 교사의 역할, 교육과정, 교육적 문제를 개념화하는 방식과 관계가 있다. 또한 교사의 도덕추론은 학생과의 관계나 학급의 지적·도덕적 분위기와도 관련되어 있다. 이러한 사실은 도덕추론 수준이 높은 교사일수록 교육적인 문제에 보다 깊이 파고들어 근본적으로 추론하게 되고, 그로 인하여 교수의 본질적 차원을 볼 수 있다는 것을 함의한다. 교육에 대한 보다 깊은 이해를 토대로 도덕추론 수준이 높은 교사는 학생들의 요구에 더 많이 공감할 수 있다. 또한 그들은 학생들의 성장을 촉진·지원하려 하고, 학생들의 권리를 존중하며, 학생들이 일으킨 문제를 다룰 때 보다 객관적인 입장을 취할 수 있다. 따라서 도덕추론 수준이 높은 교사들이 보다 학생 중심적이고 인본주의적, 민주적이고 전문가답게 직무를 수행할 수 있다.

특정 직업을 위한 도덕추론 검사의 개발

교사를 대상으로 한 위의 연구들은 도덕추론을 측정하기 위하여 DIT와 MJI를 사용하였다. 이 도구들은 연구자들이 교사의 행동을 이해하는 데 큰 도움을 주었다. 그러나 각 전문직 분야에서의 도덕행동을 이해하거나 예언하는 데는 현장의 상황을 반영하는 검사가 가설적 딜레마를 이용한 검사보다 더 나을 것이다. 비보(Bebeau)를 포함한 몇몇 연구자들은 후자의 방법을 택하여 특정 전문직을 위한 도덕성 검사를 개발하

였다.[5)]

레스트(1986) 역시 각 전문직의 고유한 특성에 알맞은 도덕성 검사를 개발할 것을 촉구하였다. 비록 DIT가 일반적인 도덕추론 능력을 측정하는 데 널리 사용되어 왔고 유용한 도구임은 분명하지만, 도덕행동의 예언 능력은 기대만큼 크지 않다고 레스트는 말한다. 그러나 도덕심리학의 장기적인 목표는 현실 상황에서 도덕행동을 이해하고 예언하는 것이다. 그러므로 그는 연구자들이 각 전문직 분야의 현실을 반영하는 도덕적 딜레마를 개발해야 한다고 제안한다.

앞서 소개된 연구들이 보여 주는 교사들의 도덕추론과 교수행동 사이의 긴밀한 관계가 바로 교육현장의 고유한 특성에 알맞은 도덕추론 검사의 개발을 촉구하는 요인이라 할 수 있다. 이러한 검사를 개발한다면 연구자들은 교사들의 도덕추론과 교수행동 사이의 관계를 보다 면밀히 조사할 수 있을 것이다.

교사의 도덕추론 검사: TTMR의 개발

설계와 방법

미네소타대학 교육심리학과의 창(Chang, 1993)은 교수 상황을 반영하여 교사용 도덕추론 검사(Test of Teachers' Moral Reasoning, TTMR)를 개발했다. 이 도구를 개발하기 위하여 그는 대만의 교사들을 대상으로 두 가지 연구를 수행하였다. 첫 번째 연구는 DIT의 개발과정을 본보기로 하여, 광범위한 면접을 바탕으로 TTMR의 문항을 개발하였다. 개발된 검사는 7가지 이야기로 구성되었는데, 각 이야기들마다 15개의 문항이 따른다(Chang, 1993). 각각의 이야기들은 학교에서 자주 일어날 수 있는 교수 상황을 담은 딜레마이고, 뒤이어 제시되는 문항들은 각 딜레마에 대하여 의사결정을 하려고 할 때 고려할 수 있는 사항들을 진술해 놓은 것이다.

교실에서 일어난 도난사건을 다룬 딜레마를 예로 들면 다음과 같다.

> 수(Su) 선생님이 담임을 하고 있는 학급의 공금이 또 없어졌다. 이 달에만 벌써 세 번째 일어난 일이었다. 수 선생님은 범인이 자기 반 학생 중의 한 명이라고 확신했다. 처음 두 도난사건이 일어났을 때, 수 선생님은 수업시간 도중에 장시간을 할애하여 훔치는 것이 얼마나 나쁜 행동인지 학생들에게 가르쳤다. 그녀는 또한 범인이 다른 학생 몰래 자백할 수 있는 기회도 주었다. 그러나 자백하는 사람은 없었다. 이번에 수는 훔치는 것이 얼마나 심각한 것인가를 따끔하게 깨닫도록 해 줄 필요가 있다고 느꼈다. 그래서 그녀는 아무리 늦더라도 잘못을 고백하는 사람이 나타날 때까지 학생들을 방과 후에 교실에 붙잡아 놓기로 결심했다. 그러나 교실에 붙잡아 놓기 시작한 지 한참이 지나도 자기가 훔쳤다고 고백하는 사람은 아무도 없었다.

위의 딜레마를 읽은 피험자들은 먼저 아래의 진술문이 각각 어느 정도로 중요한지 평정하고('매우 중요하다'에서 '중요하지 않다'까지), 이어서 이 진술문 중에서 가장 중요한 것 세 가지를 순위 매겨야 한다.

1. 수 선생님이 범인을 잡는 방법에 대한 교장의 의견
2. 소수의 행위에 대하여 반 전체를 벌주는 것의 공정성
3. 범인을 찾아내기 위하여 학생들이 교사와 협력할 권리와 능력

그러나 한 가지 주의할 점은 TTMR이 DIT처럼 콜버그의 여섯 단계를 기준으로 채점되는 것이 아니라는 점이다. DIT의 개발자인 레스트는 문항들을 높은 수준의 문항과 낮은 수준의 문항으로 분류하라고 제안했다.[6] 위의 예에서 낮은 수준의 문항(예를 들면, 진술1)과 비교해 볼 때, 높은 수준의 문항(예를 들면, 진술2와 3)은 더 인본주의적이고 민주적이며 교육의 근본원리와 부응하는 것이다. 이처럼 문항을 높은 수준과 낮은 수준 두 가지로만 제시한 것은 콜버그의 체계가 일반적인 도덕발달을 측

정하도록 설계된 성근 잣대여서 교육현장의 문제에 대해 교사들의 도덕추론에서 나타나는 미세한 차이점은 탐지되지 않을 수 있기 때문이다.

가장 중요한 진술문 세 가지에 매겨진 순위는 가중치를 부여하고 채점하였다. 그리고 연구자들은 이렇게 채점된 점수에 있어 신참 교사와 경력 교사 사이에 차이가 있는지 알아보았다. 연구자들은 동료들로부터 도덕적이라고 지목을 받은 대학교수와 경력 교사들을 중심으로 '도덕적 숙련가 집단'을 구성한 후 그들의 점수를 '도덕적 초심자 집단'의 것과 비교하였다. 그들은 '도덕적 숙련가 집단'이 '도덕적 초심자 집단'보다 높은 수준의 문항을 더 많이 선택하고 낮은 수준의 문항은 적게 선택할 것이라고 기대하였다. 통계적 검증의 결과는 이들의 기대와 일치하였다. 즉, 초심자 집단보다 숙련가 집단이 높은 수준의 진술을 더 중요하다고 생각하고 낮은 수준의 진술은 덜 중요하게 여기는 경향이 있었다.

첫 번째 연구로부터 교사들의 도덕판단력 수준을 잘 변별해 줄 수 있는 5개의 이야기가 선정되었다. 그리고 각각의 이야기별로 중요도를 평가하는 12개의 진술문을 선별하여 TTMR의 최종 형태를 완성하고 이를 바탕으로 곧 두 번째 연구가 진행되었다.

두 번째 연구는 TTMR이 교사들의 도덕판단력을 측정하는 도구로서 마땅히 가져야 할 타당도와 신뢰도를 검증하는 것이 목적이었다. 두 번째 연구는 아래와 같이 총 7개의 구체적인 질문들을 다루었다.

첫째, TTMR의 문항들은 내적으로 일관성을 가지고 있는가?

이 가설을 검증하기 위하여 내적신뢰도(cronbach's α)를 계산하였다. 연구자는 자료를 분석하기 위하여 16개의 지수를 시험해 보기로 하였다. 그 결과 네 번째 이야기를 넣거나 뺄 때 알파 값이 크게 달라지지 않는 것으로 나타났다. 이 연구는 탐색적인 것이었기 때문에, 연구자는 네 번째 이야기를 넣은 자료와 뺀 자료 둘을 가지고 이어지는 다른 가설들을 검증하기로 했다. 따라서 TTMR은 두 가지 형식, 즉 4-이야기 형식과

5-이야기 형식이 있다. 앞서 말한 바와 같이, 자료 분석을 위한 16가지 지수화 방식이 있었다. 그러나 4-이야기 형식과 5-이야기 형식 두 가지가 있기 때문에, 8개 지수(4개의 단일지수와 4개의 결합지수)와 두 가지 접근(요인분석 접근과 선험적 접근), 그리고 두 가지 형식(4-이야기 형식과 5-이야기 형식)의 결합을 통해 총 32개의 지수를 산출했다.

둘째, 한 사람의 도덕판단을 반복적으로 검사해도 같은 점수를 얻을 만큼 TTMR이 안정적이고 믿을 만한 잣대인가?

이 가설을 검증하기 위하여 연구자들은 피어슨의 적률상관계수를 계산하였다. 아래의 세 번째부터 다섯 번째 질문은 모두 TTMR의 타당도를 검증하기 위한 것이다.

셋째, TTMR에서 높은 점수를 얻는 교사는 동료 교사로부터도 도덕적이라고 인정받는가?

상관계수에 대한 t-검증을 실시한 결과 TTMR은 인기도보다 도덕성과 더 상관이 있었다. 이는 TTMR이 도덕추론 검사로서 동료로부터 얼마나 인기가 있느냐를 측정하기보다는 얼마나 더 도덕적으로 인정되고 있는가를 측정하고 있기 때문이라고 볼 수 있다.

넷째, 도덕적으로 숙련가인 사람들은 초심자보다 높은 점수를 얻는가?

두 집단에 대한 t-검증을 실시한 결과 도덕적으로 숙련된 교사의 TTMR 점수가 도덕적으로 덜 숙련된 교사의 점수보다 높았다. 이는 동료들에게 도덕적으로 숙련된 교사로 지명된 사람일수록 교육문제에 있어서 더 높은 수준의 사고를 발휘하기 때문인 것으로 예측되었다.

다섯째, TTMR은 교사의 도덕판단 발달의 경향을 보여 줄 수 있는가?

이 질문을 보다 구체화하면, 현직 교사들이 양성과정에 있는 교육대학 학생들보다 더 높은 점수를 얻는가 하는 것이다. 이 가설을 검증하기 위하여 연구자들은 예비 교사와 현직 초등학교 교사 등 두 집단의 TTMR 점수에 대해 t-검증을 실시하였다. 그 결과 현직 교사의 TTMR점수가 더 높았는데, 이는 현직 교사들이 TTMR에서 볼 수 있는 실생활 딜레마를 자주 접하기 때문에 반성적 사고와 토론을 통한 발달이 일어났기 때문이라 가정할 수 있다.

여섯째, 일반적인 도덕판단의 발달을 측정하는 DIT와 비교할 때, TTMR은 교사들의 미묘한 도덕판단의 차이를 더 잘 변별할 수 있는가? TTMR의 개발 의도는 보다 세련된 DIT의 동형검사를 만드는 것이 아니라 그것과는 다른 수준에서 도덕판단을 측정하는 검사를 만드는 것이었다. 따라서 연구자는 신뢰도 및 타당도 검증에 더하여 교직의 특수성을 반영하고 중간 수준의 개념을 도입한 TTMR과 일반적인 개념을 바탕으로 한 DIT(중국어 번역본) 사이의 관계를 연구하였다. 이 문제를 해결하기 위하여 연구자들은 각 도구의 판별함수를 계산했는데, TTMR이 DIT 중국어 번역본보다 도덕적으로 숙련된 교사들과 그렇지 못한 교사들을 더 잘 변별할 수 있었다.

일곱째, 중국어판 DIT와 TTMR을 동일한 교사에게 실시했을 때 두 검사의 점수 사이에는 상관이 존재하는가? 이에 대하여 연구자들은 두 검사가 모두 도덕판단력 검사이고 형식이 유사하기 때문에 어느 정도 상관이 있어야 한다고 가정하였다.

개발결과

위의 가설들을 검증한 결과 다음과 같은 사실을 알 수 있었다. 4-이야기 형식과 5-이야기 형식을 사용하여 실시한 검사결과를 요인분석하자 제1지수가 가장 좋은 지수로 나타났다. 두 형식은 타당도와 신뢰도 면에서 크게 다르지 않았다. 그러므로 피험자들이 검사를 끝마치는 데 필요한 시간을 고려해 볼 때 4-이야기 형식이 장려된다. 연구결과에 대한 보다 자세한 설명을 원하는 독자들은 원 연구(Chang, 1993)를 참조하기 바란다. 4-이야기 형식에 대한 요인분석 결과 제1지수에 대해 밝혀진

바는 다음과 같다.

TTMR의 신뢰도: 두 번째 연구에서 맨 처음 두 질문은 TTMR이 도구로서 가진 신뢰도와 관련이 있었다. 연구의 결과 내적신뢰도 계수는 .7656, 검사-재검사 신뢰도는 .6152로 나타나 TTMR이 신뢰할 수 있고 안정적인 도구임을 알 수 있다.

TTMR의 타당도: 세 번째부터 다섯 번째 질문은 TTMR의 타당도에 관한 것이었다. 즉, TTMR이 다른 심리적 특성이 아닌 도덕판단력을 측정하는 도구인지를 확인하기 위한 것이었다. 이 물음에 대답하기 위하여 연구자들은 도덕적이라고 지명된 교사집단과 인기 있는 교사집단의 점수를 비교하였다. 그 결과 인기도에 따라 구분된 집단 간에는 점수 차이가 없었으나 도덕성에 따라 구분된 집단 간에는 의미 있는 점수 차이가 확인되었다. 마찬가지로 TTMR 점수는 도덕적으로 숙련된 교사들과 그렇지 않은 교사들을 잘 변별해 주었고, 현장의 초등학교 교사들과 교육대학 학생들도 성공적으로 변별할 수 있었다. 이러한 연구결과는 TTMR이 심리검사로서의 타당도를 지녔음을 보여 준다.

중국어판 DIT와의 관계: TTMR을 개발하면서 연구자들은 중국어로 번역된 DIT와 새로이 개발된 TTMR의 관계를 확인하였다. 위에서 여섯째, 일곱째 질문이 바로 두 도구 사이의 관계를 다루는 것이다. 통계분석의 결과, 두 검사점수 사이에는 크지는 않으나 어느 정도의 상관이 존재하였고(.3084), 이는 TTMR이 DIT가 측정하지 않는 다른 영역을 측정하는 검사임을 의미한다. 또한 두 도구는 도덕적으로 숙련된 교사와 덜 숙련된 교사를 구분하는 능력에서도 차이가 있었다. 교직의 특수한 상황을 반영한 TTMR은 도덕적으로 숙련된 교사와 그렇지 않은 교사를 잘 변별할 수 있었지만, 가상적인 상황에서 일반적인 도덕판단력을 측정하는 DIT

는 두 집단을 잘 변별하지 못했다. 이러한 결과는 교직 영역에서 TTMR이 중국어로 번역된 DIT보다 더 변별력이 있음을 보여 준다.

결 론

교육철학자들은 "가르침은 본질적으로 도덕적이다."라고 주장해 왔다. 지금까지 진행된 연구의 결과들은 교사들의 도덕추론 수준이 가르침(교육)의 본질을 어떻게 이해하느냐와 관련이 있는 것으로 나타났다. 예를 들어 도덕추론 수준이 높은 교사가 도덕추론 수준이 낮은 교사보다 학생의 학습과 건전한 사회성 발달을 더욱 중요하게 여긴다. 이는 또한 교사의 도덕추론이 그들이 몸소 행하는 교육적인 활동에도 중요한 역할을 한다는 것을 시사한다. 따라서 교원양성 프로그램에서 도덕추론 능력을 향상시키는 것은 역량 있는 교사를 양성하기 위해 반드시 포함되어야 할 요소로 보인다.

한편, TTMR은 교직의 특수한 맥락 속에서 교사의 도덕추론을 측정하는 것이 가능함을 보여 준다. 앞으로 연구자들은 TTMR을 교사의 다른 인구통계학적 변인들, 예를 들면 교육경력, 근무평정, 가르치는 학생의 연령수준 등과 관련지을 수 있다. TTMR은 교수 태도 및 행동과도 관련될 수 있다. 아울러, 연구자들은 TTMR을 사용하여 예비 교사에서 현직 교사로 진행되는 교사의 발달 과정에서 도덕추론이 어떻게 변화하는지를 탐색해 볼 수 있다. 교사의 도덕추론과 수행 간의 관계에 대한 연구결과를 통하여 교사들의 행동을 더 잘 이해할 수 있다. 이러한 연구결과를 적용하여 교사들의 훈련 프로그램을 개발함으로써, 보다 더 완전하게 기능(fully functioning)하는 교사를 양성할 수 있게 되기를 기대한다.

미주

1) Reiman, A. J.(2002). Promoting Teachers' Moral Reasoning and Collaborative Inquiry Performance: a developmental role-taking and guided inquiry study. *Journal of moral education,* Vol.31 No.1, pp. 51-66. 본 연구는 스프린달(1983)의 사회적 역할채택과 유도질문기법을 사용하여 경력교사들의 도덕추론 능력을 개발하는 방법을 소개한다. Learning-Teaching Framework(LTF)라고 불리는 7개월짜리 교사전문성개발 프로그램은 교사들이 새로운 교수법을 계획하고 실행하도록 하는 가운데 그들의 수행과 도덕판단을 향상시키는 데 기여하는 것으로 나타났다.
   Husu, J.(2001). Teachers' Ethical Choices in Socio-moral Settings. *Journal of moral education,* Vol.30 No.4, p. 361-376. 본 연구는 유치원 및 초등학교 교육 상황에서 발생하는 윤리적 딜레마에 대한 교사의 의사결정을 다루었다. 교사들은 부모, 동료 교사와 갈등을 가지는 것은 물론, 지역사회의 문화와 갈등을 가지기도 한다. 갈등해결을 위하여 교사에게 타인의 관점을 채택할 수 있는 능력이 요구되나, 바람직한 해결을 하지 못하는 교사가 상당수 존재하는 것으로 나타났다(역자주).

2) 이와 관련하여 제1장을 참조하기 바란다.

3) Bloom(1978)의 연구, Deal(1978)의 연구, Holt & Kauchak, Person(1980)의 연구, Novogrodsky(1977)의 연구를 참조하기 바란다.

4) Bergem(1986)의 연구, McNergney & Satterstrom(1984)의 연구, Thomas & Rest(1987)의 연구를 참조하기 바란다.

5) Bebeau(1985)의 연구, Crisham(1979)의 연구, Hoffmann & Sprague(1991)의 연구, Plakans(1990)의 연구를 참조하기 바란다.

6) 문항을 높은 수준과 낮은 수준으로 나누는 데 있어서 다음과 같은 사실을 가정한다. 첫째, 어떤 유형의 도덕적 사고는 다른 것들보다 더 높거나 더 옹호할 만하다. 만약 모든 도덕적 사고가 똑같은 수준이라면, 도덕성에 관한 강좌를 개설하는 것이 아무 의미가 없을 것이다. 왜냐하면 도덕교육의 목적은 학생들의 도덕적 사고를 낮은 수준에서 높은 수준으로 끌어올리는 것이기 때문이다. 둘째 무엇이 높은 수준의 도덕적 사고이고 또 낮은 수준의 도덕적 사고인지에 대해서는 도덕추론에 대한 전문가들(예, 윤리학 교수) 사이의 합의를 통해 도출할 수 있다. 높은 또는 낮은 수준의 도덕적 사고는 주관적이거나 개인적인 견해로 치부될 수 없다. 사회 내에서 또는 도덕전문가들 사이에서는 더 나은 것이 무엇인가에 대해 어느 정도 의견이 일치한다.
   높은 수준의 도덕적 사고와 낮은 수준의 도덕적 사고 사이의 구분은 연구 1과 2에서 검증되었다. 두 연구로부터 나온 결과들은 이 개념을 증명해 주었다. 즉, 전문가 집단은 초보자 집단보다 높은 수준의 사고를 찬성하는 경향이 있었고 낮은 수준의 사고를 찬성하지는 않았다. 아울러, 이러한 사실은 요인분석 결과에서도 검증되었다. 연구자들이 개념화할 때 높은 또는 낮은 수준의 문항으로 묶은 것(선험적 접근)은 요인분석 결과로 묶인 것(요인분석 접근)과 유사했다. 그리고 모든 연구가설을 이 두 접근방식으로 각각 검증한 결과 큰 차이가 나타나지 않았다. 그러므로 요인분석 결과도 높은 수준과 낮은 수준의 도덕적 사고를 개념화할 수 있다는 점을 지지해 준다.

참고문헌

Baiely, D. A. (1985). *The relationship between stages of moral judgement and elementary classroom teacher's perceptions of disturbing students.* Unpublished doctoral dissertation, University of Missouri, Columbia.

Bebeau, M. J. (1985). Teaching ethics in dentistry. *Journal of Dental Education, 49*(4), 236–243.

Bergem, T. (1986). Teachers' thinking and behavior: An empirical study of the role of social sensitivity and moral reasoning in the teaching performance of student teachers. *Scandinavian Journal of Educational Research, 30*, 193–203.

Bloom, R. B. (1976, May). Morally speaking, who are today's teacher? *Phi Delta Kappan*, pp. 624–624.

Bloom, R. B. (1978). Discipline: Another face of moral reasoning? *College Student Journal, 12*(4). 356–359.

Chang, F. Y. (1993). *The development of a teacher's moral reasoning.* Unpublished doctoral dissertation, University of Minnesota, Minneapolis.

Conroy, B. J. (1987). Teachers' moral reasoning and their attitudes and behaviors regarding discipline. *Dissertation Abstracts International, 47*(11), 3917–3918A.

Chrisham, P. (1979). *Moral judgement of nurses in hypothetical and nursing dilemmas.* Unpublished doctoral dissertation, University of Minnesota, Minneapolis.

Deal, M. D. (1978). *The relationship of philosophy of human nature, level of cognitive moral reasoning and pupil control ideology of graduate students in a department of curriculum and instruction.* Unpublished doctoral dissertation, Oklahoma State University, Stillwater.

Diessner, R. (1991). *Teacher education for democratic classrooms: Moral reasoning and ideology critique.* A seminar presented at the 16th annual conference of the Association for Moral Education, Athens, GA.

Gerety, M. A. (1980). A study of the relationship between the moral judgement of the teacher and the moral atmosphere in the classroom. *Dissertation Abstracts International, 41*, 1952a.

Goodlad, J. (1990). The occupation of teaching in school. In J. I. Goodlad, R. Soder, & K. A. Sirotnik (Eds.), *The moral dimensions of teaching.* (pp. 3-34) San Francisco: Jossey-Bass.

Hilton, J. B. (1989). *Teachers' moral reasoning and students' perception of teacher affect.* Unpublished doctoral dissertation, University of South Carolina, Columbia.

Hoffmann, J., & Sprague, J. (1991). *Exploring alternate perspectives on fairness to help TAs develop course policies and manage student challenges.* Paper presented at the third national conference on TA Training and Employment, Austin, TX.

Holt, L., Kauchak, D., & Person, K. (1980). Moral development, educational and self-concept in beginning teacher education students. *Educational Research Quarterly, 5*(3), 50-56.

Johnson, M. (1985). How elementary teachers understand the concept of "on-task": A developmental critique. *Journal of Classroom Interaction, 21*, 15-24.

Johnson, M. (1989). Moral reasoning and teachers' understanding of individualized instruction. *Journal of Moral Education, 18*(1), 45-59.

Johnson, M., & Lubomudrov C. (1987). Teachers' level of moral reasoning and their understanding of classroom rules and roles. *Elementary School Journal, 88*, 65-78.

Kimball, B. (1991). The liberal profession of teaching. *American Journal of Education, 100*(1), 106-118.

Kohlberg, L. (1976). Moral stages and moralization: The cognitive-developmental approach. In T. Lickona (ed.), *Moral development and behavior* (pp. 31-53). New York: Holt, Rinehart & Winston.

Lubomudrov, C. A. (1982). *Case studies of relationship among level of moral cognitive development, teachers' understandings of educational issues and teaching practices.* Unpublished doctoral dissertation, University of Utha, Salt Lake.

MacCallum J. A. (1991). *Teachers reasoning and moral judgement in the context of student discipline situations.* Paper presented at the annual meeting of the American Educational Research Association, Chicago, IL.

McNergney, R., & Satterstrom, L. (1984). Teacher characteristics and teacher performance. *Contemporary Educational Psychology, 9*, 19–24.

Novogrodsky, J. (1977). Teachers' moral development and their expressed attitudes toward students. *Dissertation Abstracts International, 38*, 2006A.

Rest, J. R. (1979). *Development in judging moral issues.* Minneapolis: University of Minnesota Press.

Rest, J. R. (1983). Morality. In P. H. Mussen (Series Ed.), J. H. Flavell and E. M. Markman (Vol. Eds.), *Handbook of child psychology: Vol. 3. Cognitive development* (pp. 556–62). New York: Wiley.

Rest, J. R. (1986). *Moral development: Advances in research and theory.* New York: Praeger.

Sirotnik K. A. (1986). Society, schooling, teaching, and preparing to teach. In J. I. Goodlad, R. Soder, & K. A. Sirotnik (Eds.), *The moral dimensions of teaching* (pp. 296–327). San Francisco: Jossey–Bass.

Sockett, H. (1990). Accountability, trust and ethical codes of practice. In J. Goodlad, R. Soder, & K. A. Sirotnik. (Eds.), *The moral dimension of teaching.* San Francisco: Jossey–Bass.

Strike, K. A. (1988). The ethics of teaching. *Phi Delta Kappan, 70*(2), 156–158.

Strike, K. A. (1990). Teaching ethics to teachers: What the curriculum should be about. *Teacher & Teacher Education, 6*(1), 47–53.

Strike, K. A., & Soltis, J. F. (1986). Who broke the fish tank? and other ethical dilemmas. *Instructor, 95*(5), 36–37.

Strike, K. A., & Soltis, J. F. (1992). *The ethics of teaching* (2nd ed.). New York: Teachers College Press.

Thomas, S. J., & Rest, J. R. (1987). Moral sensitivity and judgement in the development and performance of student teachers. *Moral Education Forum,*

12, 15–20.

Thomas, B. R. (1990). The school as a moral learning community. In J. I. Goodlad, R. Soder, & K. A. Sirotnik (Eds.), *The moral dimensions of teaching* (pp. 266–295). San Francisco: Jossey–Bass.

Wheaton, W. F. (1984). *An investigation of the relationship between cognitive developmental level, teachers' perception of role, and their understanding of issues related to the elementary curriculum*. Unpublished doctoral dissertation, University of Utha, Salt Lake.

Chapter 5

상담기법을 활용한 도덕성 및 자아 발달

– 노먼 스프린달/노스캐롤라이나 주립대학교

요약

'성장과 예방을 위한 상담활동(Growth and Prevention Model)'의 요구가 증가하면서 상담계는 최근 비전문가에게 상담기술을 가르쳐서 주위 사람들에게 도움을 줄 수 있도록 하고 있다. 그 대표적인 예가 우리나라에서도 널리 시행되고 있는 또래상담(Peer Counseling)이다. 이 장에서는 역할채택기법을 중심으로 한 또래상담이 청소년의 자아발달과 도덕성 발달을 돕는다는 연구결과들을 제시한다. 그 효과는 또래활동 속에서 도움을 받는 사람은 물론 도움을 주는 사람에게도 나타난다. 그리고 자신의 활동에 대한 반성과 고찰의 기회를 주는 것이 반드시 필요하다. 또한 필자는 본 모델이 일반 성인과 전문직 종사자들에게도 확장될 수 있다는 경험적인 증거들을 제시한다. 그는 현재 전문가 양성 프로그램이 인간관계나 도덕판단의 문제를 거의 다루지 못하고 있음을 비판하면서 이 장에서 소개된 다양한 기법들이 좋은 본보기가 될 수 있다고 제안한다.

역할채택: 무시되어 온 방법

1960년대에 응용심리학은 자신의 위상을 뒤흔드는 딜레마에 직면하게 되었다. 연구결과 상담과 심리치료에서 사용하는 전통적인 접근법의 효과가 별로 크지 않다는 사실이 밝혀졌기 때문이다(Smith & Glass, 1977). 실제로 이전의 연구들 중에는 아무런 효과도 보여 주지 못하는 경우도 있었다(Bergin, 1963; Eysenck, 1978; Levitt, 1967). 이러한 결과가 부분적으로는 심리학회의 지도자들로 하여금 급진적인 변화를 주장하도록 하기도 하였다. 미국심리학회(APA)의 회장이었던 밀러(Miller, 1969)는 취임연설을 통하여 심리학자들이 자신이 가진 기술을 일반 대중에게 전달하는 데 관심을 모아야 한다고 역설하였다. 그는 심리학자들이 응용심리학이라는 필수도구로부터 원리와 실천방안들을 선별하고 그것을 지도하여 일반 대중이 자신을 위해 그 지식과 기술들을 활용할 수 있도록 해야 한다고 주장하였다. 이 무렵, 콜버그(Kohlberg, 1974)와 동료 연구자들은 아동과 청소년, 성인의 발달에 대한 주요 연구결과들을 검토한 후 "아동기에 나타난 정서적인 징후를 임상적으로 치료하는 것이 성인기의 적응을 예언한다는 증거가 없다."(p. 251)라고 단호하게 결론지었다. 오히려 콜버그 등(Kohlberg et al., 1970)은 "성인기의 정신병과 부적응을 예언할 때에 아동기에 문제나 징후가 있었는지를 보는 것보다는 아동기와 청소년기에 다양한 능력을 개발하고 자아가 성숙해졌는가를 보는 것이 더 좋은 예언 변인이다."라고 말했다(p. 1274).

이와 같은 맥락에서 알비(Albee, 1982)는 응용심리학 분야에서 사후치료를 중심으로 하는 개인단위의 심리치료보다는 근본적인 예방적 접근으로 패러다임을 전환할 필요가 있다고 지적하였다. 정신병을 막는 방법은 심리적인 발달을 촉진하는 것이다. 즉, 예방이 치료보다 항상 더 효과적이라는 것이다. 동시에 응용심리학은 인간의 발달에 대한 이론적인 틀을 만들어 내는 데 많은 노력을 기울여 왔다. 올포트(Allport, 1968)는 당시의 심리학이론 대부분이 인간을 능동적이기보다는 수동적으로 개념화하고 있다고 지적했다. 그러나 인지발달이론은 인간을 능동적으로 개념화하는 이론의 전형적인 예이다.

인지발달이론의 출현

프라벨, 뢰빈저, 헌트, 그리고 콜버그(Flavell, 1971; Loevinger, 1966; Hunt, 1974; Kohlberg, 1972) 등과 같은 이론가들의 연구는 인간의 성장과 발달 과정에 대해 우리가 가지고 있던 기본적인 이해를 바꾸어 놓았다. 이들과 함께 페리(Perry, 1970)와 헤쓰(Heath, 1977) 같은 연구자들은 각자 독립적으로 연구를 진행했음에도 불구하고 놀라울 정도로 비슷한 결론에 도달하였다. 이른바 인간은 단계를 밟으면서 낮은 수준의 기능에서 높은 수준의 기능으로 성장을 하는 고유의 잠재력을 가진다는 것이 그들의 일관된 결론이었다. 그들의 연구는 응용심리학자들에게 중요한 지침이 되는 구성개념들을 제공하였는데, 특히 밀러의 언명을 따라 심리학적인 기술들을 대중에게 전달하는 데 중요한 지침이 되었다.

이론에서 실제로: 쉽지 않은 전환

현실적인 적용 방향을 이론적으로 제시하는 것과 그 아이디어를 성공적으로 실행에 옮기는 것 사이에는 큰 차이가 있다. 블랫(Blatt, 1969)의 딜레마 토론방법을 제외하고는 인지발달론의 관점이나 예방접근이 성공적으로 활용된 예를 찾기 힘든 것도 바로 이런 이유에서이다. 1960년대 후반에 하버드에서 연구를 진행한 스프린달(Sprinthall)과 그 동료들 역시 이러한 고전을 면치 못했다. 스프린달의 연구팀은 고등학생들에게 심리학을 가르치는 다양한 방법들을 검증하기 시작하였다. 그들은 대집단 토론과 소집단 토론, 현장탐사, 영화 및 소설 분석, 사례연구, 즉흥 댄스, 드라마 등과 같은 전통적인 방법들을 모두 시도하면서 검증해 보았다. 그러나 이러한 노력에도 불구하고 심리적인 성장의 측정치에서나 질적인 자료의 분석 결과 어디에서도 눈에 띌 만한 향상은 찾아보기 힘들었다. 서너 번 실패를 거듭하자, 스프린달의 동료인 모셔(Ralph Mosher)는 "승리의 밭에서 또 한 번 실패를 일구어 냈군."이라고 비꼬아서 말하기도 했다. 다른 동료인 맥클레란드(McClelland, 1973)는 심리적인 현상을 이해할 수 있는 가장 훌륭하면서도 가장 어려운 방법은 그것을 변화시켜 보는 것이라고 항상 말해 왔다. 그러나 이런 상황 속에서 연구자들이 깨닫는 것이라곤 심리학을 활용하여 인간들에게 기여하게 하는 것이 얼마나 어려운가였다.

역할채택: 효과적인 대안

스프린달과 그 동료들은 혁신적인 방법이 필요하다는 결론에 이르렀다. 당시 그들은 대학원 과정에서 상담과 교수방법을 가르치고 있었다. 그러던 중 연구자들은 다음과 같은 생각을 떠올리게 되었다. '만약 읽기 자료 목록을 좀 더 간추려서 대학원생들이 이 과정을 필수로 이수하고 이를 고등학생들에게 가르친다면 어떤 일이 일어날까?' 이것은 확실히 밀러의 언명, 즉 '심리학의 기술들이 대중에 기여토록 하라'는 연설에 부합하는 것이다. 그것은 또한 예방적 접근의 모범이 될 수도 있을 것이다. 한편 콜버그는 스프린달과 그 동료들의 연구에서 자신이 제작한 도구인 MJI(Moral Judgment Interview)와 뢰빈저의 자아발달지표[1)]를 사용하여 결과를 측정해 볼 것을 제안하였다. 스프린달은 그의 강좌가 지향하는 목표가 자아발달과는 분명히 관계가 있지만 도덕판단에 대해서는 확신하기가 힘들었다. 그들은 딜레마 토론법을 사용하고 있지 않았으며, 일반적인 콜버그의 딜레마에 근접한 방법조차도 찾아보기 힘들었다. 그러나 연구자들은 연구란 본래 이제까지 볼 수 없었던 것들을 탐색하고 최소한 무엇이 불분명한지를 탐색하는 것이라고 생각하였다. 결국 스프린달은 콜버그가 제안한 두 측정도구를 모두 사용하였다. 물론 도덕발달 지표에 대해서는 여전히 망설임이 남아 있었다. 그러나 또래상담의 첫 프로그램(Dowell, 1971)을 실시하고 그 결과를 확인한 후, 연구자들은 자신이 바른 길을 가고 있다는 확신을 갖게 되었다. 청소년들은 뢰빈저의 지표에서 자아의 성숙을 보여 주었고 MJI에서도 보다 성숙한 판단을 나타내었다. 자기성찰기록이나 다른 주관적인 관찰자료들을 질적으로 평가한 결과는 연구자들이 그들의 접근방법이 타당하다는 확신을 갖도록 해 주었다. 이런 결과를 두고 스프린달은 콜버그와 아주 오랫동안 토론을 했다. 콜버그는 연구팀이 시도한 것에서 한 걸음 더 나아가 인본주의 심리학과 인지발달심리학의 연계지점을 찾아볼 수 있도록 친절하고도 설득력 있는 안내를 제공하였다. 이와 더불어 그는 미드(George Herbert Mead, 1934)의 역할채택이론에 대한 소개도 아끼지 않았다. 즉, 중요한 의미를 가지는 실제적인 역할을 하면서 자아를 잠시 벗어 두고 공감과 경청 훈련을 하면 학생들의 관점채택 능력이 향상될 수 있다는 것이 요지였다. 그리고 미드의 이론에 따르면 그 능력의 향상은 지적인 면에서뿐 아니라 정서적인 부분까지 가능했다. 콜버그는 또한 그의 대학원생인 셀만(Selman)을 소개해 주었다. 셀만은 지적인 이해와 도덕판단 사이를 매개해 주는 심리적 과정과 역할채택 사이의 관계를 개괄한 사람이었다. 그 결과, 스프린달은 또래상담에서의 역할채택방법에 대해 보다 더 분명하게 이해할 수 있었고, 고등학교 학생들을 측정한 결과 향상되는 이유도 알 수 있었다.

물론 하나의 연구가 결정적인 새로운 모델을 제시할 수는 없다. 따라서 역할채택 연구를 확장하여 다른 영역에서 보다 광범위하게 적용해 볼 필요가 있었다. 그러나 당시에 하버드 대학원의 상담 및 교수분야 프로그램은 점차 폐강되어 갔고, 이러한 움직임은 다른 학교들에서도 시작되었다. 가장 먼저 역할채택에 관한 연구를 시작한 것은 미네소타대학교였다. 뒤를 이어 노스캐롤라이나대학에서도 연구를 시작하였다. 일반적으로 '또래 돕기(peer helping)' 라는 제목을 가진 본 프로그램들은 다음과 같은 동일한 절차를 따른다. 또래상담, 또래지도(peer tutoring),[2] 또래교수(peer teaching),[3] 아이 돌보기, 연로자 모시기 등과 같이 의미 있는 역할채택 경험과 함께, 경험에 대한 반성, 성찰록 작성, 토론, 그리고 주간 계획에 따른 독서 등이 덧붙여진다. 당시에 많은 학교들이 이러한 접근을 아주 독특한 것으로 여겼다. 역할채택은 전통적인 중등교육 프로그램(Goodlad, 1984)이든 역할놀이와 같이 모의활동을 강조하는 프로그램이든 그 핵심적인 부분에서 변화를 요구하였다. 대신에 청소년들은 상담과 교수법, 보육 등의 기술을 실생활에 직접 적용하는 것을 배운다. 피아제는 항상 아동을 시간과 공간 그리고 인과성의 본질을 탐구하는 물리학자에 비유하곤 했다. 마찬가지로 청소년들 역시 행동의 원인을 이해하려고 탐구하는 심리학자의 기질을 타고나게 되며, 이미 언급했던 것처럼 '심리학을 함으로써 심리학을 배우게 된다.' 역할채택 활동들은 십대들이 충분히 할 수 있는 범위 내에서 선정되었고 보통 각 활동에 최소한 한 학기의 기간이 필요했다. 가치 명료화 프로그램처럼 아주 일반적인 '책략의 꾸러미' 만 던져 주는 방식이 되지 않기 위해서는 연속성과 집중이 반드시 필요하다. 친절한 안내에 따라, 점진적인 단계에 따라 타인을 돕는 활동을 경험함으로써 십대들은 모든 역할채택 프로그램에서 책임 있는 행동을 보여 줄 수 있었다.

이어서 학생들은 타인을 돕는 기술을 학습하고 이를 실생활에 적용하였다. 특히 행동과 반성을 병행하는 연습은 학생들의 성장과정에서 매우 중요한 역할을 한다. 실제로 미네소타대학교 연구진들은 지속적인 반성 없이 역할채택을 하는 것은 심리적 성장을 촉진하는 데 도움이 되지 못한다고 설명했다(Exum, 1980). 이는 오래 전에 제시한 듀이(Dewey, 1938)의 주장이 옳음을 다시금 되새기게 한다. 그는 경험 그 자체는 교육적일 수도 있고 비교육적일 수도 있다고 언급했다. 반성할 기회를 마련해 주지 않는 경험학습은 수동적으로 강의를 듣게 하는 것만큼이나 쓸모없는 교육이 될 것이다.

역할채택의 결과: 메타분석

역할채택 연구들을 메타분석한 결과는 인지발달의 두 가지 측정치(즉, MJI와 DIT) 모두에 있어 그 효과 크기(effect size)가 상당한 것임을 보여준다. 여기서 중요한 점은 역할채택 프로그램의 경우 평가도구의 특성이 포함되지 않았다는 점이다. 레스트(1986)는 도덕 딜레마 토론 프로그램이 가지는 약점은 결과를 측정할 때 사용하는 딜레마와 유사한 딜레마가 이미 교육 프로그램에서 사용되었다는 점이라고 지적했다. 그러나 역할채택 프로그램은 내용과 과정 면에서 측정방법과 독립적이다. 또한 역할채택 연구는 항상 한 가지 이상의 독립변인을 포함해야 한다는 캠벨과 스탠리(Campbell & Stanley, 1963)의 언명을 따른다. 콜버그의 지수와 MJI 혹은 레스트의 DIT처럼 서로 다른 형식으로 측정한 점수를 사용하고 학생의 기록을 질적으로 분석함으로써 역할채택의 효과에 대한 교차 타당화연구가 수행되었다.

〈표 5-1〉은 메타분석의 결과를 보여 준다. 여기서는 두 집단의 사후검사 평균의 차이를 통제집단의 표준편차로 나누는 라이트와 피레머(Light & Pillemer, 1984)의 방법을 따랐다. 이렇게 산출된 평균 효과 크기

표 5-1 사회적 역할채택: 도덕판단과 자아발달의 효과에 대한 메타분석

		콜버그의 MJI 혹은 레스트의 DIT(P-점수) 사후검사			뢰빈저의 SCT[1] 혹은 헌트의 CL[2] 사후검사		
연 구		평균	표준편차	효과 크기	평균	표준편차	효과 크기
Dowell(1971)	실험집단	350	–	MJI	5.3	–	SCT
	통제집단	280	82	+.85	3.3	1.09	+1.83
Rustad & Rogers(1975)	실험집단	401		MJI	5.7		SCT
	통제집단	295	55	+1.97	4.3	.89	+1.57
Mosher & Sullivan(1976)	실험집단	345		MJI	7.21		SCT
	통제집단	272	36.5	+2.02	5.57	1.40	+1.17
Tucker(1977)	실험집단	44.2		P	6.00		SCT
	통제집단	41.3	16.7	+.18	5.70	1.26	+.23
Hedin(1979)	실험집단	40.2		P	5.48		SCT
	통제집단	35.3	6.8	+.72	4.05	1.06	+1.35
Cognetta(1980)	실험집단	39		P	6.05		SCT
	통제집단	38	12.3	+.08	4.46	1.16	+1.37
Exum(1980)	실험집단	자료 없음			7.06		SCT
	통제집단				5.83	.98	+1.25
Satterstrom(1980)	실험집단	48		P	2.0		CL
	통제집단	48	19	.00	1.8	.42	+.47
Sprinthall & Scott (1989)	실험집단	34.8		P	1.72		CL
	통제집단	26.2	9.7	+.87	1.39	.27	+1.22
Sprinthall, Hall, & Gerler(1992)	실험집단	33.3		P	6.70	SCT	SCT
	통제집단	22.3	12.9	+.85	5.58	1.20	+.93
Reiman & Parramore(1993)	실험집단	56.9		P	1.9		CL
	통제집단	46.4	13.4	+.93	2.0	.61	–.16
평균 효과 크기							
		(N=10)		+.85	(N=11)		+1.10
		MJI 혹은 DIT			SCT 혹은 CL		

– 약 절반 정도의 연구는 유사실험설계(quasi-experimental design)를 사용하였다. 코헨 등(Cohen et al., 1982)이 500개의 연구를 대상으로 실시한 광범위한 메타연구의 결과 유사실험과 실험설계 사이에 효과 크기의 차이가 없는 것으로 나타났다.

1) 문장완성형검사

2) 개념 수준

는 표집 크기에 따라 가중치가 주어진다. 즉, 표집이 큰 연구일수록 보다 더 큰 비중이 주어진다. 스프린달과 그 동료들(Sprinthall et al., 1991)에 따르면, 일반적으로 효과 크기가 +.20이면 작은 것으로 간주하고, +.50이면 중간이나 그 이상으로, 그리고 +.80이면 매우 유의미한 것으로 해석할 수 있다. 콜버그의 MJI와 레스트의 DIT는 비록 측정기법이 달라도 같은 현상을 측정하는 것이기 때문에 함께 묶여서 처리되었다. MJI 결과는 600점이 가장 높은 도덕적 성숙을 나타내는 것으로 점수를 변환했고,[4] DIT 결과는 P-점수를 활용하였다. 뢰빈저와 헌트의 경우는 각각 자아(ego)와 개념(conceptual)이라는 서로 다른 영역을 측정하려 하였는데도 두 사람의 도구는 평가방법이 매우 유사하다. 즉, 두 가지 모두 문장의 빈 곳을 완성해야 하는 개방형 문장이 제시되고 피험자의 응답에 반영되는 인지적 복잡성에 따라 점수가 부여되었다. 또한 이 연구에서는 여러 가지 측정도구를 한꺼번에 사용하는 데서 비롯되는 부작용을 피하기 위해서 뢰빈저의 지표 중에 맨 처음 18개 문항만으로 구성된 짧은 버전을 사용하였다. 헌트는 6개의 주제문장을 제시하고 각 주제 문장당 최소한 3개의 문장을 작성하도록 요구했다. 본 연구에서 뢰빈저척도는 10점 만점, 헌트의 척도는 3점 만점으로 변환하여 사용되었다.

마지막으로 고려해야 할 점은 이 연구들이 서로 다른 지역의 다양한 유형의 학교를 배경으로 하고 있다는 점이다. 연구에 포함된 피험자들은 사회 · 경제적 수준이나 거주지역도 다양하고 소수민족들도 포함되어 있다. 그러나 이렇듯 표집의 다양성에도 불구하고 변화의 양상은 모두 유사하였다. 그리고 이후에 이루어진 추수연구들은 이러한 접근의 타당성을 다시금 입증해 주었다. 물론 개별 연구들 사이에 효과의 차이는 있었는데(Satterstrom, 1980; Tucker, 1977), 사후분석의 결과 그것은 역할채택 활동의 절대적인 양보다도 의미 있는 활동을 했느냐에 따라 생기는 차이인 것으로 나타났다. 즉, 효과가 작게 나타난 연구들의 경우 역할채택 경험을 제공했다기보다는 단지 가상체험을 하는 데에 너무 많은 시간을 보내는 경우가 있었다.

청소년을 위한 역할채택 연구

이 절에서는 심리학이 대중에게 기여하는 과정에서 어떤 것이 개입되는지를 더 자세하게 제시하기 위해 보다 포괄적으로 설명하고자 한다. 예로서 제시되는 두 개의 연구는 역할채택 프로그램의 과정을 소개하고 또래를 도와준 사람과 도움을 받은 사람에게서 어떤 효과가 나타났는지를 보여 준다.

연구 1

첫 번째 프로그램(Sprinthall & Scott, 1989)에서는 고등학교 여학생들이 초등학교 여학생들에게 수학을 개인지도하도록 하였다. 수학교과의 경우, 여학생의 성공 불안이나 자신감 결여 등과 같은 문제가 이미 오래전부터 연구되어 왔기 때문에 어떤 학생들을 연구에 포함시키고 어떤 점에 주목해야 하는지가 분명하였다. 구체적으로 이 연구는 청소년기의 여학생에게 수학지도를 받을 때 초등학교 5학년 여학생의 자신감과 학업성취에 어떤 변화가 일어나는지, 그리고 도움을 주는 학생의 발달에는 어떤 영향이 있는지 살펴본 것이다.

초등학생을 가르치기로 한 10대 여학생들은 매주 교수법에 대해 소집단으로 훈련을 받았다. 훈련의 내용은 초등학교 학생들을 위해 구체적으로 조작하는 자료들을 교육적으로 활용하는 방법과 같은 것이었다. 교수법 훈련과 더불어, 십대들은 초등학생을 도우면서 느낀 바나 생각한 바를 토론하고 매주 성찰록을 기록했다. 이 프로그램은 지도를 받은 초등학교 여학생들뿐 아니라 지도를 해 준 고등학교 여학생에게서까지 눈여겨볼 만한 변화가 나타났다.

매주 40분씩 고등학생의 지도를 받은 초등학생들은 수학적인 기술과 태도 면에서 향상된 결과가 나타났다. 캘리포니아 학업성취도검사(CAT)에서 지도를 받은 초등학생들은 백분위점수가 50에서 61점으로 향상되었다. 통제집단이 4점 향상된 것을 감안하면 이는 큰 변화이다. 게다가 지도를 받은 초등학생들은 자기주도적인 학습자(self-directed learner)로서 자신감의 향상도 보였다. 귀인이론에 따르면 남자들의 경우, 성공은 자기 노력의 덕분이라고 여기고 실패는 환경 탓이라고 여긴다. 예를 들어, 100점을 맞으면 남자는 '내가 노력했기 때문이야.' 라고 말하고 60점을 맞으면 '시험이 공정하지 않았어.' 라든가 '선생님이 그것을 제대로 가르쳐 주지 않았어.' 라고 말한다. 즉, 남성들은 결과에 관계없이 학습자로서의 자신감을 계속 유지한다. 그러나 여자의 경우에는 귀인의 방향이 반대가 된다. 즉, 성공은 운으로 돌리고 실패는 자신이 부적합하기 때문이라고 귀인함으로써 자신감의 손상을 초래한다.

그래서 스프린달은 성취도의 변화만큼이나 귀인양식의 변화에 관심을 가졌는데, 그 결과는 기대를 저버리지 않았다. 고등학생의 지도를 받은 초등학교 여학생들은 성공과 실패에 대한 귀인방식에서도 긍정적인 변화를 보여 주었다. 그들은 자신의 학습에 대한 책임감을 더 많이 느꼈고, 학습 도중 어려움에 직면했을 때에도 자신을 비난하는 경향이 줄어들었다. 그리고 또 한 가지 중요한 것은 통제집단의 여학생들은 6개월 동안 자신감이 줄어들고 자기비난이 증가하였다는 점이다. 즉, 이처럼 짧은 기간에도 자신이 수학을 적극적으로 학습하는 사람이라는 자각이 서서히 손상받는 것이다. 반면에 실험집단의 여학생들에게는 그 짧은 기간의 지도를 통해 수학적인 기술뿐 아니라 귀인양식에서도 긍정적인 변화가

표 5-2 초등학교 여학생의 캘리포니아 학업성취도검사 성적 및 성공귀인 양식

	실험집단 (N=15) 지도 받은 여학생	통제집단 (N=15) 지도 받지 않은 여학생
사전검사	50.4	51.4
사후검사	61.8	56.6
평균득점	+11.46	+4.53
표준편차	8.93	8.92
	t=2.12, p〈.02	(28 ndf)
	성공에 대해 노력과 능력에 귀인하기	
사전검사	26.3	24.6
사후검사	30.4	24.47
평균득점	+4.1	−0.13
표준편차	6.73	3.93
	t=2.09, p〈.02	(28 ndf)
	성공에 대해 과제와 환경에 귀인하기	
사전검사	29.3	29.27
사후검사	27.2	30.93
평균득점	−2.1	+1.66
표준편차	5.64	3.37
	t=2.25, p〈.02	

나타난 것이다. 〈표 5-2〉는 그 결과를 보여 준다.

또 한 가지 주목할 점은 지도를 받은 초등학생뿐 아니라 이들을 도와준 고등학교 여학생들 역시 이득을 얻었다는 것이다. 앞서 제시된 메타분석 결과(〈표 5-1〉 참조)에서 나타난 바와 같이 도덕발달과 개념적인 복잡성에 대한 두 가지 측정결과에서 수학지도에 참여한 학생들은 향상을 보였다. 그들은 보다 자기주도적(self-directed)이고 또래집단의 지배에서 자유로웠으며 문제해결에서 더 복잡한 사고를 하고 도덕판단에서는 보다 원리화된 추론을 하였다. 반면 통제집단에서는 변화를 확인할 수 없었는데, 이는 놀라운 것이다. 왜냐하면 통제집단의 여학생들도 교사의

보조자로서 도와주기를 경험하였기 때문이다. 다만 실험집단의 여학생들과 달리 이들은 토론이나 반성, 성찰일지 작성과 같은 활동에 참여하지 않았다. 이는 소위 봉사학습(service learning)이나 다양한 종류의 자원활동에 참여한 학생들이라도 자신의 경험에 대해 반성하도록 지도받지 않으면 발달적인 향상을 기대할 수 없음을 의미한다. 프로그램의 결과를 요약하자면 다음과 같다. 첫째, 도와준 사람과 도움을 받는 사람 모두 이익을 얻을 수 있었다. 둘째, 통제집단은 아무런 변화도 나타나지 않거나, 심지어 심리적인 영역에서 퇴행이 나타났다.

연구 2

두 번째 연구(Sprinthall, Hall, & Gerler, 1992)는 중학생들의 집단토론에 고등학생이 리더로 참여할 때의 효과에 관한 것인데, 이는 역할채택 모형을 모방한 것이다. 프로그램에 참여한 중학생들은 한 가지 공통점을 가지고 있었는데, 그것은 그들이 최근에 부모의 이혼을 경험했다는 것이었다. 이런 가족의 붕괴는 중학생들에게 아주 큰 부정적인 영향을 미칠 수 있다(Hetherington, 1984). 이혼으로 초래되는 크나큰 심리 · 사회적인 변화로 말미암아 이 청소년들은 가장 부정적으로 반응하게 된다. 청소년 초기에 있는 학생의 경우 발달환경이 주어지지 않거나 이혼으로 인해 증가하는 스트레스 때문에 더 큰 심리적 압박과 불안, 억압된 감정의 분출이나 또래로부터의 소외 등을 경험한다.

게다가 부모의 이혼에 대한 회고자료를 기초로 한 연구(Ursone, 1990)에 따르면, 부모의 이혼을 경험한 대부분의 중학생들은 학교에 있는 상담전문가를 찾아가기 꺼려했다는 것이다. 연구에 참여한 대다수의 학생들은 괴로움을 겪었지만, 정신이상이라고 낙인찍힐지도 모른다는 두려움 때문에 상담전문가의 도움을 회피했다고 말했다. 그러나 이들은 다른 사람의 조언과 지지를 얻기 위해 다른 누군가와 대화를 했더라면 도움이 되었을 것이라고 생각한다고 보고했다.

이러한 두 가지 이유로 '또래 돕기 프로그램'의 모델이 만들어졌다. 고등학교 학생들은 한 학기 동안 소그룹 운영기술을 훈련하고 부모가 이혼했을 때에 일어나는 정서적인 문제들을 다루었다. 훈련을 마친 고등학생들은 두 명씩 짝을 이루어 공동 리더로 매주 그룹을 이끌었다. 이 프로그램에 참여한 중학생들은 모두 40명으로, 학교 상담자들은 이 학생들이 이혼 스트레스를 겪고 있다고 판단했다. 이들은 5명씩 총 8개의 소그룹으로 편성되었으며 한 학기 동안 만났다. 한편 고등학생 리더들은 자신의 그룹을 운영함과 동시에 지도자(supervisor)와 만남을 유지하면서 토론기법, 계획 세우기, 대화법, 그리고 성찰록 작성을 통한 반성훈련을 하였다. 행동과 반성을 병행하는 것이 이 프로그램에 참여하는 동안 끊임없이 강조되었다.

프로그램에 참여한 학생들의 반응을 살펴보면 다음과 같다. "난 이 학생들 그룹을 지도하는 것이 정말 좋아요. 그룹토론을 할 때 전 기분이 좋고 정말 편안해요. 그리고 여기에 있는 학생들을 학교에 있는 다른 누구보다도 더 친밀하게 느껴요." 그리고 또 다른 학생의 의견을 살펴보면 다음과 같다. "나는 고등학교에 있는 다른 친구들보다도 이 중학생들과 대화하는 것을 더 잘하는 것 같아요."(Sprinthall et al., 1992, pp. 291-292) 이렇게 자신의 소그룹 운영을 반성해 보는 것은 고등학생 리더들에게 집단상담 경험을 더 심화시킬 수 있도록 도와준다.

이 프로그램은 두 집단 모두에게 긍정적인 결과를 안겨 주었다. 중학생들은 〈표 5-3〉에 제시된 것과 같이 자아개념과 자존감의 향상을 경험하였다. 그들은 이전보다 침울해하지 않고 소극적이지도 않게 되었다. 토론은 이 시기의 아이들이 이혼에 대해 가지는 오해, 즉 이혼의 책임이 자신들에게 있다는 생각으로부터 벗어날 수 있도록 도와주었다. 또한 이 학생들은 편부모나 혹은 부모의 재혼을 통해 새로 만난 가족과 함께 살아가는 능력에서도 향상을 보였다. 이들의 교사와 상담자들은 교실의 행동에서도 바람직한 변화가 일어났다고 보고했다. 그러나 그중 가장 긍정적인 영향은 그룹을 통해 새롭게 형성된 큰형(오빠) 및 누나(언니)[5]와의 관계에서이다. 확실히 고등학교 1, 2학년 학생들은 문제아처럼 보였던 초등학교 6학년과 중학교 1학년 학생들이 변화하는 것에 긍정적인 관심을 보인다. 중학생들도 이런 관계를 중요하고 의미 있다고 느끼고, 이를 성찰록에 남기거나 언어적 또는 비언어적 행동으로 표현하는 것을 볼 수 있었다.

표 5-3 가족붕괴를 경험한 중학생들의 자아발달 및 통제소재의 변화

	자아발달				
(N=40)	평균	표준편차	성과	t	p
사전검사	4.20	1.24	+.35	3.30	〈.002
사후검사	4.55	1.36			
			통제소재		
사전검사	15.5	4.06	−2.27[1]	3.27	〈.001
사후검사	13.2	3.92			

1) 통제소재 점수의 감소는 내적 통제력의 증가를 의미한다(Nowicki–Strickland, 1973).

그룹 리더로 활동한 고등학생들 역시 상당한 심리적 성장을 보여 주었다. 자아발달의 측정결과 그들은 개인적 자율성의 수준으로 향상했고, 메타분석(〈표 5-1〉 참조)에서 언급한 것처럼 도덕적 판단의 수준에서도 향상이 보였다. 리더의 역할을 경험함으로써 얻어진 심리적인 성숙의 증거는 분명했다. 그러나 이러한 결과를 가져온 것은 단지 그들의 경험 자체가 아니다. 소그룹 상담과정에서 본 것처럼, 학생들은 세미나와 성찰록을 작성하면서 매주 자신의 학습에 대해 반성해 보는 기회를 가졌다. 이 학생들은 특별히 교사 역할을 했을 때에 느낀 감정과 고등학교 학급

에서 일상적인 역할을 했을 때 느끼는 감정들 사이의 차이에 대해 보고 했다. 반성의 기회를 가지지 않고 또래 리더의 역할을 한 통제집단은 초등학생의 수학지도 연구와 마찬가지로 어떠한 성과도 없었다. 고등학생들을 대상으로 반성의 기회를 주는 프로그램을 실시함으로써 얻은 또 하나의 성과는 공동체 의식이었다. 수학지도 프로젝트와 또래상담 프로그램에 참여한 고등학생들은 한결같이 집단참여 의식을 언급하였다. 그들은 훈련과정 동안 처음으로 자신이 또래를 알고 이해하게 되는 것을 느꼈다. 콜만(Coleman, 1961)이 지적하였던 것처럼, 중학교에 전염병처럼 확산되는 하위집단화 · 파벌 · 고립의 문제는 온데간데 없었다. 타인을 돕는 프로그램에 참여한 학급의 학생들은 그 목적에 대해서뿐 아니라 서로의 관계 속에서 하나가 되었다. 그리고 이렇게 하나가 된 반들은 중학교들이 어떤 모습을 지향해야 하는지를 보여 주는 작은 모범이 되었다. 즉, 이런 프로그램에 동참한 학교들은 물질적이고 외현적인 가치와 비교할 수 없는 소중한 가치를 중시하는 공동체의 모습을 갖춤으로써 청소년들의 발전을 촉진하는 환경을 어떻게 제공해 줄 수 있는지 보여 주는 전형이 되었다.

두 프로그램의 성공에 있어 중요한 것은 소그룹 리더들에게 진짜 상담기술들을 익히도록 한 것이다. 이러한 상담기술들은 교과(예컨대 수학)의 개인지도를 하는 데도 반드시 필요한 부분이다. 예를 들어 누군가를 개인지도하는 경우, 최소한 학습자가 가지고 있는 수학에 대한 두려움을 읽어 내는 것이 문제해결을 훈련시키는 것만큼이나 중요하다. 물론 모든 학교 상담자나 상담심리학자들이 이러한 봉사활동이나 이질적인 학급구성을 편하게 받아들이거나 동참하는 것은 아니다. 그러나 연구경험에 비추어 보아 정규 학급으로부터 이러한 접근을 시도한다면 근본적인 예방모델의 핵심이 될 것이다.

교육학적으로 중요하게 다루어야 할 또 한 가지 문제는 동화와 조절[6]

간의 발달적 균형을 이해하는 프로그램 리더[7)]의 능력이다. 이것은 불일치(mismatching)나 구성적 부조화 혹은 비고츠키(Vygotsky, 1978)의 근접발달영역과 관련지어 생각해 볼 수 있다. 즉, 리더는 칼 로저스(Carl Rogers, 1961)가 이야기하는 지지적 분위기를 창출하기도 하고, 때로는 알버트(Albert, 1962)가 말한 도전적 분위기도 창출하면서 지적인 학습과 정의적 학습 사이의 균형을 유지해야 한다. 둘 중의 어느 한 가지에만 치중하면 성장을 유도하지 못한다. 발달의 관점에서 성장이란 문제해결에 익숙하게 사용해 왔던 옛 습관을 포기하도록 요구하는데, 이는 항상 고통스럽기 마련이다(Perry, 1978). 따라서 지식의 혼란을 통해서 도전을 제공함은 물론, 반성의 기회와 정서적인 지지를 주는 이완기를 제공하는 것도 똑같이 중요하다(Furth, 1981). 그러나 불행하게도 인지발달론에 기초한 교육 프로그램을 다룬 대부분의 문헌들에서는 '지지적이면서도 여전히 도전적'이어야 한다는 교육적인 패러독스를 언급하지 않는다. 따라서 프로그램의 리더는 한편으로는 도전적인 로저스 학파처럼, 다른 한편으로는 심리적 지지를 제공하는 합리적-정의치료자들처럼 행동하면서 서로 대조적인 두 가지 상담기법을 조화시켜야 할 필요가 있다. 그렇지 않으면 역할채택 경험을 통하여 인지적 구조의 복잡성이 증진하리라고 기대하기 힘들다.

역할채택과 성인의 발달

인지발달이론가들의 초기 이론은 단계성장이 성인기 초반에 최고점에 도달한다고 가정하는 실수를 범했다. 콜버그도 마지못해 자신을 포함한 많은 발달이론가들이 같은 실수를 범했음을 시인하였다(Kohlberg & Kramer, 1969). 그들은 종단 · 횡단적 연구들을 검토하면서 발달과 계열에서 계속 진보하고 있는 성인들이 존재함을 발견하였다. 이러한 성인기 발달에 대해 설명하는 중요한 이론들로서 리와 스나리(Lee & Snarey, 1988)의 이론을 들 수 있다. 그러나 이런 이론상의 변화는 교육프로그램을 개발하면서 생각해 보아야 할 또 다른 의문을 낳았다. 한 마디로 '청소년기의 단계성장을 촉진할 수 있다면 같은 방법으로 성인의 성장도 촉진할 수 있는가?' 이 질문에서 심리적 성장을 돕는 조건은 이미 다룬 바와 같다. 첫째 타인을 돕는 과정에서의 역할채택 경험, 둘째 반성의 기회 마련과 지도, 셋째 행동과 반성의 조화, 넷째 지속성, 즉 최소한 한 학기 동안 집중적인 프로그램의 운영, 다섯째 지지적이면서 동시에 도전적인 교실풍토가 바로 그것이다.

첫 번째 질문은 성인기의 발달과정에 관한 것이다. 지금으로서는 성인도 성장할 수 있다는 것이 분명하다. 두 번째 질문은 성인인 교사들이나 상담가들을 대상으로 적용할 역할채택 프로그램들의 효과에 대한 문제이다. 이 문제와 관련하여 미네소타대학교의 연구진들은 몇 가지 접근을 시도한 바 있으나 약간의 변화만을 확인하는 데 그쳤다. 개인지도나 면접기술 그리고 자기주도적인 행동수정 같은 활동들을 적용했으나 청소년들에게서 볼 수 있었던 인지적 구조의 변화를 확인하기는 어려웠다(Sprinthall & Bernier, 1979). 그러나 노스캐롤라이나로 연구의 무대가 옮겨지면서 역할채택 방법은 보다 새로워졌을 뿐만 아니라 정부의 보조를 받게 되면서 좀 더 강제성을 띨 수 있었다.

노스캐롤라이나주 공교육부(The State Department of Public Instruction)에서는 각급 학교에서 갓 발령받은 교사들에게 첫 두 해 동안 견습 프로그램을 제공하고 필수직무능력을 중심으로 한 행동 체크리스트를 사용하여 이들을 평가하도록 지시하였다. 그러나 신임 교사들의 기술개발을 도울 수 있는 효과적인 프로그램을 제공하는 학교는 한 곳도 없었다. 이 문제와 관련하여 디에즈 스프린달(Thies-Sprinthall, 1984)은 경력 교사가 역할채택 프로그램으로 교육받으면 신임 교사의 훌륭한 멘토[8)]가 될 수 있다고 이미 제안한 바 있다. 이 프로그램은 이미 훈련지침서도 잘 갖추고 있었다. 이 역할채택 프로그램은 소위 임상지도기법을 중점적으로 다루는 것이었다. 디에즈 스프린달은 아무리 학생들을 잘 지도하는 경력 교사라도 신임 교사를 감독하고 지도하는 기술은 제대로 갖추지 못한 경우가 대부분이라는 사실을 알게 되었다. 그가 택한 대안은 훈련 프로그램을 두 학기로 늘려서 두 번째 학기에는 경력 교사들이 실제로 신임 교사를 지도하는 경험을 가지도록 하는 것이었다. 그녀는 경험 있는 교사라 하더라도 교수방법들을 더욱 포괄적으로 재학습하고 임상지도기술을 숙달할 시간이 필요하다고 생각했다.

디에즈 스프린달과 동료 앨런 라이만(Reiman & Thies-Sprinthall, 1993)은 이 프로그램이 경력 교사의 개념적 발달과 도덕판단이라는 두 영역에 똑같은 긍정적 효과가 있다는 것을 밝혔다. 또한 그들은 경력 교사들이 지도감독을 하면서 사용하는 소통기술에도 상당한 변화가 있음을 발견하였다. 즉, 이 프로그램을 통해서 그들의 공감적인 경청기술이 크게 증진된 것이다. 이것은 이전에 미드와 콜버그, 셀만이 논쟁했던 것을 다시 한 번 상기시켜 주는 것으로서, 상담기술 중의 하나인 공감적 의사소통이 역할채택 기술을 요구하게 되므로 공감적 의사소통 훈련이 결국은 관점채택을 촉진한다는 것이다. 지적으로든 정의적인 수준에서든 다른 사람의 입장에 서 보는 것을 배우는 것은 나이에 상관없이 도덕적인 발달을 촉진한다. 경력 교사들의 인지적 발달을 평가한 두 연구결과가 〈표 5-4〉에 제시되어 있다.

이 연구들이 통제집단을 사용하지 않은 것은 레스트(1986)의 이전 연구를 통하여 성인의 경우 일반적으로 9개월 동안 도덕판단에 큰 변화가 나타나지 않는다고 밝혀졌기 때문이다. 또한 이것은 대학원의 정규 과정을 밟고 있는 교사들도 도덕성과 자아의 발달에서 아무런 변화가 나타나지

표 5-4 경력 교사의 도덕판단과 개념수준 효과 및 경청기술의 획득에 대한 두 연구

	사전검사	사후검사	t	p
연구 1 (디에즈 스프린달, 1984)				
DIT(레스트)	41	53	2.46	〈.04
CL(헌트)[1]	1.6	1.8	2.35	〈.04
경청기술[2]	1.28	2.58	3.80	〈.01
연구 2 (라이만 & 디에즈 스프린달, 1993)				
DIT(레스트)	33.7	44.4	2.81	〈.04
CL(헌트)	1.8	2.1	3.39	〈.01
경청기술	1.10	2.70	4.40	〈.01

1) 개념수준측정
2) 4점 척도로 제작된 공감측정도구

않았기 때문이다(Oja & Sprinthall, 1978; Sprinthall & Bernier, 1979). 디에즈 스프린달(1980)은 전문적 경험 자체가 교사의 심리적 발달이나 임상지도 행동에 눈에 띌 만한 효과를 주지 않는다는 것을 밝혔다. 실제로 디에즈 스프린달은 후임 교사를 감독하는 교사들의 상당수가 도덕성과 개념적 발달의 수준이 그리 높지 않음을 발견했다. 그들이 보여 주는 임상지도는 교생들의 혁신적인 노력을 오히려 벌하고 평가절하하는 것이었다. 심지어 맥키본과 조이스(McKibbon & Joyce, 1981)는 교사들의 발달단계를 평가해 보면 어느 교사가 혁신적인 방법들을 채택하고 이를 교실에서 실행할 것인지를 정확히 예언할 수 있다고 밝혔다.

요약하면 위의 연구들은 역할채택훈련을 통해 전문직 상황에서 성인의 발달을 촉진시킬 수 있으며, 이러한 시도가 현실적으로 매우 중요함을 시사한다. 혹자는 또다시 '높을수록 더 좋다는 것인가?' 라는 질문을 던질 수도 있을 것이다. 이런 질문에 대한 대답은 분명하다. 당장 해결

해야 할 과제가 다른 사람을 공감하거나 상황을 읽고 유연하게 대처해야 하는 복잡한 대인기술을 요한다면, 또는 광범위한 전문지식과 기술 중 최적의 모델을 선택해야 하는 문제라면 이는 분명 도덕성·자아·개념의 발달을 망라하는 고차원적인 심리적 성숙을 요하는 것이다. 그리고 실제로 피스(Peace, 1992)의 연구결과 역시, 신임 상담가들을 지도하는 슈퍼바이저로서의 역할을 훈련받는 상담가들에게 공감은 물론 개념과 도덕판단에서 비슷한 향상이 나타남을 보여 주었다. 그리고 역할채택훈련을 통해 성인 교사와 상담가들의 인지적 구조가 성숙하고 전문적 기술이 획득된다는 주장을 지지하는 증거들이 계속해서 나오고 있다.

시사점

레스트(1986)는 도덕판단과 행동 사이의 복잡한 관계를 이해하는 데 최소한 네 가지 구성요소들의 상호 작용을 고려해야 한다고 주장했다(1장 참조). 그의 이론적 틀은 도덕판단과 행동 모두를 촉진하고자 하는, 우리들이 반드시 짚고 넘어가야 할 두 가지 문제를 제기한다. 첫째는 도덕적 문제를 이성적으로 분석하는 것을 넘어서서 이론적 틀을 확장할 필요가 있다는 것이다. 둘째, 교육 프로그램을 적용할 때 네 가지 구성요소를 고려하여 보다 폭넓은 접근을 할 필요가 있다는 것이다. 딜레마 토론 방법이 도덕적 추론의 향상에 기여하는 것은 확실하다. 하지만 이 장에서 다룬 사회적 역할채택의 방법은 보다 더 광범위한 관점과 확장 가능성을 제시해 준다. 누군가에게 특정한 역할을 부여하는 것은 그로 하여금 실제 상황에서 대화에 참여하고 남을 돕는 기술들을 적용해 보도록 요구하는 것이다. 이러한 활동들은 가상적인 시뮬레이션이나 역할놀이와는 다르다. 게다가 이 프로그램은 매주 반성의 기회를 가지면서 성찰록을 작성하도록 지도하고 참가자의 현재 발달수준에 맞게 개별화된 피드백을 제공해 준다(Reiman, 1991). 이런 면에서 사회적 역할채택기법은 보다 포괄적인 접근법으로 볼 수 있으며, 딜레마 토론법만 사용했을 때보다 여러 구성요소들의 성장을 도모할 수 있을 것으로 기대된다.

도덕성 연구의 분야에서는 여러 가지 큰 논쟁이 있어 왔다. 특히 길리건(Gilligan, 1982)은 도덕판단의 이론이 도덕성의 제한적인 부분만을 다루고 있고 비인간적이며 배려에 대한 관심이 결여되어 있다고 주장하였다. 결과적으로 길리건은 냉정하고 정언명령적인 콜버그의 '정의'와 성별 유형화된 '공감'이라는 이분법적 태도를 취하였다. 그러나 20년 넘게 진행되어 온 사회적 역할채택 연구는 이러한 분리가 불필요하다는 사실을 보여 준다. 이들 프로그램은 다양한 활동을 통하여 남을 돕는 고차원적 기술을 배우면 인간의 행동 · 자아 · 개념의 발달이 촉진됨을 보여 주었기 때문이다. 이 프로그램의 참여자들은 보다 자율성을 지니고 남을 보살피면서 동시에 롤즈(Rawls)의 민주적 원칙도 잘 이해했다. 또한 이 프로그램에서는 어떠한 성차도 발견된 바가 없었다. 단 한 가지 발견된 차이는 대학원생을 가르치기 시작할 때와 고등학생을 가르치기 시작할 때 나타났을 뿐이다. 즉, 고등학생 중 상위 학생들이 대학원생의 하위그룹보다 더 바람직하게 수행을 한다는 것이다. 이는 몇몇 대학원생들이 이론에 너무 집착한 나머지 실제로 내담자들에게 공감적으로 반응하는 데 많은 어려움을 겪었기 때문이다.

세 번째로 짚어 볼 중요한 문제는 이 장을 열면서 제기했던 문제와 맥을 같이 한다. 사회적 역할채택을 알비(Albee)가 말한 것처럼 심리학이 인간의 복지에 기여하기 위해 취해야 할 예방적 접근의 중요한 요소로 볼 수 있는가? 전문직종의 직업인들은 아주 불행하게도 사회에서 그 서비스의 제공을 독점하고 특권을 누리고 평생훈련을 받아야 한다는 이념을 성취하기 위해 분투하고 있는 것으로 보인다. 베이칸(Bakan, 1967)은 이런 것을 '신비성과 정통성에 대한 강박관념(mystery-mastery complex)' 이라고 언급하였다. "전문가라는 보증(예, 면허증)의 베일 속에 전문적 기술들을 새 나가지 않게 감추고, 서비스의 독점적 지배권에 대항하는 어떠한 법적인 싸움에도 대항하라." 안타깝게도 정신의학과 임상심리학, 상담훈련 프로그램들과 관련된 근래의 법정 사례들은 베이칸의 예언이 정확하게 맞아떨어짐을 보여 준다(Sprinthall, 1990). 그리고 이러한 상황은 대학원 수준에서 발달모델에 초점을 둔 프로그램의 개발과 적용이 시급함을 의미한다. 인간의 성장과 발달을 어떻게 촉진할 것인가를 다루는 복잡한 문제를 해결하기 위해서는 학교와 대학, 그리고 지역사회의 상담센터를 중심으로 한 응용연구와 함께 전문가 양성에 알맞은 훈련 프로그램의 개발에 대한 연구가 시급하다. 심리적 성숙이라는 일반적인 목표를 달성하기 위하여 역할채택 프로그램들의 수정과 확장이 필요하다. 전통적인 대학교육이나 전문가 양성 프로그램은 인간관계나 도덕판단의 문제를 거의 다루지 못하고 있다. 이 장에서 소개한 사회적 역할채택과 함께 이 책에 제시한 예들은 여러 가지 다양한 길을 제시해 줄 것이다.

미주

1) 이는 자아발달의 수준을 측정하기 위해 뢰빈저와 동료들이 고안한 문장완성형검사(Sentence Completion Test, SCT)를 의미한다. SCT는 도덕성 발달과 대인관계, 그리고 개념복잡성(conceptual complexity) 등을 포함하는 광범위한 내용들을 측정한다. 그러나 본 도구에서 측정하는 자아는 정신분석학적인 자아의 개념과는 거리가 있다(History, 1998, p. 3). SCT는 총 34개의 개방형 문장들로 구성되어 있으며 예를 들면 다음과 같다. 예) "대부분의 사람들은 여성이 ___.", "그녀는 종종 ___하길 희망한다." 그리고 문장의 빈 곳에 반응한 양식에 따라 7단계의 자아발달 수준으로 평가된다(Loevinger & Wessler, 1970, pp. 186-187)(역자주).

2) 또래지도(Peer Tutoring)는 일대일의 관계에서 학습자가 다른 학습자를 돕고 가르치면서 학습하는 방법으로, 학습자들이 서로 결과를 공유할 뿐만 아니라, 그 결과

를 얻기 위한 과정도 함께 진행하는 협력적인 상황을 이룬다. 이는 같은 나이, 학년 혹은 다른 나이와 학년을 대상으로 할 수도 있다(역자주).

3) 또래들로 이루어진 소그룹 또는 학급을 대상으로 한 학생의 교수행위(예, 강의 등)를 의미한다.

4) 예를 들어 200점은 2단계로 처리된다.

5) 연령이 많은 학생들이 어린 학생들의 지도나 상담을 담당하는 경우 '큰형(big sibling or big brother) 프로그램' 이라는 이름을 붙이기도 한다(역자 주).

6) 이는 피아제의 인지발달이론에서 발달의 기제인 동화(assimilation)와 조절(accommodation)을 의미한다.

7) 소그룹을 이끄는 학생 리더가 아닌, 프로그램 전체의 코디네이터를 지칭한다(역자주).

8) 멘토(Mentor)란 그리스 신화 오디세이에 나오는 이름이다. BC 1200년 고대 그리스의 이타이카 왕국의 왕 오디세이가 트로이전쟁에 출정하면서 그의 사랑하는 아들을 가장 믿을 만한 친구인 멘토에게 맡기고 떠나게 되었다. 오디세이가 전쟁에서 돌아오기까지 무려 10여 년 동안 멘토는 왕자의 친구, 선생, 상담자, 때로는 아버지가 되어 그를 잘 돌보아 주었다. 이후로 멘토라는 이름은 지혜와 신뢰로 한 사람의 인생을 이끌어 주는 지도자의 동의어로 사용되고 있다.
본문에서는 신임 교사들이 교직생활을 시작함에 있어 새로운 환경에 잘 적응할 수 있도록 지도를 하고 더 나아가 교사에게 필요한 전문적 기술을 훈련하고 개발할 수 있도록 도움을 주는 경력 교사를 지칭한다(역자 주).

참고문헌

Albee, G. (1982). Preventing psychopathology and promoting human potential. *American Psychologist, 37*, 1043–1050.

Allport, G. (1968). *The person in psychology.* Boston, MA: Beacon.

Bakan, D. (1967). *On method.* San Francisco: Jossey–Bass.

Bergin, A. (1963). The effects of psychotherapy: Negative results revisited. *Journal of Counseling Psychology, 10*, 244–250.

Blatt, M. (1969). *The effects of classroom discussion programs upon children's level of moral development.* Unpublished doctoral dissertation, University of Chicago.

Campbell, D., & Stanley, J. C. (1963). *Experimental and quasi–experimental designs for research.* Chicago: Rand McNally.

Cognetta, P. (1980). *Cross–age teaching in secondary schools: A program for psychological development.* Unpublished doctoral dissertation, University of Minnesota, Minneapolis.

Cohen, P., Kulik, J., & Kulik, C. (1982). Educational outcomes of tutoring: A meta–analysis of findings. *American Educational Research Journal, 19,* 237–248.

Coleman, J. (1961). *The adolescent society.* New York: The Free Press.

Dewey, J. (1938). *Experience and education.* New York: Macmillan.

Dowell, R. C. (1971). *Adolescents as peer counselor.* Unpublished doctoral dissertation, Harvard University, Cambridge, MA.

Ellis, A. (1962). *Reason and emotion in psychotherapy.* New York: Lyle Stewart.

Exum, H. (1980). Ego development: Using curriculum to facilitate growth. *Character Potential, 9,* 121–128.

Eysenck, H. (1978). An exercise in mega–silliness. *American Psychologist, 33,* 517.

Fennema, E., Wolleat, P., & Pedro, J. (1979). Mathematics attribution scale. *JSAS: Catalog of Selected Documents in Psychology,* (Ms. No. 1837).

Flavell, J. (1971). Stage-related properties of cognitive development. *Cognitive Psychology, 2,* 421-453.

Furth, H. (1981). *Piaget and knowledge.* Chicago: University of Chicago Press.

Gilligan, C. (1982). *In a different voice.* Cambridge, MA: Harvard University Press.

Goodlad, J. (1984). *A place called school.* New York: McGraw-Hill.

Heath, D. (1977). *Maturity and competence.* New York: Gardner.

Hedin, D. (1979). *Teenage health educators: An action learning program to promote psychological development.* Unpublished doctoral dissertation, University of Minnesota, Minneapolis.

Hetherington, M. (1984). Families in transition. In R. Parke (Ed.), *Review of child development research* (pp. 394-440). Chicago: University of Chicago Press.

Hunt, D. E. (1974). *Matching models in education.* Toronto: Ontario Institute of Studies in Education.

Kohlberg, L. (1971). Humanistic and cognitive developmental perspectives on psychological education: A critique. *The Counseling Psychologist, 1,* 74-82.

Kohlberg, L. (1972). The cognitive-developmental approach to moral education. *Humanist, 32,* 13-16.

Kohlberg, L. (1974). Counseling and Counselor Education. *Counselor Education and Supervision, 14,* 250-256.

Kohlberg, L., & Kramer, R. (1969). Continuities and discontinuities in children and adult moral development. *Human Development, 12,* 93-120.

Kohlberg, L., LaCrosse, J., & Ricks, D. (1970). The predictability of adult mental health from childhood behavior. In B. Wolman (Ed.), *Handbook of child psychopathology* (pp. 1271-1284). New York: McGraw-Hill.

Lee, L., & Snarey, J. (1988). The relationship between ego and moral development. In D. Lapsley & C. Power (Eds.), *Self, ego, and identity* (pp. 151-178). New York: Springer-Verlag.

Levitt, E. (1967). The undemonstrated effectiveness of therapeutic process with children. In B. Berenson & R. Carkhuff (Eds.), *Sources of gain in counseling and psychotherapy* (pp. 33-45). New York: Holt, Rinehart &

Winston.

Light, R., & Pillemer, D. (1984). *Summing up: The science of reviewing research.* Cambridge, MA: Harvard University Press.

Loevinger, J. (1966). The meaning and measurement of ego development. *American Psychologist, 21*, 195–206.

McClelland, D. C. (1973). Testing for competence rather than for "intelligence." *American Psychologist, 28,* 1–14.

McKibbon, M., & Joyce, B. (1981). Psychological states and staff development. *Theory Into Practice, 19,* 248–255.

Mead, G. H. (1934). Mind, self, and society. Chicago: University of Chicago Press.

Miller, G. Al. (1969). Psychology as a means of promoting human welfare. *American Psychologist, 24,* 1063–1075.

Mosher, R., & Sprinthall, N. (1971). Psychological education: A means to promote personal development during adolescence. *The Counseling Psychologist, 1,* 3–74.

Mosher, R., & Sullivan, P. (1976). A curriculum in moral education for adolescents. *Journal of Moral Education, 5*, 159–172.

Nowicki, S., & Strickland, B. (1973). A locus of control scale for children. *Journal of Counseling and Clinical Psychology, 40,* 148–154.

Oja, S., & Sprinthall, N. A. (1978). Psychological and moral development for teachers. In N. A. Sprinthall & R. L. Mosher (Eds.), *Value development...as the aim of education* (pp. 117–134). New York: Character Press.

Peace, S. (1992). *A study of school counselor induction: A cognitive-developmental model.* Unpublished doctoral dissertation, North Carolina State University.

Perry, W. (1970). *Forms of intellectual and ethical development during the college years.* New York: Holt, Rinehart & Winston.

Perry, W. (1978). Sharing the costs of growth. In C. Paker (Ed.), *Encouraging development in college students* (pp. 267–276). Minneapolis, MN: University of Minnesota press.

Reiman, A. (1991). Charting the future of teacher induction. *Eastern Educational Journal, 21*, 6–10.

Reiman, A., & Parramore, B. (1993). Promoting preservice teacher development through extended field experience. In M. O' Hair & S. Odell (Eds.), *Diversity and teaching: Teacher education yearbook I* (pp. 111–121). Forth Worth, TX: Association of Teacher Educators.

Reiman, A., & Thies–Sprinthall, L. (1993). Promoting the development of mentor teachers: Theory and research programs using guided reflection. *Journal of Research & Development in Education, 26,* 179–185.

Rest, J. (1986). *Moral development.* New York: Praeger.

Rogers, C. (1961). *On becoming a person.* Boston: Houghton Mifflin.

Rustad, K., & Rogers, C. (1975). Promoting psychological growth in a high school class. *Counselor Education and Supervision, 14,* 227–285.

Satterstrom, L. (1980). *A matching model for differentiated supervision of student teachers.* Unpublished doctoral dissertation, University of Minnesota, Minneapolis.

Selman, R. (1971). The relation of role taking to the development of moral judgment in children. *Child Development, 42,* 79–91.

Smith, M., & Glass, G. (1977). Meta–analysis of psychotherapy outcome studies. *American Psychologist, 32*, 752–760.

Sprinthall, N. A. (1980). Psychology for secondary schools. The saber–toothed curriculum revisited. *American Psychologist, 35,* 336–347.

Sprinthall, N. A. (1990). Counseling psychology from Greyston to Atlanta: On the road to Armageddon? *The Counseling Psychologist, 18,* 455–463.

Sprinthall, N. A., & Bernier, J. (1979). Moral and cognitive development of teachers. In T. C. Hennessy (Ed.), *Value and moral education* (pp. 119–145). New York: paulist Press.

Sprinthall, N. A., Hall, J., & Gerler, E. (1992). Peer counseling for middle school students experiencing family divorce. *Elementary School Guidance and Counseling, 26,* 279–294.

Sprinthall, N. A., & Scott, J. (1989). Promoting psychological development, math achievement and success attribution of female students through deliberate psychological education. *Journal of Counseling Psychology, 36,* 440–446.

Sprinthall, R. C., Schmutte, G., & Sirois, L. (1991). *Understanding educational research.* Englewood Cliffs, NJ: Prentice–Hall.

Thies–Sprinthall, L. (1980). Supervision: An educative or miseducative process? *Journal of Teacher Education, 31,* 17–30.

Thies–Sprinthall, L. (1984). Promoting the developmental growth of supervising teachers: Theory, research, programs and implications. *Journal of Teacher Education, 35,* 329–336.

Tucker, A. (1977). *Empathy training for undergraduate college students in a cross–cultural milieu.* Unpublished doctoral dissertation, University of Minnesota, Minneapolis.

Ursone, D. (1990). *Parental divorce during childhood.* Unpublished master's thesis, North Carolina State University, Raleigh.

Vygotsky, L. (1978). *Mind and society.* Cambridge, MA: Harvard University press.

Chapter 6

회계 · 감사인의 윤리적 추론

– 로렌스 파네만/빙햄튼대학교
– 데이비드 가바트/벤틀리대학

요 약

최근 몇 해 동안 국내 경제를 뒤흔든 대기업의 회계부정 사건에서 볼 수 있듯이, 그릇된 회계 정보는 시장 전체에 커다란 피해를 준다. 심지어 '회계부정은 시장에 대한 사기행위'라고도 일컬어진다. 그래서 기업의 재정 자료를 작성하거나 검토하는 회계 · 감사자[1]는 누구보다도 도덕성을 갖춰야 하는 전문직이다. 이 장에서는 회계 · 감사직에서 윤리적 갈등이 발생하는 영역이 무엇인지 밝히고 이들의 윤리적 추론에 대한 연구결과들을 소개한다. 이런 연구들은 높은 윤리적 추론능력이 성공적인 직무수행과 관련이 있음에도 전문직 내의 선발 · 사회화 과정에서 높은 윤리적 추론능력을 가진 회계 · 감사자들의 고위직 진출이 제한되고 있다는 놀라운 사실을 보여 준다. 이는 회계 · 감사 전문직이 복잡하고 어려운 윤리적 문제에 대응할 준비가 되어 있지 않음을 시사한다. 필자는 교육기관인 대학과 현장의 회계법인이 공동의 대응방안을 모색해야 한다고 주장한다. 즉, 교육을 통하여 예비 회계 · 감사자들과 현직 실무자들의 윤리적 추론능력을 높여야 한다는 것이다. 최근에 회계 · 감사인들의 윤리적 수준과 직업문화의 관계, 이들의 도덕발달 수준의 향상을 위한 교육방법에 관한 연구는 국내외에서 활발히 진행되고 있다.

회계 · 감사직의 윤리적 문제

회계 · 감사직 종사자들은 그들의 업무를 수행하면서 다양한 개인이나 조직 그리고 기관들과 상호 작용하게 된다. 그리고 이들 사이에서 빈번하게 이해관계의 갈등을 겪게 된다. 때때로 이런 갈등은 회계사로 하여금 자신이 속한 회계법인이나 회계사협회가 정한 규준에 따라 행동하지 않고 타협할 것을 요구하기도 한다. 그래서 회계 · 감사직에서는 이런 곤란한 문제들에 대해 점차 관심을 가지지 않을 수 없게 되었다. 또한 회계 · 전문직을 감독하고 규제하는 정부기관과 다양한 전문직 협의체들도 윤리적 부정을 유발할 위험이 있는 관계나 사례에 더욱 엄격한 통제를 가하고 있다.

회계 · 감사직의 윤리적 문제는 네 가지 집단과의 관계 속에서 발생한다. 첫 번째는 서비스를 의뢰하고 비용을 지불하는 고객회사이고, 두 번째는 회계사 자신이 소속된 회계법인(회사)으로서 이 또한 자체 경영을 통해 이윤을 추구하는 조직이다. 세 번째는 나름의 내부적 규율을 갖고 있는 회계사 협회이며, 마지막으로 전문회계사가 사회 내에서 회계 · 감사 서비스를 대리하고 있음을 인정하고 신뢰하는 일반 대중이 포함된다. 그리고 이 일반 대중에는 회계 · 감사 의뢰기관이나 공공기관 등과 같은 주요 제휴기관이 포함된다. 따라서 회계사 개인의 직무는 서로 다른 목적이나 목표들이 경쟁하는 가운데 빚어지는 이해의 갈등 속에서 규정된다.

회계 · 감사직의 윤리적 문제의 핵심은 회계사라는 전문직, 일반 대중, 회계업체의 경제적 이윤, 그리고 고객기관에 대하여 동시에 책임이 있다는 것이다. 특히, 갈등의 단초가 되는 부분은 바로 회계사가 그들의 독립적인 서비스에 대하여 고객기관으로부터 직접 돈을 받는다는 사실이다. 특히 그 고객이 회계법인의 수익에 큰 영향을 주는 주거래 고객이거나 오랜 기간 관계를 유지해 온 경우에는 더욱 문제가 된다.

최근의 회계소송에서 볼 수 있듯이, 회계법인과 고객기업 사이에 임의로 정해지는 수임료가 회계사기를 유발하는 중요한 요인이다. 그러나 다행히도 회계법인의 윤리적 행동을 결정하는 요인은 수익성만이 아니다. 회사의 명성이나, 법적 신뢰, 비윤리적 행동에 대한 엄격한 규제 등은 특정 전문직 분야와 사회 전반에 가져올 결과를 망각하고 이익만을 추구할 수 없도록 만드는 요인들이다.

윤리적 문제들의 근원

회계사에게 있어 윤리적으로 직무를 수행하거나 전문직의 규준에 따르지 못하도록 하는 방해요소들이 몇 가지 존재한다. 파네만과 가바트(Ponemon & Gabhart, 1993)는 회계직에서 윤리적 갈등을 일으키는 가장 일반적인 요소를 다음 일곱 가지로 정리하였다.

1. 회계 · 감사 서비스에 대한 대가를 그 직접적 수혜자(예, 일반 대중)가 아닌 의뢰기관이 지불한다는 점
2. 독립적인 회계를 실시하는 동시에 의뢰사의 이익을 위한 경영컨설팅이 제공된다는 점
3. 회계법인 내에서의 지위와 성취가 새로운 사업분야를 개척하는 개인의 능력에 달려 있다는 점
4. 의뢰기관과의 개인적 우호관계가 감사의 객관성을 떨어뜨린다는 점
5. 회계법인 내의 여론과 동료들의 압력이 종종 바람직하지 않은 직무행동을 더욱 강화시킨다는 점
6. 의뢰기관 유치를 위한 회계법인들 사이의 경쟁으로 수임이 낮아지면서 회계의 질이 저하된다는 점

7. 회계법인 내의 보안상 문제로 현장의 민감한 정보는 고객에게 알리는 것이 제한될 수 있다는 점

물론 여기에 제시한 것들이 윤리적 갈등을 유발할 수 있는 요인의 전부는 아니다. 그러나 이러한 요인들은 회계사 개인이 윤리적 판단을 하고 행동의 방향을 결정하는 과정에서 도구적인 역할을 한다. 위와 같은 요인들이 회계 · 감사직 종사자들에게 일어날 수 있는 다양한 갈등의 잠재적 유발요인이라 할 수 있다.

완화 요인

심각한 윤리적 갈등의 존재 가능성을 인식한 회계직에서는 공식적, 비공식적 통제기제들을 통해 회계사 개인이 전문직의 규칙이나 행동방침을 따라 윤리적으로 행동할 수 있도록 하고 있다. 이러한 긍정적 요인들은 개개인의 윤리적 추론능력이나 여기서는 다루어지지 않는 다른 외재적 변인들과 맞물려 작용한다. 파네만과 가바트(1993)는 회계 · 감사직에서의 비윤리적 행동을 통제하는 완화요인들을 다음과 같이 제시하였다.

1. 공공 회계법인에서 제시하는 직업적 기준, 행동강령이나 가이드라인 등
2. 감사업무에 대한 내부적 통제(예, 직원에 대한 감독이나 훈련, 보고서에 대한 철저한 점검)
3. 집단 감사, 즉 하나의 고객에 대하여 여러 감사자가 공동으로 작업하고 직무를 분배함으로써 상호 견제할 수 있도록 함
4. 다른 법인이나 규제기관에서 파견된 전문가에 의한 동료 평가
5. 회계법인 내의 협력체제, 사회적 담론, 동료의 압력
6. 개인의 성실성, 윤리적 능력, 전문직업의식에 대한 지향

7. 정부의 법률, 내 · 외적 규제, 국회의 감시 등

요약하면 위에 제시된 갈등유발요인 및 완화요인들은 회계 · 감사 전문직에서 윤리적 부정이 발생할 가능성에 영향을 준다. 또한 이러한 요인들이 현직 회계사들의 윤리적 선택에 기여하는 정도는 다른 여러 가지의 변수들과의 함수적 관계에 따라 달라지기도 한다. 그리고 이런 변수에는 일상의 업무 속에서 일어나는 문제들을 윤리적 측면에서 추론하는 능력도 포함된다.

윤리 발달

다음의 사례를 통해 회계 · 감사 영역에서의 윤리적 행동을 이해하는데 콜버그와 레스트의 윤리발달이론이 어떻게 적용되는지 이해할 수 있다. 주요 고객사에 대한 회계경영 컨설팅에서 발생하는 이윤과 관련된 다음의 가상사례를 살펴보자.

> 엘리스는 감사, 세무 및 경영컨설팅을 주 업무로 하는 공공 회계법인의 상급 회계감사원이다. 그 법인에서는 의뢰 고객 및 일반 대중을 위해 ACME라고 하는 회계 시스템을 개발하였다. 그녀는 ABC라는 회사 내부의 회계체제를 평가하는 책임을 맡게 되었다. 이 프로젝트를 진행하면서 엘리스는 ACME 시스템을 사용하여 고객사 내부 회계체제의 통제구조를 평가해야 했다. 그런데 평가 도중 엘리스는 대상 기업에 적용한 ACME 시스템에 여러 가지 심각한 결점이 있음을 발견하였다. 상급자는 경영평가 보고서에 ACME 시스템의 문제와 관련된 부정적 평가를 수정할 것을 권유하였다. 엘리스는 어떻게 해야 할까?

인습 이전 수준

인습·이전 수준의 사람들은 옳은 것을 판단하는 데 있어 처벌을 피하

거나 자신의 이익을 추구하는 것이 기준이 된다. 따라서 이 수준의 사람들은 등장인물들 사이의 입장 차이를 인식하지 못한다. 또한 등장인물들의 행동을 단지 물리적 관점에서 볼 뿐 그들의 심리적인 관심사를 인식하지 못한다. 이런 가상적 딜레마를 인습 이전 수준의 회계사에게 제시할 경우, 사실을 숨기는 것보다 공개하는 것이 개인적으로 덜 손해를 볼 경우에만 고객사나 은행, 그리고 제휴사 등에 사실을 알리겠다고 판단한다. 반대로 사실을 알리는 것을 회피할 수 있거나 사실을 은닉한 것이 발각될 확률이 낮다면 그는 사실을 알리지 않을 것이다.

1단계에 있는 회계사는 자신의 이익을 추구하기보다는 소속 법인의 상사나 고객사의 회계위원회, 또는 경영인모임과 같은 권위자로부터 견책을 피하기 위하여 규칙을 지키게 될 것이다. 2단계에서는 처벌에 대한 위협뿐 아니라 자기 자신의 이익을 추구하기 위해 행동을 선택하게 된다. 따라서 이 수준의 회계사는 시스템의 결함을 숨기는 것이 충분히 이득이 된다고 느끼면 그것이 가져올 처벌이 아무리 크더라도 그 사실을 숨기게 된다.

다음과 같은 환경에 처하게 되면 인습 이전 수준에서의 회계사는 윤리적인 길을 택하지 않을 것이다. 첫째, 알려지게 될 가능성이 상대적으로 적거나 둘째, 당국의 처벌이 경미하고 별로 중요하지 않을 것이라고 생각되거나 셋째, 예상되는 다른 어떤 위험보다도 개인적인 이익이 더 큰 경우이다. 따라서 이 수준의 사람은 행동에 대한 처벌이 미미하거나 무해한 것으로 여겨지기 때문에 ACME를 판매하여 이익을 취하는 것을 당연하다고 판단할 것이다.

인습 수준

인습 수준의 사람들은 착한 사람이 되어야 하고 권위와 규칙이 유지되어야 한다고 생각한다. 이들은 규칙의 체계와 전통이 유지되도록 하고 이러한 체계의 균열을 피하기 위해 노력할 의무가 있다고 여긴다. 즉 공감대의 형성, 의견의 일치 및 기대 부응이 개인의 이익보다 우위에 있음을 인식한다. 3단계의 회계사는 동료들이나 고객, 동종 직업인들 사회 내에서 자신이 착한 사람으로 보여야 한다고 생각하고 이것이 도덕행동의 가장 중요한 동기요인이 된다. 4단계의 사람들은 이러한 타인의 요구를 인식하는 동시에 개인의 동기와 사회의 관점이 다름을 알고 있다. 따라서 가정이나 교회처럼 구속력이 강하거나 중요하다고 여겨지는 다른 사회적 계약이 아니라면 4단계에서는 직업 내의 규율이 준수되는 경향이 있다.

만일 엘리스가 3단계에 있다면 자기 법인 내 동료들이나 상급자들의 의견에 맞추는 쪽으로 하여 프로그램의 문제를 덮어 둘 것이다. 그러나 4단계라면 전문직 내의 규율을 준수하기 위해 그녀가 발견한 것을 사내의 ACME개발 관계자는 물론 고객사에게 알려야 할 의무가 있다고 느끼게 될 것이다. 엘리스는 자신이 개인적으로는 손해를 볼 수도 있음을 느낄 것이다. 그러나 그녀는 고객사와 공공 회계법인의 최대 이익이 다른 무엇보다도 우위에 있어야 한다고 결론지을 것이다.

인습 이후 수준

인습 이후 수준의 사람들은 자신이 선택한 윤리원칙을 따르는데, 이 경우 특정한 법률이나 사회적 합의는 개인이 선택하는 원칙과 동일한 것에 근거해 있는 경우가 많다. 그러나 법이나 규율이 자신의 원칙에 위배될 때 인습 이후 수준의 사람은 규칙보다는 자신의 원칙에 따라 행동한다. 이러한 사람들이 가진 사회적 관점은 사회적인 관계나 계약보다 우위에 있는 가치 및 권리들을 인식하는 합리적인 개인의 관점이다. 5단계의 회계사는 회계직에서의 도덕행동을 관장하는 규칙이 사회 전체의 공익에 대한 합리적 계산에 근거해 있다고 생각한다. 또한 이 단계의 회계사는 도덕적 관점과 법적인 관점이 때로는 갈등할 수 있으며 이 둘을 통합시키는 것이 종종 어려울 수도 있음을 알고 있다. 6단계의 회계사는 도덕원칙과 전문직 혹은 사회의 규율 및 기대 사이에 조화를 이루는 법을 알고 있으며, 자신이 선택한 윤리적 원칙에 일치할 경우 그것이 옳다고 선택하게 된다.

인습 이후 수준의 회계사는 고객의 이익이 중요하다는 사실도 인정한다. 그러나 그가 고객회사에 문제를 알리는 것은 규칙을 준수하기 위한 것보다는 그것이 도덕적으로 온당한 것이라고 판단했기 때문이다. 더 나아가 그는 자신의 회계법인이 프로그램 선정 계획에 연루된 상황에서 고객회사를 감사하는 것이 적절한 것인지를 맨 먼저 고려했을지도 모른다.

이 수준의 회계사는 만약 그 프로그램이 고객에게 최선의 것이라면 고객사의 독립적이고 객관적인 판단에만 의지하지 않고 오히려 고객에게 그 프로그램을 구입하라고 계속 권유할 것이다. 즉, 인습 이후 수준의 개인은 규칙과 그 기저에 있는 원칙들을 이해하고 규칙보다는 원칙에 입각한 판단을 한다. 여기에 제시된 딜레마는 독립적인 회계사의 행동은 도덕추론 능력의 작용결과라는 점을 보여 주기 위한 것이다. 즉, 엘리스가 문제를 인식하고 해결해 가는 방식은 그녀의 발달단계나 도덕성의 수준에 따라 서로 다른 행동으로 나타나게 되는 것이다.

단계적 분석이 주는 시사점

복잡한 윤리적 추론의 과정을 분석하면서 우리는 개인의 추론 능력이 독립성, 객관성, 전문직업의식이라고 하는 개념들에 기초해 있음을 알 수 있다(Jones & Ponemon, 1993). 만일 개인의 윤리적 추론 능력이 결국 회계전문직의 윤리적 판단과 행동을 결정하는 가장 중요한 요인이라고 한다면, 이러한 연구는 어떤 가치를 가지고 있는가? 이 질문에 답하는 한 가지 방법은 이러한 연구의 결과가 잠재적으로 가지는 유용성을 논의하는 것인데, 아놀드와 파네만(Arnold & Ponemon, 1987)은 그 가치를 다음의 세 영역으로 구분하였다.

첫째, 회계 · 감사 전문가들이 윤리적 갈등을 해결하는 데 사용하는 추론의 수준을 이해할 수 있다.

둘째, 회계 · 감사 전문가들의 윤리적 판단의 차이로 빚어지는 문제점과 그것이 업무에 가져오는 영향을 인식할 수 있다.

셋째, 회계 · 감사 전문가들이 가지고 있는 윤리적 우선순위에 변화를 줄 수 있는 방법을 찾을 수 있다.

회계 · 감사 전문가들의 도덕적인 행동을 촉진하기 위하여 규율이나 규제를 만들고자 한다면 먼저 그들이 가진 윤리적 추론과정에 대한 포괄적인 이해가 무엇보다도 선행되어야 한다. 왜냐하면 1 · 2단계의 추론양식을 누그러뜨리는 데 치중하여 만든 규율이나 지침은 그보다 상위수준의 추론을 가진 사람들의 행동에는 거의 영향을 미치지 못할 것이기 때문이다. 예를 들어, 콜버그의 단계에서 가장 낮은 추론수준에 있는 사람들이 윤리적으로 행동하는 동기는 처벌을 피하는 것이다. 이렇게 낮은 단계의 사람들은 처벌이 따르지 않는 규율은 지키지 않을 것이다. 이렇듯 적용대상의 윤리적 수준과 일치하는 행동규범을 제시할 때만 사람들이 그것을 지킬 것이라고 확신할 수 있다. 이런 관점에서 볼 때, 현재 회계 · 감사직 내의 규율은 외부의 처벌을 피하기 위한 제도로서 인식되는 경우도 있다. 인습 이전 수준의 사람들은 잘못이나 감사의 오류에 대한 항의로부터 자신을 변호하기 위해서만 규율을 따를 것이다.

윤리발달이론은 전문직에 있어 가장 치명적인 결과를 가져올 수 있는 갈등의 영역이 무엇인지 확인할 수 있는 준거틀을 제공한다. 예컨대, 대다수 종사자들이 회계법인이 수행하는 업무의 질(質)과 성실성이 마케팅이나 판촉활동보다 더 중요하다고 판단하는 단계에 있다면, 이 부분을 제한하기 위한 규제는 불필요하거나 오히려 해로울 수도 있다. 반면, 종사자들이 수익성이나 개인의 경제적 이득이 중요하다고 판단하는 단계라면, 권위의 뒷받침을 받지 못하는 마케팅 규제법은 부도덕한 행위를 완화시켜 주지 못할 것이다.

콜버그의 이론에 따르면 개인의 윤리적 추론은 특정한 한 단계에 위치해 있고 또한 더 높은 단계들로 옮겨갈 수도 있다. 따라서 지금까지는 현재 회계전문가들이 위치한 단계에 맞추어 전문직의 규율이 가지는 수위를 정해야 한다고 논의해 왔지만 회계 전문가들의 윤리 판단 수준을 끌어올림으로써 윤리적 딜레마들로 가득한 직업세계에서 더 바람직한 행동을 할 수 있도록 돕는 것 또한 가능할 것이다. 효과적인 교육과 훈련을 위해서는 윤리적 발달에 대한 이론을 이해하는 것이 필요하다. 다음 부분에서는 공공회계 및 감사, 그리고 회계교육에 대한 최근의 연구들을 살펴보고자 한다.

회계 · 감사직에 대한 연구

최근의 경험적 연구들은 회계 · 감사 전문가의 윤리적 추론 과정에 대해 다음 세 가지 측면을 밝혀 왔다. 첫째, 공인회계사들은 회계법인 내의 선발 · 사회화 과정 때문에 잠재적으로 도달할 수 있는 높은 수준의 윤리적 추론 능력에까지 이르지 못하고 있다(Ponemon & Glazer, 1990; Ponemon, 1990, 1992a; Shaub, 1994). 둘째, 윤리적 추론은 민감한 정보의 보고(Arnold & Ponemon, 1991)나 감사의 독립성(Ponemon & Gabhart, 1990) 등과 같은 중요한 문제의 판단에 있어 중요한 결정요인이다. 셋째, 감사에 소요되는 예상시간에 대한 축소보고 등과 같은 비윤리적 행동은 감사자의 윤리적 추론의 수준과 체계적인 관련이 있다는 것이다

(Ponemon, 1992b). 일반적으로 이런 연구들은 윤리적 추론이 직업 내에서 개인의 판단과 행동에 영향을 주는 중요한 인지적 특성임을 시사하고 있는데, 〈표 6-1〉은 이에 관한 최근 연구들의 결과를 간단히 제시하고 있다.

기술적 연구

암스트롱(Armstrong, 1984; 1987)은 캘리포니아 주 남부의 공인회계사와 회계학 전공 대학생들을 대상으로 우편조사를 통한 DIT를 실시하여 회계사의 윤리적 추론과 도덕발달을 연구하였다. 레스트(1979a)가 제시한 대졸 수준의 성인이나 대학재학 중인 학생들의 점수와 비교한 결과 공인회계사 및 회계학 전공 학생들의 윤리적 추론 수준이 낮은 것으로 드러났다. 많은 성인들이 대학재학 중 급격한 윤리적 발달을 경험한다는 레스트(1986)의 주장에 덧붙여 그녀는 회계교육이 상위 단계로의 도덕발달을 저해하고 있다고 주장하였다.

파네만(1988, 1990)은 공공 회계법인에 재직 중인 회계사들의 윤리추론과 판단을 조사하였다. 미국 동북부지역에 있는 크고 작은 회계법인들에서 52명의 회계사들이 이 연구에 참여하였다. 이들은 표준화된 MJI와 함께 실제 사례에 기초하여 제작된 회계사의 역할갈등 사례를 해결하도록 요구받았다. 회계사들의 윤리적 추론 반응에 대해서는 프로토콜 분석을 실시하여 MJI단계점수를 부여하였다. 또한 직무환경과 관련된 변인들을 수집하여 MJI점수와 상관을 조사하였다. 분석결과 법인 내의 사회적 지위에 따라 윤리적 선택과 갈등해결에 개인 간 차이가 있었다. 예를 들어 신임 · 중견 회계사들은 갈등해결에 있어 행동강령을 고려하고 있는 반면, 매니저와 파트너들은 수익성이나 소송 가능성 등을 가장 중요한 조건으로 간주하였다.[2)]

파네만(1990)은 MJI점수와 회계사의 경력 사이에 곡선적인 상관관계가 있음을 발견하였다. 일반 직원에서 상급자로 가는 동안에는 윤리단계가 상승해 가지만, 매니저급이 되면서 급격히 하락하였다. 비록 이 결과는 소규모 표집으로부터 얻은 횡단적 자료에 기초한 것이지만, 연구자는 이 현상이 법인 내의 사회화과정에서 비롯된 것이어서, 윤리적 추론 수준이 너무 낮거나 높으면 그러한 개인은 법인이나 회계전문직 자체를 떠나게 된다고 주장하였다.

숍(Shaub, 1989; 1994)은 암스트롱(1987)의 연구를 확장시켜 중서부지역에 위치한 6개의 대규모 회계법인에 재직 중인 모든 직급의 회계사들로부터 윤리 감수성과 DIT의 P-점수를 측정하여 둘 사이의 관계를 규명했다. 비록 윤리 감수성과 DIT로 측정한 윤리적 추론 사이에 유의한 상관을 얻지는 못했지만 그의 연구는 다음과 같은 흥미로운 결과를 얻었다. 첫째, MJI를 사용한 파네만의 연구와 마찬가지로 경력 및 서열이 높아지면서 DIT점수가 낮아지는 경향이 있었다. 둘째, 같은 서열 내에서는 여성 회계사의 점수가 남성 회계사보다 높았다. 셋째, 회계학 전공의 학생이나 현직 회계사 모두 학부 평점과 DIT점수 사이에 유의미한 상관이 있어 윤리추론이 학교에서의 성취뿐 아니라 지적 능력과 관련이 있을 수 있음을 발견하였다(Shaub, 1993).

람페와 핀(Lampe & Finn, 1992) 역시 회계학 전공 대학생과 공공 회계법인의 회계사들을 대상으로 DIT 측정연구를 하였다. 이 연구는 숍(1989)의 연구에서 한 발짝 더 나아간 것으로, 연구 대상자들의 DIT점수를 일곱 개의 시나리오에 따르는 질문에 대한 반응과 비교하였다. 그 결과 회계학 전공 학생과 현직 회계사들은 대학생 및 대졸 성인, 그리고 법률 및 의료전문가들의 점수보다 P-점수가 낮았다. 그리고 연구자들은 DIT의 P-점수보다는 단계점수가 시나리오에 대한 윤리적 의사결정을 예언하는 데 더 양호함을 발견하였다. 한편 대부분의 피험자들이 받은 P-

점수는 상대적으로 낮았으나 4단계 사고의 비율을 나타내는 점수는 레스트(1986)가 보고한 것보다 더 높았다. 이 결과를 놓고 람페와 핀은 회계 · 감사직의 규범 지향적인 성격 때문에 5 · 6단계에 해당하는 원리적 수준의 추론보다는 4단계적 추론이 더 중요하게 여겨지는 것 같다고 해석하였다.

파네만(1992a)은 또한 회계법인 내에서의 사회화과정이 공인회계사의 윤리적 추론 수준에 미치는 영향을 조사하였다. 공인회계사 180명에 대한 횡단비교와 한 공기업에 재직 중인 221명의 감사자들에 대한 2년간의 종단연구를 통해 그는 DIT점수와 선발 · 사회화과정의 관계를 조사하였다. 여기에는 회계법인 내에서 매니저급 감사자 23명이 54명의 시니어급 감사자들의 승진 여부를 평가한 실험연구 자료도 포함되었다. 세 연구의 결과 모두 법인 내에서 매니저 및 파트너 직위로 진급함에 따라 DIT의 P-점수는 더 낮아짐과 동시에 그 값이 비슷해진다는 점을 다시 한 번 보여 주었다.

파네만과 가바트(1993)는 DIT와 실험도구를 사용하여 미국과 캐나다에 있는 대형 회계법인 두 곳의 회계사들을 연구하였다. 이 연구의 가장 중요한 목적은 국가 간의 차이가 회계 · 감사직 종사자들 개인에게 주는 영향을 평가하는 것이었다. 연구결과 P-점수의 평균에서 미국과 캐나다 사이에 큰 차이가 있음이 확인되었다. 직위의 고하를 막론하고 캐나다의 회계사들이 미국 회계사들보다 훨씬 더 높은 P-점수를 얻었고 점수의 폭도 넓었다. 즉, 미국 회계법인에서 나타나는 선발 · 사회화를 통한 윤리적 하향평준화의 과정이 캐나다의 대형 법인에서는 존재하지 않는 것이다.

이러한 연구들은 윤리적 추론이 윤리적 선택은 물론 고객의 경영능력 및 성실성, 감사자료의 충실도나 감사의 위험성 등을 평가하는 윤리적 의사결정과 함께 광범위한 직무행동에 있어 중요한 결정요인임을 보여

표 6-1 회계직에서 윤리적 추론에 관한 연구 개관

연구자	연구 대상 및 내용	연구결과
Armstrong (1984, 1987)	West Coast 지역의 공인회계사(CPA)와 회계학 전공 대학생들의 DIT 및 윤리 감수성 조사	CPA와 전공 대학생들은 다른 집단보다 DIT P-점수가 낮은 편임
Ponemon (1988, 1990)	Northeast 지역의 공공 회계 법인의 모든 직급의 회계사들에게 MJI 실시, 감사사례 실험	높은 직급의 회계사들의 MJI 점수는 낮아졌음
Ponemon & Gabhart(1990)	국립법인의 훈련 프로그램에 참여한 시니어급 회계사들을 대상으로 DIT조사 및 감사 독립성에 관한 비교실험	감사 독립성 판단과 DIT점수는 서로 관련이 있고, DIT점수가 낮은 회계사는 판단시 협력보다는 처벌에 더 민감한 것으로 나타남
Ponemon & Glazer(1990)	동부지역의 대규모 주립대학과 소규모 대학의 교양학부 간에 회계학 전공대학생과 졸업생들의 DIT조사 및 비교분석	교양학부의 학생들과 출신 회계사의 DIT점수가 주립대보다 더 높음
St. Pierre, Nelson, & Gabbin(1990)	남서지역의 대규모 대학에서 회계학 전공 학생과 비전공 학생 간 DIT조사 및 비교분석	전공생의 점수가 더 낮았고, 전공생 중 여학생 점수가 남학생보다 더 높음
Arnold & Ponemon (1991)	북동지역의 공기업 및 사기업의 내부 감사자들에게 DIT 조사 및 비교실험	높은 점수의 감사자는 경영진으로부터 보복이 예상되는 상황에서도 민감한 감사결과를 고객에게 보고하는 경향이 있음
Icerman, Karcher, & Kennelly(1991)	남동지역의 대학에서 회계, 경영, 비경영 전공학생들의 DIT조사 및 비교분석	경영계열 학생의 평균 점수가 상대적으로 낮았고 동일 계열 내에서는 회계학 전공 학생의 점수가 다른 전공보다 약간 높음

(계속)

Bernardi (1991)	다양한 대규모 회계법인에 속한 서로 다른 경력을 지닌 감사자들을 대상으로 DIT조사 및 사기성의 재정 정보의 확인에 대한 복합실험 연구	높은 P-점수를 얻은 경력 감사자들이 자료의 오류나 조작을 더 잘 파악할 수 있는 것으로 나타남
Lampe & Finn (1992)	중서부지역 회계사들과 전공 대학생들의 DIT조사 및 윤리질문지 조사, 비교분석	회계학 전공생, 회계사들의 DIT P-점수는 비교적 낮았고 DIT 4단계 해당자가 상대적으로 많음
Ponemon (1992a)	북동지역 대도시의 대규모 회계회사의 회계사들을 2년 동안 DIT조사 및 종단연구	DIT P-점수는 직원에서 상급자로 가면서 높아지지만 부서장 및 임원 서열에서는 낮아짐
Ponemon (1992b)	국가 차원의 훈련 프로그램에 참여하는 다양한 회계사들을 대상으로 DIT조사 및 감사업무에서의 축소보고에 대한 실험 연구	DIT에서 낮은 점수의 회계사는 동료나 시간의 압력이 있는 경우 시간을 축소하여 보고하는 경향이 있음
Jeffrey(1993)	중서지역 대학의 회계, 경영, 교양과정 학생들에 대한 DIT조사	회계학 전공 학생이 다른 전공의 학생보다 점수가 높음
Ponemon (1993a)	DIT조사 및 사기성 재정정보의 평가라는 위험한 감사의 상황에서 상대사의 윤리적 특성에 대한 회계사의 민감성에 대한 실험	DIT점수가 높은 회계사일수록 고객사의 경영능력과 성실 · 청렴에 대한 단서를 중요하게 여김
Armstrong (1993b)	회계 윤리와 전문직업의식에 관한 한 학기 강의를 듣는 학생들을 대상으로 DIT사전 · 사후 검사를 통해 윤리발달을 조사	한 학기 강좌를 수강하기로 선택한 학생은 동년배 학생의 모집단 평균보다 높은 점수를 보이며 학기말에 P-점수가 더 높음

(계속)

Ponemon (1993b)	북동지역 대학의 회계학 전공 대학생과 대학원생들을 대상으로 회계학 강좌의 전 · 후에 DIT조사, 경제적 선택에 대한 실험 실시	학생들의 점수는 한 학기의 회계학 강좌 동안 증가하지 않았으며, 학생들의 DIT점수와 무임승차 행동 간에는 U 형태의 연관이 나타남
Shaub (1993)	중서부지역의 대규모 회계법인의 회계사들과 대학의 회계학 전공학생들의 대상으로 DIT조사	학생과 회계사들은 대졸 성인보다 P-점수가 낮았으며 회계사의 직위가 높아짐에 따라 점수가 역으로 낮아짐
Ponemon & Gabhart (1993)	미국과 캐나다 소재 회계법인 감사 전문가들의 DIT조사 및 다중 실험	캐나다의 회계사들은 미국 회계사들에 비해 점수가 높았고 다양한 점수폭을 보임

준다. 이러한 결과는 회계학 연구자들이나 실무종사자들에게도 똑같이 중요한 것이다. 왜냐하면 개인의 윤리적 추론 능력을 우선적으로 고려하지 않고 직무수행만을 평가하는 것은 불완전하다는 사실을 이 연구결과가 보여 주기 때문이다. 전문가로서 판단을 요구하는 업무에서 경력이나 전문성만으로 설명할 수 없는 현저한 수행의 차이가 어디서부터 비롯되는지를 이 연구결과들이 보여 주는 것이다.

윤리적 판단과 행동

다음에 소개되는 다섯 가지 연구는 회계 · 감사직에서 윤리적 추론 능력이 윤리적 판단이나 행동과 관계가 있는지를 조사한 연구들이다.

파네만과 가바트(1990)는 한 공공 회계법인에 재직 중인 119명의 파트너와 매니저급 회계사를 대상으로 감사의 독립성에 대한 판단을 요구하는 실험연구를 실시하였다.[3] 윤리적 추론 능력은 DIT로 측정하였으며, 자기보고식 검사에서 나타날 수 있는 바람직하게 보이려는 성향을 피하기 위해 제삼자의 문제로 된 가상적 사례를 제시하였다. 연구결과, 다음의 세 가지 사실이 확인되었다. 첫째, 회계사의 윤리적 추론 능력과 감사의 독립성과 관련된 갈등의 해결방식 사이에는 체계적인 관계가 존재한다. 즉, 낮은 점수의 회계사는 높은 점수의 회계사보다 독립성의 규칙을 쉽게 어기는 경향이 있다. 둘째, 타인에게 미칠 수 있는 손해보다는 자신이 처벌을 받거나 일자리를 잃게 될 가능성이 독립성 판단에 더욱 강력한 영향요인으로 작용한다. 특히 P-점수가 낮은 사람들은 처벌이 가장 중요한 요인으로 나타난다. 셋째, DIT점수는 회계 · 감사 전문가들이 독립성을 얼마나 우위에 놓는가의 정도를 설명하는데, 낮은 점수를 얻은 사람일수록 고객사의 수익성과 같은 경제적 요인에 중요성을 두는 경향이 있다.

아놀드와 파네만(1991)은 내부 감사자들을 대상으로 DIT를 실시함과 동시에 내부고발에 대한 인식을 조사하였다. 106명의 내부 감사자들을 대상으로 두 가지 상황을 제시하고 다른 감사자들이 내부고발 행위에 얼마나 참여할 것이라고 예상하는지 물었다. 첫 번째는 사기가 있음을 발견한 상황들이고, 두 번째는 내부고발자에게 보복이 가해지는 상황이었다. 파네만과 가바트(1990)의 방법과 마찬가지로 윤리적 문제에 대한 연구에서 종종 일어나는 편향된 자기보고를 피하기 위해 제삼자의 상황에서 의사결정을 하도록 과제가 제시되었다. DIT에서 낮은 점수를 얻은 회계사는 다른 사람들이 경영상 과실을 알리기 위해 내부고발을 할 것이라고 예상하지 않았다. 특히 내부고발에 대한 보복으로 일자리를 잃게 될 수 있는 상황에서 이러한 경향은 더욱 현저하게 나타났다. 또한 내부고발 여부를 예언하는 중요한 변인은 등장인물이 조직 내에서 어느 정도의 지위를 가지는가였다. 즉, 고발 가능성은 등장인물이 외부 감사자일 때 가장 크고, 다음으로 내부 감사자, 경영분석가의 순으로 나타났다.

버나디(Bernardi, 1991)는 감사자의 윤리적 추론 능력과 재정보고서의 정보조작을 감지하는 능력 사이의 관계를 연구하였다. 그의 박사학위 논문은 494명의 노련한 감사자들을 대상으로 가상적인 기업의 재정보고서에 나타난 정보의 질을 평가하도록 한 실험연구를 다루고 있다. 이 연구의 참가자들은 제법 복잡하면서도 실제와 같은 재정정보들을 검토해야 했는데, 여기에는 찾기 어려운 회계오류나 조작 가능성들이 숨겨져 있었다. 실험 결과, 경험과 윤리적 추론 능력 모두가 회계보고서의 의심스러운 기재사항들을 찾아내는 능력에 영향을 주었다. 특히 상대적으로 경험이 많은 감사자로서 인습 이후 수준에 있는 사람은 인습 및 인습 이전 수준의 감사자들보다 회계부정을 감식해 내는 데 훨씬 뛰어났다.

파네만(1992b)은 공공 회계법인에 재직 중인 감사자 88명을 대상으로 윤리적 추론 능력과 축소 · 은폐보고 경향성에 대한 실험연구를 수행하였다. 연구자들은 사내 훈련 프로그램이 진행되는 동안 가상적인 감사과제를 수행하도록 하고 연구 대상자들이 축소보고를 하는 정도를 관찰하였다. 그 결과 축소 · 은폐보고가 DIT로 측정한 윤리적 추론의 수준과 체계적인 관련성을 가지는 것으로 나타났다. 즉, DIT에서 상대적으로 낮은 점수를 얻은 감사자들은 축소보고를 하는 경향이 매우 심했다. 또한 과제에 할당된 시간적 여유가 감사자들의 행동에 영향을 주었으며, 무엇보다 동료의 압력이 축소보고에 가장 중요한 영향력을 가졌다. 이 연구는 축소보고의 유발요인으로서 동료압력의 중요성을 확인하는 첫 번째 연구로서, 회계 · 감사직은 물론 심리학 연구에 있어 중요한 시사점을 가진다. 게다가 이 연구는 압력적인 직무 상황에서 축소보고 여부를 결정하는 중요한 요인이 감사자의 윤리적 추론 능력이라는 사실을 보여 준다. 결국, 본 연구도 회계 · 감사 실무에 있어 윤리적 행동을 결정하는 것이 개인이 가진 윤리적 추론 능력이라는 점을 보여 준 것이다.

보다 최근에 파네만 등(Ponemon, 1993a; Ponemon & Gabhart, 1993)은 윤리적 추론 능력이 고객사의 경영특성에 대한 감사자의 민감성에 미치는 영향을 연구하였다. 두 연구에서 높은 P-점수의 감사자는 고객기관에 대한 감사의 위험과 중요성을 판단할 때 고객사의 청렴 · 성실성, 경영능력과 같은 특성에 더 민감한 것으로 나타났다. 특히 높은 P-점수를 얻은 감사자들은 고객사의 경영능력이나 청렴성을 훨씬 더 효율적으로 평가해 내었고 이런 특성이 낮은 기업일수록 더욱 민감하게 변별해 냈다. 고객사가 사기 혹은 왜곡된 재정 기록 등을 기민하게 감출 가능성이나 불법적 행위를 할 가능성에 대해 민감한 것이 감사자의 중요한 직무능력이라는 점을 놓고 볼 때 이 연구결과는 특히 의의를 가진다고 할 수 있다.

윤리교육

회계학 전공 학생의 윤리발달에 있어 대학교육의 역할에 대한 연구도 많이 수행되었다. 파네만과 글레이저(Ponemon & Glazer, 1990)는 DIT를 사용하여 소규모 교양학부 대학과 큰 주립대학의 회계학 전공 학생 및 졸업생들을 조사하였다. 레스트의 DIT 규준에 비추어 볼 때, 소규모 교양학부 대학의 4학년 학생들과 졸업생들만이 규준에 상응하는 윤리추론 수준에 도달해 있었다. 연구자들은 도덕발달에서 나타난 학생들 사이의 차이가 '학생들이 윤리 · 성실성 · 도덕 신념들을 발달시킬 수 있도록 돕지 못하는 대학교육과정 때문일 것'으로 결론지었다.

전통적인 회계학 교육과정이 윤리적 추론 능력을 높이는 데 기여하지 못할 것이라는 파네만과 글레이저(1990)의 연구결과를 지지하는 여러 후속연구들이 있다(Armstrong, 1987; Lampe & Finn, 1992; Shaub, 1993). 반면, 이서만 등(Iceman et al., 1991)과 제프리(Jeffrey, 1993)는 주립대학의 회계학 전공생이 같은 대학의 다른 전공 학생들보다 P-점수가 높다는 것을 밝혔다. 제프리는 또한 회계학을 전공으로 택한 학생이 경영학을 전공으로 택한 학생보다 더 높은 P-점수를 얻는다는 사실을 발견했다. 그러나 여전히 회계학 전공 학생들의 P-점수는 레스트(1986) 및 다른 연구자들의 규준에 나타난 대학생의 점수보다 낮았다.

대학의 연구자나 현장의 실무자 모두 회계 교육과정에서 윤리가 중요한 부분임을 인정하면서도, 회계에 있어 윤리교육의 효과성을 측정한 연구는 4개에 불과하다. 피에르 등(St. Pierre et al., 1990)과 숍(Shaub, 1993)은 윤리강좌가 회계학 전공 학생들의 윤리적 추론에 미치는 영향을 연구하였다. 그러나 이 연구는 잡음변인을 통제하지 못한 관계로 윤리강좌 수강이 학생들의 윤리발달에 미치는 영향을 제대로 밝히지 못하였다.

암스트롱(Armstrong, 1993)은 특별히 설계된 회계윤리 선택강좌가 전공 학생들의 윤리발달에 미치는 영향을 연구하였다. 그 결과, 이 과목을 수강 신청한 학생들의 DIT점수가 신청하지 않은 학생들보다 처음부터 더 높았으며 학기말에 수강생들의 P-점수가 현저하게 상승한 것을 확인할 수 있었다. 마찬가지로 파네만(Ponemon, 1993b)은 대학과 대학원 과정의 회계학개론 강좌에서 윤리와 관련된 주제를 다루면서 그 영향을 조사하였다. 그는 한 학기 중 전반기 10주 동안 학생들이 윤리적 사례를 검토 · 토론하도록 하고, 그 효과성을 두 가지 방법으로 검증하였다. 우선 그는 4학년 학생과 대학원에 개설한 네 강좌 수강생들을 대상으로 DIT 사전 · 사후 검사를 실시하였다. 또한 죄수의 딜레마에 기초하여 만들어진 무임승차 선택실험을 통하여 학생들의 비윤리적 행동선택을 평가하였다. 그 결과, 윤리교육이 회계학 전공 학생들의 윤리적 추론의 수준을 향상시키지 못하고 비윤리적 행동도 줄이지 못하는 것으로 나타났다. 게다가 윤리적 추론과 학생들의 무임승차 선택 사이에 관련성이 존재하였는데, 인습 이전이나 인습 이후 수준의 학생들이 무임승차를 할 가능성이 가장 높은 것으로 나타났다.

윤리교육의 효과에 대해 서로 대조적인 이러한 연구결과들은 학생들의 윤리발달을 돕기 위해서 특별히 설계된 교육 프로그램이 필요하다는 점을 시사해 준다.

연구의 시사점

〈표 6-2〉는 앞서 소개한 연구들로부터 수집한 DIT P-점수들을 보여 준다. 특정 전문직 내에서 필요한 다양한 판단들은 결국 그 직업에 종사하는 개인의 신념과 가치에 따라 결정된다. 그렇기 때문에 회계 · 감사인의 행동을 연구하는 데 있어 그들의 윤리적 추론 능력을 심리학적으로 다루는 것은 절대 빠뜨릴 수 없는 부분이라는 점을 이 연구들이 보여 준다. 그러나 제시한 연구결과들만으로 미국에 있는 회계법인들의 윤리적 동기나 행동을 의심해 보아야 한다고 해석하면 지나치다. 왜냐하면, 윤리적 추론은 개인이 윤리문제의 성격을 규정하고 해결하는 전반적인 능력에서 한 부분을 차지할 뿐이며, 특히 윤리적 행동에 다른 요인들도 중요한 역할을 하기 때문이다(Rest, 1986). 그러나 이 연구들로부터 한 가지 분명한 결론은 내릴 수 있다. 즉, 미국 회계법인의 임원진들은 인습 수준에서 판단한다는 사실인데, 이것은 회계법인 임원진들이 갈등상황을 해결할 때 윤리적 원리보다는 동료관계나 고객사 및 자회사와의 관계에 더 영향을 받는다는 것을 의미한다. 따라서 이런 회계 · 감사직의 임원진들은 전문직의 규범이 자회사인 법인의 규범이나 관례와 일치하면 따르겠지만, 그렇지 않은 경우 법인의 규범을 더 중요하게 간주할 것이다.

반면, 캐나다 회계법인의 임원진은 상대적으로 높은 P-점수를 획득하여, 고객사 및 법인 내의 동료들, 또는 소속사의 요구와 이익에서 벗어나 보다 독립적인 윤리적 판단을 할 수 있을 것이라 기대된다. 더불어 이들은 윤리적 갈등에 대한 높은 감수성을 가지고 있을 것으로 보인다. 회계 · 감사직의 실무는 너무나도 복잡다단해서 전문직의 윤리강령 및 기준만 고수해서는 갈등을 해결하기 어려운 경우가 많다(Gaa, 1992). 이는 그 직위상 조직 내에서 가장 어렵고 긴급한 문제들을 해결해야 하는 임원진일수록 더욱 그러하다. 당연히 높은 수준의 윤리적 추론 능력을 가진 사람이 어려운 갈등을 더욱 현명하게 해결하겠지만, 앞의 연구에서 보았듯이 높은 윤리적 추론 능력을 가진 사람일수록 미국 법인에서 매니저급에 도달하는 경우가 드물다(Ponemon, 1990, 1992a; Shaub, 1993). 만약 사실이 그러하다면, 미국의 많은 회계법인이 인습 이후 수준의 추론 능력을 요구하는 윤리적 갈등을 다루거나 해결할 준비가 되어 있지 않다고 해석할 수 있다.

여기에는 두 가지 해결책이 있다. 첫째, 회계법인 내에서 윤리적 갈등에 대한 정확한 해결책을 명료한 언어로 기술하여 상세한 행동규범을 마련하는 것이다. 그러나 이전에 없었던 새로운 갈등들을 다루기 위해서 규범을 제정하는 사람들 스스로 높은 윤리적 추론 능력을 소유해야 한다. 둘째, 회계법인 내 매니저급 임원진들의 윤리적 추론 능력을 높은 단계로 향상시켜야 한다. 그렇게 함으로써 매니저들이 다양한 윤리적 능력을 가진 부하직원들을 포용하고, 선택 · 사회화(Ponemon, 1990; 1992a)로 인한 윤리적 하향평준화가 일어나는 것을 막을 수 있을 것이다.

그리고 대학과 회계법인에서 동시에 효과적인 윤리교육을 실시하는 것도 회계 · 감사자들의 도덕발달을 촉진할 수 있다. 레스트(1988)는 어느 연령에서나, 어떤 교육 환경에서나 윤리적 추론 능력의 발달이 가능하다고 말했다. 그 출발점으로서 회계교육 담당자들은 전통적인 윤리교육이 과연 효과적인지 심각하게 검토해 보고, 필요하다면 새롭게 설계하여 공식적인 교과목으로 대체할 필요가 있다(Ponemon & Glazer, 1990).

일부에서는 결국 회계서비스 시장이 회계전문직이 가지는 윤리기준의 수준과 가치를 결정짓는다는 이유로 변화에 회의적인 반응을 보이기도

표 6-2 회계사 및 회계학 전공 학생들의 DIT P-점수의 평균

DIT P-점	연구대상인 회계사 집단의 성격	지역	연구자
A: 공공 회계법인의 회계사들			
49.6	시니어급 여성 회계사	중서	Shaub(1993)
47.7	학부교양교육을 받은 회계사	북동	Ponemon & Glazer(1990)
46.8	슈퍼바이저급의 회계사	전체	Ponemon(1992a)
44.7	수습 회계사	전체	Ponemon(1992a)
44.2	캐나다의 회계사	온타리오	Ponemon & Gabhart(1993)
43.6	3년차 회계사	중서	Shaub(1993)
43.0	2년차 회계사	중서	Shaub(1993)
42.4	시니어급 회계사	전체	Ponemon(1992a)
41.9	매니저급 회계사	북동	Ponemon(1992a)
41.4	시니어급 회계사	북서	Shaub(1993)
41.4	시니어급 남성 회계사	북서	Shaub(1993)
41.0	1년차 회계사	북서	Shaub(1993)
40.0	미국 회계사	북동	Ponemon & Gabhart(1993)
39.8	수습 회계사	남동	Lampe & Finn(1992)
38.6	내부 및 정부 감사자	북동	Arnold & Ponemon(1991)
38.5	매니저급 회계사	북서	Shaub(1993)
38.1	회계사(일반 표집)	서부	Armstrong(1987)
38.1	경영교육을 받은 회계사	북동	Ponemon & Glazer(1990)
38.1	매니저급 회계사	북서	Shaub(1993)
37.1	파트너급 회계자	북서	Shaub(1993)
35.7	매니저급 회계사	전체	Ponemon(1992a)
35.6	시니어급 남성 회계사	중서	Shaub(1993)
32.2	파트너급 회계사	전체	Ponemon(1992a)

(계속)

B: 교육기관의 학생			
47.4	교양학부의 회계학 전공 상급생	북동	Ponemon & Glazer(1990)
45.8	회계학 전공 여학생	중서	Shaub(1993)
45.1	윤리강좌를 수강한 회계학 전공생	서부	Armstrong(1987)
41.8	회계학 전공 대학원생	남동	Icerman et al.(1991)
38.6	회계학 전공 대학원생	북동	Ponemon(1993)
37.4	경영학부의 회계학 전공 4학년생	북동	Ponemon & Glazer(1990)
37.1	경영학부 회계학 전공생	중서	Jeffrey(1993)
36.3	회계학 전공 남학생	중서	Shaub(1993)
35.5	경영학부 회계학 전공생	남동	Icerman et al.(1991)
34.5	회계학 전공 학부생	남서	Lampe & Finn(1992)

한다. 즉, 회계법인도 이윤을 창출해야 하기 때문에 그 윤리적 기준이 대중들이 수용할 수 있는 것이어야 한다는 것이다. 그러나 이런 논리는 두 가지 이유에서 부적절하다. 첫째, 만약 회계법인의 선발과 사회화과정이 높은 수준의 윤리적 추론을 하는 회계사들을 배제하고 있다면 그런 회계사들을 유인하고 보유하기는 어렵다. 이는 우수하고 명철한 회계학 전공 학생들 중 많은 수가 다른 직업을 택하게 될 것임을 의미한다. 그리고 임원진으로 올라갈수록 다양성이 줄어들게 되어 법인 내의 문화·도덕적 풍토는 침체를 면하기 어렵다. 이러한 정체와 새로운 문화에 대한 적응력의 부족은 회계법인들의 경쟁력을 오히려 약화시킬 것이다.

둘째, 대기업의 부실경영으로 인한 막대한 손해와 경제적인 상황의 악화는 오히려 대중들에게 회계직에 대한 부정적인 시각을 심어 주고 있다. 그 결과 회계법인 서비스에 대한 기업들과 재정평가 보고서의 사용자들의 수요가 점차 줄어들게 되며 정부기관의 개입은 더 많아지게 된다. 이는 회계·감사인이 전문직으로서 가지는 자율성을 상실하게 하고 양질의 회계 · 감사 서비스를 제공할 동기를 잃게 만들 것이다. 결국 이는 회계감사의 최종 수혜자여야 하는 일반 대중에게 큰 손해를 주게 되는 것이다.

이러한 배경에서 미국에서는 강령의 개정, 독립적인 회계법인 감시위원회 설치, 정부차원의 감독, 그리고 응용윤리학적인 관점에서의 연구 등이 활발히 진행되었다. 특히, 회계 · 감사 전문직에 대한 연구는 이들의 윤리적 추론이 직업 내에서 요구되는 윤리적 판단은 물론 기술적 판단에도 연계되어 있음을 밝힘으로써 실무자와 연구자들에게 중요한 의미를 지닌다. 이제 회계법인의 경영진들은 회계 · 감사 전문가 개개인의 윤리적 추론 능력의 발달을 돕는 도덕적 환경을 조성하는 데 노력을 기울여야 할 것이다.

미주

1) 회계(Accounting)는 한 기관이나 기업의 주주와 협력사에게 제공할 목적으로 재정 보고서 및 재정에 관한 진술정보를 작성하는 것이고, 감사(Auditing)는 이런 보고서나 진술이 제대로 되었는지를 검토하는 것을 의미한다(역자 주).

2) 고용된 공인 회계사의 직급 체계는 다음과 같다.
'주니어' 급은 회계사 자격시험에 합격한 뒤 2년간의 수습을 마치고 처음 실무를 맡는 신참이다. 주니어로서 약 3년 실무경력을 쌓으면 '시니어'가 되는데, 이는 일반 회사의 대리급에 해당한다. 시니어로서 1~2년이 지나면 일반 회사의 과장급인 '슈퍼바이저'가 된다. 슈퍼바이저로서 또다시 1~2년 지나면 일반 회사의 부장급인 '매니저'로 승진한다. 매니저는 오랫동안 감사업무를 맡으면서 기업과 개인적인 연고를 맺어 다른 회계법인의 '파트너'로 스카우트되거나, 자체 법인에서 파트너로 승진할 수 있다(역자 주).

3) 감사의 독립성은 미국 공인회계전문가의 윤리강령(AICPA, 1988)에 잘 정의되어 있다. 간단히 소개하자면, 회계감사법인이나 회계사는 감사받는 조직 및 기관과 재정적인 이해관계를 가질 수 없다는 것이다(역자 주).

참고문헌

American Institute of Certified Public Accountants. (1988). *Code of professional conduct.* New York: Author.

Armstrong, M. (1984). *Internalization of the professional ethic by certified public accountants: A multidimensional scaling approach.* Unpublished doctoral dissertation, University of Southern California, Los Angeles.

Armstrong, M. (1987, Spring). Moral development and accounting education. *Journal of Accounting Education,* 27–43.

Armstrong, M. (1993, Spring). Ethics and professionalism in accounting education. *Journal of Accounting Education,* 1–14.

Arnold, D., & Ponemon, L. (1987, April). *Moral judgment perspective for the various auditing judgment issues.* Proceedings of the British Accounting Association, pp. 47–57.

Arnold, D., & Ponemon, L. (1991, Fall). Internal auditors' perceptions of whistle-blowing and the influence of moral reasoning: An experiment. *Auditing: A Journal of Practice and Theory,* 1–15.

Bernardi, R. (1991). *Fraud detection: An experiment testing differences in perceived client integrity and competence, individual auditor cognitive style and experience, and accounting firms.* Unpublished doctoral dissertation, Union College, Schenectady, NY.

Gaa, J. (1992). the philosophy and psychology of auditor independence and objectivity. In R. Srivastava (Ed.), *The 1992 Deloitte & Touche University of Kansas Symposium of Auditing Problems* (pp. 7–43). Lawrence, KS: University of Kansas.

Icerman, R., Karcher, J., & Kennelley, M. (1991, Winter). A baseline assessment of moral development: Accounting, other business and nonbusiness students. *Accounting Educator's Journal,* 46–62.

Jeffrey, C. (1993, Spring). Ethical development of accounting students, business students, and liberal arts students. *Issues in Accounting Education,* 26–40.

Jones, S., & Ponemon, L. (1993, April). A comment on a multidimensional analysis of selected ethical issues in accounting. *The Accounting Review*, April, 411–416.

Kohlberg, L. (1969). Stages and sequences: The cognitive developmental approach to socialization. In D. Goslin (Ed.), *Handbook of socialization theory and research*. Chicago: Rand McNally.

Lampe, J., & Finn, D. (1992). A model of auditors' ethical process, Auditing: A *Journal of Practice and Theory*. Supplement, 1–21.

Noreen, E. (1980). The economics of ethics: A new perspective on agency theory. *Accounting, Organizations, and Society*, pp. 231–244.

Ponemon, L. (1988). *A cognitive–developmental approach to the analysis of certified public accountants' ethical judgments*. Unpublished doctoral dissertation, Union College, Schenectady, NY.

Ponemon, L. (1990). Ethical judgments in accounting: A cognitive–developmental perspective. *Critical Perspectives on Accounting*, 191–215.

Ponemon, L. (1992a, April/May). Ethical reasoning and selection–socialization in accounting. *Accounting, Organizations and Society*, 239–258.

Ponemon, L. (1992b). Auditor underreporting of time and moral reasoning: An experimental–lab study. *Contemporary Accounting Research*, 171–189.

Ponemon, L. (1993a). The influence of ethical reasoning on auditors' perceptions of management's competence and integrity. *Advances in Accounting*, 1–29.

Ponemon, L. (1993b, Fall). Can ethics be taught in accounting? *Journal of Accounting Education*, pp. 1–29.

Ponemon, L., & Gabhart, D. (1990). Auditor independence judgments: A cognitive developmental model and experimental evidence. *Contemporary Accounting Research*, 227–251.

Ponemon, L., & Gabhart, D. (1993). *Ethical reasoning in accounting and auditing*. Vancouver, Canada: Canadian General Accountants' Research Foundation.

Ponemon, L., & Glazer, A. (1990). Accounting education and ethical development: The influence of liberal learning on students and alumni in accounting practice. *Issues in Accounting Education,* 21–34.

Rest, J. (1979a). *Development in judging moral issues.* Minneapolis, MN: University of Minnesota Press.

Rest, J. (1979b). *Revised Manual for the Defining Issues Test.* (MMRP Technical Report). University of Minnesota, Minneapolis.

Rest, J. (1986). *Moral development: Advances in research and theory.* New York: Praeger.

Rest, J. (1988, Winter). Can ethics be taught in professional schools? The psychological research. *Ethics Easier Said Than Done*, 22–26.

Shaub, M. (1989). *An empirical examination of the determinants of auditors' ethical sensitivity.* Unpublished doctoral dissertation, Texas Technological University, Lubbock.

Shaub, M. (1994, Spring). An analysis of factors affecting the cognitive moral development of auditors and auditing students. *Journal of Accounting Education,* pp. 1–24.

St. Pierre, K., Nelson, E., & Gabbin, A. (1990, Summer). A study of the ethical development of accounting majors in relation to other business and nonbusiness disciplines. *Accounting Educators Journal*, 23–35.

Chapter 7

치과의사의 윤리발달과 교육

– 뮤리엘 비보/미네소타대학교 치과대학

요약

최근 노인인구가 증가하고 건강과 미(美)에 대한 관심이 늘어나면서 많은 사람들이 구강건강을 중요하게 여기고 있다. 그러나 급격한 상업화와 함께 전문직으로서의 치과의사에 대한 사회의 신뢰는 오히려 감소하고 있다(미국 갤럽 2002년 보고서). 본 장에서는 1장에서 소개한 4-구성요소 모형을 중심으로 치과의사의 도덕발달을 평가하는 방법을 소개한다. 또한 필자가 몸담고 있는 미네소타 치과대학의 윤리교육 프로그램의 개발과정과 그 효과를 상세히 기술할 것이다. 특히 도덕성의 네 가지 구성요소가 서로 독립적인 발달의 프로파일을 가지므로 교육과정을 구상할 때에도 각각의 구성요소가 빠짐없이 다루어져야 한다는 점은 특별히 눈여겨보아야 할 부분이다. 전문가협회인 치과의사협회(ADA)가 지원하고 도덕적으로 명망 높은 개원의사들이 함께 참여한 미네소타대학교의 프로그램은 전문직 윤리교육 프로그램의 이상적인 개발과정을 보여 준다. 필자는 지금도 치과의사의 도덕발달에 관한 연구활동을 활발히 하고 있으며, 특히 최근에는 도덕적 귀감이 될 만한 치과의사들의 이야기를 책으로 간행하였다.[1)]

치과윤리 교과과정의 소개

이 장에서 소개할 치과윤리 프로그램은 1981년 미국구강보건기금(American Fund for Dental Health)으로부터 6만 3000달러의 연구비를 받으면서 시작되었다. 연구의 필요성에 대한 합의를 끌어내는 과정에서 연구진들은 윤리 프로그램의 가치를 추상적으로 논의하기보다는, 뛰어난 학생들과 수련의들이 진료실에서 일상적으로 겪게 되는 윤리적 문제들에 어떻게 대응하고 있는지 실제 사례들을 교수진에게 제시하였다. 최고라고 믿어 의심치 않았던 학생과 수련의들이 부적절하기 짝이 없는 대응양식을 취하고 있음을 본 교수진들은 적극적인 조치를 서둘러야 한다고 뜻을 모았다. 그들은 프로그램의 운영방법으로서 소그룹 세미나를 포함하는 데 동의함은 물론, 토론의 촉진자로서 자발적으로 참여하기도 하였다. 약 2년 동안, 그들은 교수세미나에 참여하여 학생들의 수행을 함께 검토하고, 평가에 사용할 사례나 준거의 개발을 도왔다. 특히 학생들에 대한 수행평가와 개별화된 피드백이 필요하다는 사실이 분명해지면서, 교수진들은 외부 평가자로서의 역할을 담당하고 사례 및 준거 개발에 참여할 명망 있는 개원의를 미국치과의사협회(American College of Dentists, 이하 ACD)[2)]를 통해 모집하도록 도와주었다(Bebeau, 1983). 필자는 이미 다른 기관에서 교육과정에 윤리강좌를 통합시키는 일을 하면서, 모범적인 수행을 보여 주는 것이야말로 교수는 윤리는 가르칠 수도 없고 가르쳐서도 안 되며, 교수들이 윤리를 가르칠 만한 역량을 가지고 있지 못하다는 생각을 바꾸는 데 가장 유용한 방법임을 익히 알고 있었다.

본 윤리교과과정은 기획 및 시작의 단계부터 정기적인 검토[3)]를 통하여 꾸준히 수정을 하기로 계획되어 있었다. 그 결과 이 교과과정은 가장 잘 문서화되고 집중적으로 연구된 프로그램의 하나로 꼽혔으며, 널리 보급될 수 있었다.[4] 대부분의 치과대학은 이 프로그램의 일부를 교육과정에 포함시켰으며, 미국치의학협회(American Dental Association, 이하 ADA)는 기관 차원에서 시행될 수 있는 윤리 프로그램의 모범으로서 본 프로그램을 자주 예로 들었다. 또한 미국치과의사협회(ACD)의 지부는 본 프로그램의 재정적 지원을 했고, 소속된 회원들이 연구나 프로그램 개발에 한 번 이상 참여해 왔으며, 매년 적어도 20명의 회원이 외부 평가자로 활동하고 있다. 미국치과의사협회(ACD)는 본 프로그램을 모델로 제시하면서 전국의 각 지부들도 해당 지역에 소재한 대학들이 윤리를 가르치도록 촉구하는 작업에 동참하도록 장려하였다. 한편 본 프로그램은 일반 개원의사들을 대상으로 하는 정기 세미나에 사용될 비디오테이프 및 사례 자료[5]를 개발하는 모델이 되기도 했다.

미네소타 치과대학의 윤리교과과정(〈표 7-1〉 참조)은 4년에 걸쳐 43시간으로 구성된다. 본 교과는 필수과목이고, 소그룹 중심의 교수법을 활용하기 때문에 학생들이 결석하는 비율은 매우 낮았다(Bebeau, 1985). 〈표 7-1〉에서 볼 수 있듯, 각각의 수업활동은 4-구성요소 중 적어도 하나를 다루도록 설계되어 있다. 특히, 타당화된 평가방법을 통해 학생의 실제 수행을 평가하고, 자기평가(self-assessment)를 실시하며 학생 개인의 수준에 따라 피드백을 제공하는 것이 본 프로그램에서 가장 중점을 두는 부분이었다. 또한 다양한 배경을 가진 교수와 개원의사들이 참여하여 본 프로그램이 특정 교수자의 단독 주제에 머물지 않고 현실의 다양한 주제를 다루는 생동감 있는 프로그램이 될 수 있었다. 각 사례별로 채점 매뉴얼과 촉진자용 지침서(facilitator notes)[6]를 제공하여 각 소그룹과 교수진들 사이에 일관성이 유지되도록 하였다.

개원한 치과의사들을 대상으로 하는 보수교육의 경우, 학생용 프로그램의 방법과 자료의 상당 부분이 그대로 이용된다. 그러나 치과윤리 감수성 검사(DEST), DIT, 역할개념 에세이를 사용하여 의사 개개인의 윤리

표 7-1 미네소타 치과대학의 직업윤리 교육과정

학년	활 동	목 표	평 가	피드백	시 간
1	소개/사전검사	학생들이 프로그램의 필요성을 확인하게 함	DIT, PROI*	• DIT결과에 대한 개별 편지 • P-점수 30 이하인 학생에 대한 개별상담	2.5
	[강의] "전문직업인의 성격"	전문가로서의 정체성에 영향을 줌(제3요소)	전문가의 역할인식에 대한 에세이(중간, 기말)	채점 후 점수 제시, 잘못된 인식에 대해 재검토하는 시간을 가지고 기말에 다시 써서 제출	2
	[과제] 「ADA 윤리강령」 읽기	강령에 익숙해지도록 함	선택형 평가	채점 후 점수 제시	
	[강의] "도덕적 논증의 적절성에 대한 판단"	논리적 추론의 구성요소 제시(제2요소)	에세이		1
	[과제] 「논리적인 도덕추론을 위한 지침」과 「생명의료 윤리의 기본원리」 읽기	생명의료윤리학의 원리를 제시(제2요소)			
	[토론] 임상전단계의 윤리적 문제들 (정해진이슈)	윤리적 추론을 향상시키기(제2요소)	• 사례별로 사전 및 사후 에세이 작성 • 사례별로 채점표(교수용 안내서) 제공	에세이는 교과 코디네이터가 채점하여 코멘트와 함께 다음 토론 전에 되돌려 줌	10
	[자기평가] • 토론 참석 • 학습	학습목표에 대한 반성적 사고를 촉구함	• 자기평가용 채점표 • 개방형 질문지 (4문항)	필요한 경우 개별화된 코멘트 제시	

(계속)

* Professional Role Orientation Inventory(Bebeau, Born, & Ozar, 1993)로서 전문가의 권위와 책임에 대한 인식을 측정하는 자기평정형(리커트척도로 구성, 10문항) 도구이다.

학년	활동	목표	평가	피드백	시간
3	[강의/토론] "치료에 대한 동의과정에서 영향을 주는 환자의 성격"	윤리 감수성을 향상(제1요소)	사례보고서	흔히 일어나는 실수에 대한 코멘트 및 소그룹 토론	1
	[독서과제/토론] Fisher와 Ury(1981)의 「Getting to Yes」읽기	문제해결력 및 의사소통기술의 증진(제4요소)	• 퀴즈 • 사례보고서	사례보고서에 대한 서면 코멘트	1
	[사례토론] 임상사례에 대한 토론과 역할극(정해지지 않은 이슈)	윤리 감수성의 증진 및 행동계획의 실행(제1, 4요소)	행동계획 및 대화를 포함한 사례보고서	• 사례보고서에 대한 코멘트 • 흔히 일어나는 실수에 대한 그룹토론	7.5
	[사례토론] 임상적인 윤리 딜레마에 대한 토론(정해진 이슈)	윤리적 추론의 향상	사례보고서	논리적 추론의 평가기준을 중심으로 한 서면 코멘트	4
	윤리 감수성 검사	학생들에게 강점과 약점을 확인하도록 함(제1요소)	DEST	여름방학 동안 채점결과를 준비하여 학생들에게 우송	2
4	DEST 결과에 대한 자기평가	전문가로서의 발달에 대한 반성을 촉구함	DEST 채점 매뉴얼		1.5
	도덕적 귀감이 될 개업의사와 만남	전문가의 기준과 전문적 가치에 대한 헌신의 필요성 제시(제3요소)	DEST 채점 매뉴얼	• 학생의 자가평가를 개업의사의 평가와 비교 • 수행 및 의사소통에 대한 개별 코멘트 • 서면 코멘트 • 흔히 일어나는 실수에 대한 소그룹토론	1.5
	[토론] 임상사례의 토론 [과제] 사례와 관련된 읽기 자료	윤리 감수성, 실제 추론 및 수행기술을 향상(제1, 2 ,4요소)	사례보고서		7.5
	자기평가	목표달성에 대한 반성	개방형 질문지(5문항)	필요할 경우	4
	최종평가	• 성과에 대한 반성을 촉구 • 앞으로의 전문성 개발을 위한 목표설정	DIT PROI 무기명의 강좌평가	DEST, DIT, PROI의 결과(상대평가 요소 포함)를 담은 개별 우편통지	2

감수성, 도덕추론, 역할개념을 측정하고 그 결과를 바탕으로 개별화된 교육 프로그램이 설계되었다. 교육담당자들은 사전평가의 결과와 그에 따라 설계된 학습계획을 실제 교육에 참가할 대상자들과 논의한 후, 치과면허관리위원회(Board of Dentistry)에 제출하여 승인을 받는다. 대체로 이 보수교육은 몇 개월에 걸쳐 진행되고 총 20~25시간으로 구성된다. 참가자는 대략 4~5명이며 치과대학에서 진행되는 교과과정과 마찬가지로 수행평가의 결과에 따라 개별화된 피드백을 받는다. 참가자들은 지도받은 방법대로 자신이 징계받은 행동이 왜 윤리적으로 문제가 되는지를 분석하게 된다. 마지막에는 사전평가와 동일하거나 또는 다른 형태의 도구를 사용하여 사후평가를 실시하였다. 그리고 참가자들의 변화를 담은 최종보고서가 다시 치과면허관리위원회에 제출되고 위원회의 검토와 승인을 받으면 참가자는 면허를 회복할 수 있었다. 개원의사들을 대상으로 한 보수교육과 치과대학생용 프로그램의 효과성은 다음 부분에서 보다 상세히 제시될 것이다.

윤리 감수성

연구문제

1979년 레스트가 4-구성요소 모형(1장 참조)을 제안하기 전부터 도덕판단의 측정 부분에서는 이미 상당한 진전이 이루어져 있었다. 그러나 감수성(제1요소)의 경우, 그것이 도덕추론과 구별되는 요소임을 보여 주는 소수의 경험적 근거가 존재할 뿐, 연구에 사용할 적절한 측정도구나 방법이 전혀 없었다. 따라서 1980년에 연구진들은 다음과 같은 문제를 중심으로 연구를 시작하였다. 윤리 감수성은 신뢰할 만하게 측정될 수 있는가? 윤리 감수성에 있어 학생들은 서로 다른가? 윤리 감수성은 향상될 수 있는가? 마지막으로, 윤리 감수성은 논리적인 주장을 전개하는 능력과는 구별되는 것인가?

평가전략

연구진들은 사회적으로 공인받은 의료전문직을 대상으로 윤리 감수성 평가도구를 제작하기로 하였다. 왜냐하면 전문직으로 이미 자리잡은 직업의 경우 기본의무에 대한 동의가 이루어져 있고, 그것이 윤리강령과 같은 형태로 명세화되어 있어 타당한 측정도구의 개발이 용이했기 때문이다.[7] 여기서 독자들은 도덕 감수성이라는 용어 대신에 윤리 감수성이란 용어를 사용하는 것에 주목할 필요가 있다. 이는 진료상황에 내재된 요인들 중 전문직의 윤리강령에서 언급되는 의무들과 직접적으로 관련을 맺고 있는 것을 얼마나 잘 해석해 내는가를 측정하는 것이 우리의 목적이기 때문이다. 대표적인 도구로서 치과윤리 감수성 검사(DEST: Bebeau, Rest, & Yamoor, 1985)와 이후에 개발된 노인치과학을 위한 윤리 감수성 검사(GDEST: Ernest, 1990)의 특징을 살펴보면 다음과 같다. 먼저 학생들은 비디오를 보거나 녹음된 테이프를 들으면서 환자와 의사, 보호자를 포함한 제삼자 사이의 상호 작용을 경험하게 된다. 시청각 자료에서 재연되는 상호 작용들은 실제 진료상황에서 일어날 수 있는 상황들로서, 치과의사가 겪는 윤리적 딜레마에 내재한 임상적 단서나 심리사회적인 단서들이 제시된다. 단, 도덕추론 능력을 평가하기 위해 사용되는 사례나 윤리강좌에서 널리 사용되는 사례들과 달리, 감수성 검사에 사용되는 사례에는 이해를 돕기 위한 지시문이나 해석이 덧붙지 않는다. 사례를 보거나 청취한 학생들은 극중의 치과의사 역할을 맡게 되고 실제로 환자나 진료실의 스태프들에게 이야기하듯이 주어진 상황에 적절한 대답을 해야 한다. 이런 학생들의 대답은 테이프에 녹음되어 채점과 분석의 자료로 사용된다. 학생들이 환자에 대한 자신의 입장을 이야기하고 나면 그렇게 이야기한 이유가 무엇인지, 자신의 말에 환자들은 어떻게 반응할 것이라 기대하는지, 그러한 상황에서 어떠한 조치가 취해져야 한다고 생각하는지 등을 확인하는 심층 질문이 주어졌고, 여기에 대한 학생들의 대답도 함께 녹음되었다. 연구진들은 구두반응과 지필반응 등 다양한 양식을 사용하여 실험을 하였는데, 구두반응이 학생들의 의도를 추정하는 데 가장 유용하다는 사실을 발견하였다. 따라서 학생들의 구두반응을 서면으로 전사(transcribed)한 후 이를 개원의사들과 함께 개발한 채점 매뉴얼에 따라 채점하였다. 채점의 중요한 준거는 학생이 상황에 제시된 환자의 주요 특성을 인식했는지, 전문가로서의 책임을 인식했는지 등이다.

부록 A는 GDEST에 포함된 한 가지 사례의 개요와 해당 사례에 대한 학생 반응의 예를 보여 준다. 이 사례를 통하여 동일한 환자의 특성에 대해 사람들 사이에 다양한 수준의 감수성이 존재한다는 사실을 확인할 수 있다. 주어진 사례에서 실제로 그렇지 않음에도 많은 학생들은 등장한 환자가 인지적 결함을 가지고 있다고 믿고 있다. 그리고 이와 대조적으로 GDEST의 다른 네 가지 사례에서 너무나도 명백한 환자의 문제조차 학생들이 인식하지 못한다는 점은 놀랍기까지 하다.

효과성의 증거

레스트(1986)는 윤리 감수성 측정도구의 타당도와 신뢰도를 조사하기 위해 진행된 초기 연구들을 개관하였다. 이러한 개관은 DEST 매뉴얼의 1990년 판에도 포함되어 있는데, 비보와 레스트(1982)는 윤리 감수성 측정도구가 타당도와 신뢰도를 가진다는 증거들을 다음과 같이 제시하였다.

첫째, 다양한 연구들을 통하여 입증된 윤리 감수성 검사의 신뢰도 추정치들은 윤리 감수성이 신뢰할 수 있게 추정될 수 있음을 보여 준다. 예를 들어, 동등화된 채점자들 사이의 채점일치도는 문항수준에서 84.7~88%에 이르렀다. 게다가 개개의 사례 수준에서 부여되는 총점에 대한 신뢰도 추청치도 0.83~0.92에 이르렀다.

둘째, 〈표 7-2〉에 나타난 바와 같이 개원의들은 윤리적 문제를 인식하는 능력에 큰 개인차를 갖고 있다. 그리고 DEST는 임상교육의 효과로 인한 기관 수준의 차이도 민감하게 측정해 낸다(Baab & Bebeau, 1990). 또한 하번(Harvan, 1989)은 DEST를 통해 다양한 보건의료 교육기관의 학생들 사이에 감수성의 차이가 존재한다고 밝혔는데, 그 양상은 전문직에 종사하기 전에 교육 및 수련을 길게 받을수록 학생들의 감수성이 더 높은 것으로 나타났다.[8] 그는 또한 DEST가 학생들의 치의학에 대한 전문적인 지식과 기술의 수준에 구애받지 않고 감수성의 수준을 구별해 낸다는 점을 지적하였다.

셋째, 윤리적 이슈들을 인지하는 데 여성이 남성보다 조금 더 우수한 것으로 나타났다(Bebeau & Brabeck, 1987). 그러나 그 차이는 검사에 내재된 배려와 정의의 이슈에 대해 성별에 따른 도덕 지향성의 차이가 작

표 7-2 다섯 개의 윤리보수강좌를 통한 점수 변화*

구성요소	사례 수	사전검사		사후검사		유의도
		평균	표준편차	평균	표준편차	
윤리 감수성 (DEST점수)	15	44.05	6.39	56.72	10.93	〈.006
도덕추론 (DIT 점수)	16	36.38	12.36	49.96	12.48	〈.0005
역할개념	17	3.05	1.78	11.06	1.25	〈.0001

* 사전 및 사후 검사를 모두 받은 개원의(20명)에 대해서만 비교

용하거나 도덕판단의 차이에서 기인한 것이 아니다. 전체적으로 볼 때, 어떤 여성들은 남성과 마찬가지로 윤리적 이슈에 무감각했으며, 남녀 모두가 훈련을 통해 윤리 감수성을 향상시킬 수 있었다.

넷째, 윤리 감수성은 교육을 통하여 향상될 수 있다(Baab & Bebeau, 1990; Bebeau & Brabeck, 1987). 〈표 7-2〉는 개원의사를 대상으로 한 보수교육의 결과 나타난 윤리 감수성 점수의 변화를 보여 준다.

다섯째, 윤리 감수성은 도덕추론 능력과는 구별된다. 예를 들어, 어떤 치과의사는 주어진 상황의 윤리적 측면을 해석하는 데 능숙하지만(윤리 감수성), 문제를 도덕적으로 해결하는 데 필요한 균형 잡힌 시각은 가지지 못했을 수도 있고(도덕판단), 또한 그 반대의 경우도 있을 수 있다. 다음에 소개될 사례는 면허관리위원회로부터 실제 회부된 사례들 중 하나인데, 두 능력들 사이의 불균형이 현실의 의사결정에 어떻게 영향을 줄 수 있는가를 보여 준다.

공동개원[9)]을 한 치과의사들이 치과진료법(Dental Practice Act) 위반으로 보수교육을 의뢰받았다. 그들이 위반한 사항은 진료실의 보조인력들에게 규정된 범위를 넘어선 진료업무를 지시한 것이다. 사전검사의 결과, 보조원이 법적으로 금지된 직무를 수행하도록 훈련시킨 치과의사(선임자)의 경우 윤리 감수성 검사(DEST)에서는 매우 높은 점수를 보였으나 도덕추론 검사에서는 매우 낮은 점수를 보였다. 보수교육 시작 전 시행한 면담에서 그는 자신이 보조자들에게 요구한 책무들이 금지된 것임을 알고 있었다고 시인했다. 그러나 그는 다음과 같이 자신의 행위를 합리화하였다. "다른 치과의사들도 그렇게 해요. 아마 면허관리위원회 위원들도 그렇게 할 걸요." "이런 금지조항은 구시대적이에요. 미네소타 주에서는 금지하고 있지만 몇몇 다른 주들은 허락하고 있어요." "보조원이 진료했다고 해서 손해를 입은 환자는 없어요." 등이 그 예이다. 그러나 보조원의 의료행위에 대한 금지조항이 제도화된 후에 진료를 시작한 다른 치과의사(후임자)의 경우 윤리 감수성에서는 매우 낮은 점수를 얻었으나, 도덕추론에서는 상당히 높은 점수를 보였다. 그는 그러한 진료행위들이 금지된 것인지 깨닫지 못했다고 솔직하게 이야기하였다. 논의가 진행되는 동안, 그는 선임자의 진술에 포함된 그릇된 신념들을 금방 포착했으며 위원회가 취한 징계처분에 대해서도 덜 분개하는 편이었다. 교육과정의 이득 중 하나는 그들이 서로가 가진 강점(도덕추론과 감수성)을 인식하게 되었다는 것이다.

전문직에서는 전에 겪어 보지 못한 윤리적 문제들이 일상적으로 발생하므로, DEST의 사례들과 같은 사례 자극들을 꾸준히 개발하는 것이 전문가들로 하여금 새로운 문제들에 대처할 수 있도록 하는 이상적인 방법이다. 노인치과학을 위한 윤리 감수성 검사(GDEST)는 그러한 노력의 전형이라 할 수 있다. 노인치과학 전문의인 어니스트(Ernest, 1990)는 구강외 전신질환을 가지고 있거나 인지적인 결함이 있는 노인들의 진료에서 윤리적 문제들을 인식하는 능력을 평가하기 위한 사례들을 개발하였다. DEST를 사용한 연구결과와 마찬가지로, 어니스트는 학생이나 전문의들 사이에 임상적 문제뿐만 아니라 윤리적 문제들을 인식하는 데 심각한 개인차가 있음을 발견하였으며 이러한 개인차가 진료 결과에 막대한 영향을 줄 수 있음을 확인하였다. GDEST를 사용한 연구에서 필자는 윤리 감수성을 평가하는 사례에서 나타날 수 있는 환자의 일반적 특성을 8가지로 정리하고 여기에 수반되는 6가지 책무를 확인할 수 있었다. 부록 B는 의료전문직에서의 윤리 감수성을 측정하기 위해 해당 전문직의 고유한 사례들을 개발할 때 도움이 될 수 있도록 채점 시 고려해야 할 환자의 특성과 전문인의 책임들을 열거한 것이다.

도덕판단

연구문제

제2요소(도덕판단)에 대해서는 이미 많은 연구가 이루어졌지만, 연구진들은 치과윤리 교육 프로그램을 계획하면서 특별히 다음과 같은 연구문제를 중점적으로 다루었다.

첫째, 치과대학 입학생들은 도덕추론에 얼마나 능숙한가? 그들의 도덕추론 능력 발달을 돕기 위한 집중적인 훈련이 필요한가?

둘째, 어린 학생을 대상으로 효과성이 입증된 딜레마 토론기법이 전문교육을 받는 성인 학생들에게도 효과적인가?

셋째, 교육과정 속에서 학생들의 도덕추론을 수행평가하는 것은 신뢰할 수 있는가?

넷째, 학생의 도덕추론에 대한 수행평가 결과는 DIT점수와 어떤 관련이 있는가?

다섯째, 전문대학원[10)] 입학 전 학부과정에서 이수한 윤리학이나 인문학 과정은 도덕판단 점수를 예언하는가?

평가전략

제2요소를 평가하기 위하여 연구진들은 두 가지 방법을 사용하였다. 시간이 지남에 따라 학생들의 도덕판단 발달에 미치는 교육과정의 영향을 평가하기 위해서 DIT를 사용하여 성과를 측정하였다. 한편, 학생들의 향상을 점검하고 체계적인 피드백을 제공함과 동시에 교육과정의 효과성을 평가하기 위하여 교실평가전략을 개발하였다(Bebeau, 1990). 특히 후자의 개발은 DIT 사전검사 점수 및 학점에 대한 학생들의 반응을 접하면서 교실에서의 수행을 평가하는 타당화된 방법이 필요하다는 연구진들의 공감대가 형성되면서 시작되었다. 학생들은 가끔씩 도전적인 태도로 DIT점수에 대해 "더 높은 것이 더 바람직하다고 이야기할 수 있나요?"라는 질문을 던지곤 했다. 그리고 학점부여 방식에 대해서는 다음과 같은 공통적인 반응을 보였다. "이 교과목은 통과 또는 낙제(pass/fail)로 평가해야 해요. 주장에 대해 점수를 매기는 것은 주관적일 수밖에 없어요. 교수님은 우리의 가치관을 점수화하고 있어요. 아무리 교수님이라도 그럴 권리가 있나요?" 또 다른 학생은 이렇게 이야기하기도 했다. "이 수업은 시간낭비예요. 도덕적인 문제에는 옳은 답이 여러 가지일 수 있어요. 어떻게 하나의 견해가 다른 견해보다 낫다고 이야기할 수 있나요. 차라리 이 시간에 실습실에서 실습을 하는 것이 더 나아요."

물론 학생들 중 소수만이 이런 견해를 표명했지만, 연구진들은 이런 반응 속에 반영된 학생들의 사고방식을 읽고 주의를 기울여야 할 부분을 찾아낼 수 있었다. 대부분의 학생들은 수업 중 진행된 토론을 즐겼다고 이야기했고 그것이 가치 있는 논의였다고 이야기했다. 그러나 긍정적인 반응을 보인다고 해서 쉽게 만족할 일은 아니었다. 왜냐하면 학생들이 수업 중에는 충분한 사고를 거쳐 논리적으로 주장을 하지만 토론이 끝난 후 작성한 개인적인 에세이에서는 이런 논리성이 일관되게 반영되지 않았기 때문이다. 게다가 상당한 기간 동안 수업이 진행된 후에도 학생들의 에세이가 질적으로 그리 향상되지 않았음을 발견하였다. 연구진들은 이 문제가 수업의 진행방식에서 비롯된 것으로 판단했다. 윤리교육과정이 도입된 초기 몇 년간은, 학생들의 에세이가 학기말에 채점되었다. 에세이의 질에 대한 피드백이 학생들에게 체계적으로 주어지지도 않았고, 채점의 근거가 될 명확한 준거도 없었다. 물론 채점자들은 학생들의 에세이를 판단할 때 나름의 준거를 염두에 두고 있었지만, 이러한 준거들이 미리 학생들과 공유되지는 않았다.

학생들이 가진 상대주의적 견해를 다루고, 수행의 질을 높이는 방안을 고려하면서, 연구진들은 문헌을 통해 모범적이라고 평가받고 있는 윤리학 수업에서 학생들의 도덕적 논증이 어떻게 평가되고 있는지 검토해 보았다. 그러나 많은 강좌개발자들이 논증의 적절성을 평가해야 한다는 필요성은 인정하지만, 평가의 준거는 명료하게 기술하지 않고 있으며 강좌의 효과성에 대한 자료도 제시하지 않았음을 발견하였다. 그리고 평가자료가 제시되더라도 그것은 수업이 가치 있다고 느끼는지에 관하여 학생들의 지각을 조사한 것에 국한되어 있었다(Miles et al., 1989). 그러나 연구진들은 한 가지 예외적인 연구를 발견할 수 있었다. 그것은 윤리강좌를 통하여 학생들의 에세이의 질이 향상되었다고 보고한 호베(Howe, 1982)의 연구였다. 에세이 평가의 신뢰도를 확보하기 위하여 호베는 사전검사와 사후검사 모두 동일한 평가자가 에세이를 채점하도록 하였다. 그러나 호베는 두 철학자가 에세이에 매긴 순위가 비슷한지의 여부(평정자간 신뢰도)를 검토하지는 않았다. 게다가, 평가의 준거는 제시했지만 다른 철학자들도 그의 준거가 도덕추론의 질을 평가하는 데 사용해야 할 준거라고 동의했는지의 여부(안면 타당도)는 확인되지 않았다. 물론 호베의 준거들은 대체로 일반적인 용어들로 표현되어 있기 때문에 평정자 간 일치도를 확보하기 수월할 수도 있다. 그러나 본 연구를 놓고 볼 때 논리적으로 주장을 펼치는 글을 쓰는 방법을 알고 싶어 하는 학생들이나 철학적 원리를 적용하고 싶지만 그에 대한 소양이 부족한 사람들에게 이런 준거만으로는 도움을 주기 힘들 것으로 보였다.

연구진들은 철학자들과 함께 논의하면서 평정척도를 제작하고 이를 토대로 학생들의 논증을 평가하여 학점을 부여했다. 학생들의 에세이는 다섯 가지 채점영역별로 다음과 같은 점수가 부여되었다.[11]

제1영역) 관련된 윤리적 이슈들의 확인(5점 만점)

제2영역) 영향받은 당사자의 확인(3점 만점)

제3영역) 선택한 행동으로 인해 야기될 수 있는 다양한 결과의 기술 (4점 만점)

제4영역) 도덕원리의 적용으로 도출되는 의무의 기술(5점 만점)

제5영역) 자신의 초기 입장에 대한 재평가와 수정의 실행(3점 만점)

연구 초기에는 채점준거가 가져야 할 기본적인 특성으로서 평정자 간 신뢰도를 확립하는 데 노력을 집중하였다. 연구진들은 각각의 딜레마별로 윤리적 이슈, 영향받은 관계자, 결과 및 책무에 대해 연구자들 사이에 일치된 의견을 가진다면, 학생들의 에세이를 평정하고 순위를 매길 때에도 일관성을 획득할 수 있을 것이라고 가정하였다(Bebeau, 1990). 에세이들 사이에 채점의 일관성을 유지하고 해마다 채점의 일관성이 보장될 수 있도록, 필자는 각 사례별로 윤리적 이슈 및 영향받은 관계자 등이 열거된 템플릿을 개발하고 배점 규칙을 제시하였다. 그리고 연구진들은 각 윤리적 이슈와 관계자, 결과 등에 대해 교수자들에게 보다 상세한 자료를 제공하기 위해 사례별 촉진자 노트를 다시 썼다. 부록 C는 윤리적 추론이 어떻게 평가되는지 보여 주기 위하여 평가에 사용된 딜레마 사례와 두 학생의 반응 그리고 템플릿에 따라 채점된 결과를 제공한 것이다.

효과성의 증거

학생들에게 윤리교육 프로그램을 제공해야 한다고 처음 결정한 것은 다음의 세 가지 정보를 검토한 데서 비롯되었다. 첫째, 연구진들은 3개년간 신입생(총 385명)의 DIT점수와 2년 동안 수집한 3학년 3쿼터 학생들(총 265명)의 점수를 횡단적으로 비교하였다. 신입생들과 3학년 학생들 사이에는 어떤 의미 있는 차이도 발견할 수 없었는데, 이는 기술 지향적인 치의학 교과과정이 학생들의 도덕추론 발달에 아무런 영향을 미치지 못함을 의미하였다. 둘째, 학생들의 DIT점수는 상당히 큰 폭의 변산(표준편차 13.25)을 가지고 있고, 20% 정도의 학생들이 규준과 비교할 때 고졸의 평균에도 못 미치고 있었다. 셋째, 윤리적 딜레마에 대한 에세이에 나타난 반응들을 살펴본 결과, 심지어 상급 학년의 학생들조차 치과진료 과정에서 흔히 겪게 되는 딜레마에 대해 타당한 논증을 전개하지 못하는 것을 발견하였다(Bebeau, 1990). 게다가 많은 학생들이 윤리적 논증의 적절성에 대한 판단은 임의적이고 윤리는 가르쳐질 수 없으며 가르쳐서도 안 된다고 믿었다.

〈표 7-3〉은 여러 해 동안의 학생 수행자료를 비교함으로써 소그룹 토론 전에 '논리적인 주장을 펼치기 위한 가이드라인'을 배부하고 에세이마다 학생들에게 피드백을 제공하며 마무리 강의를 실시하는 것이 학생들의 점수 향상에 기여했는지 살펴본 것이다. 그러나 채점준거가 마련되지 않았던 1985년 이전의 자료와는 비교하지 않았으므로 준거의 도입이 가지는 정확한 영향력은 파악하기가 힘들었다. 물론 준거 제시는 윤리적 판단이 주관적이고 임의적이라는 학생들의 지각을 줄이는 데 도움이 되

표 7-3 교수방법 개선에 따른 영향

점수*	준거 도입 후 2년간 (1985~1986)	피드백 도입 후 2년간 (1987~1989)	가이드라인 도입 후 3년간 (1990~1993)
85~100	4.5%	28%	52%
76~84	19.5%	41%	36%
66~75	24.5%	24%	10%
56~65	27.5%	5%	2%
46~55	18.5%	2%	
36~45	5.5%		

* 각각 20점 만점인 에세이 5가지를 기준으로 100점 만점 환산

는 것으로 보였으나 에세이에 나타난 논증의 질을 향상시키지는 않은 것으로 보였다. 한편 학생들에게 주는 피드백의 효과를 분석하기 위하여 다섯 개의 에세이에 대해 피드백을 받지 않은 94명의 학생들과 다섯 번 모두 피드백을 받은 158명의 학생들을 비교하였다. 연구진들은 첫 번째 에세이 이후에 주어진 피드백에서 가장 극적인 차이가 발생하는 것을 볼 수 있었다. 그리고 두 번째 피드백 이후에도 그다지 크지 않았지만 꾸준히 점수가 향상되는 것을 볼 수 있었고, 학생들 사이의 편차 감소가 피드백 제공의 가장 중요한 효과로 나타났다(Bebeau, 1990).

교과과정의 효과성을 평가하기 위하여, 필자와 토마(Bebeau & Thoma, 1994)는 8년에 걸쳐 치과윤리 프로그램에 참여한 학생들의 DIT 사전·사후검사 점수를 비교하였다. 그 결과 프로그램이 도입되기 전에 실시한 횡단적 비교자료와는 달리, 4학년 학생들이 신입생보다 유의미하게 높은 점수를 받는 것으로 나타났다. 게다가, 전반적인 효과크기(d=.36)도 슈라에프리 등(Schlaefli et al., 1985)이 딜레마 토론을 사용한 23개의 연구에 대해 실시한 메타분석의 결과와 흡사했다. 또한 윤리교육 프로그램의 실시는 원리화된 추론의 사용을 증가시키는 것으로 나타났다. 〈표 7-2〉에 제시한 것처럼 보수교육 프로그램에 참여한 개원의사의 DIT점수가 향상한 것은 보수교육 프로그램과도 관련이 있다.

지금까지의 자료에 근거하여 연구진들은 다음과 같은 결론을 내렸다.

첫째, 학생들은 윤리적 추론을 다루는 학습의 기회를 필요로 한다.

둘째, 딜레마 토론기법은 전문교육을 받는 성인 학생들의 추론을 향상시키는 데도 효과적이다. 단, 학생들이 가진 상대주의를 극복하고 수행향상을 가져오기 위해서는 평가의 준거를 제시하고 피드백을 제공하는 것이 반드시 필요하다.

셋째, 윤리강좌에서 학생들의 수행을 신뢰할 수 있게 평가할 수 있다.

넷째, 학생들이 강좌에서 작성한 에세이의 질과 DIT 사전·사후 검사의 점수 사이의 상관은 그다지 높지 않다. 따라서 보다 광범위한 타당도를 확보하기 위해 심화작업이 필요하다(Bebeau, 1990).

다섯째, 전문대학원 응시자격에 철학이나 인문학 분야의 교과이수를 포함시켜야 한다는 대중적인 견해는 지지되지 않았다. 필자와 바이데(Bebeau & Waithe, 1988)는 2개 학년도 신입생들(총 240명)을 대상으로 학부에서 철학이나 인문학 교과의 이수 여부에 따라 두 그룹으로 분류한 후 비교하였다. 그러나 인문 · 철학교과의 이수는 갓 입학한 치과대학 신입생의 도덕판단 점수를 예언해 주지 못했다. 마찬가지로 학부과정에서의 교과이수는 전문대학원 입학 후 일어난 도덕판단력의 변화에도 영향을 주지 못했다.

여섯째, 학생들은 도덕추론에 대한 강좌가 가치 있다고 여긴다. 1학년 교육과정에 대해 실시한 자체평가에서, 연구진들은 학점부여 방법에 대한 불만이 감소하고 다음과 같은 긍정적인 언급의 빈도가 증가한 것을 발견하였다. '이전에는 도덕적 논증의 적절성을 평가할 수 있는 준거가 있으리라고 생각해 본 적이 없었다. 그러나 이제는 나 자신의 추론은 물론 다른 사람의 논증도 훨씬 더 잘 평가할 수 있게 되었다.'

물론 윤리교과과정을 이수한 결과 나타난 도덕추론의 향상이 윤리적 행동으로 이어지리라고 보장할 수는 없다. 그러나 전문직업인의 도덕추론과 임상현장에서의 수행 사이에 관련이 있다는 증거들이 점점 늘어나는 추세이다(3장 참조). 한 예로 미츠와 동료들(Meetz, Bebeau, & Thoma, 1988)은 타당도가 입증된 임상수행 측정도구를 사용하여 2년간 치과대학 4학년 학생을 대상으로 도덕추론과 임상수행 사이의 관련성을 검토하였다. 비록 쉬한 등(Sheehan, Candee, Cook, & Bargen, 1980)이 관찰했던 것과 같은 선형적 관계를 확인하기는 힘들었지만 적어도 한 가지 동일한 양상을 발견할 수 있었다. 즉, 도덕추론 점수가 낮은 학생이 임상수행에서 높은 점수를 받는 예는 거의 없었다는 것이다.

도덕적 동기와 참여

연구문제

블라지(Blasi, 1984)와 데이먼(Damon, 1984)을 포함한 많은 연구자들이 자아개념과 도덕적 동기 사이의 관계를 밝혀 왔다. 많은 전문대학원들은 학생들이 전문직업인으로서의 정체성을 형성하도록 돕고자 노력하고 있다. 여기서 전문직업인의 정체성이란 기술적인 안목이나 사업가적 통찰력의 범위를 넘어서는 도덕적인 요소들을 포함하는 것으로, 이것이야말로 전문직을 다른 일반직이나 상업으로부터 차별화하는 요소이다. 이 정체감은 어떻게 환자와 상호 작용할 것인가의 문제에서부터 어떻게 전문의료서비스를 광고할 것인가에 이르기까지 의료전문인이 내려야 하는 광범위한 의사결정에 영향을 미친다. 대부분의 전문대학원 교과과정이 전문직업인으로서의 정체성을 확립한다는 목표는 제시하지만, 학생들의 정체성에 영향을 주는 특별한 방법이나 바람직한 정체성의 도달 정도를 평가하는 방법을 갖춘 학교는 찾아보기 힘들다. 전문가의 윤리적 의사결정을 안내하는 전문직업의식(professionalism)[12)]의 다양한 모델들을 검토해 보면 전문대학원 교육의 의도와 산출 사이에 차이가 있다는 결론을 내리게 될 것이다. 이를 보다 타당한 방법으로 검토하기 위하여 연구진들은 다음과 같이 연구문제를 구체화하였다. 첫째, 전문가들은 그들의 역할에 대해 서로 다른 개념을 가지고 있는가? 둘째, 전문가로서의 정체성은 신뢰할 만하게 평가될 수 있는가? 셋째, 한 사람이 가진 전문가로서의 정체성은 변화할 수 있는가? 넷째, 전문가로서의 정체성은 다른 구성요소들, 그리고 도덕적 행동과 관계가 있는가?

평가전략

연구진들은 치과대학 입학생들에게 '전문가가 된다는 것이 나에게 무엇을 의미하는가?'와 같은 주제로 짧은 에세이를 쓰게 하면서 전문가 정체성 혹은 역할개념에 대한 연구를 시작하였다. 연구진은 사회학이론(Hall, 1975)으로부터 일반직과는 다른 전문직의 의무 여섯 가지를 선택한 후 에세이의 내용 중 이러한 의무가 드러나는지를 검토하였다. 이 여섯 가지 의무에는 다음의 것들이 포함된다. 전문지식의 소유(K), 평생학습(CE), 사회에 대한 봉사(S), 전문직 윤리에 대한 명시화(E), 전문직 강령준수(C), 그리고 전문직 내에서의 자치와 자율적 감독(SG)이 그것이다. 부록 D는 학생이 작성한 에세이에 각각의 개념들이 어떻게 반영되어 있는가를 보여주는 예이다.

이러한 평가방법의 한 가지 결점은 학생이 가진 역할개념을 과소추정하거나 과대추정할 수 있다는 것이다. 에세이를 쓰는 것은 학생들에게 여섯 가지의 다소 특수한 개념들을 상세하게 기술하도록 요구한다. 따라서 취지나 작성법을 제대로 이해하지 못한 학생들은 비록 이러한 여섯 가지 개념들을 이해하고 있을지라도 그 자리에서 표현하지는 못하는 경우가 있다. 반면, 이러한 내용을 수업으로 접해 본 학생들은 그것을 아직 내면화하지 못했음에도 암기한 내용을 에세이에 그대로 적곤 했다. 그러나 이런 제한점에도 불구하고 시험의 일부분으로서 에세이를 쓰도록 요구하면 학생들이 자신의 언어로 개념을 진술하고, 그렇게 되면 잘못된 지각을 확인할 수 있었다.

보다 최근에 연구진들은 대규모 집단에서 역할개념을 측정할 수 있는 객관적 도구를 개발하였다(Bebeau, Born, & Ozar, 1993). 전문가적 역할지향 검사(Professional Role Orientation Inventory, 이하 PROI)는 도덕철학자들이 제시한 전문직업의식의 다양한 모델에 공통적으로 나타나는 권위와 책임의 개념들을 측정한다(May, 1983; Ozar, 1985; Veatch, 1972). 먼저, 연구진들은 전문직업인이 타인에게 가지고 있는 책임에 대한 개념이 '책임감이 거의 없음' 의 상태로부터 '타인에 대한 최대의 책임감' 에 이르는 연속선상에 있을 것이라 여겼다. 예를 들어, '전문직업인으로서 나의 첫 번째 의무는 나 자신에게 있다' 라는 문항을 높이 평정하는 것은 이반 보보스키(Ivan Bowsky)의 수준에 위치한다고 볼 수 있는 반면, '나의 서비스에 대가를 지불할 수 없는 사람들일지라도 그들을 돕기 위해 나의 지식과 기술을 사용할 의무가 있다고 느낀다' 라는 문항을 높이 평정하는 것은 마더 테레사의 수준에 도달하는 것이다. 이러한 책무성의 차원은 부정적인 진술 문항과 긍정적인 진술 문항을 각각 다섯 개씩 가지며 이에 대한 반응을 종합하여 점수가 산출되었다.

한편 연구진들은 의사결정의 권위가 어디에서 근거하는가에 대해 '높은 권위의식' (즉, 모든 전문적 의사결정은 전문직 및 전문가에게 부여되어야 한다)으로부터 '낮은 권위의식' (즉, 모든 결정권은 환자나 사회에 주어져야 한다)에 이르는 연속선상에 존재할 것이라고 가정하였다. 예를 들어, '일단 환자가 나의 서비스를 사용하기로 결정하였으면, 그 환자는 의심없이 내 소견에 따라야 한다' 에 높은 평정을 하면 그 사람은 권위 차원에서 높은 점수를 받는 반면, '환자야말로 자신의 요구나 가치를 가장 잘 판단할 수 있으므로 치과의사는 환자가 원하는 서비스라면 무엇이든지 제공해야 한다' 라는 문항을 높게 평정하면 이는 권위의 차원에서 낮은 점수를 받게 된다. 책임차원과 마찬가지로 권위차원 역시 5개의 부정 문항과 5개의 긍정 문항에 대한 총점을 산출한다.

두 차원에서 점수가 높은가 낮은가에 따라 네 가지 조합이 존재할 수 있다. 그러나 문헌에 나타난 어떠한 모델도 이 네 가지 조합을 정확하게 설명해 주지는 못한다. 그래서 연구진들은 현존하는 모형으로부터 일부 개념을 빌리면서 나름의 모델을 개발하였다. 첫째, 높은 권위와 낮은 책무성을 가진 것은 전문직을 '상업모형' 으로 개념화하는 것이고, 둘째, 높은 권위와 높은 책무성을 가진 것은 전문직을 '동업조합(Guild) 모형' 으로 보는 것이다. 셋째, 낮은 권위와 높은 책무성을 가지는 것은 전문직을 '봉사모형' 으로 보는 것이며 넷째, 낮은 권위와 낮은 책무성을 가진 것은 '대리인' 과 같은 것이다. 네 가지 모델에 대한 자세한 설명은 필자(Bebeau, Born, & Ozar, 1993)의 다른 연구물을 참조하기 바란다.

효과성의 증거

치과대학에 갓 입학한 신입생들이 치과의사의 역할에 대해 작성한 에세이를 분석한 결과 그들은 사회봉사(S), 환자복지 우선(E), 그리고 전문직 내 자율적 감독의 의무(SG)는 잘 이해하지 못하는 것으로 나타났다. 심지어 전문직업인의 성격과 책무를 다루는 2시간짜리 강좌에 참석한 후에도 신입생들은 중간고사에서 실시한 에세이에서 각각의 개념을 분명하게 기술하지 못했다. 그러나 몇 가지 긍정적인 결과들을 나열하자면, 학생들이 '지식의 습득' 또는 '평생 학습자' 와 같은 개념들을 보다 강조하게 되었으며, 때로는 빠뜨릴지라도 잘못 이해하고 있는 경우는 드물다는 점이다. 그러나 피드백을 주고 심지어 기말고사에서 에세이를 다시 쓸 기회를 주었음에도 20%의 학생들이 '환자복지의 우선권', '사회봉사' 혹은 '자율적 감독의 의무' 와 같은 개념들을 잘못 기술하고 있었다. 다음은 세 가지 보편적인 오해의 예들을 제시한 것이다.

첫째, 책임의 한계를 지각하지 못하는 경우이다. 예를 들어, '나는 어떠한 노력이 요구되더라도 지역사회를 도울 의무를 가지고 있다.' 또는 '서비스에 대한 지불 능력에 관계없이, 치과 진료를 요구하는 사람들 누구에게나 진료를 제공해야 한다.'

둘째, 자기 자신의 책임을 지각하지 못하는 경우이다. 예를 들어, '치의학은 의학에 상응하는 교육적 배경을 제공해야 한다.', '미국치의학협회(ADA) 및 주면허관리위원회가 치과의사를 감독할 책임이 있다.' 또는 '치과의사는 계속해서 배워야 한다고 권장된다.'

셋째, 책임을 협소하게 해석하는 경우이다. 예를 들어, '나는 진료에 대가를 지불할 수 있는 사람만을 진료해야 한다.' 또는 '치과의사는 자율적이므로 나 자신은 내가 조절하는 것이다.'

두 가지의 성과가 역할개념 교육의 효과를 간접적으로 보여 준다. 첫 번째 증거는 윤리교과를 이수한 1992년 졸업생들과 신입생 및 개원 치과의사의 PROI점수를 비교한 것에서 찾을 수 있다(Bebeau et al., 1993). 입학생이나 개원한 치과의사보다 당시의 졸업생들은 훨씬 더 큰 책임감을 표현하였다. 비록 졸업생들의 평균점수가 기대만큼 높지는 않았으나 윤리세미나 리더 양성과정에 자발적으로 참여하기 위해 전국에서 모인 40명의 치과의사의 점수와 별 차이가 없었다.

역할개념 교육의 효과를 보여 주는 두 번째 증거는 B형 간염이나 후천성 면역결핍증(HIV)에 감염된 환자를 치료할 것인가를 묻는 전국적 조사에서 찾을 수 있다. 이 조사는 전국의 치과대학 4학년 학생을 대상으로 1991년에 실시한 것으로 응답률은 약 75%였다. 조사결과 미네소타 치과대학 4학년 학생들 중 75%가 혈액을 통해 감염되는 질환을 가진 환자를 치료했다고 응답했으며, 이는 전국 평균인 62%에 비해 유의미하게 높은 수치이다. 또한 90%(전국 평균 76%)의 학생들이 감염질환자들을 진료할 책임이 있다고 응답하였으며, 86%(전국 평균 62%)가 그러한 환자를 실제로 진료할 용의가 있다고 대답하였다. 이러한 차이의 패턴은 지식 및 태도에 관련된 질문들에서 일관되었다.

지금까지 모아진 우리의' 경험과 증거들을 기초로 다음과 같은 결론을 내릴 수 있다. 첫째, 학생과 개원 치과의사 모두 그들의 역할에 대해 서로 다른 개념을 가지고 있다(〈표 7-2〉 참조). 둘째, 학생들에게 역할개념을 다루는 교육을 제공할 필요가 있다. 전문직업인으로서의 정체감을 획득하도록 하는 일을 '잠재적 교육과정' 으로 남겨 두어서는 안 된다.

도덕적 실천

연구문제

주의가 산만해지거나 다른 데 관심이 쏠리고 심신이 지치더라도 흔들리지 않는 목표를 유지하는 것, 다시 말하면 자아를 조절함으로써 자기 자신은 물론 주변 상황을 관리하고 통제하는 능력을 연구진들은 제4요소로서 개념화하였다. 물론 여기에는 자기통제와 자아강도 그리고 인내 등이 필수적이지만, 이러한 자질만으로는 도덕문제들을 효과적으로 해결할 수 없다. 따라서 제4요소는 더욱 포괄적인 목표를 실현하는 데 요구되는 실천적인 기술과 능력을 포함한다. 의료과실 전문 보험회사들은 의사의 대인 의사소통 능력의 부족이나 갈등해결 기술의 부족이 법적 소송을 초래한다는 사실을 잘 알고 있다. 그래서 어떤 보험회사들은 대인 의사소통 기술이 뛰어난 개원의들에게 더 낮은 보험료를 책정한다. 한편 학생이나 개원의사들은 진료환경에서 접하는 문제들을 함부로 다루기가 두려울 때가 있다고 이야기한다. 불안해하거나 분개한 환자들을 다루는 일, 상반된 입장을 가진 동료와 진료의 질에 관한 문제를 논의하는 일, 자기 파괴적이거나 자학적인 환자를 다루는 일 등은 치과의사들이 피하고 싶어 하는 일들 중 일례에 지나지 않는다. 연구진들은 이렇게 어려운 문제들을 되풀이하여 훈련하는 것이 전문직업인으로서 가지는 자기효능감을 변화시키고 결국 행동의 변화로 이어질 것이라고 생각하였다. 만일 어떤 과제가 재미있거나 도전해 볼 만한 것으로 생각된다면, 사람들은 그 문제를 해결하려는 노력을 계속할 것이다. 따라서 제4요소에 변화를 주려는 우리의 노력은 다음의 질문들을 중심으로 진행되었다. 첫째, 어떤 개인적 성격이나 자기조절 기술들이 반드시 필요한가? 둘째, 효율적으로 문제를 해결하기 위하여 어떤 하위 기술들(예, 대인 기술, 문제해결 기술들)이 요구되는가?

평가전략

치과대학 교육과정에서 필자는 윤리적 문제를 해결하는 능력과 자신감을 기르는 훈련에 학생들을 참여시킨다. 연구진들은 개원의사들이 빈번히 접하는 실제 상황들을 역할극으로 재연해보도록 함으로써 학생들을 훈련시켰다. 학생들은 사례를 다루는 데에 필요한 전략을 세우고 동료들과 함께 대본을 작성해 본다. 그리고 실제 역할극을 한 후 그 대화록과 행동계획, 그리고 그것에 영향을 주는 중요한 요인의 목록이 포함된 사례보고서를 제출해야 한다. 교수자는 이 보고서를 평가한 후 피드백을 적어서 학생들에게 되돌려 준다. 실제 행동을 계획하는 과정에서 학생들은 '충분한 설명에 근거한 동의(informed consent)' 의 원리, 강의에서 소개된 효율적인 의사소통의 원리, 그리고 피셔와 유리(Fisher & Ury, 1981)가 제시한 문제해결 전략을 적용해야 했다.

비록 평가방법의 타당화 작업이 아직 완성되지는 않았으나 이는 문제에 대한 대응이나 행동을 함께 다루는 수행중심 프로그램의 실행 가능성을 보여 준다. 학생들은 사례보고서를 제출함은 물론, 그들의 학습에 대한 자기평가서를 작성해야 한다. 몇 차례의 세미나를 마치고 나면 학생들은 다음의 질문에 대한 자신의 생각을 기술해야 한다. '무엇을 배웠다고 생각합니까?', '어떤 사례들이 당신에게 가장 도전적입니까?', '당신의 경험에 대해 다른 학생들에게 무엇을 이야기하고 싶습니까?

효과성의 증거

학생들이 제시하는 해결책의 적절성에 대해 피드백은 주었지만 역할극에서 발휘되는 문제해결력이나 실천능력이 어떻게 실제 임상수행으로 이어지는지 그리고 수행능력과 나머지 구성요소들 사이에 어떤 관계가 있는지에 대해서는 아직 연구되지 않았다. 그러나 연구진들은 교육과정의 이점에 대해 학생들이 어떻게 지각하는지 연구하였다(Bebeau, 1988). 1980년 4학년을 대상으로 처음 세미나를 실시했을 때, 86%의 학생들이 수업의 가치에 대하여 매우 긍정적인 대답을 했고, 9%는 잘 모르겠다고 했으며, 5%는 부정적인 반응을 보였다. 1986년에는 95%가 매우 긍정적인 입장을 표현하였고, 그러한 시각은 계속 유지되었다. 한편 도입 첫해에는 단지 22%의 학생들만이 강좌의 설계에 만족하였으나, 1986년에는 강의개선을 요구하는 학생이 20%로 줄어들었다. 그리고 현재 약 80%의 학생이 본 강의가 잘 설계되었다고 생각하며 개선을 요구하는 경우는 극히 소수이다.

다음은 4학년 세미나에서 실시한 자기평가 질문과 학생들의 반응을 소개한 것이다.

이러한 경험들을 통해 무엇을 배웠다고 생각하는가?

'내가 한 번도 시도해 본 일이 없는 사고의 방식을 경험했다.'

'내 문제해결 방식이 매우 향상되었으며, 앞으로 쓸모 있는 새로운 기술들을 배웠다.'

'사소한 문제들과 상황 속에 가려진 윤리적 이슈의 존재를 확인하는 법, 각 등장인물의 관점과 행동의 결과, 그리고 적용해야 할 윤리적 원리들을 모두 신중히 고려하여 합리적 추론을 통해 결론에 도달하는 법, 결정된 문제해결 책략과 의사소통 기술을 적용하는 법을 배웠다.'

이러한 의견은 학생들이 수행 기술의 개발을 얼마나 중요하게 여기고 있는지 보여 주지만, 개인의 성격과 바람직한 수행 사이의 관련성에 대해서는 시사하는 바가 크지 않다. 다음의 예는 후자의 관련성에 대한 연구가 왜 필요한지를 보여 준다.

한 번은 면허관리위원회로부터 세 명의 조무사와 치과의사 한 사람의 교육을 동시에 의뢰받았다. 조무사들이 교육기관에서 훈련받은 바가 없고 치과진료법이 금지하고 있는 진료를 수행했기 때문이었다. 진단평가의 결과 치과의사는 윤리 감수성과 전문가로서의 역할에 대한 지각은 발달했으나 도덕추론 능력이 부족한 것으로 나타났다. 면접에서 그는 훈련을 받는다는 사실에 당혹감을 나타냈지만 자신의 잘못을 인정하면서 협조적인 태도를 보였다. 반면 조무사들은 감수성과 추론기술의 발달이 대단히 저조했고, 무료강좌임에도 강좌에 참여해야 한다는 사실에 대해 화까지 냈다. 문제해결훈련 프로그램을 진행하는 과정에서 분명하게 확인할 수 있었던 점은 함께 온 치과의사의 자기의견 주장이 매우 부족했다는 것이다. 그는 자신이 동의하지 않는 것임에도 불구하고 조무사들이 그들의 결정에 따라 행동하도록 내버려두었다. 그래서 이들을 위한 프로그램의 많은 시간은 조무사들이 자신의 사고에 내재한 결함을 확인하고 치과의사의 견해나 판단을 존중할 수 있도록 돕는 데 할애되었다.

요약과 전망

레스트가 제시한 도덕성의 4-구성요소 중 윤리 감수성, 도덕추론, 그리고 도덕적 동기와 참여라는 세 구성요소를 입증하기 위하여 최근 10년간 연구진들은 성과측정 도구와 교실평가 전략을 설계하고 타당화하는 데 전념했다. 연구진들은 이 세 구성요소를 신뢰할 수 있게 측정할 수 있으며, 학생과 개원의들을 측정한 결과 큰 개인차가 존재함을 확인했다. 또 한 사람이 한 가지 구성요소에서 높은 능력을 가졌다고 해서 다른 구성요소에서도 높은 능력을 가졌다고 장담하기는 어렵고, 개인 내에 존재하는 강점과 약점이 윤리적 의사결정의 방향에 영향을 줄 수 있다는 사실을 확인하였다. 이러한 사실은 도덕적 문제행동이 네 가지 구성요소 중 어느 한 요소에서의 결핍만으로도 발생할 수 있다는 레스트의 주장을 뒷받침할 뿐만 아니라, 교육과정을 구상할 때에도 각각의 구성요소가 빠짐없이 다루어질 수 있도록 설계하는 것이 중요함을 보여 준다. 신중한 설계와 타당화된 교수법의 도입을 통해 우리의 교육 프로그램에서는 각 구성요소 모두가 향상되는 것으로 나타났다. 그러나 다른 윤리강좌에서 흔히 사용하는 사례중심 교육은 도덕추론을 촉진시키기는 하겠지만 윤리 감수성이나 그 밖의 다른 요소에는 영향을 주지 못할 수도 있다.

교육과정을 운영하면서 학생들의 수행을 계속 모니터링한 결과, 연구진들은 평가의 준거와 개별화된 피드백이 다음과 같은 중요한 기능을 가지고 있음을 깨닫게 되었다. 첫째, 그것은 학생들의 도덕적 논리 전개의 질을 향상시키고 둘째, 전문직업인으로서의 정체감 발달을 도와주며 셋째, 윤리교육이 가치 있다는 인식을 갖도록 한다. 그리고 계속적인 성과연구의 결과는 윤리학은 가르칠 수 없으며 공식적으로 윤리에 대해 훈련받지 않은 교수진은 가르칠 수 없다는 일반적인 신념을 제거하는 데에 큰 역할을 한 것으로 나타났다. 더불어 우리의 연구결과는 효과적인 교수법의 구성요소들이 포함된다면 비교적 짧은 프로그램으로도 학생들의 윤리적 발달에 영향을 줄 수 있음을 보여 주었다.

앞으로 연구진들은 세 가지 목표를 중심으로 연구를 진행할 것이다. 첫째, 4-구성요소에 대하여 행동을 양적으로 측정하는 방법을 개발한다. 둘째, 제3요소의 측정을 위해 제작된 PROI와 역할개념 에세이의 타당도를 확보하며 전문직업인으로서의 정체감 연구에 필요한 PROI 문항을 새로 개발한다. 셋째, 각각의 구성요소들이 다른 구성요소 및 실제 현장에서의 수행과 어떤 관계를 가지는지 살펴보고자 한다.

부록 A:
노인치과학을 위한 윤리 감수성 검사의 사례

사례명: 환자 루엘라

이전에 메리 필드(Mary Fields) 박사로부터 치료를 받았던 루엘라(Luella) 씨의 차트가 학생들에게 제시된다. 차트의 과거병력란에는 루엘라 씨가 전에 뇌정맥질환으로 발작을 일으킨 적이 있다고 기록되어 있다. 구강상태를 검사한 결과 루엘라 씨에게 상실치아는 없으며, 정기적으로 진료를 받고 있는 것으로 나타났다. 그녀는 재정적으로도 안정적인 편이며 연금보조를 받고 있다. 그녀는 혀에 있는 상처를 검사받으려고 진료예약을 했다. 차트를 살펴보고 난 후 학생은 비디오 화면에서 루엘라 씨와 대화한 치과의사의 역할을 맡게 된다. 화면 속에서 루엘라 씨는 치과의사의 질문에 힘겹게 대답을 한다. 그녀는 항상 하루 두 번씩 왼손으로 양치를 한다고 표현한다. 그녀가 왼손을 사용하는 것은 뇌졸중 이후 오른손에 장애가 생겼기 때문이다. 게다가 그녀는 자기가 원하는 것을 표현하기 위한 단어선택에 문제를 가지고 있었다. 예를 들어, 치과의사가 "예전에 저한테 치료받으셨죠?"라고 물으면 그녀는 분명하게 "아니요."라고 말한다. 게다가, "그럼 전에 누구한테 치료를 받으셨나요?"라고 물으면 "어떤 소녀요."라고 대답한다. 차트에는 분명히 이전의 담당 치과의사가 메리 필드라고 기록되어 있다. 화면 속의 치과의사는 루엘라 씨의 의사결정능력을 의심하면서 마침내 정신능력검사도구(Mine Mental State Exam)

의 문항들을 질문하기 시작한다. 루엘라는 낙심한 듯한 표정을 지으며 모든 것이 뇌졸중 이후 실어증의 영향 때문임을 설명하고 싶어 했다. 예를 들어 "올해가 몇 년도인가요?"라고 물으면 "나는 알고 있어요. 그런데 뭐라고 말해야 할지 기억을 못해요."라고 말한다. 뇌졸중으로 인한 문제와 함께 루엘라 씨는 혀에 심각하게 보이는 상처를 가지고 있었다. 아직 정확한 진단은 이르지만 그것은 앞으로 생명을 위협할 수 있는 편평상피세포종양처럼 보였다. 치과의사는 생검을 실시해야겠다고 이야기한다. 그러나 루엘라는 생검을 거부하고 치과의사가 가족이나 다른 보호자와 접촉하는 것도 거절하였다.

채점 매뉴얼(일부만 발췌)

채점 영역 B. 의사결정자로서 환자의 인지능력

1점. 루엘라 씨가 의사결정력이 없다고 가정. 뇌졸중이 이해능력이 아닌 표현능력에 영향을 준다는 사실을 인식하지 못함.

예: '그녀가 의사결정을 할 능력이 없다는 것은 틀림없어요.'

예: '그녀는 진료동의서를 작성할 수 있을 만큼의 능력을 더 이상 가지고 있지 않아요.'

2점. 의사결정력을 약간 인정. 그녀의 과거 질환이 분명한 의사결정을 내리기 힘들게 하고 있다고 봄.

예: "그녀는 이해는 하는 것 같지만, 감정을 전달하지 못해요. 따라서 그녀는 의사결정력이 있을 수도 있고 없을 수도 있어요."

3점. 그녀가 의사결정능력을 가지고 있음을 분명히 인정.

예: '그 환자는 내가 이야기하는 것을 이해할 수 있어요. 뇌졸중을 앓긴 했지만 여전히 지적인 능력을 가지고 있어요. 다만

그녀는 다른 사람과 의사소통할 때에 어려움을 겪을 뿐이에요. 왜냐하면, 그녀는 자신이 머릿속으로 생각하고 있는 것을 입으로 표현할 단어를 찾지 못하기 때문이에요.'

예: '만일 질문을 하면, 루엘라 씨는 대답하지 못할 거예요. 하지만 제 생각에 연필과 종이를 준다면 그녀는 아마도 대답을 써낼 수 있을 거예요.'

부록 B: 환자의 일반적인 특성과 치과의사의 책임

Ⅰ. 환자의 특성

A. 환자의 전신건강 및 구강건강의 상태
B. 의사결정자로서 환자의 인지능력
C. 의사결정자로서 환자의 정신적 상태
D. 환자의 재정 상황과 그것이 치료에 미치는 영향
E. 환자의 건강관리 습관과 가치관
F. 질환의 원인과 예방에 대한 환자의 이해
G. 자신의 건강 상태에 대한 환자의 이해 및 지각
H. 치과의사의 역할에 대한 환자의 지각 및 신뢰수준

Ⅱ. 환자, 동료 의료진 및 지역사회에 대한 치과의사의 책임

A. 환자의 자율성을 존중한다. 즉, 환자를 최후의 의사결정자로서 대우한다.
B. 최선의 치과 진료가 무엇인지 분명히 밝히고 환자의 장기적 이득을 추구한다.

C. 환자가 의사의 충고에 따르는 정도에 관계 없이 환자와 지속적이고 긍정적인 교류관계를 형성한다.

D. 동료 의료진에 대한 치과의사의 책임을 인식한다. 즉, 자신이 가지는 한계를 인정하고 다른 치과의사가 치료를 담당하는 것이 더 적합하다고 판단되면 환자를 그에게 보낸다. 필요하다면 다른 의료진들과 적극적으로 상호 작용한다.

E. 환자의 가족 및 다른 보호자, 혹은 오랜 친구나 후견인에 대한 책임을 인식한다.

F. 지역사회에 대한 책임을 인식한다. 예를 들어 지역사회를 위한 보건교육, 동료의 부당한 치료나 과실에 대한 이의 제기, 학대나 방치에 대한 보고 등이 여기에 포함된다.

부록 C:
윤리적 추론을 평가한 견본

사례명: 의사 마틴 스라딕(Martin Sladick)

마틴은 5년 전 치과대학을 졸업하였다. 그는 탁월한 치과의사이지만 지역경제가 악화되면서 경영난을 면치 못하고 있다. 그 지역에 위치한 일부 병원들은 문을 닫았으며, 많은 환자들이 실업 상태이다. 마틴은 교정술에 흥미를 가져왔으며 시간적 여유가 있을 때 교정술에 대한 다양한 책을 읽어 왔다. 일반적인 치과대학 교육과정을 밟은 마틴은 재학 중에 치아의 정상맹출과 발육에 대해 50시간 정도의 강의와 20시간의 실습을 가졌다. 마틴처럼 전문대학원만 졸업한 치과의사의 경우 부정교합의 가능성을 가지는 어린이 환자들이 언제 치료를 받아야 하는지는 조언해 줄 수 있지만 어떻게 치료받아야 하는지에 대한 조언을 주기는 어렵다. 따라서 교정전문의가 되기 위해서는 2년간의 공식수련을 받아야 한다.

그러나 마틴은 자신의 병원을 찾은 어린이 환자 중 심각하지 않은 간단한 교정치료는 자신이 할 수 있겠다고 생각하기 시작했다. 저렴한 비용으로 간단한 치료만 해 준다면 아예 교정치료를 받을 엄두도 못 내는 환자들에게는 봉사하는 것이고 수입도 증가할 것이다.

당신이 의사 마틴이라면 진료범위를 확장하여 교정술을 실시하겠는가? 당신의 입장을 지지하는 근거를 제시하라.

학생 반응의 예 1: 조지

그룹 토론 시작 전에 취한 잠정적인 입장: 아니요. 마틴은 치과의사협회의 한 구성원이므로 협회의 윤리강령을 준수해야 한다. 강령에 따르면 치과의사는 자격을 인정받지 않은 전문 영역에 대한 진료를 할 수 없다. 만일 교정치료를 실시하고자 한다면, 그는 환자에게 자신이 무자격자임을 알려야만 한다. 그는 환자에게 잘못된 치료를 할 가능성도 가지고 있다. 만일 그가 공동 개원을 하고 있다면, 함께 일하는 동료 의사나 경영 파트너도 그의 행동에 대한 책임을 가져야 할 것이다. 주면허관리위원회는 그의 진료과목을 감독해야 할 의무가 있고 자격을 인정받지 않은 진료를 실시하는 것에 대하여 면허취소처분을 할 수도 있을 것이다. 환자들 역시 자신이 적절한 치료를 받았는지 스스로 점검해 보아야 할 책임이 있다. 그리고 이미 5년 전에 졸업을 했으므로 마틴이 공부한 학교는 어떠한 책임도 가지지 않는다고 생각한다.

그룹 토론을 마친 후 처음 자신의 입장에 대한 재평가: 아니요. 그는 교정

진료를 하면 안 된다. 왜냐하면 그가 진료범위를 확장하는 가장 중요한 목적은 수입을 늘리는 것으로 보이기 때문이다. 그것은 극히 비윤리적인 행위이다. 그러나 만일 진정으로 환자의 건강을 염려하고 있다면 필자는 그가 환자를 돕기 위해 할 수 있는 일이 여러 가지 존재한다고 느낀다. 마틴은 평생교육과정을 이수할 수도 있다. 교육과정을 충실히 이수하면 그는 제한된 범위라도 교정술을 시행할 수 있는 자격을 얻게 될 것이다. 또 한 가지는 교정전문의에게 자문을 요청하는 것이다. 교정전문의와 상의하면서 그는 어느 범위까지 그가 진료를 할 수 있을지 합의점을 찾을 수 있을 것이다. 또 다른 방법은 마틴의 병원과 제휴하여 저렴한 가격에 교정치료를 해 줄 수 있는 협력병원이나 전문의를 찾아보는 것이다. 나는 마틴이 자신의 환자들에게 적절한 진료를 제공할 의무가 있다고 느낀다. 이 의무는 자신의 진료에 대해 환자들이 이차적 소견을 얻을 기회를 제공하는 것까지 포함한다고 생각한다. 이차적 소견을 구하는 것은 진료를 받는 자녀들에 대해 부모가 가지고 있는 의무이기도 하다. 주면허관리위원회에 대한 나의 생각도 토론과정에서 바뀌었으며 내가 느끼는 바를 기술하는 데에 남은 부분을 할애하겠다.

조지의 반응에 대한 분석

토론 전 그의 대답 첫 부분에서 조지는 치과의사가 윤리강령을 준수해야 할 의무가 있다고 이야기한다. 그리고 강령 자체가 전문과목 수련을 받지 않은 의사의 전문진료를 금지하고 있다고 생각한다. 그러나 실제로 강령은 치과의사의 전문과목 진료를 허가하고 있다. 다만, 수련을 마치지 않은 사람들이 전문의라고 광고하는 것을 금지하고 있을 뿐이다. 대답의 다음 부분은 그가 치과의사의 책임에 대해 혼동하고 있음을 더욱 분명하게 보여 준다. 조지는 의사가 환자들에게 무자격자임을 알리기만

한다면 교정치료를 할 수도 있다고 이야기한다. 조지는 행동의 결과 일어날 수 있는 일들을 제시하면서 치과의사가 자신의 능력 범위 내에서 진료해야 할 의무가 있다고 이야기한다.

그러나 그가 이야기한 결과는 환자와 환자의 부모에게 발생할 수 있는 것보다는 의사인 마틴에게 일어날 일을 중심으로 진술되어 있다. 그리고 조지는 진료의 질을 감독할 책임이 치과의사 개인보다는 외부기관, 즉 학교나 주면허관리위원회에 있다고 생각한다. 단, 이 사례에서 조지는 졸업한 후 시간이 지나면 학교는 책임을 면할 수도 있다고 여기고 있다. 게다가 놀라운 점은 적절한 진료를 받고 있는지 살펴볼 책임이 치과의사가 아닌 환자에게 있다고 여기고 있는 것이다. 조지는 환자의 입장에서 상황을 살펴보지 못한다. 즉, 환자는 자신이 진료받기로 동의한 의사가 수련과 경험이 부족하다는 사실을 깨닫지 못하며 그렇게 시작된 진료가 어떤 위험을 가져올지도 예상할 수 없다는 점을 그는 이해하지 못하는 것이다. 마찬가지로, 이 사례의 의사 역시 훈련과 경험으로 얻어지는 통찰력이 부족하므로 진료과정에서 발생할 수 있는 위험을 환자에게 알리는 데에 한계가 있다는 사실을 조지는 이해하지 못하고 있다.

아래의 채점표에 나타난 것처럼 조지는 능력의 범위 내에서 진료를 제공할 의무를 인식하지는 못하고 있다. 그러나 충분한 설명에 근거하여 환자의 동의를 받아야 한다는 점, 그리고 행동의 결과 의사 자신에게 일어날 수 있는 일이나 환자가 처할 수 있는 위험은 이해하고 있는 것으로 평가받았다. 그는 영향을 받을 수 있는 세 사람의 이름을 언급했으나 관점채택능력의 부족으로 이 딜레마에 포함된 모든 윤리적 이슈를 인식하지는 못하고 있다. 그는 마틴이 가지고 있는 합법적인 진료권과 학습권에 대해서는 인식하고 있지만 다른 이슈들은 인식하지 못하는 듯하다.

반면, 토론을 마친 후 조지의 입장을 살펴보면 그가 마틴의 동기에 관심을 가지고 있는 것을 볼 수 있다. 즉, 적격한 의사에게 진료를 받을 환자의 권리를 존중하거나 환자에게 해를 주지 않을 의무를 고려해서가 아니라 자기 자신을 위해 진료범위를 확장하려 하기 때문에 그것이 잘못되었다고 조지는 이야기한다. 그는 최선의 진료를 받을 지역사회의 권리나 의사가 학습할 권리와 같은 새로운 이슈들을 인식하고 있다. 그는 교정 전문의들도 이 문제의 영향을 받을 수 있는 구성원으로 인정하고 전문의들을 참여시킴으로써 진료의 질을 확보할 수 있는 해결책을 생각해 낸다. 그는 적절한 진료를 제공할 의무를 논의하지만 채점표에 제시된 다른 의무나 그런 의무의 밑바탕이 되는 윤리적 원리에 대해서는 여전히 명확하게 진술하지 못하고 있다.

학생 반응의 예 2: 짐

그룹 토론 시작 전에 취한 잠정적인 입장: 아니요. 치과의사 윤리강령에 따르면 인정된 교육기관에서 대학원 교육을 받지 않은 사람은 특정 진료과목을 선전할 수 없다. 이는 신문광고와 같이 가시적인 것만을 의미하는 것이 아니다. 지역사회에 잘못된 정보를 제공하는 것도 윤리강령을 어기는 것일 수 있다. 내가 생각하기로는 도움을 필요로 하지만 비용을 지불할 수 없는 사람들에게 선의를 베풀려 한다는 점에서 그의 관점은 그렇게 나쁘지 않다. 하지만 그는 잘못된 방향으로 일을 처리할 수 있다. 치과의사로서 그는 자격을 인정받지 않은 시술을 실시함으로써 환자를 위험에 처하게 해서는 안 된다. 결과가 다행히도 좋다면 치과의사와 환자에게 기쁨을 가져올 수도 있지만, 잘못될 경우 그것은 환자의 불편이나 치과의사 면허취소 그리고 치과계에 대한 오명을 가져올 수도 있는 것이다. 그리고 이러한 사례는 사회 전체에 영향을 줄 수도 있다. 사회는 치과의사라는 전문직업 공동체가 필요한 능력을 충분히 갖춘 사람에게만 진료의 자격을 주고 있다고 믿고 있다. 따라서 이러한 행위는 일반인이 가진 신뢰를 무너뜨릴 것이고 치과계는 물론 공중보건 전 영역에 영향을 끼칠 것이다. 그리고 치과진료에 대한 불신은 결국 치과진료를 기피하게 만듦으로써 공중보건을 악화시킬 것이다.

그룹 토론을 마친 후 처음 자신의 입장에 대한 재평가: 아니요. 나의 입장은 변하지 않았지만 내 주장의 근거는 변하였다. 처음에 필자는 마틴의 행동이 윤리강령을 위반하는 것이라고 이야기하였는데 2시간 동안 토론하면서 필자는 일반 치과의사가 할 수 있는 진료에 특별히 제한이 없다는 사실을 알게 되었다. 그러나 일반 치과의사와 전문의 사이에는 한 가지 암묵적 동의가 이루어져 있는데, 이에 따르면 전문의는 일반적인 치과진료를 수행하지 않지만 일반 치과의사는 가능하다고 생각하면 전문과목 진료를 실시할 수 있다. 이러한 상황에서 치과계는 여전히 혼란스러운 상황이며 일반인의 선택은 더더욱 어렵다. 그러나 이러한 전문진료를 행하기 전에 기본적으로 교정술의 기술과 임상의 실제 모두에 능숙해야 하는 것은 치과의사의 당연한 의무이다. 그는 전문의의 감독을 받으면서 환자에게 시술을 할 수도 있을 것이다. 필자는 지식이 부족하다면, 즉 치과교정의 기본원리를 모두 알고 있지 못하다면 그것이 환자에게 심각한 손해를 줄 수도 있다고 생각한다. 다시 말해, 그것은 단지 불편한 것 이상의 문제를 일으킬 수도 있다. 비록 다시 회복할 수 없는 문제를 유발하지는 않을지라도 그의 실수로 인해 환자와 가족이 금전과 시간을 낭비하게 될 수도 있다. 그의 경솔한 행동은 치과의사로서 그의 명예뿐 아니라 치과의사라는 전문집단과 전체 사회에 흠집을 남길 수도 있다. 치과의사는 그가 수행할 능력이 있는 진료만 하고 그의 능력을 벗어나는 경우에는 환자를 다른 의사에게 의뢰해야 할 의무를 가진다. 일반적으로 전문의는 특정 전문영역에 있어서 일반 치과의사보다 더 나은 진료를 수행할 수 있을 것이다. 이 사례에서 또 한 가지 주목할 점은 이 치과의사가 금전적인 측면을 바라고 있다는 점이다. 만일 그가 시술할 능력이 있다면 나쁘지 않겠지만 자기 행동의 의미를 모르고 진행한다면 이것이 환자에게 봉사하는 일이라고 볼 수 있을까? 아니다. 조금이라도 깊이 생각해 보았다면 그는 교정치료가 필수적이기보다는 오히려 선택적이라는 사실을 깨달았을 것이다. 왜냐하면 지역사회가 경제적으로 침체되어 있는 상황에서 교정치료에 관심을 가질 부모는 극히 드물 것이기 때문이다.

짐의 반응에 대한 분석

아래의 채점표는 짐이 윤리적 이슈, 영향받을 수 있는 관계자, 결과 및 의무의 영역을 고루 언급하고 있음을 보여 준다.

채점용 템플릿: 의사 마틴 스라딕의 사례

		조지	짐
이슈들 5점 만점			
적격한 진료를 받을 환자의 권리			○
법으로 인정된 마틴의 진료권		○	○
진료에 대한 지역사회의 권리		○	○
마틴의 학습권		○	
최선의 진료방안을 알리고 제공하는 데 필요한 마틴의 능력			○
	소계	3	4
관계자들 3점 만점			
마틴		○	○
환자	5~6개 언급=3점	○	○
부모	3~4개 언급=2점	○	○
전문의들	1~2개 언급=1점		○
전문직업집단			○
지역사회			○
	소계	2	3

(계속)

결과들 4점 만점				
환자의 피해	4~5개 언급=4점		○	○
마틴의 피해			○	○
환자의 비용				○
일반의와 전문의 사이의 관계				○
전문직업집단의 피해				○
		소계	2	4
의무들 5점 만점				
아무런 해가 없음	5~6개 언급=5점			○
환자의 권리 최우선				○
의뢰하기				○
한계를 알기				○
충분한 설명에 근거한 동의			○	
적격한 진료를 제공하기				○
		소계	2	5
입장의 재평가 3점 만점			2	3
총점			11	19

부록 D:
역할개념 에세이의 견본

전문직업인이 된다는 것이 당신에게 의미하는 바를 쓰시오.

([ ] 안의 채점기준은 213페이지 참조.)

전문가가 되기 위한 나의 여정에서 가장 먼저 해야 할 일은 기본 지식을 획득하는 일이다.[k] 이는 내 능력의 범위에서가 아니라 전문직이 축적해 놓은 지식의 표준에 도달하는 것을 의미한다. 나는 지금 이러한 지식의 기초를 전문대학원에서 공부하고 있는 것이다. 그러나 지식의 습득은 전문가가 갖추어야 할 자격의 절반에 지나지 않는다. 나는 끊임없이 진행되는 치의학의 학문적, 기술적 변화에 뒤떨어지지 않도록 해야 한다[CE]. 끊임없는 학습이 필요하다는 사실은 심지어 졸업도 하지 않은 현재 시점에서도 절실하게 느끼는 것이지만, 이는 졸업 후 더욱 중요한 부분으로서 나에게 평생의 노력을 요구할 것이다. 개원 치과의사로서, 나는 금전적인 이윤보다 환자의 건강을 더 중요하게 여기며 윤리적인 자세로 임할 책임이 있다[1/2E]. 학생인 지금부터 그리고 개원의사가 된 이후에도 나는 윤리강령에 익숙해지도록 끊임없이 노력해야 한다. 윤리강령은 고정된 것이 아니라 사회가 직면하는 새로운 현상(예를 들어, AIDS의 발견과 감염)들과 함께 계속 진화해 가기 때문이다. 따라서 나는 시간의 흐름과 함께 변화하고 확장되어 가는 강령을 수용해야만 한다. 그러나 강령을 준수해야 한다고 해서[C] 그것을 맹목적으로 따라야 한다는 것은 아니다. 만일 강령을 준수하는 것이 기본윤리와 상충되는 부분이 있다면, 나는 기본윤리를 준수해야 할 것이다. 그러나 동시에 윤리적 원리에 따라 전문직업집단이 변화하도록 하는 것도 나의 의무이다.

나는 '치과의사'라는 직함을 당연한 권리가 아니라 소중한 명예로 여겨야 한다. 내 교육비의 일부는 시민들의 세금으로부터 지원받은 것이므로 나는 지역사회의 구강건강 증진을 위하여 적극적인 영향력을 행사할 필요가 있다. 단지 사무실에서 시간을 보내고 사생활로 물러나는 것이 아니라, 내가 살고 있는 지역사회에 봉사하는 것이 내 삶의 목적이 되어야 한다[S]. 나는 학교단위의 구강보건교육 프로그램에 참여하거나 진료혜택을 받을 수 없는 사람들에게 진료를 제공하거나, 또는 국가 전체의 구강보건 증진을 위해 치과의사단체와 함께 일함으로써 이러한 의무를 이행할 수 있다. 마지막으로, 치과의사로서 나는 스스로를 관리하고 조절해야 한다[1/2SG]. 치과의사가 가진 자율성은 바로 이 부분을 스스로 하느냐에 달린 것이다. 나는 또한 자기조절과 상호조절을 도와줄 수 있는 치과의사협회나 조직체에 적극적으로 참여하여 동료들과 교류해야 한다[1/2SG]. 전문가로서 내가 가지는 조절의 의무는 나 자신과 치과의사 집단에만 머무는 것이 아니라 더 넓은 사회로 확장된다. 나는 전문직업집단의 이익보다도 사회가 가진 보건과 진료에 대한 요구가 더 중시될 수 있도록 하는 데에 내가 할 수 있는 노력을 다해야 한다[1/2E].

한 사람이 언제 진정한 전문직업인이 되는가를 정확히 이야기하기는 어렵다. 과연 면허를 받는 시점이라고 이야기할 수 있을까? 그리고 치과대학의 학생들도 전문직업인으로서 책임을 가지고 있다고 이야기할 수 있을까? 내 생각에 전문직업인이 되기를 바라는 사람이라면 그가 현재 서 있는 위치에 상관없이 위에 언급한 책임들을 완수하고 내면화하려는 노력을 해야만 한다.

미주

1) 필자의 최근 연구물들은 다음과 같다(역자 주).

- Bebeau, M. J.(1996). Survey of Ethical Issues in Dental Research. *Journal of dental research*, *75*(2). p. 845.
- Bebeau, M. J.(1996). A Moral Development Perspective Applied to a Case on Dental Managed Care. *The Journal of the American College of Dentists*, *63*(4), pp. 49-52.
- Bebeau, M. J.(2001). Does This Integrated Law and Ethics Curriculum Promote Ethical Thinking?. *The Journal of the American College of Dentists*, *68*(2), pp. 27-30.
- Bebeau, M. J., Swisher, L. L, & Beckstead, J. W.(2004). Factor Analysis as a Tool for Survey Analysis Using a Professional Role Orientation Inventory as an Example. *Physical therapy*, *84*(9), pp.784-799.
- Rule, J. T.& Bebeau, M. J.(2000). Commitment to Community Service: The Story of Dr. Jack Echternacht. *The Journal of the American College of Dentists*, *67*(1), pp. 35-40.
- Rule, J. T.& Bebeau, M. J.(2002). Serving the poorest of the poor: The story of Jeremiah J. Lowney. *Quintessence international*, *33*(4), pp. 309-325.
- Rule, J. T., & Bebeau, M. J.(2003). Organized dentistry as an agent for helping

others: The leadership of Donna J. Rumberger. *Quintessence international, 34*(8), pp.621-636.

- Rule, J. T., & Bebeau, M. J. (2004). Dentists who Care: Inspiring Stories of Professional Commitment. Chicago, IL: Quintessence.

2) 미국치과의사협회(American College of Dentists)는 전문직으로서의 윤리적 가치를 장려하는 데에 전념하는 영예단체이다. 회원자격은 전문직업의식의 실천과 지역사회를 위한 봉사활동의 참여 정도에 기초하여 주어진다.

3) 윤리교과과정의 검토결과는 미네소타대학교 치과대학에서 1992년 발간한 평가인정 자체보고서 제2권 기준8(1992 Accreditation, Vol.II, Standard 8, pp.1-26)에 포함되어 있다.

4) 교과과정에 관련된 자료는 1982년 이래로 타 기관에 보급되었다(Bebeau, 1990).

5) 개업의를 위한 윤리워크숍 개발을 촉진하기 위해 Bebeau, Born, & Ozar(1993)가 고안한 자료들은 미국치과대학협의회에서 얻을 수 있다(The American College of Dentists, 839 Quince Orchard Blvd., Suite J, Gaithersburg, MD 20878-1603).

6) 각 소그룹을 담당하고 토론을 진행하는 교수들은 학생들의 적극적인 참여와 주도 속에서 토론이 진행될 수 있도록 촉진(facilitate)하는 역할을 한다. 이는 일방향적인 강의(lecture)와 달리 토론의 방향을 안내하고 질문을 통하여 학생들의 사고와 추론을 유도하는 것이 주된 역할이다. 따라서 촉진자용 노트에는 학생들이 토론 중 반드시 생각해 보아야 할 핵심주제나 유도질문, 참조자료 등이 포함되며 이는 학생들에게 직접 배부되지는 않는다(역자 주).

7) 전문직(profession)을 일반직(occupation)으로부터 구별하는 한 가지 척도는 기본적인 의무에 대한 동의가 이루어지고 그것들이 윤리강령으로 성문화된 정도이다(Hall, 1975).

8) 예를 들어 테크니션보다는 내과의사가, 그리고 위생사보다는 치과의사가 더 높은 수준의 감수성을 나타낸다.

9) 공동개원(proup practice)이란 뜻이 맞는 개원의들이 힘을 합쳐 하나의 병원을 운영해 나가는 것으로 최근 우리나라에서도 병원의 대규모화와 함께 늘어나는 추세이다(역자 주).

10) 미국에서 의학(medicine), 치의학(dental medicine), 법학 등의 전문교육은 학사 졸업 후에 이루어진다(역자 주).

11) 학점은 토론에 사용된 다섯 가지의 딜레마에 대해 작성한 에세이의 질과 토론에서 보여 주는 논증의 질에 대한 교수진의 평정에 따라 부여된다.

12) Veatch(1972), May(1983), 그리고 Ozar(1985)는 전문가로서의 정체성의 11가지 서로 다른 이미지 혹은 개념들로 구성되며, 이 정체성이 전문가다운 행동으로 인도한다고 기술하였다.

참고문헌

Baab, D. A., & Bebeau, M. J. (1990). The effect of instruction on ethical sensitivity. *Journal of Dental Education, 54*(1), 44.

Bebeau, M. J. (1983). Professional responsibility curriculum report: American College fellows serve as expert assessors. *The Journal of the American College of Dentists, 50*(2), 20–23.

Bebeau, M. J. (1985). Teaching ethics in dentistry. *Journal of Dental Education, 49*(4), 236–243.

Bebeau, M. J. (1988). The impact of a curriculum in dental ethics on moral reasoning and student attitudes. *Journal of Dental Education, 52*(1), 49.

Bebeau, M. J. (1990). *A professional responsibility curriculum for dental education* (2nd ed.). Center for the Study of Ethical Development, University of Minnesota, Minneapolis.

Bebeau, M. J. (1990). *Using classroom assessment to improve instruction in ethical decision making: Two data-based examples.* Paper presented at the annual meeting of the American Educational Research Association, Boston.

Bebeau, M. J. (1994). *Developing dental students' conceptions of professional obligation.* Manuscript submitted for publication.

Bebeau, M. J., Born, D. O., & Ozar, D. T. (1993). The development of a professional role orientation inventory. *The Journal of the American College of Dentists, 60*(2), 27–33.

Bebeau, M. J., & Brabeck, M. M. (1987). Integrating card and justice issues in professional moral education: A gender perspective. *Journal of Moral Education, 16*(3), 189–203.

Bebeau, M. J., & Rest, J. R., (1982). *The Dental Ethical Sensitivity Test.* Minneapolis Division of Health Ecology, School of Dentistry, University of Minnesota, Minneapolis.

Bebeau, M. J., Rest, J. R., & Yamoor, C. M. (1985). Measuring dental students' ethical sensitivity. *Journal of Dental Education, 49*(4), 225–235.

Bebeau, M. J., & Thoma, S. J. (in press). The impact of a curriculum in dental ethics on moral judgment and student attitudes. *Journal of Dental Education.*

Bebeau, M. J., & Waithe, M. E. (1988). Undergraduate preparation in philosophy, humanities, and social sciences as predictors of the ability to identify and reason about ethical issues in dentistry. *Journal of Dental Education, 52*(1), 49.

Blasi, A. (1984). Moral identity: Its role in moral functioning. In W. Kurtines & J. L. Gewirtz (Eds.), *Morality, moral behavior, and moral development* (pp. 128–139). New York: Wiley.

Damon, W. (1984). Self–understanding and moral development from childhood to adolescence. In W. Kurtines & J. L. Gewirtz (Eds.), *Morality, moral behavior, and moral development* (pp. 109–127). New York: Wiley.

Ernest, M. (1990). *Developing and testing cases and scoring criteria for assessing geriatric dental ethical sensitivity.* Unpublished master's thesis, University of Minnesota, Minneapolis.

Fisher, R., & Ury, W. (1981). *Getting to yes: Negotiating agreements without giving in.* Boston: Houghton Mifflin.

Hall, R. H. (1975). *Occupations and the social structure* (2nd ed.). Englewood Cliffs, NJ: Prentice–Hall.

Harvan, R. A. (1989). *The relationship between technical competence and ethical sensitivity among health professionals.* Unpublished doctoral dissertation, Rutgers University, New Brunswick, NJ.

Howe, K. (1982). Evaluating philosophy teaching: Assessing student mastery of philosophical objectives in nursing ethics. *Teaching Philosophy, 5*(1), 11–22.

May, W. E. (1983). *The physician's covenant: Images of the healer in medical ethics.* Philadelphia: Westminster Press.

Meetz, H. K., Bebeau, M. J., & Thoma, S. J. (1988). The validity and reliability of a clinical performance rating scale. *Journal of Dental Education, 52*(6), 290–297.

Miles, S. H., Lane, L. W., Bickel, J., Walker, R. M., & Cassel, C. K. (1989). Medical ethics education: Coming of age. *Academic Medicine, 64*: 705–714.

Ozar, D. T. (1985). Three models of professionalism and professional obligation in dentistry. *Journal of the American Dental Association, 110,* 173–177.

Rest, J. R. (1986). *Moral development: Advances in research and theory.* New York: Praeger.

Schlaefli, A., Rest, J. R., & Thoma, S. J. (1985). Does moral education improve moral judgment? A meta-analysis of intervention studies using the Defining Issues Test. *Review of Educational Research, 55*(3), 319–352.

Sheehan, T. J., Candee, D., Cook, C. D., & Bargen, M. (1980). Moral judgment as a predictor of clinical performance. *Evaluation and the Health Professions, 3*(4), 393–404.

Veatch, R. M. (1972). Models for ethical medicine in a revolutionary age. *The Hastings Center Report, 2,* 5–7.

Chapter 8

의사의 도덕발달과 교육

- 도니 셀프/텍사스 주립대학교 의과대학
- 드워트 볼드윈/미국의학협회

요 약

의사는 인간의 건강과 생명을 지킬 의무를 사회로부터 위임받은 대표적인 전문직이다. 히포크라테스 선서나 의사윤리강령은 도덕적인 집단이 되고자 하는 의료전문인의 자율적인 노력을 보여 주는 예이다. 그러나 예기치도 못했던 새로운 문제가 늘 발생하는 의료 현장에서 추상적인 선언만으로는 도덕적 성실의 의무를 지키기 어려워졌다. 어떤 상황에서도 도덕적 원리에 따라 판단하고 행동할 수 있는 의사 개개인의 내적 능력이 필요한 시점이다. 이런 배경에서 필자는 다양한 검사도구들을 활용하여 의사들의 도덕추론 능력을 연구한 결과들을 개관한다. 의사의 도덕추론 능력은 환자와의 관계, 의료소송 등 그들의 직무와 밀접한 관련이 있다. 그런데 의과대학생들을 종 · 횡단적으로 조사한 연구들은 전통적인 의학교육과정이 도덕발달을 돕지 못하고, 오히려 도덕추론을 인습 수준에 머무르게 하고 있음을 보여 준다. 그러나 윤리교육 프로그램을 이수함으로써 학생들의 도덕추론 능력이 향상되고 그 효과가 장기간 지속될 수 있다는 몇몇 연구결과들은 앞으로의 연구방향에 희망적인 메시지를 던져 준다. 이 장의 마지막 부분에서는 최근의 연구결과를 소개하고 있다.[1)]

코스 학파(School of Kos)[2)] 이래 고매한 인품의 유지와 윤리헌장의 준수는 의료전문직의 목적이자 상징이 되어 왔다. 히포크라테스 선서는 의사에게 기대되는 행동규범을 잘 보여 주고, 사회와 맺은 서약을 명확하게 해 준다. 이것은 의사가 특별한 지식과 기술을 도덕적이고 윤리적으로 활용하리라는 사회적 믿음과 기대의 토대가 된다. 그러나 의료환경의 특성은 몇 가지 측면에서 이러한 주제를 매우 복잡하게 만든다. 첫째, 의사와 환자 사이에 형성되는 친밀하고도 수탁적인 관계는 다른 관계에서 일반적으로 통용되는 기준 이상의 신뢰감과 책임감을 요구한다. 둘째, 사람마다 생활 경험이 다르듯 임상 상황에서 의사와 환자의 만남은 하나하나가 매우 다르고 독특하다. 셋째, 의료환경이 계속 변하면서 일반적인 윤리헌장에서 규정하거나 예견하지 못한 새로운 문제들이 속속 생겨나고 있다. 그렇기 때문에 의사 개개인은 도덕적인 의사결정을 해야 하는 상황을 더욱 빈번히 접하게 되고, 그가 해결해야 할 문제들은 환자 및 사회의 가치와 기대가 변화함에 따라 점점 더 복잡해지고 있다. 그래서 의사들은 의심과 불확실성으로 점철된 생활 속에서도 책임감 있는 결정을 할 수 있는 법을 배워야만 한다. 의사들이 이렇게 할 수 있도록 돕는 것이야말로 의학교육의 책무이다. 즉, 의학교육은 의학도들이 전문직과 사회의 윤리적 표준이 무엇인지 이해하고, 어떤 가치를 추구해야 할지 깨닫도록 해야 한다. 또한 환자와 그 가족, 사회가 중요하게 여기는 가치나 기대를 이해하고 평가하는 방법을 습득하고, 의학의 윤리적 측면을 예의 주시하면서 개인으로서 그리고 전문인으로서 평생학습을 계속해 나가도록 가르쳐야 한다.

앞서 언급한 것들은 현재 의학교육이나 생명윤리학에서 다루는 범위를 넘어서는 것들이다. 사람들은 대체로 생명윤리학을 자기 외부(external)에 있는 것으로 본다. 즉, 생명윤리는 의료기술과 일상의 진료, 의학적 진보로부터 비롯된 여러 도전을 속에 내재하거나 그것들로부터 파생된 객관적인 어떤 것들이라고 생각한다. 이 글에서 논의할 생명윤리도 물론 이와 관련은 있지만 한편으로는 매우 다른 것이다. 그것은 의사 개인의 내면(internal)에 존재하고 보다 주관적이다. 또한 그것은 바쁘고 긴급한 매일의 진료상황 속에서 의사 개인이 책임 있는 도덕적 의사결정에 도달하리라는 기대를 바탕으로 하는 윤리학이다. 후자의 윤리학은 의사들에게 도덕적 의사결정에 필요한 자기 자신의 내적인 가치들과 능력을 이해 · 계발하고 훈련할 것을 요구한다.

의학교육자와 의학교육과정은 의료전문인이 되기 위한 사회화과정에 들어오는 학생들에게 이 후자의 지식과 기술 그리고 태도를 가르치고 보여 주어야 한다. 그러나 불행히도 과부화된 의학교육과정은 이러한 내용을 일회적인 강의로 다루는 경우가 많으며, 심지어 그 시기도 부적절한 경우가 많다. 이러한 학습은 우연에 맡겨 둘 수는 없는 것이며 의학교육과 훈련의 전체 과정 속에서 주의 깊게 계획을 세워 가르쳐야 한다. 쉬한과 그 동료들(Sheehan et al., 1990)을 비롯한 여러 학자들이 지적하듯이, 의과대학생들과 수련의들은 시험부정행위, 의료기록 변조, 연구물 도용, 오진과 이에 대한 묵인, 재정적인 이득을 위한 허위진단이나 과잉진료와 같이 임상과 관련된 윤리적인 문제상황에 직면하게 된다. 이러한 경험들은 다른 많은 의학적인 의사결정과 함께 그것이 가진 도덕 · 윤리적 의미에 대한 솔직하고 개방적인 토론의 기회를 제공해 줄 수 있다. 그리고 이러한 토론을 통해 의과대학생들은 그들의 신념이나 가치를 자신의 동료들이나 교수들과 비교할 수 있다.

버나드(Barnard, 1992), 하퍼티와 프랭크(Hafferty & Franks, 1994)는 의학교육과 의료행위의 모든 측면이 윤리 및 가치의 문제와 깊이 관여되어 있으므로 이 둘은 의학교육 전 과정에서 교육되어야 하며 이는 가치중립적이라고 간주되는 기초의학에서도 예외가 아니라고 주장했다.

지난 20여 년간 의료계에서는 가치와 도덕성, 윤리적 의사결정을 가르치는 것이 중요하다는 인식이 점점 더 증대되었다. 1970년대부터 점차 많은 의과대학이 의료윤리과정을 도입했는데, 대개 강의 형태의 일회적인 과정이었다. 그러나 펠레그리노(Pellegrino)[3)]를 비롯한 여러 사람들(Bickel, 1986; McElhinney, 1981; Pellegrino & McElhinney, 1982)의 선구적인 노력에 힘입어 때로는 윤리회진(ethical rounds)[4)]의 형태로 교육되기도 했다. 미국의과대학협회(AAMC)의 1972~1973년 판 교육과정편람에서는 윤리학이나 생명의료윤리학이라는 이름으로 개별과목을 개설하고 있는 미국의 의과대학이 한 곳도 없었다. 그러나 그로부터 10년이 지난 후인 1982~1983년 판 교육과정편람을 보면 대다수의 의과대학이 이러한 과정을 개설하고 있다.

도덕추론에 대한 경험적 연구

첫 번째 연구추세

의과대학생과 수련의들의 도덕추론에 관한 경험적인 연구에 앞장 선 연구그룹이 두 개 있다. 1977년부터 1985년경까지는 쉬한(Sheehan, 1978)을 중심으로 한 연구자들이 활발한 연구활동을 하였고, 셀프(Self, 1985a)와 그 동료들이 1985년부터 현재까지 연구를 계속하고 있다. 그러나 많은 초기 저작들이 AAMC가 후원하는 RIME(the annual Research in Medical Education)이나 AERA(American Educational Research Association)의 연차대회에서 발표되었고 불행히도 실제로 출간된 저작들은 찾아볼 수 없었다.

의료인의 도덕적 추론에 대한 연구의 상당수가 레스트의 DIT를 사용하였다. 이는 DIT가 활용하기 쉽고 저렴하기 때문인 것으로 보인다. 물론 콜버그(1984)의 MJI 원본이나, 깁스(Gibbs & Widaman, 1982)의 SRM을 사용한 연구도 몇 편 있다. 이러한 측정도구들은 콜버그의 인지중심의 도덕발달이론에 기반을 두고 있는데, 이 이론에서는 정의의 원리를 가장 상위의 도덕적 선으로 보고 있다. 그런데 이들 도구에서 성별 효과(gender effect)가 발생할 가능성이 있으므로 길리건(1982)과 나딩스(1984)가 제안한 도덕 지향성을 중심으로 연구한 경우도 있다. 셀프와 스킬(Self & Skeel, 1992)은 콜버그의 MJI와 길리건의 면접법을 조합하여 1시간 안에 도덕추론의 전 단계를 평정하고 정의·배려 지향도 평가할 수 있는 새로운 도구를 개발하였다.

의과대학생들의 원리화된 도덕적 추론에 대한 측정을 시도한 연구로서 가장 먼저 보고된 것은 아마도 1977년도 미국의학교육학회지의 '브리프(Briefs)' 란에 실린 연구일 것이다. 이 연구에서는 방법에 대한 상세한 설명 없이 '의학에서 인간의 가치(human values in medicine)' 를 수강한 실험집단과 그렇지 않은 통제집단 간에 유의미한 DIT점수 차이가 나타나지 않았다고만 보고하였다(Blizek & Finkler, 1977).

1978년 RIME 연차대회에서 코네티컷 대학병원에 있는 쉬한(Sheehan)의 연구그룹 일원인 허스티드(Husted, 1978)는 DIT를 사용하여 488명의 의과대학생들의 도덕추론을 측정한 연구를 발표했다. 이들의 P-점수는 1학년이 50.2점, 3학년이 50.8점이었는데, 블룸(Bloom, 1976)의 대학원생 연구와 비교할 때 점수의 상승이 나타나지 않는다는 점이 주로 지적되었다. 허스티드는 또한 이 의과대학생들이 5A, 5B, 6단계 추론을 선호한다는 것을 밝혀 냈다. 그리고 소아과 수련의들(46명)의 DIT점수(57.2)가 외국대학 졸업생들(58명)의 점수(32.2)보다 훨씬 더 높다는 사실을 보여 주었다. 또 일류 병원에서 수련받은 소아과 교수의 P-점수(54.2)가 그렇지 않은 병원에서 수련받은 소아과 교수의 점수(47.6점)보다 더 높은 것으로 나타났다.

쿡(Cook, 1978) 역시 1978년의 RIME 학술대회에서 쉬한의 그룹과 공동으로 연구한 수련의들의 검사결과를 보고했는데, P-점수와 중환자에 대한 치료 태도 간에 유의미한 상관(r=.32, p≤.001)이 있음을 밝혔다. 즉, P-점수가 높은 수련의들은 낮은 점수의 수련의들보다 가족들의 부정적인 태도에 민감했고, 필요 이상의 과잉치료는 하지 않는 경향이 있었다.

마찬가지로 같은 해 도덕적 추론과 임상수행에 관한 최초의 연구(Sheehan, 1978)도 발표되었는데, 이 연구는 쉬한 등에 의해 2년 후 학술지에 게재되었다(Sheehan et al., 1980). 본 연구에서 대학병원 두 곳과 지역병원 세 곳의 소아과 수련의 260명을 대상으로 DIT의 도덕추론의 여섯 단계와 임상수행의 18개 차원(Cook & Margolis, 1974) 사이에 상관분석을 한 결과 유의미한 정적 상관이 확인되었다(r=.82, p≤.05). 또한 수련의(45명)의 임상수행에 대한 전반적 평정과 MJI의 도덕추론 점수 간에도 유의미한 상관이 있었다(p≤.001).

1년 후 1979년 RIME 학술대회에서 다니엘과 베이커(Daniel & Baker, 1979)는 의과대학생 60명(남자 41명, 여자 19명)의 도덕발달 변화를 보고했는데, 이는 의과대학 입학과 동시에 18개월 간격으로 DIT로 측정한 결과였다. 또 그는 이러한 변화를 슈츠(Schutz, 1966)가 개발한 대인관계지향 및 행동검사(Fundamental Interpersonal Relationship Orientation−Behavior, FIRO−B)로 측정한 대인관계 스타일의 변화와 관련시키려 했다. 세 시점에서의 평균단계와 지수를 요약하면서 다니엘은 보다 미성숙한 3단계 반응이 점차 감소하고, 보다 복잡한 5B단계 반응이 유의미하게 증가했음을 발견했다. 즉 다니엘의 연구는 의과대학에서 보낸 첫 3개 학기 동안 보다 복잡한 도덕판단을 선호하도록 도덕추론이 계속 발달했음을 보여 주었다. 다니엘은 의과대학생들의 사회적 환경에 적응하는 방식이 그들의 도덕성 발달에 영향을 준다고 결론지었다. "민감한 대인관계를 편안하게 여기는 사람들은 사회적 관계에 뿌리를 두고 있는 변인, 즉 도덕성에서 보다 더 큰 발달을 보여 준다."(p. 91)

쉬한의 연구팀은 도덕추론에 대한 주제로 돌아가 도덕추론과 중병치료에 관한 의사결정 간의 관계에 대한 쿡(Cook, 1978)의 연구를 확장 · 진행한 후 그 결과를 1979년 RIME 학술대회에서 발표하였다. 이 연구는 442명의 의사(256명의 수련의와 186명의 개원의[5])들을 조사대상으로 삼았다. 그들의 가설은 높은 수준의 도덕추론을 하는 의사는 환자나 가족들이 치료제한을 요구하거나, 치료 후에 삶의 질을 보장할 수 없을 때는 적극적인 치료를 제한한다는 것이었다. 캔디(Candee)와 동료들은 심각한 장애를 가지고 태어난 신생아의 경우를 비롯하여 6개의 사례를 담은 크레인(Crane, 1975)의 질문지를 사용하였다. 수련의들의 경우에는 이러한 신생아의 치료에 대한 적극성과 도덕추론 간에 의미 있는 부적 상관(A유형으로 r=−.41, B유형으로 r=−.23)이 나타났으나, 개원의들의 경우에는 상관이 없거나 긍정적인 관련이 나타났다. 다시 말하면, 개원의들까지는 포함시킬 수 없지만 수련의들의 경우에 "보편적인 윤리원칙을 근거로 추론하는 사람은 경우에 따라 중병에 대한 자신의 치료를 환자의 명시적인 권리와 암묵적인 권리를 고려하여 조절한다. DIT점수와 가족태도 요인(명시적인 권리) 및 회생가능성 요인(암묵적인 권리)과 가지는 상관관계가 이를 보여 준다."(Candee et al., 1979, p. 28)는 것이다.

한편, 골드만과 아버스넛(Goldman & Arbuthnot, 1979)은 도덕 딜레마 토론에 참여한 의과대학 전 과정의 학부생들에게서 도덕추론 기술의 향상이 나타나는 것을 보고했다. 일년 후에 쉬한의 그룹(1980)은 도덕추론과 임상수행 간의 관계에 대한 연구의 최종판을 출판했다. 이 연구의 대상은 244명의 소아과 수련의였고, 측정 도구는 쿡과 마고리스(Cook & Margolis, 1974)의 연구를 기초로 제작한 임상수행검사와 콜버그(1984)의 MJI, 레스트(1979)의 DIT였다. 18가지 수행특성과 DIT점수 사이에는 의미 있는 상관을 발견할 수 있었는데($p \leq .001$), 주로 사용하는 도덕판단의 단계가 무엇이냐에 따라 수행방식에 차이가 있었고, 단계점수가 높을수록 수행이 향상되는 경향도 함께 나타났다. P-점수와 전반적인 수행평가 결과를 세 수준으로 나누어 비교하니 더 흥미로운 결과가 나타났다. 즉, 도덕추론 수준이 높으면 잘못된 수행을 할 가능성이 사실상 없어진다는 것이다. 반대로, 도덕추론 수준이 낮으면 수행을 잘할 가능성이 없어진다. 이 연구에서는 또한 미국 출신 수련의와 외국에서 교육받은 수련의의 P-점수 및 수행이 유의미한 차이를 보인다는 것이 보고되었다.

쉬한 등(Sheehan et al., 1981)은 미국교육학회(AERA)의 연차대회에서 자료를 발표하기도 했다. 의과대학생 52명의 도덕추론 점수를 입학할 때부터 3학년 말까지 조사한 결과, 의미 있는 상승을 확인할 수 없었고, 시간이 지남에 따라 점수의 분포가 줄어들면서 높은 점수의 비율은 감소하고 낮은 점수의 비율이 증가했다. 불행하게도 이 자료는 학술지로 출간되지는 않았다.

1980년에서 1982년 사이에는 의료분야의 도덕추론을 다루는 연구물이 출간되지 않았다. 그 후 기브너와 하인스(Givner & Hynes, 1983)가 의료인문학 과정을 수강하는 의과대학 1학년생에 대한 연구를 발표했다. 이들은 DIT를 사용하여 교과목을 이수한 학생(51명)과 그렇지 않은 학생(57명)의 사전 · 사후 검사를 비교했다. 연구가설은 도덕추론 수준이 높은 학생들이 그 과정을 이수할 가능성이 높다는 것이었다. 사전검사의 비교결과 과정이수자의 P-점수 평균(50.25)은 비이수자의 평균(45.75)보다 유의미하게 높았다. 또 사후검사를 검토한 결과, 이수자의 점수는 54.75점으로 유의미하게 증가했다($p \leq .05$). 특히, 5B단계 점수가 유의미하게 증가하면서($p \leq .01$) 3단계 점수는 유의미하게 감소했다($p \leq .01$). 이 연구는 원리화된 추론을 하는 사람이 의료인문학 과정을 이수할 가능성이 더 높으며, 도덕적 딜레마와 의료윤리 문제에 대해 토론하는 의료인문학 과정은 도덕추론의 수준을 높인다는 점을 보여 준다.

다음 해에 쉬한은 또 다른 프로젝트(Benor et al., 1984)에 공동 저자로 참여하게 되는데, 이는 의과대학의 입학사정 준거에 도덕추론능력이 포함될 수 있는가에 관한 것이었다. 본 연구에는 두 학교가 참여하였고 마찬가지로 DIT를 사용하였다. 이 두 학교 중 한 학교는 전통적인 방법대로 인지적 수행능력을 중심으로 학생을 선발하는데, 이는 지원자들의 경쟁을 유발하는 방식이었다. 반면, 다른 학교는 혁신적인 지역사회 중심 학교로서 다소 복잡한 절차를 거쳐 학생들을 선발하였다. 즉, 일단 학업수행능력을 기준으로 학생들을 선별한 후, 여러 가지 비인지적인 준거를 고려한 개별면접을 실시하여 학생을 선발하였다. 이때 후자의 학교에서는 최종후보자 319명 중 240명에게 DIT를 실시하였고, 전통적인 학교도 최종후보자 316명 중 216명에게 DIT를 실시하였다. 이 두 그룹은 나중에 다시 합격자와 불합격자로 나뉘었다. 연구대상이 된 전체 지원자의 P-점수 분포는 41±13.8이었다. 면접을 통해 지역사회 중심 학교에 합격한 학생들의 점수(50.08±17.0)는 다른 학생집단들, 즉 동일한 학교의 불합격생($p \leq .001$), 전통적인 학교의 합격생($p \leq .005$), 전통적인 학교의 불합격생($p \leq .001$)의 점수보다 유의미하게 높았다. P-점수와 면접점수 간에는 그리 크지는 않으나 의미 있는 정적 상관($r=0.19$, $p \leq .05$)이 나타나, 면접과정을 통해 원리화된 추론능력이 높은 학생들이 선발되었음을 보여 주었다. 보고서의 결론 부분에서 저자들은 반복연구와 합격생들에 대한 장기간의 추수연구를 제안하기도 하였다.

쉬한을 비롯한 코네티컷대학 연구팀(Sheehan et al., 1985)은 39명의 가정의학과 수련의들을 대상으로 의사의 도덕추론과 임상수행 사이의 관계를 연구하였다. 특히 이들은 두 명의 모의환자(simulated patients)[6]를 활용하여 의사와 환자의 상호 작용 상황을 재연하였다. 도덕추론 검사로는 콜버그의 MJI와 캔디(1978)의 역할개념검사(Role Concept Inventory)를 사용했는데, 역할개념검사는 이상적인 의사-환자 관계에서 의사의 역할에 대해 수련의들이 가지고 있는 개념을 알아보기 위해 개발된 것이다.

수련의들의 도덕추론점수와 임상수행평가 점수 사이에는 의미있는 상관($r=.38$)이 나타나면서, 선행연구의 결과와 일치했다. 이 연구 후에도 쉬한은 의사의 휴머니즘을 촉진하고 도덕적인 문제해결력을 향상시키는 과정에 대해 계속 관심을 가졌다(Sheehan et al., 1987; 1989).

두 번째 연구추세

연구의 두 번째 물결은 1980년대 중반에 시작되어 현재까지 계속되고 있다. 비록 그 무렵까지는 의학에서의 도덕추론에 대한 논문을 발표한 일이 없었지만 텍사스 A&M 대학의 셀프(Self, 1985a; 1985b)와 공동 연구자들은 의학과 수의학 분야에서 수많은 발표와 출판을 하면서 매우 활발하게 활동하기 시작했다. 도덕추론에 대한 셀프의 관심과 자료수집은 훨씬 더 일찍 시작되었고, 보편적으로 사용되고 있던 MJI, SRM, DIT와 같은 도구들도 이용하고 있었다.

셀프와 공동 연구자들의 주요 관심은 의료윤리교육과정에서 학생평가를 위해 도덕추론을 조사하는 객관적 평가도구를 도입하고, 이러한 윤리교육이 의과대학생의 도덕추론 기술을 향상시켰는지 설득력 있게 제시하는 것이었다. 그들이 처음으로 출간한 연구(Self et al., 1989)는 의과대학 교육과정에 도입된 의료윤리교육의 효과를 입증하고, 강의와 사례연구 토론이라는 두 가지 서로 다른 교육방법을 비교하기 위한 것이었다. 깁스(Gibbs, 1982)의 SRM을 사용한 연구에서는 의료윤리과정에 참여한 학생들의 도덕추론수준이 교육방법에 관계없이 유의미하게 높아졌다($p \leq .0001$). 또 사후검사 점수를 비교한 결과 학생들의 도덕추론 수준을 향상시키는 데에는 강의보다는 사례연구 토론 방법이 더 효과적인 것으로 나타났다($p \leq .03$). 그러나 사후검사 점수에서 사전검사 점수를 빼서 조정하면, 그 차이가 통계적으로 유의미하지 않았다. 회귀분석 결과, 연령 · 성 · 학부평점 · 의학교육입문검사(MCAT) 점수는 도덕추론 점수의 변화와 관련이 없었다. 즉, 학생들 사이의 변량은 학생의 개인적 특성에 따라 설명되기보다는 학생들이 어떤 실험집단에 속해 있는가에 따라 설명되었다. 윤리교육을 받지 않은 통제집단과 비교했을 때, 강의를 받은 집단의 변화는 사례토론에 참여한 집단의 변화와 마찬가지로($p \leq .0001$) 통계적으로 유의미했다($p \leq .004$).

다른 연구에서 셀프와 동료들(Self, Baldwin & Wolinsky, 1992)은 의료윤리를 공식적으로 가르치는 것이 의과대학생의 도덕추론을 유의미하게 증가시키는지를 DIT를 사용해서 탐색하였다. 먼저 의료윤리과정에 참여한 학생들의 변화만 살펴보았을 때 도덕추론 수준이 향상된 것을 발견할 수 있었다($p \leq .0005$). 그리고 사전검사 점수의 차이를 통제한 사후검사 점수를 비교한 결과 교육과정에 참여하지 않은 집단과 참여한 집단 사이에는 의미 있는 차이가 있었다($p \leq .0002$). 본 연구결과에 대한 논의에서 필자들은 다원화된 현대사회에서 의료윤리교육이 담당해야 할 기능은 관련된 도덕적 가치가 무엇이든 가치문제를 해결하는 데 필요한 의과대학생의 도덕추론 능력을 향상시키는 것이라는 기본전제에 대해 언급하였다.

1993년 셀프 등(Self et al., 1993)은 DIT를 사용하여 영화를 사랑하고 토론하는 의료인문학 프로젝트의 효과를 평가했다. 이 연구에는 세 개의 집단이 참여했다.

1. 통제집단: 영화 토론에 참여하지 않은 1학년생
2. 실험집단 1: 가을학기 동안 주당 1시간의 영화 토론에 참여한 1학년생
3. 실험집단 2: 가을 및 겨울학기 동안 주당 1시간의 영화 토론에 참여한 1학년생

사전·사후 검사를 실시하여 도덕추론 기술을 비교한 결과, 실험집단 1($p \leq .002$)과 실험집단 2($p \leq .007$) 모두 도덕추론 점수에서 유의미한 향상이 나타났다(통제집단은 $p \leq .109$). 이 결과는 수업의 자원여부에 따른 편파 가능성과 교육과정의 설계방법 등 몇 가지 논의점을 남겼다.

셀프와 공동 연구자들의 다른 연구물은 도덕성 발달에 미치는 의학교육의 효과에 대한 종단연구였는데, MJI·SRM·DIT가 모두 사용되었다. 이 연구들의 대부분은 DIT를 사용했는데, 이는 DIT가 비용이 저렴하고 실시하기 쉬웠기 때문이다. 거의 모든 연구에서, 일반적으로 이 연령집단에게 나타날 것이라고 기대되는 도덕추론과 도덕성의 향상이 나타나지 않았다. 이는 의학교육의 경험이 도덕추론의 발달을 억제하는 효과를 나타낼 수도 있음을 시사한다.

셀프와 슈레이더 등(Self & Schrader et al., 1993)의 첫 번째 종단연구에서는 MJI를 사용하여 의과대학생 20명(한 학년의 42%)의 도덕추론을 1학년과 4학년 때 조사했다. 연구결과, 4년 동안의 의학교육에서는, 대학생에게 일반적으로 기대되는 도덕추론의 향상이 나타나지 않아, 의과대학생의 교육 경험이 도덕추론 능력을 촉진하기보다는 억제한다는 사실을 보여 주었다. 의과대학생이 획득한 점수(WAS)의 평균범위는 1학년 때는 315~482였고, 4학년에는 341~454였다. 1학년과 4학년의 집단평균을 비교한 결과 18.5점이 증가했는데, 이는 통계적으로 의미 있는 차이가 아니었다($p > .05$). 즉, 의학교육을 이수하는 동안에 도덕추론 기술의 의미 있는 향상이 나타나지 않을 것이라는 가설이 입증된 것이다. 또 흥미로운 사실은 도덕추론 점수(WAS)의 분산이 1학년에서 4학년으로 가면서 좁아진다는 것인데, 이는 의학교육을 경험하는 것이 강력한 사회화 요인임을 보여 준다. 의과대학 1학년생의 점수의 폭은 167로, 거의 1.5단계에 상응하는 반면, 4학년생의 점수폭은 113점으로, 거의 1단계에 상응했다. 이를 종합해 볼 때, 1학년과 4학년 사이에 도덕추론 변량에서 이론적으로 3/4단계 정도의 축소가 일어났다고 해석할 수 있다.

도덕추론 점수(WAS)나 전체 단계점수의 변화와 연령 · 성 · 의대입학 성적(MCAT) · GPA 사이의 상관은 통계적으로 유의미한 정도는 아니었다(p≤.05). 따라서 이러한 요인이 표집과정에서 줄 수 있는 편파성은 염려하지 않아도 된다. 전반적으로 콜버그가 이야기하는 인습 수준에 있는 학생은 의학교육 4년 과정 동안 성장이든 퇴보든 의미 있는 도덕추론의 변화가 나타나지 않았다. 남성과 여성의 점수는 사전 · 사후 검사 모두에서 비슷한 것으로 나타나, 콜버그의 정의 지향적 도덕추론 이론이 성 편파적이라는 길리건(1982)의 주장을 지지하지 않는 것으로 나타났다.

갈라 폰테스 등(Galaz-Fontes et al., 1989)은 이와 유사한 종단연구의 결과를 메사추세츠 주 케임브리지에서 열린 제4회 성인발달 심포지엄에서 발표했는데, 이 연구의 자료는 멕시코 의과대학에서 수집한 것이었다. 그들은 표준 MJI의 딜레마 III-A와 III-B를 포함한 작문형 검사를 사용하여, 113명의 의과대학생들을 1학기(N=49), 3학기(N=24), 8학기(N=24), 10학기(N=16)에 검사하였다. 점수(WAS)를 비교했을 때, 학기(p≤.2099)와 성(p≤.1572)이 학생들의 도덕추론에 미치는 효과는 없었고, 두 요인 사이의 상호 작용 효과도 없었다(p≤.3559). 모든 피험자 그룹에서 3단계와 3/4단계 반응이 가장 많이 나타났다(1학기에 88%, 3학기에 80%, 8학기에 67%, 10학기에 94%). 83%의 여학생과 82%의 남학생이 3단계와 3/4단계로 반응하여 성별에 따른 차이도 나타나지 않았다.

또 다른 연구에서 셀프 등(Self et al., 1994)은 깁스(1982)의 SRM을 사용하여, 의과대학생 30명(그 학급의 62.5%)의 도덕추론을 입학시기와 졸업시기에 조사했다. SRM점수의 범위는 220~400이었다. 1학년과 4학년 사이에 평균이 10.67점 증가했는데, 이는 통계적으로 유의미하지 않았다(p≤.05).

셀프의 연구팀(9장 참조)이 수의학과 학생들을 대상으로 실시한 연구결과와 마찬가지로, 이러한 연구들은 4년 동안의 의학교육과 수의학교육이 도덕추론의 향상과 도덕성 발달에 기여하지 못한다는 사실을 일관되게 보여 준다. 종단적인 방법을 사용하여 피험자에게 반복적으로 검사를 한 점은 이 연구들의 장점이지만, 표집이 작은 편이기 때문에 보다 큰 사례 수를 가지고 연구를 진행할 필요가 있었다. 이러한 점을 고려하여 볼드윈 등(Baldwin et al., 1991)은 미드웨스트에 위치한 의과대학 학생들을 대상으로 4년 동안의 도덕추론 변화를 조사하기 위해 종·횡단적 방법을 혼용한 설계를 사용하였다. 총 249명의 학생들에게 DIT를 실시하였다. 판독 및 신뢰성 검증의 과정에서 43개(17.3%)의 프로토콜이 분석에서 누락되었는데, 이는 DIT 연구에서는 흔히 나타나는 정도이다. 최종 분석인원 206명은 1학년에서 4학년 사이의 학생들로서 여학생이 82명, 남학생이 124명이었다. 학년과 성별에 따라 학생들을 나누고 평균 P-점수를 조사해본 결과 성($F=18.45$, $p \leq .001$)과 수학기간($F=4.806$, $p \leq .01$)의 유의미한 주 효과가 나타났다. 또한 모든 학년에서 남성보다는 여성의 도덕추론 점수가 일관되게 높았다.

셀프의 연구팀은 교육을 통해 습득한 도덕추론 기술이 계속 유지될 수 있는가의 문제에 대해서도 관심을 가졌다. 셀프와 올리바레즈(Self & Olivarez, 1994)는 의학교육에 입문한 첫 학기에 의료윤리과정을 이수한 학생들의 도덕추론 기술이 증가하는지를 조사하고, 이 학생들이 4년 후 졸업할 때까지 매년 재검사를 실시했다. 이 연구의 가설은 의료윤리교육을 통해 한 번 향상된 도덕추론 기술이 의학교육 전 기간 동안 계속 유지된다는 것이었다. 즉, 일단 높은 수준의 도덕추론을 획득하면 그보다 낮은 수준으로 퇴행되지는 않을 것이라는 가설로서, 도덕성의 인지발달론적 관점의 기본가정과 같은 것이었다(Colby & Kohlberg, 1987). 만일 이 가설이 검증되면 의학교육 초기단계에 의료윤리를 가르침으로써 학생들의 도덕추론을 향상시킬 수 있도록 교육 기회를 마련하는 것이 중요하다는 사실이 확인될 것이다. 그리고 현재 많은 대학처럼 의료윤리가 선택과정으로 운영되는 것이 아니라, 모든 의과대학생들의 필수과정이 되어야 한다는 주장을 지지해 줄 것이다.

의과대학 1학년생 총 97명이 이 연구에 참여했다. 4년 동안 5회에 걸쳐 DIT를 실시했기 때문에, 검사 시점마다 참가한 학생의 수는 달랐다. 그러나 25명의 학생이 5번 모두 검사를 받았고, 거의 80% 정도의 학생들이 3번 이상 검사를 받았다. 그래서 검사결과 자료를 두 세트로 구분하여 분석했는데, 한 세트는 5번 모두 검사를 받은 학생들의 것이고, 다른 한 세트는 한 번이라도 검사를 받은 학생 모두의 것이다. 두 세트 사이에는 차이가 없었다.

1학년 때 의료윤리강좌 전·후에 실시한 DIT의 P-점수 평균(사전검사는 44.57, 사후검사는 55.29)에는 통계적으로 유의미한 차이가 있었다($p \leq .00025$). 2학년 말에 재검사한 결과 P-점수 평균은 57.33였다. 이는 1학년 때 실시한 사전검사보다는 유의미하게 높은 것이나($p \leq .00001$), 사후검사보다는 유의미하게 높지 않았다($p \leq .35535$). 마찬가지로 3학년 말의 P-점수 평균(60.20)과 4학년 말의 P-점수 평균(59.43)도 1학년 때 실시한 사전검사보다 유의미하게 높았다($p \leq .00001$). 의료윤리교육 이후에 상승된 DIT평균점수가 이후의 의학교육기간 동안 체계적으로 유지된다는 사실은 의료윤리과정을 통해 향상된 도덕추론 기술이 의학교육과정 동안 지속된다는 가설을 증명해 준다.

이 연구는 의학교육과정 내에 의료윤리교육을 포함함으로써 사회적 정의와 제한된 자원의 분배 문제를 효과적으로 다룰 수 있으며, 그 결과 학생들의 정의추론에 긍정적인 영향을 줄 수 있다는 것을 시사한다. 그리고 교육을 통해 한번 향상된 도덕추론 기술은 학생들이 의과대학에서 교육을 받는 기간 동안 계속 유지되었다. 이제 가치나 태도 분야가 엄밀한 측정이나 검사가 불가능한 '소프트한 과학'으로 격하될 이유가 더 이상 없다. 의학이 사회적인 신뢰나 존경을 잃어 가고 있는 데 대한 지금의 우려를 해소할 수 있는 방법은 의학교육이 사회정의, 전문직에서 가치의 역할과 같은 주제에 보다 더 주목하는 것이다.

위에서 살펴본 많은 연구에서 일관적으로 확인할 수 있는 사실은 남성보다는 여성의 도덕추론 수준이 높다는 것이다. 이러한 결과는 여성의 도덕 지향이 남성의 것과 다르기 때문에 콜버그의 도덕 딜레마에서는 여성이 낮은 점수를 얻는다는 길리건 등(1982)의 비판에 의문을 제기한다. 보다시피, 이 연구에서 DIT는 여성에게 전혀 불이익을 주지 않았다. 물론 전통적으로 남성 중심적인 다른 전문직의 여성들로부터 얻은 자료를 더 확인해 보아야 하겠지만, DIT나 도덕발달을 측정하는 콜버그식 검사들이 전문직업인의 도덕발달 연구에 사용하기에 적절하다고 판단할 수 있다.

의과대학의 여학생들이 정의 지향적인 도구를 사용해서 높은 점수를 획득할지라도, 길리건(1982), 나딩스(1984) 등이 주장한 배려 지향의 개념을 사용한 연구들 역시 여전히 흥미로운 영역이다(Bebeau & Brabeck, 1987). 셀프와 스킬(1992)은 한 번의 면접으로 도덕추론과 도덕 지향을 동시에 평가할 수 있는 면접도구(MROI)를 개발했다. 또한 셀프와 제커 등(Self, Jecker, & Baldwin, 1993)은 의과대학생, 의사 그리고 철학 및 신학 분야에서 훈련을 받은 임상의료윤리학자를 대상으로 정의 · 배려 지향의 존재를 규명하기 위한 연구를 진행하였다(Self, Skeel, & Jecker, 1993a; 1993b).

한 가지는 MROI(Self & Skeel, 1992)를 사용하여 임상의료윤리학자들의 도덕성 발달에 미치는 철학교육과 신학교육의 효과를 비교한 연구이다(Self et al., 1993a). 전국의 임상윤리학자 50명(철학 출신 26명, 신학 출신 24명)으로부터 도덕추론과 도덕 지향성 측정자료를 수집했다. 분석결과 도덕추론에서는 철학자들(WAS 평균=429)과 신학자들(WAS 평균=433) 사이에는 유의미한 차이가 없었다. 마찬가지로, 딜레마를 고려하는 데 정의와 배려를 참조하거나, 둘 중의 하나만을 판단의 지배적인 근거로 사용하거나 자신의 딜레마를 해결하는 데 사용할 만큼 어느 한 가지를 선호하는 정도에 있어서도 두 집단 사이에는 유의미한 차이가 없었다. 즉, 연령·성·도덕추론·도덕 지향 사이에 유의미한 관계가 발견되지 않았다.

추수연구에서 셀프 등(Self et al., 1993b)은 의료윤리학자(철학 및 신학 출신)를 개업의와 비교했는데, 이들 사이에는 유의미한 차이가 발견되었다. 미국 전역의 다양한 전문의들 39명을 면접한 결과, 이들의 도덕추론 점수(WAS 평균=403)는 임상의료윤리학자들보다 일관되게 낮았고 그 차이는 통계적으로도 유의미한 것이었다($p \leq .00028$). 그러나 정의와 배려에 대한 도덕 지향에서는 의사들과 임상의료윤리학자 사이에 유의미한 차이가 나타나지 않았다. 나이가 많은 사람의 도덕추론 점수가 높기는 했지만, 연령과 도덕 지향 사이에도 유의미한 관계가 발견되지 않았다. 도덕 딜레마에서 여성은 배려의 요소를 더 많이 인식하고, 남성은 정의의 요소를 더 많이 인지하여 성별에 따라 도덕 지향의 차이가 있기는 했지만, 성과 도덕추론 사이에는 유의미한 관계가 발견되지 않았다.

다른 연구에서 셀프 등(Self, Jecker, & Baldwin, 1993)은 길리건이 사용했던 것처럼 실생활에서의 갈등과 선택에 관한 인터뷰(Brown et al., 1988)를 사용하여 의과대학생 20명의 도덕 지향을 조사하였다. 분석결과, 그들은 95%에 해당하는 도덕적 갈등상황에서 정의의 요소를 인식해 냈다. 그러나 갈등을 해결하는 원리나 틀로 정의만을 사용하는 학생은 30%로서 절반도 되지 않았다. 마찬가지로 학생들은 전체 도덕적 갈등상황들 중 90%에서 배려의 요인을 인식해 냈다. 그러나 배려를 갈등해결의 원리로 지배적으로 사용하는 반응이 55%나 되어 정의보다 우세했고, 배려의 방식을 더 선호하는 경우는 전체 사례의 25%였다. 즉, 대부분의 학생들은 도덕적 갈등상황에서 정의의 요소와 배려의 요소를 모두 고려하였다고 볼 수 있다. 그러나 많은 학생이 정의와 배려를 모두 사용하고는 있지만, 둘 중 어느 하나에 치우치지 않는 균형 잡힌 시각으로 해결하려는 학생은 15%에 지나지 않았다.

통계적으로 유의미한 관계가 나타나지는 않았지만, 이 제한된 자료는 남성에게는 정의 지향이 우세하고 여성에게는 배려 지향이 우세하다는 길리건(1982)의 주장을 뒷받침하는 것으로 나타났다. 남성의 경우 반응의 66.7%에서 정의 지향이 우세하게 나타난 반면, 여성은 33.3%이었다. 반대로, 배려 지향의 경우 여성의 반응에서는 72.7%, 남성의 반응에서는 27.3%를 차지했다.

이 연구에서 이끌어 낼 수 있는 한 가지 결론은 의과대학생의 도덕추론을 형성하는 데 정의와 배려를 제외한 다른 도덕적 측면들이 존재할 수 있다는 것이다. 갈등해결의 방식으로 정의만 선호하는 사람(20%)과, 배려만 선호하는 사람(25%)을 모두 합쳐도 피험자의 절반이 안 된다. 피험자의 절반 이상(55%)이 명백하게 다른 형태의 갈등해결 방식을 선호하는데, 이 방식은 정의와 배려라는 양극적인 분석으로는 밝혀지지 않는다. 따라서 대안적인 도덕적 관념들을 탐색해 볼 필요가 있는데, 여기에는 관대함, 권위에의 추종, 종교적인 가르침의 준수 등이 포함될 수 있다.

셀프와 올리바레즈(1993)는 의과대학 및 수의과대학 1학년 총 705명의 DIT점수를 재검토하였다. 여기서 79명의 자료는 내적 일관성과 신뢰도에 문제가 있어서 제외되었다. 남은 626명을 분석한 결과, 남성과 여성의 DIT점수 간에 유의미한 차이가 존재하였다($p \leq .0001$). 남성의 P-점수 평균은 41.77이었고, 여성은 47.18이었다. 동시에 MROI(Self & Skeel, 1992)를 이용하여 성별과 도덕 지향의 관계도 다루어졌다. 연구대상자는 총 139명(남성 86명, 여성 53명)이고 연령은 24세에서 76세 사이(평균은 38.9세)였다. 분석결과, 43.2%가 정의 지향을, 51.8%가 배려 지향을 보여 주었고 5%는 양자를 모두 사용하지만 어느 한 가지가 우세하지 않았다. 성별에 따라 분석해 보면, 48.8%의 남성이 정의 지향을 보여 주었고, 여성은 34%만이 정의 지향을 보여 주었다. 배려 지향은 남성의 50%와 여성의 54.7%에서 나타났다. 즉, 갈등해결의 방법으로서 실제 정의 지향과 배려 지향을 사용하는 것에는 남성과 여성 간에 차이가 없다(p≤.22). 그러나 두 가지 지향성에 대한 선호도에서는 성별의 차이가 존재하는데, 여성이 정의 지향보다는 배려 지향을 유의미하게 선호하였다(p≤.0198). 그리고 여성은 남성에 비해 두 가지 지향을 모두 사용하는 경우가 많았다.

마지막으로, 볼드윈과 아담스 등(Baldwin & Adamson et al., 1994)은 정형외과 의사에 대한 의료과실 소송 사례를 통해, 도덕추론과 임상수행 사이에 관계가 있다는 쉬한의 가설을 다시 검증하는 흥미로운 연구를 했다. 연구팀은 정형외과 의사에 대한 인구통계학적 자료와 의료과실 소송 자료를 지역 보상책임협회(regional interindemnity liability trust)에서 확보하였다. 그리고 149명의 의사에 대해 DIT를 실시했는데, 그중 57명이 정형외과 의사였다. 연간 소송 건수가 거의 없거나(.09보다 적은) 전혀 없는 정형외과 의사의 P-점수 평균은 44로, 여러 건의 소송을 당한 정형외과 의사의 P-점수 평균인 38점보다 유의미하게 높았다(p≤.07). 전체적인 분포를 살펴보면, P-점수가 40보다 높은 정형외과 의사 중 25명은 연간 소송 건수가 0.2보다 작았으며 오직 6명만이 0.4보다 많았다(p≤.04).

쉬한이 P-점수가 50점 이상인 정형외과 의사들로부터 발견한 결과들은 도덕추론 능력이 가지는 바닥효과(floor effect) 혹은 예방요인을 다시 한 번 보여 주는 것으로 아주 인상적이다(p≤.02). 정형외과 의사 57명의 DIT검사 결과에 대해 중다회귀분석을 실시한 결과, 소송 건수와 연령 사이(p≤.04), 소송건수와 종교적 지향 사이(p≤.02)에 의미 있는 관계가 발견되었고, 소송과 도덕추론 사이에 관련이 있었다(p≤.07). DIT검사를 받지 않은 정형외과 의사의 경우, 그들의 소송 건수는 임상교육직에 계속 참여하는 정도(p≤.03)와 전문직협회에 참여하는 정도(p≤.0004)와 관련이 있었다. 이러한 결과는 도덕추론 수준이 높거나 소송을 당하지 않는 의사들일수록 동료들의 평가에 개방적이고 전문직 집단의 활동에 적극적으로 참여한다는 사실을 보여 준다. 이런 연구들은 보다 큰 규모의 표집과 다양한 부류의 의사들을 대상으로 계속 진행되고 있다.

결 론

여기서 소개된 많은 연구들을 토대로 셀프와 볼드윈(1993)은 의과대학 신입생과 수련의의 도덕발달 단계에 대한 대규모 종단연구를 제안했는데, 이는 한편으로 선발과정을 돕기 위한 목적도 가지고 있다. 물론 저자들도 이러한 검사결과 지원자들을 변별해 내고 탈락시키는 데 사용하는 것은 윤리적이지 못하다고 생각한다. 그러나 셀프와 동료들, 블랫과 콜버그(1975), 그리고 많은 다른 연구자들(Schlaefli et al., 1985)에 의해 반복적으로 입증된 바와 같이, 도덕추론의 향상을 위한 교육 프로그램은 효과가 있고 모든 의과대학 교육과 수련의 교육의 일부가 되어야 한다고 본다.

본 장에서 소개한 연구들은 도덕추론 기술이 4년 동안의 의과대학 교육을 통해 가르쳐질 수 있고 한번 획득한 것은 유지될 수 있다는 고무적인 사실을 보여 준다. 그러나 수련교육 기간과 실제 개원 후 진료활동에서의 도덕추론 상태를 조사하기 위해서는 보다 정교한 종단연구가 필요하다. 예를 들어, 스트레스로 가득 찬 수련교육이 도덕추론에 주는 영향은 아직 명확하게 파악되지 않았다. 나아가 도덕추론 기술과 그것에 의해 나타나는 실제 행동 사이의 관계에 대해서도 추가연구가 필요하다. 많은 연구들이 보여 주듯이(Blasi, 1980; Kohlberg & Candee, 1984), 도덕추론과 도덕행동의 관계는 복잡하고 여전히 규명되지 않은 부분이 많다.

마찬가지로 도덕추론 기술을 향상시키는 데 필요한 교육활동의 양과 질에 대한 심화연구도 필요하다. 도덕추론 기술을 충분히 향상시키려면 어느 정도의 기간이 필요한가? 한 해, 한 분기, 아니면 한 강좌로 충분한가? 그리고 어떤 활동이 도덕추론을 촉진하는 데 가장 효과적인가? 강의, 역할극, 사례토론, 아니면 영화감상인가? 이미 수행된 연구들을 기반으로 의학교육 전문가들은 이에 대한 심화연구나 응용연구를 시작해야 한다.

미주

1) 이 연구와 비슷한 최근의 연구들은 다음과 같다(역자 주).
   - 홍성훈(2000). 딜레마토론 프로그램이 의과대학생의 도덕성 발달에 미치는 영향. 道德教育研究, 12(2), 227-253.
   - Hebert PC, Meslin EM, Dunn EV: Measuring the ethical sensitivity of medical students. *Journal of Medical Ethics*, 1992, 18: 142-147.
   - Hebert PC, Meslin EM, Dunn EV, Byrne N, Reid R: Evaluating ethicalsensitivity in medical students. *Journal of Medical Ethics,* 1990, 16: 141-145.
   - Self DJ, Baldwin C: Does medical education inhibit the development of moral reasoning in medical students? A cross-sectional study. *Academic Medicine,* 1998, 73: 91-93.
   - Goldie J, Schwartz L, McConnachie A, Morrison J: The impact of three years' ethics teaching, in an integrated medical curriculum, on students' proposed behavior on meeting ethical dilemmas. *Medical Education*, 2002, 36: 489-497.

2) 히포크라테스 학파를 의미한다. 히포크라테스는 코스 섬 출신이고, 히포크라테스를 수장으로 한 의학의 학파를 코스 학파라고 부른다.

3) Georgetown University 의대의 교수이자, 동 대학의 임상생명의료윤리센터(The Center for Clinical Bioethics)의 창립자이다. 의료윤리와 관련된 수많은 저작이 있으며, 50여 년 동안 의료윤리학의 정립과 의료윤리교육에 힘써 '생명의료윤리학의 아버지'로 불린다. AAMC에서 주는 Abraham Flexner Award를 비롯한 수많은 상을 수상했다(역자 주).

4) 수련교육의 한 형태인 대회진(grand round)을 의료윤리교육에 적용한 교육 프로그램. 환자를 진료하면서 겪게 되는 윤리적 갈등상황을 놓고 여러 분야의 의료전문가들이 함께 연구하고 토론한다(역자 주).

5) 원문에는 practicing physicians로 되어 있다. 직역하면 '수행중인 의사' 이나, 실제 용례로는 연구 · 교육의 의무를 같이 가지고 있는 대학병원 등의 전문의들과 비교해, 임상진료만이 고유 업무인 개원의들을 의미한다. practitioner라고도 부른다(역자 주).

6) 환자의 증세를 연기하는 사람을 말한다. 실제 환자를 사용한 임상교육의 여러 문제점을 극복하기 위해 1960년대에 개발되었다. 환자 역할의 내용과 형태가 보다 표준화된 경우에는 표준화 환자(standardized patient), 줄여서 SP라 부른다. 1990년대 후반부터 국내의 의학교육에도 부분적으로 도입되고 있다(역자 주).

참고문헌

Baldwin, D. C., Jr., Adamson, E., Self, D. J., & Sheehan, T. J. (1994). *Moral reasoning and malpractice: A study of orthopedic surgeons*. Unpublished manuscript.

Baldwin, D. C., Jr., Daugherty, S., & Self, D. J. (1991). Changes in moral reasoning during medical school. *Academic Medicine, 66,* 1–3.

Barnard, D. (1992). Relations of ethics and human values to the sciences of medical practice. In R. Q. Marston & R. M. Jones (Eds.), *Commission on Medical Education and the Sciences of Medical Practice: Medical education in transition*. (pp. 100–101). Princeton, NJ: The Robert Wood Johnston Foundation.

Bebeau, M., & Brabeck, M. (1987). Integrating care and justice issues in professional moral education: A gender perspective. *Journal of Moral Education, 16,* 189–203.

Benor, D. E., Notzer, N., Sheehan, T. J., & Norman, G. R. (1984). Moral reasoning as a criterion for admission to medical school. *Medical Education, 18,* 423–428.

Bickel, J. (1986). *Integrating human values teaching programs into medical students' clinical education*. Washington, DC: Association of Medical Colleges.

Blasi, A. (1980). Bridging moral cognition and moral action: A critical review of the literature. *Psychological Bulletin, 88,* 1–45.

Blatt, M., & Kohlberg, L. (1975). The effects of classroom moral discussion upon children's level of moral judgment. *Journal of Moral Education, 4,* 129–161.

Blizek, W. L., & Finkler, D. (1977). Teaching human values in medicine. *Journal of Medical Education, 52,* 858–859.

Bloom, R. B. (1976). Morally speaking, who are today's teachers? *Phi Delta Kappan, 57,* 624–625.

Brown, L. M., Argyris, D., Attanucci, J., Bardiger, B., Gilligan, C., Johnston, K., Miller, B., Osborne, D., Word, J., Wiggins, G., & Wilcox, D. (1988). *A guide to reading narratives of moral conflict and choice for self and moral voice.* Cambridge, MA: Center for the Study of Gender, Education, and Human Development, Harvard Graduate School of Education.

Candee, D. (1978). *Role concepts as predictors of pediatric residents' performance.* Paper presented at the annual meeting of the American Pediatric Association, New York.

Candee, D., Sheehan, T. J., Cook, C. D., & Husted, S. D. (1979). Moral reasoning and physicians' decisions in cases of critical illness. *Proceedings of the 18th Annual Conference on Research in Medical Education, 18,* 93-98.

Candee, D., Sheehan, T. J., Cook, C. D., Husted, S. K., & Bargen, M. (1982). Moral reasoning and decisions in dilemmas of neonatal care. *Pediatric Research, 16,* 846-850.

Colby, A., & Kohlberg, L. (1987). *The measurement of moral judgment: Vol. 1. Theoretical foundation and research validation.* New York: Cambridge University Press.

Cook, C. D. (1978). Influence of moral reasoning on attitudes toward treatment of the critically ill. *Proceedings of the 17th Annual Conference on Research in Medical Education, 17,* 442-443.

Cook, C. D., & Margolis, C. Z. (1974). Rating pediatric house officer performance. *Pediatric Research, 8,* 472.

Crane, D. (1975). *The sanctity of social life: Physicians' treatment of critically ill Patients.* New York: Russell Sage Foundation.

Daniels, M. H., & Baker, G. L. (1979). Assessing the moral development of medical students: An empirical study. *Proceedings of the 18th Annual Conference on Research in Medical Education, 18,* 87-92.

Daugherty, S. R., Baldwin, Jr., D. C., & Rowley, B. D. (1991). *National survey of resident educational and working conditions.* Report submitted to the American Medical Association Education and Research Foundation.

Galaz–Fontes, J. F., Pacheco–Sanchez, M. E., Sierra–Morales, I., Commons, M. L., Gutheil, T. G., & Hausen, M. J. (1989). *Medical school training and moral reasoning in Mexico.* Paper presented at the Fourth Adult Development Symposium meeting, Cambridge, MA.

Gibbs, J. C., & Widaman, K. F. (1982). *Social intelligence: Measuring the development of sociomoral reflection.* Englewood Cliffs, NJ: Prentice–Hall.

Gilligan, C. (1982). *In a different voice: Psychological theory and women's development.* Cambridge, MA: Harvard University Press.

Givner, N., & Hynes, K. (1983). An investigation of change in medical students' thinking. *Medical Education, 17,* 3–7.

Goldman, S. A., & Arbuthnot, J. (1979). Teaching medical ethics: The cognitive–developmental approach. *Journal of Medical Ethics, 5,* 170–180.

Hafferty, F. W., & Franks, R. (in press). *Medical culture, medical ethics, and the medical school curriculum.* Academic Medicine.

Husted, S. D. (1978). Assessment of moral reasoning in pediatric faculty, house officers and medical students. *Proceedings of the 17th Annual Conference on Research in Medical Education, 17,* 439–441.

Kennedy, D. A., Pattishall, Jr., E. G., & Baldwin, Jr., D. C. (1983). *Medical education and the behavioral sciences.* Boulder, CO: Westview Press.

Kohlberg, L. (Ed.). (1984). *Essays on moral development: Vol. II. The psychology of moral development.* San Francisco: Harper & Row.

Kohlberg, L., & Candee, D. (1984). The relationship of moral judgment to moral action. In L. Kohlberg (Ed.), *Essays on moral development: Vol. II. The psychology of moral development.* (pp. 498–581) San Francisco: Harper & Row.

McElhinney, T. K. (Ed.). (1981). *Human values teaching programs for health professionals.* Ardmore, PA: Whitmore Publishing Company.

Noddings, N. (1984). *Caring: A feminine approach to ethics and moral education.* Los Angels: University of California Press.

Pellegrino, E. D., & McElhinney, T. K. (1982). *Teaching ethics, the humanities, and human values in medical schools: A ten–year overview.* Washington,

DC: Society for Health and Human Values.

Rest, J. R. (1979). *Development in judging moral issues.* Minneapolis: University of Minnesota Press.

Rest, J. R. (1988). Can ethics be taught in professional schools: The psychological research. *Ethics: Easier Said than Done, 1*, 11–26.

Schlaefli, A., Rest, J. R., & Thoma, S. J. (1985). Does moral education improve moral judgment? A meta–analysis of intervention studies using the Defining Issues Test. *Review of Educational Research, 55*, 319–320.

Schutz, W. C. (1966). *The interpersonal underworld.* Palo Alto, CA: Science and Behavior Books.

Self, D. J. (1985a). Applying cognitive moral development theory to medical education. *Proceeding of the Southwest Philosophy of Education Society, 35*, 286–302.

Self, D. J. (1985b). *Moral reasoning as a criterion for resident selection.* Paper presented at the 18th annual spring conference of the Society of Teachers of Family Medicine, Nashville, TN.

Self, D. J., & Baldwin, D. C. Jr., (1993). *Should moral reasoning serve as a criterion for medical student and resident selection?* Unpublished manuscript.

Self, D. J., & Baldwin, D. C. Jr., & Olivarez, M. (1993). Teaching medical ethics to first–year students by using film discussion to develop their moral reasoning. *Academic Medicine, 68*(5), 383–385.

Self, D. J., Baldwin, D. C. Jr., & Wolinsky, F. D. (1992). Evaluation of teaching medical ethics by an assessment of moral reasoning. *Medical Education, 26*, 178–184.

Self, D. J., Baldwin, D. C. Jr., & Wolinsky, F. D. (1994). *Further evidence of the relationship between medical education and moral development.* Social Science and Medicine. Manuscript submitted for publication.

Self, D. J., Jecker, N. S., & Baldwin, D. C. Jr., (1993). *A preliminary study of the moral orientation of justice and care among graduating medical students.* Unpublished manuscript.

Self, D. J., & Olivarez, M. (1993). The influence of gender on conflicts of interest in the allocation of limited critical care resources: Justice vs. care. *Journal of Critical I, 8*(1), 64–74.

Self, D. J., & Olivarez, M. (1994). Retention of moral reasoning skills over the four years of medical education. *Medical Education*. Manuscript submitted for publication.

Self, D. J., Olivarez, M., & Baldwin, D. C. Jr., (1993). *Clarification of the relationship of moral reasoning and medical education*. Unpublished manuscript.

Self, D. J., Schrader, D. E., Baldwin, D. C. Jr., & Wolinsky, F. D. (1993). The moral development of medical students: A pilot study of the possible influence of medical education. *Medical Education, 27,* 26–34.

Self, D. J., & Skeel, J. D. (1992). Facilitating healthcare ethics research: Assessment of moral reasoning and moral orientation from a single interview. *Cambridge Quarterly of Healthcare Ethics, 1,* 371–376.

Self, D. J., Skeel, J. D., & Jecker, N. S. (1993a). The influence of philosophical versus theological education on the moral development of clinical medical ethicists. *Academic Medicine, 68*(11), 848–852.

Self, D. J., Skeel, J. D., & Jecker, N. S. (1993b). A comparison of the moral reasoning of physicians and clinical medical ethicists. *Academic Medicine, 68*(11), 852–855.

Self, D. J., Wolinsky, F. D., & Baldwin, D. C., Jr., (1989). The effect of teaching medical ethics on medical students' moral reasoning. *Academic Medicine, 64*(12), 855–859.

Sheehan, K. H., Sheehan, D. V., White, K., Leibowitz, A., & Baldwin, D. C. Jr., (1990). A pilot study of medical student abuse: Student perceptions of mistreatment and misconduct in medical school. *Journal of the American Medical Association, 263*, 533–537.

Sheehan, T. J. (1978). The relationship between moral reasoning and clinical performance. *Proceedings of the 17th Annual Conference on Research in Medical Education, 17*, 444–445.

Sheehan, T. J., Candee, D., Willms, J., Donnelly, J., & Husted, S. D. (1985). Structural equation models of moral reasoning and physician performance. *Evaluation and the Health Professions, 8,* 379–400.

Sheehan, T. J., Husted, S. D., Candee, D., Cook, C. D., & Bargen, M. (1980). Moral judgment as a predictor of clinical performance. *Evaluation and the Health Professions, 3,* 393–404.

Sheehan, T. J., Husted, S. D., & Candee, D. (1981). *The development of moral judgment over three years in a group of medical students.* Paper presented at the annual meeting of the American Educational Research Association.

Sheehan, T. J., Thal, S., Krause, K., Candee, D., Cotton, J., & Geer, S. (1987). *Improving physician skill in managing morally problematic cases.* Final Report to the National Fund for Medical Education.

Sheehan, T. J., Thal, S., Krause, K., Candee, D., Cotton, J., & Geer, S. (1989). Teaching humanistic behavior. *Teaching and Learning in Medicine, 1*(2), 82–84.

Chapter 9

수의학 분야의 도덕추론

- 도니 셀프, 올리바레즈/텍사스 주립대학교 의과대학
- 드워트 볼드윈/미국의학협회[1)]

요 약

최근 수의학계를 비롯한 의학계에서 이루어지고 있는 생명공학의 발전은 인류에게 근본적이면서도 매우 어려운 윤리적 문제를 제기하고 있다. 사람과 동물의 생명을 다루는 전문분야는 윤리적 문제로부터 결코 자유로울 수 없다. 이 글은 미국의 몇몇 수의과대학에서 시행하고 있는 수의윤리학 교육과정을 조사한 연구를 소개하면서, 전통적으로 수의윤리학에서 다루어졌던 동물의 복지와 동물을 실험 대상으로 사용하는 문제를 넘어서 다양한 연구의 필요성 및 가능성을 동시에 제시하고 있다. 특히 이 장에서는 수의과 학생의 도덕추론 능력에 영향을 미치는 수의윤리학 교육 프로그램의 효과를 비롯하여 4년간의 수의학 교육이 학생의 도덕추론에 미친 영향에 관한 연구를 소개하고 있다. 이와 더불어 애완동물 수의사와 가축을 다루는 수의사 간의 비교 연구, 도덕추론과 성차의 관계 연구 등도 소개하고 있다. 수의학의 발전 속도를 감안한다면, 다른 전문분야에 비해 도덕성 발달연구가 미진한 이 분야에서는 다양한 도덕성 발달 및 교육 프로그램 연구 등이 시급하다. 국내에서도 수의학 분야의 특수한 윤리적 딜레마를 수집하고, 수의학적 도덕추론 능력을 발견하는 등 이 분야에서 도덕발달을 연구하기 위한 기초적인 작업이 이루어질 필요가 있다. 수의윤리학을 가르치는 가장 효과적인 수업의 구조와 형식을 결정하기 위한 교육 프로그램에 관한 연구 분위기가 무르익기를 기대한다.

최근 수의학계에서는 다른 전문직과 마찬가지로 직업적 가치관, 태도, 윤리적 기준 등이 논쟁거리로 떠오르고 있다. 도덕 규범에 대해 높은 기준을 설정하고 그것을 지키고자 하는 것은 역사적으로 수의사들의 기본적인 신조였다. 이러한 문화적 전통은 이 직업 분야에 대한 지식과 기술, 사회·도덕적 규범의 전수를 통하여 한 세대에서 다음 세대로 이어져 내려왔다. 그것은 수의사 서약(수의사 강령, 1986)에서 자주 강조되곤 한다. 그러나 워터게이트,[2] 이란-콘트라 사건,[3] 저축대부조합(Savings & Loans) 사건[4] 등과 같은 공권력의 지나친 남용 사건 이후 공적인 영역에서 도덕적 책무성에 대한 사회적 요구가 증가함에 따라, 수의사를 비롯한 모든 전문직에서 전문직업의식(professionalism)과 직업적 가치관, 태도 및 윤리적 기준의 역할에 대한 보다 많은 관심이 요구되었다.

또한 수의학은 지난 20년 동안 고도의 전문직으로 빠르게 발전해 오면서 많은 사회적 변화를 겪었다. 통계적 측면에서 구성원의 성비를 살펴보자면 전통적으로는 남성 중심의 직업이었으나, 현재 수의과대학 재학생의 60%가 여성일 만큼 많은 변화가 있었다(Hart & Melese-d' Hospital, 1989).

그리고 사회적 측면에서 보자면, 동물 복지(animal welfare)에 관심이 높아지고 있으면서도 여전히 연구용과 실험용으로 동물을 사용할 수밖에 없는 문제 등이 이 분야의 도덕 쟁점으로 새롭게 떠오르고 있다. 이렇게 볼 때, 설령 수의학이 기본적으로 동물을 돕는다는 의미에서 도덕적인 성격을 지녔다고 하더라도 직무 내용이 갖는 도덕적 측면에 더욱 관심을 기울일 필요가 있고, 이에 따라 수의과대학 교육과정에 윤리학을 포함시켜야 한다는 목소리가 커지고 있는 것이다.

수의윤리학의 교육

1993년 봄, 미국 전체의 27개 수의과 대학에서 수의윤리학을 어떻게, 얼마나 가르쳐야 할 것인지에 관한 연구가 수행되었다(Self, Pierce, & Shadduck, 1994). 이 연구는 질문지와 전화 조사를 통하여 이루어졌다. 질문지에 대한 초기 응답률은 85.2%였고, 뒤따르는 전화질문에 대한 응답률은 100%였다. 그 결과 27개 수의과 대학 중 6개(22.2%) 대학만 공식적으로 윤리학 과정을 개설하고 있는 것으로 나타났다. 27개 학교 중 22개교(81.5%)에서는 법의학, 의료관리학, 직무 규정 등과 같은 과목에 통합하여 가르치고 있었고, 모든 학교에서 임상실습 등과 같은 과정을 통해 비공식적으로 윤리학을 가르치고 있었다. 윤리학에 배정된 시간은 4시간부터 43시간까지 다양했고 평균 15시간이었다. 수의윤리학을 가르치는 시기는 4년간의 교육과정에 분산되어 있기는 했지만, 대부분 첫 해에 집중되어 있었다.

최근까지 수의윤리학을 가르치는 데 관심이 있는 사람들은 스스로 강의 교재를 개발하여 사용해 왔다. 경우에 따라 철학과 같은 다른 분야에서 유용한 자료를 가져오기도 하였다(Feinberg, 1974; Regan & Singer, 1976). 그러나 지난 10년 동안 수의윤리학에 관한 문헌들이 눈에 띄게 증가하고 있다(Kay et al., 1988 외).[5] 현재는 수의학의 주요 저널에서도 윤리적 주제를 언급하는 논문들을 자주 찾아볼 수 있게 되었고, 『캐나다 수의학저널(Canadian Veterinary Journal)』에서는 버나드 롤린(Bernard Rollin)의 사례연구와 논의가 고정적으로 실리고 있다. 그러나 수의윤리학 분야의 교재 개발은 다른 응용윤리학 분야보다 많이 뒤쳐져 있다. 윤리적 딜레마 사례를 개발하려는 대규모의 연구가 현재 텍사스 수의학 재단의 후원으로 이루어지고 있는 정도이다.

수의학 교과과정에서 윤리학을 가르치는 데 사용할 만한 시청각 자료를 찾기는 더욱 어렵다. 따라서 수의윤리학 분야의 시청각 교재 개발은 엄청난 수요 가능성과 성장 잠재력을 가진 분야가 될 수 있을 것이다. 최근 수의학 분야에서 윤리문제에 대해 관심이 증대되고 있는 경향과 시청각 세대라 불리는 신세대들의 성장추세로 볼 때 그것은 더욱 분명해 보인다. 의학 분야의 한 연구는 도덕 딜레마에 관한 추론과 영화를 활용하는 방법이 도덕추론 능력을 향상시킨다는 것을 보여 주었다(Self, Baldwin, & Olivarez, 1993). 지금까지 수의윤리학에서 활용해 온 대부분의 교재는 기본적으로 동물의 복지문제와 동물을 실험 대상으로 사용하는 문제에 지나치게 한정되어 온 것 같다. 예를 들면 PBS 비디오로 WGBH의 '가장 훌륭한 우리의 친구(Man's Best Friend)' 뿐 아니라, 미농업국연방지부(American Farm Bureau Federation)의 '동물복지(Animal Welfare)' 와 마이클 크릴리(Michael Criley)의 '동물연구(Animal Research)' 가 가끔 교재로 활용되고 있는 것이다.

수의학 교육과 도덕추론

대학의 수의학 교육과 도덕추론 간의 관계를 측정하려는 몇몇 연구가 수행되어 왔는데, 그 결과는 서로 다른 결론을 내리고 있다. 이 연구들은 모집단, 표본의 크기, 측정도구에 있어서 모두 달랐다.

첫 번째 연구(Self et al., 1991)는 콜버그(1984)의 도덕판단 면담검사(MJI)를 사용하였다. 그들은 수의과 학생들의 도덕추론 능력이 이들과 동일한 연령 및 교육수준의 다른 학과 학생들과 동일한 정도로 발달하는지를 알아보기 위하여 20명의 수의과 전문과정 학생들을 대상으로 1학년 초와 전문 교육과정을 마치기 바로 전인 4학년 말에 사전 · 사후 검사를 실시하였다. 검사에 참여한 학생들은 20명으로서 이는 전체 집단의 16%에 해당하는 수이며, 이들은 무작위로 표집된 것이 아니라 적절한 정보를 제공받고 이를 승낙한 무보수 지원자들이었다.

연구자들은 모든 학생의 연령, 성별, 의과대학 입학시험(Medical College Admission Test: MCAT) 점수, 학부 평균학점 등의 통계자료와 더불어 도덕추론 자료들을 확보하였다. 그 결과 1학년 때에는 MJI의 가중평균치가 313~436점이었는데, 4학년이 되자 모든 점수가 인습 수준에 속하는 348~421점으로 좁혀졌다. 1학년과 4학년 간의 가중평균치의 차이는 12.5로 통계적으로 무의미하였다. 따라서 통상 기대되는 도덕추론의 향상은 수의학 교육 4년 동안 일어나지 않았는데, 이는 수의학 교육 경험이 오히려 도덕추론의 성장을 다소 억제하고 있음을 보여 준다고도 할 수 있다. 한편 1학년 학생의 가중평균점수 범위인 123점은 콜버그의 도덕발달단계에서 거의 1과 1/4단계에 걸쳐 있음을 나타내며, 4학년 때의 81점은 3/4단계의 범위를 나타내는 것으로서, 이는 도덕추론의 개인차가 실제로 감소했음을 보여 준다.

도덕추론의 가중평균치의 변화와 연령, 성별, 혹은 의대입학시험 점수들 사이에는 어떤 유의미한 상관도 발견되지 않았다. 전체적인 단계 점수의 변화와 연령, 성별 혹은 학부 평점과도 상관이 없었다. 그러나 가중평균점수의 변화와 학부 평점과의 상관($r=.470$)은 통계적으로 유의미했고($p \leq .05$), 전체적인 단계점수와 의대입학시험 점수와의 상관($r=.389$)도 그러했다. 즉, 학부 학점평균 혹은 의대입학시험 점수가 높을수록, 도덕추론 점수가 높은 것으로 나타났다.

두 번째 연구(Self, Baldwin, Wolinsky, & Shadduck, 1993)는 수의과 교육과 도덕추론 사이에 보다 분명한 관련성을 찾았다. 이 연구는 깁스의 사회·도덕적 사고능력검사(Sociomoral Reflection Measure: SRM)를 사용하였는데(Gibbs & Widaman, 1982), 이 측정도구는 비용이 많이 드는 음성녹음 인터뷰를 사용하는 MJI와는 달리 표본의 관리가 용이하고 점수를 산출하는 데 드는 비용이 저렴하며 상당히 큰 표본을 대상으로도 실시할 수 있었다. 이 연구에서는 수의학 전문과정에 있는 57명의 학생들을 대상으로 도덕추론 능력에 어떤 변화가 일어났는지를 살펴보기 위하여 1학년 초와 4학년 때 사전·사후 검사를 실시하였다. 그들은 모집단의 47.5%이며, 이들 역시 무보수로 자발적으로 참여한 학생들이었다.

SRM으로 측정한 도덕추론 점수 범위는 250에서 400점이었고, 평균점수는 1학년과 4학년이 각각 340.86과 358.40이었으며, 1학년과 4학년 사이의 점수차(17.6)는 통계적으로 유의미하였다($p. \leq .05$). 이와 비슷하게 SRM 지수들을 약간 변화시킴에 따라 전체적인 단계점수의 변화($p \leq .01$)와 도덕추론의 단계점수($p \leq .02$) 사이에 통계적인 유의도가 증가하였다.

세 번째 연구(Self, Baldwin, Olivarez, & Shadduck, 1993)는 레스트(1979)의 DIT를 사용하여 수의학 교육과 도덕추론 사이의 관련성을 측정하였으며 큰 표본을 사용하였다. 이 연구의 대상은 68명의 수의과 전문과정 학생들인데, 사전·사후 검사는 이들이 전문교육에 들어가기 전과 후에 실시되었다. 표본집단은 모집단의 56.7%였으며 이들 역시 무보수로 자발적으로 참여하는 학생들이었다.

도덕추론 점수(DIT의 P-점수) 범위는 10.7~69.2였다. 1학년과 4학년의 평균점수는 각각 45.13, 45.29였다. 1학년과 4학년 사이의 점수차의 평균(+0.16)은 통계적으로 유의미하지 않았다($p \leq .867$). 도덕추론 점수와 연령, 성별 간의 상관은 통계적으로 유의미하지 않았지만, 도덕추론 점수와 의대입학시험 점수, 학부 평점 간에는 유의미한 상관을 보였다. 즉, 의대입학시험 점수와 학부 평점이 높을수록 도덕추론 점수가 더 많이 상승되었다.

MJI로 측정한 첫 번째 연구의 결론과 마찬가지로, 보다 큰 표본을 대상으로 DIT를 실시한 세 번째 연구에서도 수의학 교육이 학생들의 도덕추론의 향상을 저해하는 것과 같은 현상이 나타났다. 그런데 이 세 가지 연구 모두에서 학년이 높아질수록 도덕추론 점수의 범위가 좁아지고 있음을 발견하였다. 이러한 평균으로의 회귀현상은 전문인 양성교육이 갖는 강력한 사회화의 영향을 보여 주는 것으로서, 이는 집단의 동질화 효과를 초래한다. 높은 점수를 낮추고 낮은 점수를 높여 평준화시키는 것을 반드시 나쁘다고 평가할 수는 없을지 모르지만 전반적으로 다양성을 강조하는 최근의 추세에 역행하는 것임에는 틀림없다. 이 연구들은 동일한 학교에서 실시되었기 때문에, 비슷한 성격의 연구가 다른 맥락에서도 수행되어야 할 필요가 있다. 뿐만 아니라, 수의학 교육과 학생들의 도덕발달 간의 관계를 명확히 밝혀줄 연구도 필요하다.

수의윤리학 교육 프로그램 연구

한 학기당 15시간의 수의윤리학 수업이 수의학과 학생들의 도덕추론 능력의 향상에 얼마나 효과가 있는지를 알아보기 위하여 교육 프로그램 연구를 실시하였다(Self et al., 1995). DIT로 사전·사후 검사를 실시하였으며, 수의윤리학은 필수과목으로 1학년 첫 학기에 개설되었다. 수의윤리학은 도덕이론, 윤리적 의사결정, 수의사 서약(Veterinarian's Oath) 등에 대한 7차시의 강의(각 1시간)와 10명 내외의 소집단을 중심으로 하는 사례토론 4차시(각 2시간)로 구성되었다.

이 연구에서는 1학년 학생 128명 중 105명에 대한 자료를 수집하였다. DIT 사전 검사는 10.0에서 68.0(평균 42.2) 사이의 점수 범위를 나타냈으며, 그중 남학생 38명은 10.0~68.0(평균 39.4점) 사이의 분포를, 여학생 67명은 15.0~66.7(평균 43.7점) 사이의 분포를 보였다.

사후 검사에서 위의 105명 학생의 점수는 13.3~75.0(평균 42.7점)의 범위를 나타냈으며, 남학생은 13.3~61.7(평균 36.7점)의 분포를, 여학생은 20.0~75.0(평균 46.1점)의 분포를 보였다. 전체 학생의 사전·사후 검사의 평균 차이(+0.5)는 통계적으로 유의미하지 않았다(p≤.6220).

사전점수에서 성별 간 점수 차이인 4.3점은 통계적으로 유의미하지 않았지만(p≤.0788), 사후 검사의 점수차는 9.4점으로 유의미했다(p≤.0005). 연령이나 의대입학시험 점수 등과는 통계적으로 유의미한 관련성을 발견할 수 없었다.

이러한 자료들은 여학생에 한해서는 긍정적인 방향에서 유의미한 변화를 보였지만, 한 학기 15시간의 일반적인 강의로는 학생들의 도덕추론 능력을 충분히 향상시키기 힘들다는 점을 말해 주고 있다. 이전 연구들은 프로그램 실시의 기간과 형식 모두가 도덕추론 능력의 긍정적인 변화를 가져오게 하는 데 중요하다는 점을 지적하고 있다. 의과대학의 보고서 역시 이런 문제들을 제기하고 있는데, 윤리학 과정이 15시간으로는 부족하고, 44시간 정도는 되어야만 도덕추론 능력의 향상이 가능하다는 것을 지적하고 있다(Self et al., 1989). 이 연구물은 또한 소그룹으로 이루어지는 사례연구의 형태가 전통적인 강의 형태의 수업보다 도덕추론 능력의 향상에 더 효과적임을 보여 준다. 이것은 블래트(Blatt)와 콜버그의 선구적인 연구결과를 확증하는 것이다. 수의과대학의 윤리교육과정이 소기의 성과를 거두기 위해서는 교육과정의 형식과 기간에 대한 추후 연구가 필요한 것이 분명하다.

도덕추론과 성차

도덕발달 연구에서 성차의 문제는 계속 논쟁거리가 되어 왔다. 콜버그가 이론을 정립하는 과정에서 연구대상으로 삼은 표본이 모두 남성이었기 때문에 길리건(Gilligan, 1982)은 인지적 도덕발달 이론이 남성중심적이어서 여성을 체계적으로 차별하고 있다고 주장하였다. 다른 연구자들(Walker et al., 1987)도 이 점에 대한 논쟁을 계속 다루고 있다. 그러나 의학과 수의학 분야의 연구에서는 여학생의 도덕추론 점수가 남학생의 경우보다 유의미하게 높다(Baldwin et al., 1991)는 결과가 종종 나타나고 있다. 이와 비슷한 결과는 사회복지사를 대상으로 한 연구에서도 보고되었다(Dobrin, 1989). 그런데 보건 분야 전문가들에 대한 다른 몇몇 연구들은 비록 표본의 크기가 작기는 했지만 성별과 도덕추론 사이의 유의미한 상관을 발견하지 못했다(Galaz-Fontes et al., 1989, 외).[6)]

705명의 의과대학 및 수의과대학 학생들을 대상으로 실시한 최근의 연구는 여학생의 점수가 남학생들보다 유의미하게($p \leq .0001$) 더 높다는 사실을 보여 주었다(Self & Olivarez, 1993). 이 연구의 가설은 의과대학 및 수의과대학 학생들의 도덕추론 능력은 성차에 따라 유의미한 차이가 나타나지 않는다는 것이었다. 이 가설은 인지적 도덕발달 이론의 이론적 가정을 따르는 것이었다(Colby & Kohlberg, 1987). 이 연구에서는 도덕추론 능력을 측정하기 위하여 DIT를 사용하였다. 처음 등록한 705명의 학생들 중 79명의 자료가 문항반응 일치도와 신뢰도 검사결과 제외되었다. 분석한 결과 남학생(312명)은 평균 41.77점을, 여학생(314명)은 47.18점을 얻어 여학생의 점수가 남학생보다 통계적으로 유의미하게 높았다($p \leq .001$).

이와 같은 연구결과는 도덕발달 이론에 대한 길리건 등의 비판과 상충되는 것이다. DIT는 인지적 도덕발달이론에 입각한 검사로서 도덕추론에 있어서 정의(正義)의 원칙을 얼마나 사용하는가를 측정하는 검사이다. 이 연구는 여성이 도덕적 갈등을 해결하는 데 있어서 정의의 원리를 덜 사용하는 것이 아니라 더욱더 효과적으로 사용하는 경향이 있음을 보여 주었다.

가축 수의사와 애완동물 수의사의 비교

애완동물을 다루는 수의사와 가축을 다루는 수의사에 대해 일반인들이 가지는 개념은 서로 다르다. 따라서 이들의 도덕추론 능력을 비교하기 위한 연구가 수행되었다(Self, Safford, & Shelton, 1988). 일반인들은 애완동물을 다루는 수의사는 애완동물 한 마리의 고통을 이해하고 그것들을 측은히 여기며 동물의 복지 등에 더 민감할 것이라고 생각하고, 가축을 다루는 수의사는 동물 한 마리의 복지보다 축산농가의 경제성이나 생산성을 먼저 고려할 것이라고 기대한다. 이 연구의 가설은 '애완동물을 다루는 수의사의 도덕추론 능력이 가축을 다루는 수의사보다 더 높을 것이다' 라는 것이었다.

연구에 사용된 측정도구는 DIT였다. 이 검사지는 텍사스 주에 개원한 수의사 350명에게 보내졌으며, 회수된 질문지는 131개로 37.4%의 응답률을 보였다. 이들 중 완전하고 일관된 응답을 보인 자료는 107개였다. 응답자의 성비를 보면 남자 93명(86.9%), 여자 14명(13.1%)이었고, 연령분포는 26세에서 66세(평균 40.5세)였으며, 분야별로 보면 애완동물 전문 수의사는 69명(64.5%), 가축 전문 수의사는 33명(30.8%), 그리고 전문 분야를 밝히지 않은 수의사가 5명(4.7%)이었다. 응답자들은 텍사스 주의 모든 지역을 대표하였다. 분석결과, 애완동물 수의사의 평균점수(33.8)는 가축 수의사의 평균점수(36.0)보다 다소 낮았으나 통계적으로 유의미한 수준은 아니었다($p \leq .369$). 따라서 가설은 기각되었다.

도덕 지향성: 정의냐 배려냐

수의사로서 전문직에 입문하기 직전에 있는 20명의 수의과대학 졸업생들을 대상으로 도덕 지향성의 일환인 정의 혹은 배려를 선택하는 경향을 조사하였다(Self et al., 1991). 자료는 길리건의 실생활 갈등(Real-life Conflict)과 선택면담(Choice Interview)을 통해 수집되었다(Brown et al., 1988). 이 연구에는 과거의 실제 도덕적 갈등을 풀어 나가는 데 있어서 정의의 개념과 배려의 개념을 사용하는 정도를 측정하기 위해 고안된 표준화된 추가 질문들과 함께 30~45분 분량의 면접이 포함되었다. 면접은 피험자들이 자신의 도덕 지향성의 구조를 드러낼 수 있도록 고안되었는데, 이는 정의 및 배려 개념이 실재(Presence), 지배(Predominance), 조정(Alignment)의 의미로 드러나도록 되어 있다. 길리건과 그의 동료들(Brown et al., 1988)에 의해 세분화된 이 개념을 간단히 정의하면 다음과 같다. 실재(Presence)는 어떤 사람이 도덕적 갈등을 묘사하는 데 정의나 배려의 개념을 인식하고 중요하게 여기거나 이를 실제로 활용하는 것을 의미한다. 지배(Predominance)는 도덕적 갈등상황을 해결하는 데 있어서 한 개념을 배제한 채 어느 한 개념만을 사용하거나 그 개념을 다른 개념보다 더 고려하는 것을 의미한다. 조정(Alignment)은 도덕적 갈등상황을 해결하기 위해 더욱 선호하는 양식으로서 한 개념을 받아들이고 이를 소유하고 지지하며 활용하는 것을 의미한다.

표본은 25~37세(평균 28세)의 남녀 10명으로 구성되었고, 의대입학시험 점수는 28~67점(평균 46점), 학부 평점은 2.47~3.60점(평균 3.11점)의 범위를 보였다. 이러한 자료들과 도덕 지향성들 사이에는 통계적으로 유의미한 상관관계가 나타나지 않았다.

더 분석해 본 결과, 위의 수의사들은 90%가 도덕적 갈등을 이해하는 데 정의 관점에 서 있었으나(presence), 갈등의 해결 국면에서는 45%만이 정의의 원리를 사용하는 데 그쳤다(predominance). 그리고 갈등 해결의 상황에서 정의의 측면을 선호하는 정도는 단지 35%에 불과했다(alignment). 배려 관점에서는 실재가 65%, 지배가 45%, 조정이 30%였다. 통계적 분석으로는 성별과 도덕 지향성 사이의 유의미한 상관이 나타나지 않지만(아마도 표본 크기가 작기 때문이겠지만), 이런 제한적인 자료들은 남성은 정의 지향이 지배적이고 여성은 배려 지향이 지배적이라는 길리건의 주장을 지지하는 듯하다. 이들 수의사 중 정의 지향적 성향을 보인 사람들은 67%가 남자, 33%가 여자인 반면, 배려 지향적 성향을 보인 사람들은 56%가 여자, 44%가 남자였다.

결 론

수의학이라는 전문직은 도덕성 발달의 다양한 측면을 연구할 수 있는 연구거리가 풍부한 분야이다. 따라서 향후 더욱 많은 연구들이 이루어질 필요가 있다. 이런 연구들 중 일부는 이미 진행되었지만 완성되려면 좀 더 시간이 필요하다. 수의학과 학생들의 도덕추론과 자존감의 관련성뿐 아니라, 도덕추론과 공감의 관련성에 대한 연구자료는 이미 수집되었다. 현재 마이어스 브릭스(Myers-Briggs, 1985)의 성격유형 지표들과 도덕추론 간의 관련성에 대한 연구에서 이 자료의 분석이 이루어지고 있다.

수의학 분야에서 도덕발달의 다양한 측면들에 대한 보다 폭넓은 연구가 필요함은 분명하다. 특히 수의사가 되기 직전의 학생들의 도덕추론 능력을 향상시키기 위해 수의윤리학을 가르치는 데 가장 효과적인 구조와 형식을 결정하기 위해서는 프로그램 연구가 이루어져야 한다.

수의학과 학생들의 도덕추론과 임상적 수행능력 사이의 관련성에 대한 연구계획도 최근 진행 중이다. 마찬가지로, DIT와 형식은 비슷하지만 수의윤리학의 내용과 직접 관련 있는 딜레마 상황을 중심으로 분야의 특수성을 반영한 측정도구의 개발에 대한 관심이 높아지고 있다. 수의학 분야의 도덕 지향성을 측정할 수 있는 간편한 도구의 개발에 대해서도 관심이 모아지고 있다. 수의윤리학이라는 분야가 생겨나고 또 지속적으로 발달하고 있으므로, 다른 분야에 비해 상대적으로 연구가 부족한 수의학 분야에서 도덕추론을 연구할 기회가 증가할 것으로 기대된다.

미주

1) Donnie J. Self, Margie Olivarez(Texas A & M University College of Medicine), DeWitt C. Baldwin, Jr.(American Medical Association)

2) 워터게이트 사건은 1972년 6월 닉슨 대통령의 재선을 획책하는 비밀공작반이 워싱턴의 워터게이트 빌딩에 있는 민주당 전국위원회 본부에 침입하여 도청장치를 설치하려다 발각 · 체포된 미국의 정치적 사건을 말한다(역자 주).

3) 이란-콘트라 사건은 1986년 미국 레이건 행정부의 국가안전보장회의가 레바논에 억류되어 있는 미국인 인질을 석방시킬 목적으로 비밀리에 이란에 무기를 판매하고 그 대금의 일부를 니카라과의 콘트라 반군에 지원한 사건이다(역자 주).

4) 저축대부조합(S & L)은 미국에서 일반 서민들이 주로 이용하는 저축기관으로 이들은 자금을 모아 주로 주택자금대출로 운영하고 있었다. 1970년대 말부터 시장금리가 상승하기 시작하면서 예금이자 지불은 증가하는 반면, 주택자금대출로부터의 수입은 고정되어 있어 S & L은 치명적 경영상 위험에 직면하게 되었다. 결국 상당수의 S & L이 파산하게 되었고 미국 정부는 금융시장의 붕괴를 막기 위해 개입에 나서면서 이들의 손실은 궁극적으로 국민의 세금부담으로 귀착되고 말았다(역자 주).

5) Kay, Cohen, & Nieburg, 1988; Kitchen, 1983; Miller & Williams, 1983; Rollin, 1981; Tinnenbaum, 1989 참조

6) Galaz-Fontes et al., 1989; Self et al., 1989, Skeel & Jecker, 1993 참조

참고문헌

Baldwin, Jr., D. C., Daugherty, S., & Self, D. J. (1991). Changes in moral during medical school. *Academic Medicine, 66,* (September Supp.), 1–3.

Blatt, M., & Kohlberg, L. (1973). The effects of classroom moral discussion upon children's level of moral judgment. *Journal of Moral Education, 4,* 129–61.

Brown, L. M., Argyris, D., Attanucci, J., Bardige, B., Gilligan, C., Johnston, K., Miller, B., Osborne, D., Ward, J., Wiggins, G., & Wilcox, D. (1988). *A guide to reading narratives of moral conflict and choice for self and moral voice.* Cambridge, MA: Center for the Study of Gender, Education, and Human Development Harvard Graduate School of Education.

Colby, A., & Kohlberg, L. (1987). *The measurement of moral judgment: Vol. I, Theoretical foundations and research validation.* New York: Cambridge University Press.

Dobrin, A. (1989). Ethical judgments of male and female social workers. *Social Work, 34,* 451–455.

Feinberg, J. (1974). The rights of animals and future generations. In W. Blackstone (Ed.). *Philosophy and environmental crisis.* (pp. 43–68). Athens, GA: University of Georgia Press.

Galaz–Fontes, J. F., Pacheco–Sanchez, M. E., Sierra–Morales, I., Commons, M. L., Gutheil, T. G., & Hausen, M. J. (1989). *Medical school training and moral reasoning in Mexico.* Paper presented at the 4th Adult Development Symposium meeting. Cambridge, MA.

Gibbs, J. C., & Widaman, K. F. (1982). *Social intelligence: Measuring the development of sociomoral reflection.* Englewood Cliffs, NJ: Prentice–Hall.

Gilligan, C. (1982). I*n a different voice: Psychological theory and women's development.* Cambridge, MA: Harvard University Press.

Hart, L. A., & Melese–d' Hosptial, P. (1989). The gender shift in the veterinary profession and attitudes towards animals: A survey and overview. *Journal of Veterinary Medical Education, 16,* 27–30.

Kay, W. J., Cohen, S. P., & Nieburg, H. A. (1988). *Euthanasia of the companion animal.* Philadelphia, PA: The Charles Press.

Kitchen, H. (1983). Exploring ethical and value issues in veterinary medicine. Proceedings of the Eighth symposium on veterinary medical education. *Journal of Veterinary Medical Education, 9,* 70–143.

Kohlberg, L. (1984). *Essays on moral development: Vol. 11, The psychology of moral development.* San Francisco, CA: Harper & Row.

Miller, H., & Williams, W. H. (1983). *Ethics and animals.* Clifton, NJ: Humana Press.

Myers, I. B., & McCaulley, M. H. (1985). *Manual: A Guide to the Development and use of the Myers–Briggs Type Indicator.* Palo Alto, CA: Consulting Psychologists Press.

Regan, T., & Singer, P. (Eds.) (1976). *Animal rights and human behavior.* Englewood Cliffs, NJ: Prentice–Hall.

Rest, J. R. (1979). *Development in judging moral issues.* Minneapolis: University of Minnesota Press.

Rollin, B. E. (1981). *Animal rights and human morality.* Buffalo, NY: Prometheus Books.

Self, D. J., Baldwin, D. C. Jr., & Olivarez, M. (1993). Teaching medical ethics to first–year students by using film discussion to develop their moral reasoning. *Academic Medicine, 68*(5), 383–385.

Self, D. J., Baldwin, Jr., D. C., Olivarez, M., & Shadduck, J. A. (1993). *Clarifying the relationship of veterinary medical education and moral development.* Unpublished manuscript.

Self, D. J., Baldwin, Jr., D. C., Wolinsky, F. D., & Shadduck, J. A. (1993). Further exploration of the relationship between veterinary medical education and moral development. *The Journal of Veterinary Medical Education, 20*(3), 140–147.

Self, D. J., & Olivarez, M. (1993). The influence of gender on conflicts of interest in the allocation of limited critical care resources: Justice vs. care. *Journal of Critical Care, 8*(1), 64–74.

Self, D. J., Jecker, N. S., Baldwin, Jr., D. C., & Shadduck, J. A. (1991). Moral orientations of justice and care among veterinarians entering veterinary practice. *Journal of the American Veterinary Medical Association, 199,* 569–573.

Self, D. J., Pierce, A., & Shadduck, J. A. (in press). *Description and evaluation of a course in veterinary ethics.*

Self, D. J., Pierce, A., & Sahdduck, J. A. (1994). A survey of the teaching of ethics in veterinary education. *Journal of the American Veterinary Medical Association, 204*(6), 944–945.

Self, D. J., Safford, S. K., & Shelton, G. C. (1988). Comparison of the general moral reasoning of small animal veterinarians vs. large animal veterinarians. *The Journal of the American Veterinary Association, 193,* 1509–1512.

Self, D. J., Schrader, D. E., Baldwin, D. C., Jr., Root, S. K., Wolinsky, F. D., & Shadduck, J. A. (1991). Study of the influence of veterinary medical education on the moral development of veterinary students. *Journal of American Veterinary Medical Association, 198,* 782–787.

Self, D. J., Skeel, J. D., & Jecker, N. S. (1993). The influence of philosophical vs. theological education on the moral development of clinical medical ethicists. *Academic Medicine, 68,* 848–852.

Self, D. J., Wolinsky, F. D., & Baldwin, D. C. Jr., (1989). The effect of teaching medical ethics on medical students' moral reasoning. *Academic Medicine, 64,* 755–759.

Tannenbaum, J. (1989). Veterinary Ethics. Baltimore, MD: Williams & Oilkina.

Veterinary code of ethics. (1986). *Journal of American Veterinary Medical Association, 189*(4), 475.

Walker, L., de Vries, B., & Trevethan, S. (1987). Moral stages and moral orientations in real–life and hypothetical dilemmas. *Child Development, 58,* 842–858.

Chapter 10

스포츠계의 윤리와 도덕추론

– 브레드마이어, 쉴즈/UC 버클리대학교

요약

격렬한 신체접촉이 일어나는 운동경기에서 규칙을 위반하지 않으면서 상대편 선수를 공격하는 행동을 도덕의 문제로 볼 수 있을까? 이 장에서는 우선 DIT를 활용한 도덕추론과 스포츠 간의 관계에 관한 연구를 소개하고 있다. 연구결과는 도덕추론 수준이 낮을수록 운동경기 중의 공격을 더 묵과하는 경향이 있음을 보여 준다. 비록 일관된 결과는 아니지만 격렬한 신체적 활동을 요구하는 스포츠를 하는 운동선수들의 도덕추론 수준은 동년배의 일반인의 도덕추론 수준보다 낮다는 연구결과들을 볼 수 있다. 다음으로 저자는 4-구성요소 모형을 확장하여 12-구성요소 모형을 소개하고 있다. 이 모형은 4-구성요소의 처리과정 각각에 영향을 미치는 세 가지 주요 영향변인인 맥락, 개인의 유능성, 자아과정을 교차시켜 나온 것이다. 12-구성요소 모형은 복잡한 요인들이 상호 작용하는 스포츠 세계에서 도덕추론과 행동 간의 관계를 설명하는 데 유용한 도구가 될 것이다. 최근 스포츠 엘리트의 비도덕적인 폭력이 문제가 되고 있는 우리 현실을 감안한다면 스포츠계의 도덕성에 대한 연구의 필요성은 결코 작지 않을 것이다.

스포츠는 도덕적 딜레마로 가득한 사회적 행위이다. 스포츠는 규칙이 지배적인 활동으로서, 스포츠 영역에서 발생하는 많은 도덕적 결정들은 그 규칙과 관련이 있다. 운동선수들은 불법적인 행위들, 즉 체력 증진을 위해 마약을 복용할 것인지, 경기의 규칙들을 남모르게 어길 것인지, 전략적으로 이익이 되는 파울을 범할 것인지 등을 결정해야만 한다. 운동선수가 양심적으로 규칙을 지키고자 할지라도 또다시 해결해야 할 도덕적 문제들은 남아 있다. 부상당한 상태인데도 경기에 나가야 하는가? 공격적이지만 합법적인 전술들은 이용해도 되는가? 상대편의 주의를 산만하게 하기 위해 고안된 책략들을 사용해도 되는가? 이상의 것들은 운동선수들이 직면하게 되는 도덕적 딜레마의 몇 가지 예에 불과하다. 코치와 팬, 그리고 스포츠 분야 저술가 등이 내리는 도덕적 결정에도 이와 유사한 도덕적 딜레마 상황들이 들어 있다.

이 장에서 우리는 운동선수들이 도덕적 결정을 내리는 방법에 영향을 미치는 주요 요인들을 탐색하고자 한다. 이 글이 일차적으로는 운동선수들에게 주로 초점을 맞추고 있긴 하지만, 스포츠에 관여하는 다른 많은 사람들에게도 유사하게 적용될 수 있을 것이다. 이 글에서는 먼저 스포츠 영역 내에서 도덕추론과 도덕행동 간의 관계에 대해 살펴본 다음 운동선수들과 다른 신체활동 참가자들의 도덕추론을 탐색하고자 한다. 다음으로, 스포츠라는 맥락에서 도덕추론의 독특한 특징들을 논의하고, 도덕행동의 12-구성요소 모형이 이 분야의 이론 · 연구 · 교육 프로그램의 틀을 제공할 수 있는지를 살펴보고자 한다.

도덕추론과 스포츠의 관계

스포츠에서의 도덕행동

도덕추론 발달단계와 도덕행동의 관계는 복잡하다. 이러한 복잡성은 추상적이고 구조적인 단계로 도덕적 유능함을 묘사하는 구조적 발달주의자들의 이론을 바탕으로 한 데서 일부 기인한다. 만약 추론이 구조적인 용어로 묘사된다면, 더 이상 도덕추론과 도덕행동의 직접적인 연결은 기대할 수 없다. 각 단계의 추론은 매우 다양한 행동으로 지지될 수 있다. 그럼에도 불구하고 단계는 이를 예언하는 행동과 관련이 있다. 한 사람의 추론의 단계와 그 사람에 의해 규정되거나 보증될 만한 도덕 내용 사이에는 개연적인 관련성이 있다(Kohlberg, 1984, 7장 참조).

스포츠에서의 도덕추론과 도덕행동 간의 관계에 대한 논의를 시작하기 위하여 먼저 레스트의 DIT를 이용한 연구를 요약하고자 한다. DIT는 응답자들이 6단계(2, 3, 4, 5A, 5B, 6 단계)에 해당하는 각각의 추론을 채택하는 범위로 프로파일을 제공한다. P-점수는 전체 추론에서 인습 이후 단계(5A, 5B, 6 단계)의 백분율을 말하며 도덕추론 발달의 지표가 된다. 이 연구에서 DIT는 남녀 대학생 야구선수들(N=46)의 도덕추론 단계가 공격적인 행동과 관련이 있는지 조사하는 데 이용되었다.

이 연구에서 가설은, 2단계 또는 4단계 추론의 빈도는 공격성의 지표와 정적 상관이 있다는 것이다. 우리는 2단계의 자아 중심적이고 도구적인 추론 특성이 보복적이고 도구적인 공격을 정당화하기 쉬울 것이라고 생각하였다. 그리고 농구경기 체제에서 공격이 지극히 정상적인 행동이라고 생각하는 많은 운동선수들이 그렇듯이 4단계의 관점으로 추론하는 사람들에게 공격은 정당한 것으로 보이기 쉽다. 이와는 반대로 3단계 또는 인습 이후 단계의 추론은 공격성 점수와 부적 상관이 있을 것이라는 가설을 세웠다. 순수하게 친사회적이고, 타인 지향적인 성격의 3단계 추론은 대개 공격성과 일치하지 않는다. 그것은 결국 공정함을 요구하는 원리를 지향한다. 연구결과, 예상대로 2단계와 4단계가 공격성과 정적 상관이 있었고, 비록 남녀 선수 모두에게 동일한 정도로 나타나지는 않았으나 3단계, 5B단계, 6단계는 경기의 공격성과 부적 상관이 있는 것으로 나타났다. 남자선수들에게 있어 도덕추론과 공격성 간의 관계는 3단계에서 유의미하게 나타났고, 여자선수들에게는 5B와 6단계에서 유의미하게 나타났다.

스포츠에서의 도덕행동을 조사하기 위해 한(Haan, 1977a 외)[1)]이 제시한 도덕성의 상호 작용 모형을 이용한 또 다른 연구가 있다. 브레드마이어(Bredemeier, 1985)는 대학생 운동선수들이 도덕추론을 적절하게 사용하지 않을수록 경기에서 높은 수준의 공격성을 더 묵과하는 경향이 있음을 발견했다. 이와 유사한 현상은 초등학교 학생들에게서도 발견되었다(Bredemeier et al., 1986). 우리는 또한 어린아이들조차도 스포츠와 일상생활 모두에서 도덕추론의 성숙성과 공격적 행동 간에 관계가 있음을 발견하였다.

이 연구들은 운동경기 중의 공격과 같은 도덕행동을 연구할 때 도덕추론 발달을 고려하는 것이 중요하다는 몇 가지 증거를 제공한다. 도덕추론은 도덕행동에 결정적인 영향을 미친다. 사실 도덕적 행동의 선택에 영향을 미치는 다른 요인들도 많지만 도덕추론은 한 개인의 의도된 행동이 가지는 도덕적 의미를 부여하기 때문에 중요한 것이다.

스포츠 참여

도덕추론이 도덕적 의사결정에서 없어서는 안 될 요인이라면, 스포츠에 관여하고 있는 사람들의 도덕추론이 일반인들과 어떻게 체계적으로 다른가를 아는 것이 중요하다. 물론, 운동선수가 아닌 사람과 운동선수를 구분한다는 것은 다소 비현실적이다. 대부분의 사람들은 어느 정도 신체활동을 하고 있기 때문이다. 하지만 운동선수들에게 경기의 경험이란 정서적으로 긴장되고 상당한 시간과 에너지를 요구하는 것이며, 자신의 기량과 특성을 드러내는 것이다. 많은 사람들에게 운동경기에 참가한다는 것은 자기정의(self-definition) 측면에서 중요하다. 따라서 조직화된 스포츠에 참여하는 것은 참여자의 도덕발달에 강력한 영향을 줄 수 있다.

DIT를 이용한 연구에서, 우리는 비록 여성이 남성보다 유의미하게 높은 P-점수를 받았다고 하더라도, 남녀 운동선수 모두 그들의 대학 규준 점수보다 아래에 있다는 것을 발견했다. 홀(Hall, 1986) 또한 대학의 야구선수들이 콜버그의 도덕발달 측정에서 대학 규준보다 더 낮은 점수를 받았다는 사실을 발견하였다. 한의 도덕성 모형(Bredemeier & Shields, 1986c)을 이용한 좀 더 정교한 연구에서, 우리는 대학의 야구선수들이 조직화된 스포츠 분야에 종사하지 않는 사람들보다 덜 성숙한 도덕추론 양식을 가지고 있음을 다시 한 번 발견했다. 하지만 고등학교 수준에서는 그와 동일한 결과가 나타나지 않았다. 즉, 고등학교의 야구선수들은 도덕추론의 성숙에 있어 동료들과 차이를 보이지 않았다는 것이다. 게다가 대학팀에서도 수영선수들의 도덕추론 성숙도는 비운동선수와 다르지 않았다.

또 다른 연구에서, 우리는 아동의 스포츠 참여와 흥미 간의 관계를 조사하는 한편, 그들의 도덕추론의 성숙 정도와 공격 성향을 연구하였다(Bredemeier et al., 1986). 분석 결과, 신체적 접촉이 잦은 스포츠 종목에 참여한 경험이 많고 이를 선호할수록 낮은 도덕추론 수준과 높은 공격적 성향을 보였다.

여기서 이전에 보고된 모든 연구들이 상관관계 연구였음을 언급할 필요가 있다. 그러므로 스포츠 참여와 도덕추론 성숙도 간에 인과관계를 주장할 수는 없을 것이다.

이러한 연구결과들로부터 얻을 수 있는 분명한 사실은 스포츠 경험이 단일한 형태가 아니라는 점이다. 분명히 막대로 공을 치거나 굴렁쇠로 공을 던지는 행위 자체에 도덕적 중요성이 있는 것은 아니다. 스포츠에서 도덕적 중요성을 가지는 것은 스포츠의 특성을 결정짓는 사회적 관계와 상호 작용의 특정한 형태이다. 그러한 관계와 상호 작용의 특성 및 질은 경기마다, 팀마다 다르다. 세부적인 스포츠의 규칙과 구조를 결정짓는 역학, 예를 들면 신체적 접촉 수준이든가, 개인이냐 팀이냐의 문제, 혹은 공개된 기술이냐 공개되지 않은 기술이냐의 문제, 뿐만 아니라 코치의 리더십 양식, 운동선수의 성격, 역사적 선례와 전통 모두가 결합되어 특정 스포츠 경험의 독특한 특성을 형성한다.

운동선수에 대한 연구에 더하여, 다음의 두 연구는 운동선수 외에 신체활동에 관련되는 사람들에 대한 정보를 제공하였다. 헨켈과 얼즈(Henkel & Earls, 1985)의 연구는 유치원부터 고등학교 3학년 체육교사들의 도덕추론 성숙도를 측정하기 위해 DIT를 이용했다. 연구자들은 체육교사들이 비슷한 연령과 교육적 배경을 가진 다른 사람들보다 도덕추론 능력이 평균적으로 덜 발달되었다는 사실을 발견하였다. 이와 유사한 결과들은 체육교육 프로그램에 등록한 중등교육 졸업생의 도덕추론 수준을 조사했던 말로이(Malloy, 1991)의 연구에서도 나타났다.

게임 추론

우리는 일부 연구에서 운동선수가 아닌 사람들(예, 조직화된 스포츠에 관여되지 않은)과 운동선수 모두를 조사하기 위해 스포츠 장면과 비스포츠 장면에서 동일한 도덕문제들을 포함하도록 설계된 딜레마를 제시하였다(Bredemeier & Shields, 1984a; 1986a; 1986b; 1986c). 운동선수들은 청년 초기 무렵부터 일반인보다 유의미하게 더 다양한 추론의 양식을 보인다 해도 스포츠에 참가하는 사람이나 그렇지 않은 사람 모두 두 유형의 딜레마에 대하여 다양한 양식의 추론을 이용하기 시작했다(Bredemeier, 1995; Bredemeier & Shields, 1984a). 스포츠라는 영역의 특수한 딜레마에 대한 추론은 평균적으로 일상생활에 관련된 도덕추론 수준보다 덜 성숙하거나 덜 적절하게 나타난다.

일상생활과 스포츠에서 도덕추론 간의 불일치는 더 큰 현상의 일면일 수 있다. 휴징가(Huizinga, 1955)는 놀이를 '현실생활에서 몇 발자국 물러나와 놀이 그 자체의 성향을 가진 활동영역으로 일시적으로 들어가는 것' (p. 8)으로 묘사한다. 다른 철학자, 인류학자, 사회학자, 심리학자들은 또한 놀이나 스포츠가 독특한 영역에 존재하며, 인지 · 태도 · 가치의 조정이 일어나는 영역으로 들어가는 것이라고 하였다(Bateson, 1955 외).[2] 예를 들어, 퍼스(Firth, 1973)는 의식과 관습이 어떻게 스포츠의 일시적 경계를 구분하며 일반인이 선수로, 선수가 다시 일반인으로 재구성되도록 하는지를 언급하였다.

만약 한 사람이 일상생활에서 스포츠 영역으로 들어갈 때 인지적이고 정서적인 변형을 겪는다면, 도덕추론 역시 그 심층적인 변화를 겪을 것이라는 점을 가정할 수 있을 것이다. 앞서 기술한 도덕추론 점수의 분산은 이러한 가설을 부분적으로 지지한다. 우리는 스포츠에서 일어나는 변형된 도덕적 추론을 '게임 추론' 이라고 명명하였다.

일상에서 스포츠로 도덕 관점이 이동하는 것은 많은 비형식적인 관찰에 의해 검증된다. 예를 들어, 이전의 헤비급 복싱 챔피언 홈즈(Larry Holmes)에 대한 논평을 생각해 보자. 그는 링에 들어가기 전에, "나는 변해야 한다. 나는 '지킬 박사와 하이드' 처럼 모든 선량함을 버리고, 모든 악한 것을 가져와야 한다."(Bredemeier & Shields, 1985, p. 23)라고 말한 바 있다. 시카고 베어즈 팀의 론 리베라(Ron Rivera)는 경기가 시작되면 자신이 경험하는 인성의 변형을 묘사하였다. 경기장 밖에서 론은 부드럽게 이야기하고 사려 깊고 다정하다. 그러나 론에게 경기장에서의 모습을 묘사해 달라고 부탁하자 이렇게 말하였다. "그는 완전히 나와 반대예요…… 그는 미친 사람이죠…… 그는 언제나 사람들을 치고 다녀요. 그는 다른 사람의 몸에 대해서는 눈꼽만큼도 고려하지 않지요."(p. 24)라고 대답했다. 이 주제는 흔히 경기장 안과 밖에서 지각되는 불일치를 기록하는 스포츠 평론가들에 의해 지속적으로 다루어지게 되었다.

불행하게도, 이 시점에서 우리는 게임 추론의 발생, 발달과정, 행동의 함의에 대해 아는 바가 거의 없다. 스포츠 영역으로 들어가는 것은 많은 사람들의 도덕추론 양식에 변화를 일으키도록 자극하지만, 그 현상은 아직까지 제대로 설명되지 못하고 있다.

도덕행동의 12-구성요소 모형

도덕추론은 도덕행동에 중요한 영향을 미친다. 그러나 우리가 앞에서 말했던 것처럼 단순히 그것만이 도덕행동에 영향을 미치는 것은 아니다. 도덕행동을 개선하기 위한 적절한 교육 프로그램을 개발하기 전에, 도덕행동에 영향을 미치는 변인에는 어떤 것이 있는지 체계적으로 검토하고 그것들을 논리적으로 유목화할 필요가 있다. 이것은 어떤 단일 변량 분석을 통하기보다는 더욱 적절한 도덕행동 유형을 제공함으로써 기능하기 때문에 관련 변인들이 특정 상황에서 어떤 상호관련성이 있는가를 조사하는 데 도움을 줄 수 있을 것이다. 도덕행동에 영향을 미치는 변인들을 좀 더 포괄적인 하나의 모형으로 제공하기 위해, 우리는 도덕행동의 12-구성요소 모형을 고안하였다(Shields & Bredemeiser, 1994).

이 모형은 레스트(1983; 1984; 1986)가 정의한 4-구성요소 모형에서 출발한다. 4-구성요소 모형을 먼저 간략하게 살펴보면 다음과 같다. 첫째, 도덕행동이 발생하기 전에 상황과 행동의 가능성들을 숙고해야 한다(처리과정 I). 둘째, 무엇을 해야 할지에 대해 도덕판단을 내려야 한다(처리과정 II). 셋째, 행동을 통해 추구하고자 하는 하나의 가치(도덕적이거나 도덕적인 것과 상관없는)를 선택하고(처리과정III), 마지막으로 의도했던 행동을 수행한다(처리과정IV). 이 네 가지 처리과정 각각은 도덕행동이 발생하는 데 필요한 것이다. 만약 어떤 처리과정이 결핍되어 있으면, 도덕행동도 불완전할 것이다.

네 가지 주요 처리과정에 덧붙여, 우리는 처리과정 각각에 영향을 미치는 세 가지 주요 영향 변인을 확인하였는데, '맥락의 특성', '개인의 유능성', 그리고 '개인의 특성과 상황적으로 발생하는 자아 처리과정'이 그것이다. 유전적, 생물학적 능력과 개인적 성향이 부가될 수 있으나 여기에서는 포함하지 않았다. 이 세 가지 주요 영향 변인들을 앞의 4-구성요소(네 가지 처리과정)와 교차시켜 배치함으로써 우리는 도덕행동의 12-구성요소 모형을 만들게 되었다. 각 요소에 포함된 내용은 다음 〈표 10-1〉과 같다.

표 10-1 도덕행동의 12-구성요소 모형

영향 변인	처리과정			
	상황해석	도덕판단	선택	실행
맥락 차원	목표 구조 상황적 모호성	도덕적 분위기	영역 단서	힘의 구조
개인적 유능함 차원	역할 채택, 관점 채택	도덕추론	자아 구조	자율성과 사회 문제 해결 기술
자아 과정 차원	내적으로 받아들이는 과정	인지적 자아 처리과정	정서 차원의 충동 조절 과정	주의집중 과정

처리과정과 영향 변인의 적절한 교차지점에 우리가 제시하고자 하는 사례를 배치하고자 노력하였지만, 일부 사례들은 하나 이상의 처리과정에 영향을 미칠 수도 있다. 예를 들어, 목표 구조(goal structure)는 상황해석(처리과정 I)뿐 아니라, 선택(처리과정III)에 영향을 미칠 것이다. 그럼에도 우리는 이론을 형성하고 연구와 처치를 용이하게 할 수 있도록 각 사례를 논리적으로 정리해 왔다고 믿고 있다. 또한 네 가지 처리과정과는 달리 우리는 적절한 도덕행동을 하기 위해 12요소 모두가 최적의 조건이어야 한다고 주장하지 않는다. 그러나 우리는 모든 도덕적 행동에 이 12가지 요소 모두가 영향을 미친다고 본다. 예를 들어, 비도덕적 행동을 지지하는 분위기 속에서도 사람들은 도덕적으로 행동할 수 있다. 그러나 그들의 행동은 여전히 그 도덕적 분위기를 고려하여 일어났을 것이다. 마지막으로 이 모형에 모든 가능한 영향 변인을 포함시켰다고 해서 이 모형을 종합적이라고 주장하지는 않는다. 단지 여기서 우리는 각 요소의 중요한 사례를 확인하고자 하는 것이다.

이 장의 나머지 부분에서 우리는 맥락적 영향 변인을 시작으로 세 가지의 영향 변인을 소개함으로써 도덕행동의 12가지 모형을 상세히 설명하고자 한다. 12-구성요소 모형에 대한 보다 상세한 설명과 도덕성과 스포츠의 관계에 관한 좀 더 포괄적인 연구에 관심이 있는 독자들은 『인성발달과 신체활동(Character Development and Physical Activity)』(Shields & Bredemeier, 1994)을 참고하기 바란다.

맥락의 영향

환경은 도덕적 행동을 포함한 다양한 유형의 행동을 유지하거나 유도하는 데 핵심적인 역할을 한다. 그러나 이 맥락들은 매우 복잡하다. 우리는 여기서 스포츠에서 도덕적 행동에 지속적으로, 그리고 의미 있게 영향을 미치는 환경에만 초점을 맞추고자 한다.

처리과정 I (상황에 대한 해석)과 관련 있는 것으로 보이는 맥락적 영향 변인은 목표 구조와 상황의 모호성이다. 여기서 목표 구조란 주어진 환경이 협동적인 구조인지 경쟁적인 구조인지를 일컫는다. 수많은 연구들을 통해 밝혀진 바에 따르면, 운동경기를 하는 과정에서 발생하는 경쟁적 목표 구조는 친사회적 행동을 방해하고 반사회적 행동을 고무시키는 경향이 있다(Barnett & Bryan, 1974 외).[3] 반대로 협동적인 목표 구조는 친사회적 행동을 촉진시킬 수 있고 반사회적 행동을 줄일 수 있는 것으로 나타났다(Aronson et al., 1978 외).[4]

우리는 경쟁구조가 도덕적으로 행동하는 것을 방해하고 협동구조는 그것을 촉진한다는 것을 처리과정 I 과 관련된 두 가지 기제를 통해 설명하고자 한다. 첫째, 경쟁과 협동은 다른 사람의 필요와 관심에 대한 개인의 감수성에 영향을 미친다. 경쟁적 분위기 아래서 사람들은 상대편에 관심을 두기보다 자신의 목표와 포부, 자신이 속한 팀에 초점을 맞춘다. 반대로 협동적인 분위기에서 사람들은 타인의 필요와 흥미를 더 의식하는 경향이 있다. 둘째, 실행할 수 있는 행동 대안도 어느 정도 목표 구조에 따라 결정될 것이다. 예를 들어, 농구경기를 하는 중에 상대 팀의 팀원이 골을 넣으려다 실패해 당황하고 있는 것을 보고 그에게 공을 주려고 하는 사람은 거의 없을 것이다. 그러나 만약 그것이 협동적인 놀이였다면 상황은 달라졌을 것이다.

처리과정 II는 무엇이 도덕적인가를 판단하는 과정이다. 이 처리과정과 관련된 유의미한 맥락 변인으로 우리는 도덕적 분위기(moral atmosphere)를 들 수 있다. 도덕적 분위기는 한 집단에서 인정되는 지배적인 도덕 규준들을 말한다(Power et al., 1989). 만약 한 집단이 친사회적인 도덕행동을 지지하는 도덕적 분위기를 가지고 있다면, 그 집단의 사람들이 그런 행동을 할 확률은 상당히 높을 것이다. 예를 들어, 스티픈스(Stephens,

1993)의 연구에 따르면, 어린 여자 축구선수들은 상대 팀 선수들이 부정한 방식으로 경기를 이끌어 나가고 있다고 생각할 때, 자신들도 똑같이 그렇게 하고자 하는 유혹을 강하게 느낀다고 한다. 도덕적 분위기는 어떤 도덕적 쟁점을 두드러져 보이게 만드는 경향이 있으며, 그 때문에 그 상황에 관련된 사람들의 도덕추론의 내용에 영향을 미치는 것 같다. 이와 더불어 도덕적 분위기는 그 다음 처리과정인 '선택'의 과정에도 영향을 미친다.

경쟁하는 가치들 사이에서 하나의 가치를 선택하는 것이 처리과정III의 핵심이다. 가치 선택과 관련된 쟁점들은 주어진 맥락에 존재하는 '영역 단서들(domain cues)'이라 불리는 것이다(Turiel, 1983). 환경은 그것이 활성화하는 능력과 동기의 측면에서 볼 때 획일적이지 않다. 어떤 맥락은 한 사람의 도덕적 유능성과 동기만을 활성화하는 경향이 있을지도 모르나 이런 경우는 거의 드물다. 오히려 환경은 한 사람의 도덕적 추론과 사회 인습적 추론, 그리고 타산적 추론을 동시에 활성화한다. 이것을 추론의 세 가지 영역이라 부른다. 스포츠 맥락이 어떻게 단서들을 제공하여 다른 유형의 처리과정을 이끌어 내고, 다른 동기들을 활성화시키는지 이해하는 것은 처리과정III을 연구하는 데 중요하다. 도덕적 영역 단서가 두드러질 때 도덕행동을 할 가능성이 더 높아지게 된다.

맥락은 또한 사람들 간에 힘을 어떻게 분배하고 행사하느냐에 따라 아주 다양해진다. 이러한 다양성은 자신의 결정을 행동으로 옮기는 과정에서 직면하게 될 촉진요인이나 방해요인에 영향을 미치는데, 이것이 처리과정IV의 핵심이다. 힘의 구조들은 행동을 결정할 때 중요한 역할을 한다. 예를 들어, 의도한 행동을 수행하는 데 미치는 자신의 성(性)과 인종, 계층 그리고 사회적 지위의 영향이 이에 해당한다. 힘의 구조가 한 사람이 친사회적으로 행동할 의도를 지지하는 식으로 나타날 때, 그 사람이 그러한 행동을 할 가능성은 더 높아지게 된다.

개인적 유능함의 영향

우리는 심리학의 구조발달적 접근을 지지하며, 도덕성을 완전히 이해하기 위해서는 도덕행동을 가능하게 하는 인지 · 정서적 유능성을 이해해야 한다고 생각한다. 맥락은 행동을 촉진하거나 방해할 수 있지만, 또한 해석되며 이를 통해 그 영향력이 발휘되지 않을 수도 있고 반대로 증대될 수도 있다. 그런데 한 개인의 유능함을 기술하는 것은 그가 자신의 역량을 충분히 발휘하면서 살아갈 때 그 행동을 하게 될 양상을 가늠하게 해 준다. 때로 능력이 구조적인 용어로 기술될 수도 있지만, 구조적 능력이란 특정한 내용에 대한 분석을 통해서만 이해되고 연구될 수 있는, 이론적으로 추상적인 개념이다. 예를 들어, 한 사람의 도덕적 단계를 아는 것은 그 단계가 그의 특별한 도덕 신념 · 태도 · 가치들(도덕 내용의 측면들)을 나타내는 것으로서 그의 도덕행동을 이해하는 데 유용하다.

역할 채택과 관점 채택(Selman, 1976; 1980)은 상황을 이해하는 처리과정 I 의 기반이 되는 중요한 구조적 능력이다. 이 능력과 관련된 내용은 그들이 누구의 관점을 취하는가와 어떤 정보를 수집하는가이다. 스포츠 참여와 역할 채택 혹은 관점 채택의 관계에 대한 연구는 아직 개척되지 않은 분야이다. 이론적 수준에서 볼 때, 스포츠 경험은 사회적 관점 채택 능력을 증진시킨다고 가정할 수 있다(Cakle, 1983, 1984; Martens, 1976; Mead, 1934). 특히 단체 경기에서 스포츠의 상호 작용은 행동을 조정하는 능력을 나타내며, 이러한 조정능력은 다양한 참조 틀을 통해 게임을 이해하는 능력을 필요로 한다. 예를 들어, 유격수 놀이(shortstop)를 효과적으로 하기 위해서 우리는 각 팀원들이 다양한 상황에서 어떻게 행동할지를 예상할 수 있어야 한다. 그것은 게임 도중 다른 관점들을 취할 수 있는 복잡한 조정능력과 관련된다. 이와 함께 대부분의 스포츠는 상대편이 어떤 행동을 할지 예견할 수 있는 전략적인 능력을 필요로 한다.

스포츠 활동이 사회적 관점 채택의 기술을 증진시킬 수 있는 잠재력을 가지고 있음에도 불구하고, 경쟁은 일반적으로 역할 채택과 관점 채택을 방해하는 것으로 나타난다(Johnson & Johnson, 1983). 예를 들어, 쵸스볼트 등(Tjosvold et al., 1984)은 대학원생들을 양자 대화(dyads)에 참여시키고 그들에게 협상과제를 주었는데, 일부 대화는 협동적으로 구조화된 것이었고 일부는 경쟁적인 내용으로 구조화된 것이었다. 경쟁적으로 구조화된 상황하에서, 참여자들은 타인의 관점을 정확하게 이해하지 못했다.

도덕추론 단계(Haan, 1985; Kohlberg, 1984)는 처리과정II의 근원을 이루는 주요한 구조적 능력이다. 각 단계의 내용들은 개인의 특수한 신념·태도·가치 등으로 구성되어 있다. 개인은 도덕추론 단계를 통해 도덕적 내용들을 두 가지 유형으로 판단한다. 이 두 가지 판단유형은 의무판단(deontic judgments)과 책임판단(responsibilily judgments)으로 도덕행동을 이끌어 내는 데 영향을 미친다. 의무판단은 주어진 맥락에서 무엇이 옳은가에 대한 개인의 신념을 반영한다. 반면에 책임판단은 개인이 그 신념에 따라 행동할 의무가 있다고 생각하는지 여부를 반영한다. 스포츠 활동과 도덕추론 수준의 성숙 사이의 관계에 관한 연구는 앞에서 제시한 바 있으므로 여기서는 언급하지 않겠다.

자아 구조는 처리과정III의 기저가 되는 역동적인 심리조직체이다. 자아 구조는 한 개인의 자신에 대한 조직화된 인식과 평가를 의미한다. 자아 구조의 두 가지 차원은 특히 처리과정III의 지배적인 주제인 도덕적 동기화에 중요하다. 여기서 도덕적 동기화란 동기적 지향(motivational orientation; Nicholls, 1983; 1989; 1922)과 도덕적 자아(Blasi, 1984, 1989; Damon, 1984)를 일컫는다. 동기적 지향이란 무엇인가를 성취하고자 하는 상황에서 다른 사람과 비교하여 자신의 능력을 보여 주고자 하는가(자아 지향), 아니면 자신의 이전 수행과 비교하여 능력을 보여 주고자 하는가(과제 지향)를 의미한다. 도덕적 자아란 자신을 정의하는 데 사용되는 개인의 핵심적인 자아 정체성과 특수한 도덕적 특성에 대한 기술에서 도덕적인 고려가 얼마나 두드러지느냐를 일컫는다. 동기적 지향과 도덕적 자아는 도덕적 동기에 영향을 미칠 수 있는 개인의 가치체계에 영향을 미친다. 스티픈스(1993)와 두다 등(Duda, Olson, & Templin, 1991)은 상대적으로 과제 지향을 보이는 스포츠 참여자가 두 가지 가치 간의 갈등이 있을 때 도덕과 관계없는 가치보다 도덕적 가치를 선택할 가능성이 유의미하게 높다는 몇 가지 증거를 제시했다. 이와 마찬가지로, 도덕적 용어들로 자신의 정체성을 정의한 운동선수들도 이와 같은 결과를 보여 줄 것이라는 점을 가정할 수 있다.

앞으로 일어날 문제를 예견하고 창의적으로 해결책을 찾으며, 차이점을 조정할 수 있고, 개인 간의 실수를 교정할 수 있는 사람들은 이러한 기술이 부족한 사람들보다 자신의 도덕적 의도를 수행하는 데 성공할 확률이 더 높을 것이다(Haan et al., 1985). 이 다양한 기술들을 포괄하는 사회 · 인지적 능력들이 바로 심리적 자율성과 사회적 문제해결 기술이다. 만족 지연, 도전적인 과제에 대한 인내, 자신의 확신에 따라 행동할 필요가 있을 때 동료의 비난을 무릅쓰는 것 등과 같은 일련의 심리적 기술들이 이 요소와 관련된다. 이러한 기술들 사이의 구분이 모호하고 각 기술에 상응하는 자아 과정이 분명하지 않다고 하더라도 말이다.

자아 과정의 영향

우리는 도덕적 행동의 각 처리과정과 관련된 세 번째 영향 변인을 설명하기 위해 한(Hann)의 자아 과정 모형을 사용했다. 이 모형에 따르면, 자아 과정은 심리 내적 구조들을 매개 · 조정하고, 심리 내적 세계와 환경 사이를 매개 · 조정한다. 도덕단계와 같은 심리적 구조는 이론적인 추상개념이며, 실제 심리적 기능에 있어서 다양한 정보를 불러일으키고 사용하며 조작하는 것에 의존한다. 자아 과정은 이러한 과제를 수행하기 위해 작동된다.

개인적 유능성은 도덕행위를 하기 위한 한 사람의 최적의 능력이며, 자아 과정은 실제 수행에 있어서 능력을 매개하는 것이라는 의미에서 서로 구분된다. 달리 말하자면, 만약 한 개인의 도덕적 행동이 최적의 상태에 미치지 못하는 것이라면, 그것은 그가 미성숙하기 때문이거나(예를 들어, 관련된 능력의 발달적 결핍), 아니면 그 상황에서 의무를 이행하지 않았기 때문일(예를 들어, 자아 과정에서의 결핍) 것이다. 자아 과정은 사람들이 어떤 때는 자신의 잠재력을 최대한 발휘하지만 다른 때는 그렇지 못한 이유를 이해하는 데 도움을 준다. 한 등(1985, 10장 참조)은 일련의 도덕 연구들을 통해서 자아 과정이 도덕행동을 하는 데 중요한 매개자의 역할을 한다는 것을 설득력 있게 논증했다.

자아 과정에 대한 한의 개념분류는 10가지 일반적인 자아 기능으로 정의되며, 각 기능은 구성적-통합적인 심리활동에 요청되는 하나의 과정 혹은 조절을 나타낸다. 예를 들어, 차별화의 일반적 기능은 개인이 감정으로부터 관념을 분리해야 할 때, 혹은 관념으로부터 관념을, 감정으로부터 감정을 분리해야 할 때 관여한다. 한은 10가지의 일반적 기능을 4개의 범주로 나누었는데, 이것은 관련된 정신활동의 유형에 따른 것이다. 따라서 일반적 기능들은 수용적, 인지적, 정서-충동 조절, 주의-집중 기능으로 나뉜다.

일반적 자아의 기능들은 추상적인 이론 개념들이다. 그것들은 구체적 과정들을 수집하기 위해 사용되는 명칭들이다. 심리적 과제가 수행될 때 일반적 기능 중의 하나를 사용할 필요가 있으며, 이때 전형적으로 일반적 기능 표현의 두 가지 양식인 대처나 방어 중의 하나가 유발된다. 즉, 일반적 기능을 대처 또는 방어의 형태로 나타내 보일 것이다.

대처와 방어의 양식은 일련의 형식적인 특성에 따라 구별된다. 가장

표 10-2 자아 과정의 분류표

총괄적 기능	양식	
	대처	방어
	반사적-수용적 기능	
1. 지연반응	모호성에 대한 인내	의심
2. 감수성	공감	투사
3. 시간 전환	퇴행-자아	퇴행
	인지적 기능	
4. 차별화	객관화	고립
5. 분리	지성	주지화
6. 수단-목적 상징화	논리적 분석	합리화
	정서-충동 조절	
7. 전환	승화	전위
8. 변형	대체	반동 형성
9. 억제	억제(suppression)	억압(repression)
	주의-집중 기능	
10. 선택적 자각	집중	부정

자료: * 한(1977b, p. 35)에서 발췌

중요한 대처 과정들은 현실에 대해 유연하고 의도적이고 반응적이다. 대처 과정은 정보나 정서를 정확하게 다루는 것과 관련된다. 이와 대조적으로 방어 과정은 융통성이 없고 왜곡되고 심리적인 과거로부터 밀려나온 것이다. 〈표 10-2〉는 대처와 방어의 자아 과정의 분류를 보여 준다.

대처와 방어 과정을 활용하는 데는 위계적인 순서가 있다. 대처 과정은 심리 내적인 과정에서나 타인과의 관계에서, 그리고 환경과의 상호작용에서 개방적이고 분명하고 융통성 있는 상호 변화를 유지하는 데 가장 유용하다. 사람들은 가능하다면 대처 과정을 사용할 것이다. 그러나 자아감이 위협을 받을 때는 대처 과정이 너무 고통스럽거나 불안할 수 있다. 방어 과정은 긍정적이고 일관된 자아감을 유지할 필요가 있을 때 사용된다. 스트레스가 많은 상황은 종종 방어적 자아 과정을 사용하게 만든다. 실제로 사람들은 복잡한 상황에서 종종 어느 정도 대처와 방어 과정을 결합하여 사용한다.

사람들마다 선호하는 대처와 방어 전략의 목록이 있다. 도전적인 상황에 직면했을 때 사람들은 문제를 해결하기 위해 자신의 선호에 따라, 그리고 상황적으로 유발된 과정의 위계를 따라 올라가거나 내려가면서 그 전략들을 사용하는 경향이 있다. 도덕적인 문제와 관련해서, 만약 사람들이 자신의 대처 양식을 유지한다면 그들은 최적의 도덕적 능력에 가깝도록 기능하게 되겠지만, 사람들이 가지고 있는 도덕적 나태함은 자주 방어적 양식과 연결된다.

도덕행동 모델에서 처리과정 I 에 자아과정의 수용적인 기능을 배치할 수 있다. 이 과정들은 내적으로, 그리고 환경에서 일어나는 것에 대한 반응으로서 자신의 사고·감정·직관을 사용하는 것을 반영한다. 특히 두 가지 유형의 수용적 대처 과정이 도덕행동과 관련 있는데, 이는 바로 감정이입 능력과 모호성을 견디는 능력이다.

인지적 기능은 처리과정II와 관련된다. 분명히 객관화, 지성, 논리적 분석의 대처 양식은 도덕판단의 형성에 기본이 된다. 이와 유사하게 고립·주지화·합리화의 방어 과정은 도덕행동을 하는 과정에서 도덕 행위를 탈선시킬 수 있다.

정서-충동 조절 기능은 도덕행동 모델에서 처리과정III과 연결된다. 이 자아 기능들은 처리과정III과 마찬가지로 다른 동기화 요구가 조정될 필요가 있을 때 특히 유용하다. 승화, 대체, 억제의 대처 양식은 갈등을 불러일으키는 정서적 요구를 표현하고자 할 때 확실히 중요하다. 이와 마찬가지로 전위, 반동 형성, 억압의 방어 과정은 활성화된 동기들을 조정하는 데 미숙함을 야기할 가능성이 높다.

마지막으로 선택적 지각이라는 주의-집중 기능은 처리과정IV의 특성이다. 사람들은 집중이라는 대처 양식을 사용할 때, 과제에 집중하기 위해 혼란스럽고 유혹적인 감정이나 사고들을 제쳐 두는 경향이 있다. 그러한 자아 조절은 선택한 행동을 끝까지 지속시키는 데 필요하다.

한 연구에서 대처 양식은 성인 지배적 상황보다 동료 중심의 스포츠 맥락에서 좀 더 쉽게 유지된다는 제한적인 증거를 제공한 바 있지만 (Shields & Bredemeier, 1989), 스포츠에서의 자아 과정에 관한 경험적 연구 문헌은 최근까지 거의 없는 상황이다.

요 약

신체활동 맥락에 참여하는 운동선수와 일반인들은 수많은 복잡한 도덕적 결정에 직면한다. 일관되고 책임감 있는 도덕행동을 가능하게 하는 요소 중 하나는 성숙한 도덕추론 능력이다. 비록 몇몇 연구의 도덕추론 검사 결과에서 대학생 야구선수들의 점수가 비운동선수인 동년배보다 더 낮다는 결과가 나타났다 해도, 현재 연구 수준에서 스포츠 참가가 도덕추론의 성숙도에 분명한 영향을 끼쳤다고 내세울 만한 어떤 증거도 없다.

그러나 흔히 경기에 참가하는 것이 도덕추론 양식에 변화를 이끌어 낸다는 사실은 고려할 만한 증거를 보여 준다. 스포츠 영역의 특수성을 반영하는 딜레마에 대한 추론은 스포츠 밖의 상황에서 동일한 논쟁에 대한 도덕적 추론을 할 때 보다 더욱 자아중심적인 경향이 있다. 그런데 이것을 어느 정도까지 일반적인 도덕 의무로부터 해방된 심각하지 않은 놀이로 봐야 하는지, 아니면 스포츠계의 도덕성을 심각하게 위해하는 것으로 봐야 하는지는 분명하지 않다. 끝으로, 스포츠에서 도덕행동의 모형은 도덕추론뿐만 아니라 다른 많은 요인들을 함께 고려해야 한다. 도덕추론을 더 폭넓은 틀로 보기 위해서 우리는 도덕행동의 12-구성요소 모형을 제안했다. 이 모형은 스포츠에 관여된 모든 사람들의 응용 윤리를 개선하기 위한 교육과정 프로그램뿐 아니라 이론 정립을 위한 길잡이 역할도 할 수 있을 것이다.

미주

1) Haan, 1977a, 1978, 1978, 1983, 1985, 1986, 1991; Haan, Aerts, & Cooper, 1985 참조

2) Bateson, 1955; Corsaro, 1981; Giffin, 1982; Schmitz, 1976; Sutton-Smith, 1971 참조

3) Barnett & Bryan, 1974; Berkowitz, 1973; Berndt, 1981; Bryan, 1977; Deutsch, 1985; Gelfand & Hartman, 1978; Kleiber & Roberts, 1981; McGuire & Thomas, 1975; Raush, 1965; Staub & Noerenberg, 1981 참조

4) Aronson, Bridgeman, & Geffner, 1978; Debellefeuille, 1990; Sheriff & Sherif, 1969 참조

참고문헌

Aronson, E., Bridgeman, D. L., & Geffiner, R. (1978). The effects of a cooperative classroom structure on student behavior and attitudes. In D. Bar-Tal & L. Saxe (Eds.), *Social psychology of education: Theory and research.* Washington, DC: Hemisphere.

Barnett, M. A., & Bryan, J. H. (1974). Effects of competition with outcome feedback on children's helping behavior. *Development Psychology, 10,* 838-842.

Bateson, G. (1955). A theory of play and fantasy. *Psychiatric Research Reports, 2,* 39-51.

Berkowitz, L. (1973). Sports, competition, and aggression. In I. Williams & L. Wankel (Eds.), *Fourth Canadian symposium on psychology of motor learning and sport* (pp. 59-61). Ottawa: University of Ottawa.

Berndt, T. J. (1981). The effects of friendship on prosocial intentions and behavior. *Child Development, 52,* 636-643.

Blasi, A. (1984). Moral identity: Its role in moral functioning. In W. Kurtines & J. Gewirtz (Eds.), *Morality, moral behavior, and moral development* (pp. 128-39). New York: Wiley.

Blasi, A. (1989). The integration of morality in personality. In I. E. Bilbao (ed.), *Perspectivas acerca de cambio moral: Posibles intervenciones educativas.* San Sebastian, Spain: Servicio Editorial Universidad del Pais Vasco.

Bredemeier, B. J. (1985). Moral reasoning and the perceived legitimacy of intentionally injurious sports acts. *Journal of Sport Psychology, 7,* 110-124.

Bredemeier, B. J. (1994). Children's moral reasoning and their assertive, aggressive, and submissive tendencies in sport and daily life. *Journal of Sport and Exercise Psychology, 16,* 1-14.

Bredemeier, B. J. (in press). Divergence in children's moral reasoning about issues in daily life and sport specific contexts. *International Journal of Sport Psychology.*

Bredemeier, B. J., & Shields, D. L. (1984a). Divergence in moral reasoning about sport and life. *Sociology of Sport Journal, 1,* 348–357.

Bredemeier, B. J., & Shields, D. L. (1984b). The utility of moral stage analysis in the investigation of athletic aggression. *Sociology of Sport Journal, 1,* 138–149.

Bredemeier, B. J., & Shields, D. L. (1985). Values and violence in sport. *Psychology Today, 19,* 22–32.

Bredemeier, B. J., & Shields, D. L. (1986a). Athletic aggression: An issue of contextual morality. *Sociology of Sport Journal, 3,* 15–28.

Bredemeier, B. J., & Shields, D. L. (1986b). Game reasoning and interactional morality. *Journal of Genetic Psychology, 147,* 257–275.

Bredemeier, B. J., & Shields, D. L. (1986c). Moral growth among athletes and nonathletes: A comparative analysis. *Journal of Genetic Psychology, 147,* 7–18.

Bredemeier, B. J., Weiss, M. R., Shields, D. L., & Cooper, B. (1986). The relationship of sport involvement with children's moral reasoning and aggression tendencies. *Journal of Sport Psychology, 8,* 304–318.

Bryan, J. H. (1977). Prosocial behavior. In H. L. Horn & P. A. Robinson (Eds.), *Psychological processes in early education* (pp. 233–259). New York: Academic Press.

Coakley, J. J. (1983). Play, games, and sport: Developmental implications for young people. In J. C. Harris & R. J. Park (Eds.), *Play, games and sports in cultural contexts* (pp. 431–450). Champaign, IL: Human Kinetics.

Coakley, J. J. (1984). *Mead's theory on the development of the self: Implications for organized youth sport programs.* Paper presented at the Olympic Scientific Congress, Eugene, OR.

Corsaro, W. A. (1981). Friendship in the nursery school: Social organization in a peer environment. In S. R. Asher, & J. M. Gottman (Eds.), *The development of children's friendships.* Cambridge: Cambridge University Press.

Damon, W. (1984). Self-understanding and moral development from childhood to adolescence. In W. M. Kurtines & J. Gewirtz (Eds.), *Morality, moral behavior, and moral development* (pp. 109−127). New York: Wiley.

Debellefeuille, B. (1990). *The influence of cooperative learning activities on the perspective−taking ability and prosocial behavior of kindergarten students.* Unpublished doctoral dissertation, McGill University, Montreal.

Deutsch, M. (1985). *Distributive justice: A social−psychological perspective.* New Haven: Yale University Press.

Duda, J. L., Olson, L. K., & Templin, T. J. (1991). The relationship of task and ego orientation to sportsmanship attitudes and the perceived legitimacy of injurious acts. *Research Quarterly for Exercise and Sport, 62,* 79−87.

Firth, R. (1973). *Symbols public and private.* New York: Cornell University Press.

Gelfand, D. M., & Hartman, D. P. (1978). Some detrimental effects of competitive sports on children's behavior. In R. A. Magill, M. J. Ash, & F. L. Smoll (Eds.), *Children in sport: A contemporary anthology,* (pp. 165−174). Champaign, IL: Human Kinetics.

Giffin, H. L. N. (1982). *The metacommunicative process in a collective make−believe play.* Unpublished doctoral dissertation, University of Colorado, Boulder.

Haan, N. (1977a). *A manual for interactional morality.* Unpublished manuscript, Institute of Human Development, University of California at Berkeley.

Haan, N. (1977b). *Coping and defending: Processes of self−environment organization.* New York: Academic Press.

Haan, N. (1978). Two moralities in action contexts: Relationship to thought, ego regulation, and development. *Journal of Personality and Social Psychology, 36*, 286−305.

Haan, N. (1983). An interactional morality of everyday life. In N. Hann, R. Bellah, P. Rabinow, & W. Sullivan (Eds.), *Social science as moral inquiry* (pp. 218−250). New York: Columbia University Press.

Haan, N. (1985). Processes of moral development: cognitive or social disequilibrium? *Developmental Psychology, 21,* 996−1006.

Haan, N. (1986). Systematic variability in the quality of moral action as defined by two formulations. *Journal of Personality and Social Psychology, 50,* 1271–1284.

Haan, N. (1991). Moral development and action from a social constructivist perspective. In W. Kurtiness & J. Gewirtz (Eds.), *Handbook of moral behavior and development, Vol. 1: Theory* (pp. 251–273). Hillsdale, NJ: Lawrence Erlbaum Associates.

Haan, N., Aerts, E., & Cooper, B. B. (1985). *On moral grounds: The search for a practical morality.* New York: New York University.

Hall, E. R. (1986). Moral development levels of athletes in sport–specific and general social situations. In L. Vander Velden & J. H. Humphrey (Eds.), *Psychology and sociology of sport: Current selected research Vol. 1,* pp. 191–204. New York: AMS Press.

Henkel, S., & Earls, N. (1985). The moral judgment of physical education teachers. *Journal of Teaching in Physical Education, 4,* 178–189.

Huizinga, Johan. (1955). *Homo ludens: A study of the play element in culture.* Boston: Beacon Press.

Johnson, D. W., & Johnson, R. T. (1983). The socialization and achievement crisis: Are cooperative learning experiences the solution? In L. Bickman (Ed.), *Applied social psychology annual* (Vol. 4, pp.). Beverly Hills, CA: Sage.

Kleiber, D. A., & Robert, G. C. (1981). The effects of sport experience in the development of social character: An exploratory investigation. *Journal of Sport Psychology, 3,* 114–122.

Kohlberg, L. (1984). *Essays on moral development: Vol. 2. The psychology of moral development.* San Francisco: Harper & Row.

Malloy, D. C. (1991). Stages of moral development: Implications for future leaders in sport. *International Journal of Physicial Education, 28,* 21–27.

Martens, R. (1976). Kid sports: A den of iniquity or land of promise. In R. Magill, M. Ash, & F. Smoll (Eds.), *Children in sport: A contemporary anthology* (pp. 201–216). Champaign, IL: Human Kinetics.

McGuire, J. M., & Thomas, M. H. (1975). Effects of sex, competence, and competition on sharing behavior in children. *Journal of Personality and Social Psychology, 32,* 490–494.

Mead, G. H. (1934). *Mind, self, and society.* Chicago: University of Chicago Press.

Nicholls, J. G. (1983). Conceptions of ability and achievement motivation: A theory and its implications for education. In S. G. Paris, G. M. Olson, & H. W. Stevenson (Eds.), *Learning and motivation in the classroom* (pp. 211–237). Hillsdale, NJ: Lawrence Erlbaum Associates.

Nicholls, J. G. (1989). *The competitive ethos and democratic education.* Cambridge, MA: Harvard University Press.

Nicholls, J. G. (1992). The general and the specific in the development and expression of achievement motivation. In G. C. Roberts (Ed.), *Motivation in sport and exercise* (pp. 31–56). Champaign, IL: Human Kinetics.

Power, F. C., Higgins, A., & Kohlberg, L. (1989). *Lawrence Kohlberg's approach to moral education.* New York: Columbia University Press.

Raush, H. (1965). Interaction sequences. *Journal of Personality and Social Psychology, 2,* 487–499.

Rest, J. R. (1983). Morality. In P. Mussen (Series Ed.) & J. Flavell & E. Markman (Vol. Eds.), *Manual of child psychology, Vol. 3. Cognitive development* (pp. 556–629). New York: Wiley.

Rest, J. R. (1984). The major components of morality. In W. Kurtines & J. Gewirtz (Eds.), *Morality, moral behavior, and moral development* (pp. 356–629). New York: Wiley.

Rest, J. R. (1986). *Moral development: Advances in research and theory.* New York: Praeger.

Schmitz, K. (1976). Sport and play: Suspension of the ordimary. In M. Hart (Ed.), *Sport in the sociocultural process.* Dubuque, IA: Brown.

Selman, R. L. (1976). Social–cognitive understanding: A guide to educational and clinical practice. In T. Lickona (Ed.), *Moral development and behavior* (pp. 299–316). New York: Holt, Rinehart & Winston.

Selman, R. L. (1980). *The growth of interpersonal understanding.* New York:

Academic Press.

Sherif, M., & Sherif, C. (1969). *Social psychology.* New York: Harper & Row.

Shields, D. L., & Bredemeier, B. J. (1989). Moral reasoning, judgment, and action in sport. In J. Goldstein (Ed.), *Sports, games, and play: Social and psychological viewpoints* (pp. 59–81). Hillsdale, NJ: Lawrence Erlbaum Associates.

Shields, D., & Bredemeier, B. (1994). *Character development and physical activity.* Champaign, IL: Human & Kinetics.

Staub, E., & Noerenberg, H. (1981). Property rights, deservingness, reciprocity, friendship: The transactional character of children's sharing behavioral. *Journal of Personality and Social Psychology, 40,* 271–289.

Stephens, D. (1993). *Goal orientation and moral atmosphere in youth sport: An examination of lying, hurting, and cheating behaviors in girls' soccer.* Unpublished doctoral dissertation, University of California, Berkeley.

Sutton–Smith, B. (1971). Boundaries. In R. E. Herron & B. Sutton–Smith (Eds.), *Child's play* (pp. 103–109). New York: Wiley.

Tjosvold, D., Johnson, D., & Johnson, R. (1984). Influence strategy, perspective–taking, and relationships between high–and low–power individuals in cooperative and competitive contexts. *Journal of Psychology, 116,* 187–202.

Turiel, E. (1983). *The development of social knowledge: Morality and convention.* New York: Cambridge University Press.

Chapter 11

기자의 도덕발달

– 웨스트브룩/텍사스 주립대학교

요 약

기자의 윤리문제는 새로이 등장한 문제는 아니지만 정보화 사회로 접어들면서 전문직으로서 기자의 도덕성이 다시 논쟁의 중심에 서게 되었다. 사회에서 발생하는 사건과 문제를 가장 먼저 대중에게 전하는 사람으로서, 그리고 기사를 작성하기 위하여 실재를 재구성하는 사람으로서 기자의 도덕성 수준은 일반인들에게도 영향을 미칠 수밖에 없다. 저자는 이 글에서 기자들의 도덕성을 연구하기 위하여 기자용 도덕추론 검사도구를 개발하는 과정을 제시하였으며, 그 과정에서 저널리즘 분야에 적절한 딜레마 및 문항을 소개하고 있다. 저자는 기자들을 대상으로 한 언론인 윤리교육에 관한 연구와 기자들의 도덕적 성숙도에 관한 연구가 향후 연구과제임을 지적하고 있다. 선정성 보도문제, 정치권과의 유착(촌지)문제, 취재원 보호문제 등 언론과 관련된 다양한 윤리문제를 가지고 있는 우리나라에서도 기자를 대상으로 한 도덕성 발달 연구는 중요한 과제가 될 것이다.

저널리즘이란 분야

우리는 정보 사회의 일원으로서 뉴스를 통해 세상의 다양한 문제와 딜레마, 불공평함, 고통과 비극 등을 알게 된다. 뉴스는 우리에게 세상의 문제들을 알려 주기 때문에 기자들이 일을 수행하는 방식은 우리가 문제를 인식하고 해결하는 사회적 과정을 도와주기도 하고 방해하기도 한다. 그래서 사회의 많은 도덕적 문제를 처음 접하게 되는 사람인 기자에 대한 연구가 필요하다.

저널리즘에 대한 교육적인 관심은 이 책에서 다루고 있는 다른 전문직종들, 예를 들어 고유의 전문적 교육과정과 규제위원회를 가지고 있는 치과의사나 간호사들과는 다르다. 많은 기자들은 저널리즘과 관련된 학과나 학교에서 공부하기보다는 다양한 분야에서 여러 가지 통로를 통해 '기자'라는 직업에 이르게 된다. 그러나 지난 20년간 이 분야의 전문화는 눈에 띄게 진전되었고 요즘에는 저널리즘을 전공한 학생들이 실제 기자로 활동하는 경우가 늘어났으며, 많은 학교들이 저널리즘 전공의 핵심적인 교육과정으로서 윤리학 과정을 개설하기 시작하였다(Johnstone et al., 1971 외).[1)]

이 책에 등장하는 다른 분야들과 마찬가지로, 뉴스 산업(news industry) 또한 그 분야만의 윤리·도덕적 문제를 고려하도록 하는 외적인 힘에 직면하게 된다. 그중에서도 가장 오래된 외부의 힘은 법정이다. 대법원은 미국 수정헌법 제1조(종교·언론·출판·집회의 자유 및 청원권을 연방헌법 차원에서 보장한 조항-역자 주)에 관한 사건을 다른 사건보다 더 많이 다룬다. 저널리즘 산업은 관행을 법조문화함에 있어 대법원에서 다루어졌던 소송이나 항소, 다수의견과 소수의견에 의존한다.

'연합통신사 대 워커' 사건[2)](Teeter & LeDuc, 1992)에서 알 수 있듯이,

공직자나 공인이 주인공으로 등장하는 법적인 사건을 기사로 다루는 일은 매우 복잡 미묘한 일이며 다른 많은 이해관계들 간의 균형감각을 필요로 한다. 이 사건을 기사로 다루는 과정에서 등장하는 '공무를 수행하는 공인'이라는 문구는 그 논쟁의 그림자일 뿐이다. 그것은 10여 년을 끌어 온 오랜 법정 논쟁을 통해 정리된 개념이다.

워커 사건에 대한 법정의 다수의견이나 소수의견을 살펴보면, 그 안에 담겨진 법률적 해석들이 매우 혁신적인 생각을 대표한다는 것을 알 수 있다. 공식적인 속기록을 사용하는 기자들은 아마도 법률적 결정에 드러나는 외적인 측면을 가지고 기사를 쓰거나 관례화된 해석들을 그대로 수용할 것이다. 이렇게 관례화된 해석만을 받아들이려고 하는 기자들은 법률적 결정의 내용들을 단순히 종합하려고 하거나 다른 사람이 작성한 속기록에 의존하게 된다. 그리고 그런 기자들은 사건에 내재한 딜레마와 관련된 질문을 받아도 '법에서 말하기를' 하는 식의 응답을 자주 들려줄 것이다.

뉴스 산업과 법정 사이에 오간 끊임없는 대화의 산물은 다음의 두 가지이다. 첫째는 사생활을 보호받을 권리와 공공의 알 권리, 국가 안전, 모반, 공인의 권리 등등 수많은 이슈들을 자리매김하는 200여 년간의 긴 논쟁이다. 두 번째는 관여된 소송사건의 개요서, 판결 이유 등으로부터 걸러진 것이다. 이렇게 법적 처리과정을 거쳐 걸러진 개념과 문구는 실행되기 위해서라기보다는 그것의 성격을 더 명확하게 하기 위하여 법정과 실제 세계를 오가게 된다. 즉, 현실세계에서 벌어진 사건은 법정을 통해 걸러진 개념을 산출하고, 그 개념은 다시 실세계의 관행을 해석하게 되는 것이다. 이렇게 법률적 해석 과정을 통해 개개의 사례 속에 담긴 본질적 개념이 도출되면, 이 개념들은 적절한 시기에 뉴스실을 통하여 신문 지면의 머리기사를 장식하는 표제어나 단골 메뉴로 등장하게 되는 것이다.

그러므로 저널리즘 윤리를 연구하는 연구자에게 던져진 도전적인 과제는 윤리적인 딜레마에 대한 기자의 원리적인 사고와 기자가 기계적으로 받아들인 개념들, 혹은 제대로 이해하지 못한 채 수용한 상투적 어구들을 가려내는 것이다. 6년이 넘는 기간 동안 기자들과 인터뷰를 하면서 나는 다음과 같은 기자들의 습관을 포착할 수 있었다. "윤리에 대해 이야기해 볼까요?" "오! 그럽시다! 당신은 우리가 광고 기사를 쓰거나 미성년자나 강간 희생자의 이름을 밝히거나 후보자에 대해 편파적인 보도를 하는 것을 수용해야 한다고 생각하시나요?" 기자들은 언제나 뉴스실을 떠들썩하게 만드는 최근의 토픽에 대하여 알고 있었으며 그것을 되풀이하곤 했다.

예를 들어, 인종 폭동 이후 뉴스실에서는 사건의 범인에 대하여 보도할 때, 범인의 피부색을 언급하는 것이 사회 속에 잠재한 인종적인 편견과 고정관념을 영속시키는 것인지에 대한 논쟁이 벌어졌다. 기자들은 보도의 수위를 높일 것인지, 낮출 것인지를 고민하고, 그것이 인종 문제에 어떤 영향을 미칠지에 대해 논의했다. 만약 신문이 그 문제에 대해 언급하지 않고 외면한다면 그것이 인종 폭동을 영속화하게 할 것인가, 혹은 그 문제가 계속해서 정부당국의 뜨거운 관심사가 된다면 또 다른 문제를 불러일으킬 것인가? 어떤 조직이나 종교, 국가 안에는 늘 기자들의 주의를 끄는 수많은 이슈들이 있다. 그리고 간호학이나 치의학이 그랬듯이, 저널리즘도 언제나 사회와 충돌하게 되며 기자들은 그들의 뉴스실에서 윤리를 접하고 배우게 된다. 뉴스실은 그들 구성원의 대부분을 교육하고 사회에 적응시킨다. 기자들과 면담을 하면서 명확해진 것은 기자들이 뉴스실 안에서 사회화되며 그 사회화의 결과에 따라 도덕단계를 구별해 낼 수 있다는 것이다. 어떤 기자는 뉴스 조직이나 동료 기자들, 사회의 이슈에 대해 확실히 인습 이전의 용어로 말하였다. 반면에 어떤 기자들은 인습 이후의 원리적인 용어를 사용했다.

기자는 누구인가

나는 우선 저널리즘 분야와 관련된 가장 초보적인 집단에 대해 연구하고자 했고, 따라서 가장 손쉽게 구할 수 있는 표집인 텍사스 오스틴대학의 저널리즘 전공 학생들을 연구대상으로 결정했으며, 저널리즘 수업 시간을 이용하여 사전검사와 사후검사 사이에 8주간의 딜레마 토론 수업을 실시하였다. 이 수업에 참가한 몇몇 피험자들은 딜레마 토론 수업 이후에 그들이 가지고 있던 기존의 신념이나 패러다임이 해체되었다고 보고했다. 이러한 현상이 과연 DIT점수가 낮은 학생들에게도 나타나는가? 자신의 신념이나 패러다임을 성공적으로 재구성했다고 보고한 학생들의 DIT점수는 올라가는가? 학생들이 8주 동안 딜레마 토론 수업을 경험하면서 행동에서도 변화의 증거들을 보여 주었는가?

사전 · 사후 검사 결과는 거의 동일했다. 그리고 실험집단의 효과는 0.02 수준으로 전반적으로 낮게 나타났다. 게다가 이러한 결과는 강의식 수업을 실시했던 레스트(1986)의 연구에서 보고된 효과 크기 0.09와 비교해 볼 때 더욱 낮은 수준이다. 검사 민감성(test sensitivity)의 효과를 배제하기 위하여 통제집단을 활용했지만, 이를 고려하더라도 별다른 결과를 보여 주지 못했다. 그러므로 결국 이 연구에서는 저널리즘 전공 학생들에 대한 도덕교육 프로그램의 효과를 입증할 만한 아무런 증거도 확보하지 못한 셈이다.

이번에는 기자를 대표하는 좀 더 일반적인 표집을 검증해 보는 쪽으로 연구의 방향을 선회했다. 이를 위해 우선 활용 가능한 도구인 DIT를 사용했는데, 이때 매우 흥미로운 반응들과 맞닥뜨리게 되었다. "나는 단지 양적인 자료의 일부분이 되거나 단순히 기자들에 대하여 조사하려는 연구에 참여하고 싶지 않아요." "나는 이러한 검사들 모두가 너무 단순하거나 어리석은 것은 아닌지 의심스러워요." 제한된 시간, 기자 특유의 의심, 그리고 편집광적인 집단들이 기자들에게 관심을 가진 연구자들을 계속 괴롭혔다.

기자들을 위한 측정도구 구성

딜레마 작성

나는 마이애미 인종 폭동에 관한 기사를 썼던 기자들을 대상으로 인터뷰를 진행하면서 DIT와 같은 형식의 도구를 개발하기 시작했으며, 특정 이슈와 관련한 윤리적 문제의 틀을 이끌어 내는 데 초점을 맞추려고 노력했다. 기자들을 인터뷰하면서 나는 그들이 기사의 소재와 관련 주제들, 그리고 그 주제가 가진 딜레마들을 어떻게 다루는지 파악할 수 있었고, 그것들을 다루는 방식에 서로 다른 수준이 존재함을 알게 되었다. 다음에 제시하는 두 가지 인용문은 내가 들었던 다양한 답변들 중에서 몇 가지 대표적인 종류들이다.

어떤 기자는 이렇게 반응한다. "그것은 논의할 거리도 없는 당연한 얘기죠. 불꽃은 꺼졌어요. 그래서 뭐 어쨌다는 거죠? 우리는 분명히 이전보다 더 현명해져 있을 거예요. 그리고 진실이라는 건, 신(神)만이 알 수 있는 매우 상황적이고 심오한 것이죠."

또 다른 기자는 이렇게 반응한다. "인종주의에도 많은 변화가 있었죠. 1960년대로 되돌아가 보면, 백인들은 흑인들에게 그리 관심을 두지도 않았고 비웃고 할퀴고 상처내기를 계속할 뿐이었죠. 하지만 지금은 많은 것들이 평등해졌고, 그들 모두 자신이 옳다고 확신하고 있어요. 그런데도 인종주의와 폭동은 눈에 띄게 폭력적이 되고, 서로 죽이고 살인하는 일이 계속되고 있어요."

윤리를 부각시키기보다는 인종 폭동 그 자체에 대해 질문할수록 기자들의 공감 및 평가, 그리고 특정한 기자의 역할이나 특정한 시기에 관한 분석들을 많이 이끌어 낼 수 있었다. 나는 특정 이슈와 관련된 딜레마가 기자들의 사고를 활기있게 하고 그들의 도덕적 사고를 잘 드러나게 한다는 것을 이해하게 되었다.

검사를 개발하는 데는 약 2년이 걸렸다. 나는 1991년 여름에 5주 동안 미네소타대학교 윤리발달연구소(Center for the Study of Ethical Development)의 레스트 교수와 함께 보냈다. 그곳에서 나는 딜레마가 갖추어야 할 속성을 이해하고 단계에 알맞은 문항들을 작성하고자 하였다.

나는 2년 동안 여러 신문들을 살펴보며 특정 이슈와 관련된 시나리오를 찾아냈으며, 그중에서 기자들이 논쟁할 만한 주제들을 담고 있는 이야기들을 구별해 내었다. 그것들은 주로 최근에 논의된 문제들이거나 아직도 논의 중에 있는 이슈들이었다. 나는 그 이야기들을 많은 부분 그대로 사용하거나 그렇지 않은 경우라도 딜레마를 구성하는 기초로 사용하였다.

이 과정에서 박사과정 재학생인 말로(Nadine Malo)를 만났는데, 그녀는 기자들과 관련된 몇 개의 딜레마를 구성하려고 시도하는 중이었으며 이미 구술면접을 통해 몇 개의 시나리오를 작성해 놓은 상태였다(American Society of Newspaper Editors Bulletin, 1984). 동시에 콜맨(Don Coleman)과도 지속적으로 대화를 나누었는데, 그는 실라 매체윤리센터(Silha Center for Ethics in Media)의 소장이며, 미디어법을 전공한 미네소타대학의 교수였다. 그의 도움으로 나는 내가 모은 시나리오들이 법률적 해석을 지배적으로 요구하는지, 아니면 법률적인 해석의 여지가 약화되어 실제 일을 수행하는 기자들에게 갈등을 촉발할 만한지에 관한 문제들을 점검할 수 있었다.

몇 주 내로 나는 기초적인 형태의 딜레마를 구성했다. 그리고 기자들과 함께 그 딜레마에 대해서 이야기를 나누었다. 미네아폴리스 스타 트리뷴지의 기자 인터뷰를 준비하면서, 나는 먼저 그들의 최근 기사를 읽어 보았다. 인터뷰는 기자들에게 먼저 딜레마를 읽게 한 후 딜레마에 대해 질문을 던지면 그들이 질문에 대답하는 방식으로 구성되었다. 그 다음, 그 기자의 의사결정 과정과 관련된 요소들이 무엇인지 알기 위해 그 이슈의 배경이나 다른 정보들에 관한 질문을 추가했다. 그 인터뷰 내용들을 기록하면서, 나는 사고단계를 대표할 만한 반응들을 모으고 그 반응들을 구분하기 위한 뼈대를 세운 다음 이를 등급화하였다. 이것은 DIT 형식으로 검사 항목을 개발하는 작업의 시작이었다. 나는 레스트에게 나의 평가가 그의 의견과 일치하는지 물었다. 또한 말로가 인터뷰를 통하여 모았던 반응들과 나의 자료들을 비교했다.

나는 몇 달 동안 인터뷰를 계속했으며 동시에 윤리학 강의에 참여했다. 콜버그는 아리스토텔레스가 주장한 보편적 원리, 밀(Mill) 등의 학자들이 주장했던 공리주의 원리, 칸트와 시즈윅(Sidgwick)이 추구했던 '초문화적인 정의에 대한 감각' 등을 종합하여 자신의 아이디어를 끌어내었다. 또 강의담당 교수는 헤겔의 변증법이 칸트나 앞선 철학자들의 논의의 토대가 된다는 것을 입증하고자 했기 때문에, 헤겔에 관해서도 가끔 논의하였다. 이러한 윤리학적 아이디어를 가지고 기자의 도덕판단력 검사도구를 개발하는 과정에서, 나는 도덕적 딜레마가 적어도 콜버그나 레스트가 제시한 단계(단계 2부터 6까지)를 모두 포함하는 반응 수준을 기대할 수 있어야 하며, 변증법적인 구조를 가져야 한다는 것을 이해하게 되었다. 그래서 기자들과 인터뷰한 기록들을 훑어보면서, 다양한 반응을 생성해 내거나 넓은 범위의 반응을 유발할 수 있는 딜레마들을 찾아내었다. 그것들은 여러 가지 미묘한 고려 사항이 경쟁적으로 공존하는 딜레마였다.

이 딜레마들을 스타 트리뷴 기자들에게 제시하였다. 녹음된 그들의 반응은 두 가지 방법으로 활용되었는데, 일부는 딜레마 자체를 수정하는 데 활용되었고, 또 다른 일부는 특정한 단계 반응을 대표하는 문항에서 핵심적인 표현으로 활용되었다.

지난 여름 뉴스를 장식했던 일련의 사건들 중에는 지금까지도 여전히 뉴스거리로 남아 있거나 혹은 그 당시에 신문 지면의 상당 부분을 잠식했던 사건들이 있다. 예를 들어, 지난 여름에 연방정부가 텍사스 주에 대하여 소송을 제기한 사건이 있었는데, 이 사건으로 텍사스 주 정부는 교도소 수감자의 수를 연방정부에서 정한 수준까지 낮추기 위하여 죄수들을 석방해야만 했다. 이 소송은 8년 동안이나 법정에서 시간을 끌었다. 그리고 이 사건에는 텍사스 주의 조처로 교도소에서 풀려나게 되었지만 또다시 범행을 저질러 문제를 일으킨 한 사람의 사례가 있었는데, 이 이야기가 딜레마로 소개된다.

여기에 제시될 두 가지 딜레마는 미국 신문편집자협회지(American Society of Newspaper Editors Bulletin)에 실린 것이다. 굵은 글씨는 기자들로부터 초점이 분명한 반응을 이끌어 내거나, 혹은 반응을 결정하기 어려운 갈등 상황을 제공함으로써 다양한 수준의 반응들을 이끌어 낼 수 있는 실마리를 제공하는 문장들이다. 이렇게 하여 개발된 최종적인 측정도구는 기자용 도덕성 검사(Journalist's Instrument)로 명명되었다. 이것은 DIT와 다른 조사 자료들과 함께 사용되었다.

〈딜레마 1-자넷 이야기〉

지방 공무원인 자넷이 강간을 당했다. 석간신문과 저녁 뉴스는 그녀가 폭행을 당해서 입원했지만 성적인 공격을 받은 징후는 보이지 않는다고 보도했다. **당신이 속한 신문사는 관행적으로 성폭력 피해자의 이름을 밝히지 않는다.**

보수적이고 반(反) 페미니스트인 그녀는 이제껏 그 지방 병원에서 '강간위기관리센터'에 자금을 지원하는 것을 반대하였는데, 이 문제는 지난 6개월 동안 가장 큰 논쟁거리로 부각되고 있었다. 그런데 그녀는 지금 이 센터의 문제에 대해서 다시 생각할 계획이라고 당신(기자)에게 말한다. 그녀는 성폭력으로부터 받은 개인적인 깊은 상처를 밝히면서 자신이 강간당했다는 것을 말하지 말아 달라고 당부한다.

〈딜레마 2-살인사건 사진〉

드렉 윌슨은 무장 강도 행각을 벌인 수배자이다. **그는 흑인이었고 이미 폭행, 강도 등의 전과 기록을 가지고 있었다. 그는 최근 주 정부의 계획에 따라 감옥에서 풀려 나와 있었다.**

범죄방지 부서의 조사가 이어졌고, 드렉은 그의 전 애인 집에서 경찰에게 포위되었다. 그런데 그는 자신의 애인과 두 아이를 인질로 삼은 후 강제로 차에 타게 한 뒤 자유를 찾아 질주하기 시작했다.

경찰의 추격을 받던 **그는 마침내 검문소 앞에 다다르게 되었다.** 경찰에게 항복하기 전에 그는 인질인 자신의 전 애인을 총으로 쏘아 죽였다. 그런데 당신 신문사의 사진기자는 **경찰이 접근제한구역을 설정하기 전에** 그 살인 광경을 담은 사진을 찍을 수 있었다.

그 사진에서, 죽은 **애인인 올란다(Yolanda)**는 울부짖는 그녀의 두 아이들과 함께 차 밖으로 몸이 반쯤 나와 있었으며 드렉은 차 반대쪽에서 수갑을 차고 서 있었다.

문항 구성

이미 확립되고 검증된 DIT의 요소들에, 나는 또 다른 요소를 추가하려 한다. 이것을 나는 직업적 요소(craft element)라 부르고자 하는데, 이 요소들을 이미 설명된 단계적 사고와는 구분하겠다.

이러한 직업 요소들은 텍사스 오스틴대학의 대중매체법이나 윤리학 강의에서 가르쳐 왔다. 그러한 윤리학 코스를 통해 학생들은 미국 저널리즘의 흐름 전반을 특징짓는 법률적인 결정의 역사를 읽어 내야 한다. 그러한 법률적 결정들 대부분은 날마다 벌어지는 일상의 일들과 더불어,

그 속에서 기자들이 직면할 수 있는 도덕·윤리적 도전들을 다루고 있다. 주요 신문들은 모두 법적인 상담이나 지방기사 편집부, 그리고 편집자 선정 과정 등을 통하여 일상적인 일들을 어떻게 다룰 것인지를 고민하게 되는데, 그 과정 안에 수많은 직업 요소들이 포함되는 것이다. 그러나 이외에도 여전히 많은 요소들이 남아 있다. 그것은 줄거리의 구성이라든가 기사 출처의 언급, 취재원과의 관계, 이해관계의 갈등에서 결단을 내리는 것 등 판단기준이 불명확하여 개별 기자들의 능력과 판단에 전적으로 맡겨지는 요소들이다.

검사 문항은 이러한 요소들(직업적 요소)을 포함하여 작성되었다. 예를 들어, 강간당한 지방공무원 자넷의 딜레마에서는 워커와 연합통신사의 갈등에서와 마찬가지로 "자넷은 공무를 수행하는 공인이다."라고 진술한 문항을 첨가한다. 또한 같은 딜레마에서, "당신의 신문사는 관례적으로 성폭행 희생자의 이름을 언급하지 않는다."는 내용을 언급한다. 이는 현재 많은 신문사들이 따르고 있긴 하지만 여전히 논쟁거리로 남아 있는 관행 중 하나이다. 따라서 딜레마와 문항들은 적어도 하나의 법적인/관례적인 응답과 하나의 사회적/조직적인 응답이 가능하도록 작성되었다.

이러한 관점들은 워커와 연합통신사의 갈등에 대한 법적인 결정에서 그랬듯이 매우 혁신적인 사고를 나타낸다. 여기에서 가정하고 있는 것은 딜레마에 대한 반응에서 공식화된 답변을 사용한 사람들 중 대다수는 아마도 딜레마와 관련된 다양한 문제들 중 외적인 측면만을 고려하여 일을 수행해 왔거나 현장에서 부딪히는 딜레마에 대하여 관례적인 해석만을 수용해 왔을 것이라는 점이다. 그러나 실제 연구에서 피험자들은 딜레마가 앞서 말한 두 가지 판에 박힌 가능성 중에서 선택을 하도록 요구한다고 생각하지 않는 듯했으며, 더 이상 분석할 필요 없이 직업상의 규칙(Craft rule)을 선택했다.

타당화 연구

〈표 11-1〉에서 볼 수 있듯이, 기자용 도덕성 검사(Journalist's Instrument)의 점수는 연령과 교육수준에 따라 발달하는 경향을 보였다. 대학생의 경우, 최저 30점 중반에서 최고 40점 초반까지의 점수 분포를 보였으며, 대학원 후반기 표집의 경우, 40대 후반의 점수를 보였다. 성차는 나타나지 않았다. 이 측정도구는 DIT와 마찬가지로 허위 보고(faking)를 억제할 수 있었다. 즉, 피험자들의 이해가 선호에 우선하는 경향을 보여 주며 높은 이해력을 가진 피험자는 낮은 단계의 응답을 덜 바람직한 것으로 분류하는 경향을 보여 준다.

표 11-1 기자용 측정도구를 사용한 연구

연령/교육				
집단		평균		사례수
중학교 3학년		35.8		39
고등학교 2학년		36.7		27
대학교*		40.38		72
신학교**		46.8		28
ANOVA F = 13.8, P〉 .0001				
성차				
집단	여성	남성	t 검증	p
중학교 3학년	37.6(n = 19)	34.1(n = 20)	.58	.57
고등학교 2학년	34.4(n = 14)	38.8(n - 15)	.56	.58
속임***에 대한 저항도				
	속임	속이지 않음	t 검증	p
	41.5(n = 23)	42.3(n = 35)	.37	.72

※주의: 대학생들은 두 처치 집단에 무선으로 할당되었다. 한 집단은 표준화된 방식으로 기자용 측정도구로 검사받았으며, 다른 집단은 자신이 생각한 최선의

답이 아니라 도덕적으로 성숙한 사람으로 보이기 위한 답을 선택하라는 지시를 받았다.

* 대학 표본은 기자윤리 수업을 듣는 학생들 중에서 선발되었다.

** 신학대학생은 웨스트 코스트 학교에서 보수적인 종교철학수업을 듣는 학생들이었다.

*** 속임(Faking)이란 심리검사에서 자신이 좋은 사람으로 보이도록 위장(faking good)하여 답하는 경향성을 지칭하는 것으로서, 속임의 정도는 검사의 신뢰도에 영향을 미친다. DIT에서는 M점수를 통해 피험자의 속임 정도를 확인할 수 있다(역자 주).

기사 작성과 분석

저널리즘이 다른 분야들과 구분되는 것은 그것의 산출물 때문이다. 요즘 변호사가 사건을 다루고, 의사가 수술을 하고, 치과의사가 환자를 다루는 데 있어 태도와 의도가 중요한 영향을 끼친다는 점에 대해 논쟁이 이루어지고 있다. 그러나 대중이 사회의 실재 상황을 이해하는 데에 의사나 변호사 그리고 치과의사에게 의존하지는 않는다. 언론 분야의 산출물은 어떤 다른 분야보다도 사회 상황의 형태를 명확하게 잡아내고 색깔을 입히고 조형해 내는 기자의 능력에 달려 있다. 유럽의 저널리즘 양식을 살펴보면 4~5가지의 서로 다른 이념을 가진 경쟁 신문들이 저마다 자신의 관점을 지닌다. 미국의 경우는 공정함과 균형감각에 대한 요구들이 훨씬 더 미묘하지만, 독자들은 뉴스의 시각을 받아들이는 데 나름대로 주관을 가지고 있기 때문에 자주 특정 신문의 관점에 반대하기도 한다.

기자의 성숙도가 어떻게 자신의 직무 속으로 전환·발휘될 수 있는지를 발견하는 것은 중요하다. 4-구성요소 모델(제1장 참조)에서 도덕적 성숙 수준 외의 세 가지 요인은 기자들의 인지적인 도덕 성숙도와 실제로 작성한 기사 내용 사이에서 작용한다. 기사의 표제어들 안에 어떤 아이디어들이 존재하는지를 발견하려는 시도는 여전히 중요하다. 다른 어떤 분야보다 저널리즘의 산출물은 변화되지 않고 고정된 채로 남아 있다. 즉, 오보든 탁월한 기사든 한 번 작성된 것은 고스란히 남아 있게 된다.

동시에, 기자의 윤리적 사고를 연구하는 다른 접근이 수행되고 있다. 이것은 뉴스 기사들의 내용 분석과 관련이 있다. 이 접근은 기사에 나타나는 핵심어를 특정한 윤리적 주제어로 정의하여, 이러한 언어의 출현 빈도에 따라서 뉴스 기사를 분석하는 방법이다. 선정성은 인습 이전 수준으로, 공동체 회복은 인습 수준으로 정의한다. 예를 들어, 인종 폭동을 다루는 취재활동의 양상은 시간이 지나면서 변화하는 경향을 보였는데, 선정적인 취재활동은 주로 첫날에 많이 나타났고, 그 후 4일째까지 계속되었다. 공동체 회복에 관한 보도는 강하게 시작되고 시간이 지나도 그대로 지속되었으며, 보도 5일째에는 선정적인 보도의 빈도를 앞서는 것처럼 보이다가 선정적인 보도가 사라진 후에도 강하게 남아 있었다. 인습 이후 수준의 보도활동은 보도 2일째나 5일째부터 나타나기 시작했으며, 선정적인 보도나 공동체 회복과 관련된 보도와는 결코 동등한 수준을 보이지 않았다.

향후 연구과제

기자들의 교육에 관한 질문은 '그들이 지금 받고 있는 윤리적 훈련이 과연 충분한가, 또는 기자들은 갑자기 출현하는 딜레마에 대응할 만큼 잘 준비되어 있는가'에 관한 것이다. 뉴스의 흐름에서 문지기 역할을 하며, 정보 사회에 의제(agenda)를 띄우는 뉴스 산업의 힘을 만들어 내는 기자는 그러한 중요한 문제를 제기한다. 만약 이 분야가 계속 존재한다면, 신문 · 라디오 · TV가 합작하여 뉴스와 정보의 중개자(broker)가 될 수도 있을 것이다. 광고나 사업적인 이해관계로부터 뉴스실을 지켜 내려는 노력이 점점 약화되고 있고, 뉴스와 오락의 기준이 흔들리고 있다. 이 분야에서 어떤 성숙도의 수준이 존재하는가? 훌륭한 기자는 더 원리화된 사고를 하는가? 동료들에게서 그 우수함을 인정받은 좋은 기자는 우량보증 마크답게 원리적인 관심사에 대한 취재활동을 보여 주는가? DIT나 기자용 측정도구는 그러한 등급을 찾아낼 수 있는가?

이와 비슷하게, 좋은 보도활동이나 적어도 상을 받은 보도 내용은 높은 원리화된 관심을 담고 있는가? 현재 행해지고 있는, 혹은 컴퓨터를 이용한 내용 분석(computer content analysis)의 방법은 위와 같은 관심사들에 대해 알아낼 수 있을까? 이러한 흥미와 관심사들에 관한 연구를 계속해 나가려면 더욱 이론적인 탐색이 뒤따라야 할 것이고 이에 알맞은 방법론을 찾아내야 할 것이다.

미주

1) Johnstone, Slawski, & Bowman, 1971; Weaver & Wihoit, 1991 참조

2) 워커(Walker)는 알칸사스 주 리틀 락(Little Rock)에 있는 학교들의 통합을 시행한 연방 방위군을 책임지고 있는 육군 대장이다. 그는 미시시피대학에 처음 입학하게 된 흑인 메레디스(James Meredith)에 대하여 개인 시민의 자격으로 반대 입장을 표명하였다. 그리고 이 메레디스 이야기를 기사화한 AP社에 대하여 2,300만 달러짜리 명예훼손 소송을 제기했는데, 대법원은 타임지 對 설리번 사건 때와 같은 규칙이 이 워커 사건에는 적용되지 않는다고 설명하면서, AP社는 Walker에게 50만 달러를 배상하라고 판결하였다. 이렇듯 법정은 AP社와 워커의 논쟁에서 워커 편에 서고, 커티스 출판사와 버츠(Curtis Publishing co. v Butts)의 논쟁에서는 버츠의 손을, 거츠와 로버트 웰치사(Gertz v Robert Welch.Inc.)의 논쟁에서는 거츠의 손을 들어 줌으로써 판단의 규칙을 더욱 명확히 했다.

참고문헌

American Society of Newspaper Editors Bulletin. (1984). Oppe1, 10.

Gans, H. (1979). *Deciding what's news: A study of "CBS Evening News," "NBC Nightly News," Newsweek and Time*. New York: Random House.

Johnstone, W. C., Slawski, E. J., & Bowman, W. W. (1971). *The news people: A sociological portrait of American journalists and their work*. Chicago: Illinois Press.

Teeter, D. L., & LeDuc, D. R. (1992). *Law of mass communications: Freedom and control of print and broadcast media* (7th ed.). Westbury, NY: The Foundation Press, Inc.

Weaver, D. H., & Wilhoit, G. C. (1991). *The American Journalist* (2nd ed.) Bloomington: Indiana University Press.

Chapter 12

도덕판단과 도덕행동

- 스티븐 토마/알라배마대학교

요약

이 장은 도덕판단과 도덕행동의 관계를 다루고 있다. 도덕판단은 그 자체만으로는 도덕교육의 궁극적 목표가 될 수 없다. 도덕에 있어서 판단은 오로지 행동으로 연결되어야만 의미가 있을 것이다. 도덕교육의 최종 목표는 판단이 아닌 행동이어야 하기 때문이다. 도덕판단과 도덕행동의 관계를 연구하는 전통적인 입장에서는 주로 양자의 상관관계를 탐색했는데, 상관의 정도는 그리 크지 않은 것으로 나타났다. 그러나 이러한 상관연구는 도덕행동에 대해 보다 포괄적인 설명을 하는 데 한계가 있었고, 이를 보완하기 위해 레스트(Rest)는 4-구성요소 모형을 제시한 바 있다. 필자는 모형이 도덕행동 연구의 새로운 방향이며 향후 연구의 지침이 된다고 지적한다. 마지막으로 필자는 U-점수를 소개하는데, 이 점수는 도덕판단과 도덕행동의 관계에 대한 설명력을 높이는 데 기여하는 것으로 나타났다.

도덕판단과 도덕행동의 관계

도덕판단 연구에서 제기되는 공통적인 질문들 중의 하나는 도덕판단이 어떻게 도덕행동과 관련되는가 하는 것이다. 이 질문이 관심을 끄는 이유는 도덕행동을 이해하는 것이 도덕판단 연구의 주된 목표 중의 하나이기 때문이다(Blasi, 1980; Rest, 1983). 사실, 도덕행동을 설명할 수 있는 정도는 한 연구의 의의를 가늠하는 중요한 준거가 된다. 이와는 다르지만, 마찬가지로 많은 주목을 받고 있는 또 하나의 주제는 도덕판단 연구의 결과를 실제로 현장연구에 활용하는 도덕실천가들에 의해서 종종 제기된다. 예컨대, 도덕실천가들은 도덕행동에 관한 많은 연구들이 도덕판단에서 바로 도덕행동으로 이행될 것이라는 가정을 암묵적으로 하고 있다고 지적한다. 그러나 만약 도덕판단이 한 개인이 도덕적 문제상황에서 어떤 조건 아래 어떻게 행동하는지에 관한 정보를 거의 제공하지 못한다면, 도덕교육을 계속할 동기가 훨씬 줄어들게 될 것이며, 도덕판단의 발달적 특징을 더 자세히 탐색하려는 흥미도 사라질 것이다. 일반적으로 도덕판단과 도덕행동의 관계가 입증되지 못한다면, 발달심리학과 교육학 내에서 도덕판단 분야의 입지는 크게 축소될 것이다.

다행스럽게도, 이 분야에 대한 전망이 이처럼 어둡다 해도, 대부분의 사회과학자들은 도덕판단과 도덕행동의 관계에 대한 현재의 연구 상황을 그렇게 부정적으로 보지는 않는다. 도덕심리학의 미래 역시 마찬가지다. 그러나 특정 상황에 대한 이해 및 판단이 실제 행동과 어떻게 연결되는지를 그려 내는 데 아직도 해야 할 일이 많이 남아 있는 것 또한 사실이다. 그러므로 이 장에서는 DIT 연구를 중심으로 도덕판단과 도덕행동의 관계에 대한 연구현황을 개략적으로 진술하고자 한다.

문제의 전개과정

전통적으로 인지발달론의 관점에서 도덕판단을 연구하는 이들은 도덕판단과 도덕행동의 관련성에 대하여 어떤 가정을 해 왔다. 일반적으로 이들 이론가들은 상황을 정의하는 데 있어서 도덕인지의 역할을 강조했다. 도덕인지란 특정 상황에서 영향을 받는 사람이 누구이며, 다양한 주장들의 우선순위가 어떤 것인지, 구체적인 상황에서 해야 할 일이 무엇인지를 발견하도록 도와준다. 이 연구들이 전하는 중요한 메시지는, 도덕인지가 도덕적 상황에서 문제를 이해하고 해결하기 위하여 존재한다는 것이다(Kohlberg, 1969).

더 나아가서, 인지발달론자들은 한 개인이 발달해 감에 따라 도덕적 이해가 보다 세련되고, 도덕적 상황에 대해 보다 적절한 정의를 내릴 수 있으며, 따라서 행동방안을 보다 적절하게 구성할 수 있다고 말한다. 예컨대 콜버그의 이론에 따르면, 인습 이전 수준에서 추론하는 피험자는 특정 도덕적 상황이 자신에게 위협이 될 것인지 이득이 될 것인지에 비추어 그 상황을 해석하게 마련인데, 이러한 해석에 따라 도출되는 도덕행동은 도덕에 대한 이처럼 협소하고 부적절한 정의에 제약을 받을 수밖에 없다. 또한 그의 이론에서는 발달단계가 상승할수록 보다 적절한 행동선택이 가능해진다고 가정한다. 왜냐하면 행동선택은 보다 높은 도덕적 수준에 따라 제공된 보다 넓고 포괄적인 도덕에 대한 정의에 의거하여 구성되기 때문이다. 이처럼 도덕적 상황을 보다 적절하게 정의할 수 있는 능력이 보다 적절하게 구성된 행동방안을 이끌어 내는 한, 도덕판단과 도덕행동은 관련이 있다고 볼 수 있다.

그러나 도덕판단과 도덕행동의 단선적 관계에 대해 실제로 연구하는 것은 예상보다 훨씬 더 어렵다. 실제로 어떤 도덕적 상황을 선택하여 판단과 행동의 관계를 탐색할 것인지가 특히 문제가 된다. 앞서 기술한 바와 같이, 이러한 관계를 적절하게 평가하기 위해서는 피험자들이 먼저 그 상황이 도덕적 영역에 해당한다고 인식해야만 하고, 그 다음 그들의 도덕판단 구조를 활성화시켜야 한다. 불행하게도, 도덕판단 이론은 도덕적 상황의 영역을 정의하는 데 도움을 주지 못하고, 피험자들이 언제 그 상황을 도덕적 상황으로 인식하는지 알려 주지도 못한다. 대부분의 경우, 연구자들은 이 점을 적당히 얼버무리는 경향이 있고, 피험자들이 그 상황을 연구자가 기술한 대로 지각한다고 가정한다. 마찬가지로 그들은 연구 상황에서 드러난 어떠한 행동이든 피험자가 사용할 수 있는 도덕추론 전략의 영향을 부분적으로 받는다고 가정한다. 이 점을 강조하자면, 타인의 복지와 직접적으로 관련된 행동이 도덕적 영역에 해당한다는 것을 의문시할 사람은 거의 없을 것이다. 그러나 몇몇 연구자들은 피험자들이 마리화나를 피우든지, 어떤 사람의 생활방식이 다른 많은 사람들 사이에서 전통적인 것으로 간주되든 비전통적인 것으로 간주되든 간에, 도덕행동을 정치적 선택으로 정의해 왔다. 이것은 정치적 선택이 도덕적 영역 밖에 있다는 것을 시사하는 것이 아니다. 중요한 것은 피험자들이 그 상황을 도덕적인 상황으로 보는 정도에 차이가 있다는 점이다.

이처럼 도덕행동의 영역을 확장하는 데 내포된 문제는 그것이 피험자의 행동을 잘못 나타낼 가능성을 증대시킨다는 것이다. 예를 들어, 어떤 행동이 도덕적인 행동이라고 주장한다 해도, 많은 사람들이 상황을 구조화하고 정당한 행동을 결정하는 데 도덕판단을 전혀 활용하지 않는다면, 도덕판단은 그 행동과 관련이 없다고 말할 것이다.

이 문제에 대해 유의할 점은, 판단과 행동 간의 관련 정도에 대한 현행 추정치가 대다수의 피험자들이 도덕적인 관점에서 보는 특정 상황 속의 행동을 평가한 연구자료와 그렇지 않은 연구자료를 혼합하여 산출되었기 때문에 판단과 행동 간의 실제 관련 정도를 과소평가할 수 있다는 점이다.

현재의 연구 상황

이처럼 도덕판단과 도덕행동의 관계를 측정하고 연구하는 데에는 어려움이 있지만, 현재 도덕판단력 발달척도(예컨대, MJI나 DIT)를 특정 행동에 관련시키는 연구들은 수없이 많다. 일반적으로 이 연구들은 도덕판단이 도덕행동에 미치는 독립적 영향을 측정하는 것이므로 양자 간의 관계를 탐색하는 전통적인 연구로 볼 수 있다.

최근 이러한 연구문헌들을 종합하는 많은 연구들이 발표되었다(Arnold, 1989; Blasi, 1980; Thoma & Rest, 1986). 이 연구들은 다양한 방법론을 사용하였는데, 블라지(Blasi)의 상세한 서술적 연구로부터 메타분석법을 사용한 연구에 이르기까지 다양하였다. 흥미롭게도 세 편의 종합 연구는 매우 유사한 결론에 도달했는데, 도덕판단 발달의 다양한 척도들이 도덕행동과 관련이 되기는 하지만 관련 정도는 그리 크지 않다는 것이다. 특히, 판단과 행동의 상관에 대한 통계적 요약치를 탐색한 연구에서는 10~15%의 추정치가 제시되었다. 아울러 상관의 정도는 관련 변인에 따라 다른 것으로 나타났다. 예를 들면, 사회적 동조성과 능력(예컨대 Arnold, 1989)보다 이타심과 비행이 도덕판단과 훨씬 더 큰 상관이 있었다. 이러한 추정치들은 낮은 것처럼 보일 수 있다. 그러나 실제로 비교해 보면 그것들은 관련 분야에서의 판단과 행동 간의 관련성에 대한 다른 추정치들과 매우 일치하는 것으로 나타났다(Ajzen, 1988).

제1세대 연구의 시사점

도덕판단과 행동의 관계를 규명한다 해도, 이러한 연구결과를 어떻게 활용할 것인가의 문제는 여전히 남아 있다. 불행하게도, 이 연구결과들은 많은 정보를 줄 수 없다는 한계가 있다. 대부분의 연구는 도덕판단과 도덕행동 간의 상관을 보고하고 있지만, 이 연구들은 관계의 존재 여부만을 다룰 뿐, 그 이외의 것은 거의 언급하지 않는다. 따라서 대다수의 연구들은 판단과 행동 간의 상관이 어떤 조건하에서 차이가 나는지, 판단이 행동의 정보를 주는 과정이 어떠한지에 대해 설명해 주지 못한다.

후속 연구를 위한 경험적 지침이 없는 상태에서, 다음 두 가지 방법이 가장 가능성이 커 보인다. 필자의 연구를 판단과 행동의 관계를 다루는 전통적인 모형 속에서 계속적으로 구조화하는 방법과, 양자 간의 관계를 보다 상세하게 설명하기 위해서 현재의 통계치가 갖고 있는 방법론적이고 개념적인 문제들을 최소화하는 방법이 바로 그것이다.

비록 몇몇 연구자들은 이 접근을 성공적으로 따랐을지라도(예를 들면, Thoma, 1993), 현재의 데이터베이스에는 전통적 모형의 유용성을 의심하게 하는 몇 가지 징후가 있다. 첫째, 이보다 더 나은 연구들도 판단과 행동 간에는 중간 정도의 상관관계가 있음을 제시한다. 이러한 결과는 도덕판단만을 따로 떼어 놓고 보면 행동의 표출에 있어서 전통적 모형보다 더 제한적인 역할을 할 가능성이 있음을 시사한다.

둘째, 도덕판단과 같은 일반적인 해석체계가 특정 상황에서 특정 행동을 충분히 예언하지 못한다는 데 대한 의견일치가 점점 많아지고 있다. 일반적으로 이 연구자들은 특정 상황에 대한 이해와 그 상황에서의 행동 선택을 연결시키는 과정에 대한 설명이 부족한 점에 관심을 갖고 있다. 다시 말하면, 연구자들은 한 개인의 행동선택에 있어서의 해석체계와 상황 특성들 간의 상호 작용에 대해 점점 더 많은 관심을 쏟고 있다. 도덕판단과 도덕행동의 관계를 다루는 전통적 모형은 이러한 상호 작용을 명확하게 설명하지 못한다.

여기서 제기된 문제들을 고려할 때, 전통적 모형은 부적합하기 때문에 도덕행동에 대한 이해를 진전시키기 위해서는 새로운 이론 모형이 필요하다는 점을 인식할 수 있다. 특정 상황에서 특정 행동이 표출되는 과정을 합리적으로 설명해 주는, 도덕판단 이외의 많은 구성요소들을 통합하는 모형이 특히 필요하다는 것이다. 제1장에 기술된 레스트(Rest)의 4-구성요소 모형은 이러한 인식을 바탕으로 개발된 것이다. 이 모형의 기본 전제는 도덕행동은 네 가지 심리적인 과정들, 즉 도덕감수성과 도덕판단력, 도덕동기화, 도덕적 품성이 상호 작용하여 나타난 결과라는 점이다. 비록 이 모형은 인지발달적 관점을 강조하고 있지만 이 네 가지 과정들이 보다 적절한 역할을 하도록 조절한다. 그러나 일반적으로 레스트의 모형은 판단과 행동 간의 간격을 메울 수 있는 다른 과정들을 명시함으로써 도덕행동에 관한 제2세대 연구의 토대를 제공하고 있다.

향후 연구를 위한 지침으로서 4-구성요소 모형

4-구성요소 모형은 도덕행동에 대한 이해를 진척시킬 수 있는 몇 가지 질문과 부가적 과정을 제시함으로써 도덕판단과 도덕행동의 관계에 관한 제2세대 연구의 방향을 제시하고 있다. 이러한 연구 프로그램의 성공을 평가하기는 너무 이르지만, 이 모형의 영향력을 가늠할 수 있는 주목할 만한 연구들이 있었다.

일반적으로 4-구성요소 모형은 도덕행동의 이해에 관심이 있는 연구자들에게 두 가지 중요한 방향을 제시한다. 첫 번째 방향은 구성요소들을 측정하고, 도덕행동의 표출에 있어서 그 요소들이 어느 정도 영향을 미치는지를 탐색하고 산출하는 것이다. 이러한 유형의 연구자는 이 책 7장의 비보(Bebeau), 3장의 듀켓(Duckett)과 라이든(Ryden), 10장의 브레드마이어(Bredmeier)와 쉴즈(Shields) 등이다. 간략히 말하면, 비보의 연구는 도덕감수성을 측정하는 것이 가능하다는 점과, 도덕감수성은 교육의 직접적인 영향을 받을 수 있는 요소라는 점, 또한 그것은 치과대학생들의 임상적 수행과 관련이 있는 요소라는 점을 밝혀 주었다. 따라서 4-구성요소의 설명과 측정은 향후 도덕행동 연구가 지향할 하나의 방향이라고 볼 수 있다.

이 모형이 제안한 두 번째 연구방향은 각 구성요소의 내적 작용을 밝히기 위하여 여러 관련 변수들에 주의를 기울이는 것이다. 이러한 연구들이 초점을 두고 있는 예들은 다음과 같은 것이다. 도덕감수성의 다양한 패턴을 설명해 줄 사회인지적 하위과정의 규명이 가능한가? 이와 유사하게, 사람들은 어떻게 도덕판단에 도달하는가? DIT로 측정되는 도덕판단과 갈등하는 다른 체계가 있는가? 이 질문들과 구성요소 각각에 관한 질문들은 4-구성요소 모형이 제시한 두 번째 연구방향인 상보적 연구의 초점이 되는가?

최근에 도덕판단(제2요소)의 내적인 이슈들과 도덕행동 간의 관계를 직접적으로 다루는 일련의 연구가 4-구성요소 모형에 따라 시작되었는데, 구체적인 내용은 다음과 같다.

새로운 접근

4-구성요소 모형은 도덕판단을 제2요소의 결과로 기술한다. 그러므로 제2요소는 인식된 도덕적 문제에 대해 도덕적으로 정당화가 가능한 해결책을 발견할 수 있도록 해 준다. 전통적으로 한 개인의 도덕판단 과정을 처음으로 기술한 것은 정의추론에 대한 콜버그의 6단계 모형(Colby & Kohlberg, 1987)이었다. 그러나 콜버그의 모형이 지지를 받긴 하지만 도덕판단을 특징지을 수 있는 다른 체계들도 있다. 예를 들면, 튜리엘

(Turiel, 1983)과 그의 동료들은 사회적 인습이 사회적 판단에 영향을 미칠 수 있는데, 이 사회적 판단은 도덕적 영역과 중복된다는 점을 밝혔다. 마찬가지로 로렌스(Lawrence, 1979)는 종교적 신념이 도덕적 문제에 대한 정의추론의 결과를 무력하게 할 수 있음을 밝혔다. 전반적으로 이러한 주장들은 각 개인이 나름대로 도덕판단력을 특징지을 수 있는 해석체계를 가진다는 점을 시사한다. 따라서 제2요소의 내적 과정을 콜버그 이론이나 DIT로 정의된 도덕판단 과정의 직접적 반영으로 봐서는 안 된다. 제2요소에는 다른 해석체계도 포함된다.

사람들이 다양한 해석체계를 사용하여 도덕판단에 도달한다는 가정은 도덕판단과 도덕행동의 관계 연구에 중요한 함의를 가진다. 도덕판단의 측정에 관해서 말하자면, 제2요소에 대한 기술은 DIT나 MJI와 같은 도덕판단 척도로 얻은 점수가 모든 피험자들에게 동등하게 유의미한 것으로 가정할 수 없음을 시사한다. 정의에 기반을 두지 않은 다른 해석체계를 우선시하는 몇몇 피험자들에게 있어서는 DIT와 같은 척도에 대한 반응이 도덕판단을 이끄는 과정들을 나타내지는 않을 것이다. 따라서 이 척도는 제2요소 과정의 한 가지 유형에 초점을 둠으로써, 어떤 피험자들에게는 매우 중요하지 않은 추론과정의 측면을 측정하고 있을 수 있다.

이와 마찬가지로, 만약 어떤 피험자들이 정의추론을 우선시하지 않는다면, 행동이나 태도와 같은 그들의 판단 과정의 어떤 결과들이 정의추론의 영향을 받는다고 가정할 수 없게 된다. 이 점은 도덕행동과 관련된 요인을 측정하는 것이 어렵다는 사실을 뒷받침해 준다. 다시 말하면, 도덕행동은 정의추론의 영향을 받는다고 가정할 수 없다는 것이다.

최근, 도덕판단을 보다 잘 설명하고, DIT와 도덕행동의 관계를 더 잘 나타낼 수 있는 추정치를 탐색하고자 하는 연구 프로그램이 시작되었다. 이 연구의 핵심적 질문은 다음과 같은 주요 가정에 기초를 두었다. 즉, DIT(또는 MJI)와 도덕행동의 관계 연구는 DIT로 측정된 해석체계를 사용하는 사람과 다른 해석체계를 사용하는 사람을 동일하게 취급했다는 것이다. 따라서 이 연구가 다루는 주요 질문은 아래와 같이 매우 간단하다. 만약 개인들이 도덕판단을 할 때 다양한 해석체계들 중에 우선순위를 매기는 것이 사실이라면, 정의추론에 의존하는 사람들을 확인해 낼 수 있을 것인가? 더 나아가, 만약 정의추론을 사용하는 개인들을 확인해 낼 수 있다면, 이들의 도덕행동을 전체 집단보다 더 잘 예언할 수 있을 것인가?

토마(Thoma, 1986), 토마와 레스트(1986), 토마 등(1991)은 DIT에 대한 반응에 입각하여 피험자들이 정의추론을 사용하는 정도를 객관적으로 평가하는 방법에 대해 기술한 바 있다. 이 방법은 행동선택(하인츠는 약을 훔쳐야 하는가?), 문항평정(남편이 사랑하는 아내를 위해서라면 훔치는 것이 당연하지 않을까?) 등 DIT의 여러 부분에 대한 피험자들의 반응에 초점을 두고 있다.

이 방법을 이해하기 위해서는 DIT의 주요 가정을 살펴보는 것이 도움이 될 것이다. 첫째, 피험자들은 DIT의 여러 항목에 응답할 때 각기 다른 해석체계를 사용할 것으로 가정된다. 특히, 행동선택은 개인들이 선호하는 제2요소의 과정들 중의 하나에 기초를 둔, 강제되지 않는 선택으로 보인다. 현재 그러한 결정에 정보를 줄 수 있는 해석체계를 모두 이해하라고 주장할 수는 없지만, 사용된 한 가지 가능한 체계는 정의추론이라고 가정된다. 아울러 각기 다른 DIT 문항에 대한 평정은 정의에 기반을 둔 12개 진술문에 대한 개인의 판단을 반영하도록 요구된다. 여기서의 입장은, 정의추론이 평정을 제공한 개인들이 선호하는 체계이든 아니든 문항평정은 전적으로 정의추론을 나타낸다는 것이다.

두 번째의 가정은 나중에 경험적으로 입증되었는데, 행동선택이 문항평정에 함축되어 있다는 것이다. 예를 들면, 앞서 기술된 문항은 하인츠가 약을 훔쳐야 하는지를 함의하고 있는 것으로 보인다. 그러나 "공동체의 법이 지지될 것인가?"의 문항은 다른 행동을 선택해야 함을 시사한다. 전반적으로 DIT 문항들은 각기 다른 행동선택을 지지하는 것으로 보였다. 따라서 특정 DIT 이야기에 대한 문항평정들을 요약해 보면 함축된 행동선택을 확인해 낼 수 있다. 이러한 함축된 결정은 피험자들이 정의에 기반을 둔 문항을 고려하고 있을 때 결정된다는 점을 주목하는 것이 중요하다. 그러므로 초점이 정의추론에 있는 한, 함축된 결정은 정의에 기반을 둔 추론의 결과라는 결론을 내릴 수 있다.

마지막 가정은 문항평정에 함축되어 있는 행동과 행동선택 간의 관계에 관한 문제이다. 위에서 기술한 바와 같이, 특정 이야기에서 행동선택은 DIT에 강제되지 않는 반면에(피험자는 많은 해석체계를 사용하여 이러한 결정에 도달할 수 있다), 함축된 결정은 전적으로 정의추론에 기반을 둔다. 따라서 개인들의 정의추론 사용의 추정치가 실제적 결정과 함축된 결정 간의 일치의 정도와 매우 높은 관련이 있다는 것은 당연한 귀결이다. 특히, 실제적 결정이 함축된 결정과 일치한다면, 단일의 해석체계(정의추론)가 두 가지의 결정을 이끌고 있다는 가정이 합당할 것이다. 만약 실제적 결정과 함축된 결정 간에 불일치가 있다면, 피험자들이 행동선택에 도달하기 위하여 정의에 기반을 두지 않은 제2요소 체제를 사용했다는 것이 설득력이 있어 보인다.

요약하면, 정의추론을 사용하는 피험자들을 확인하기 위하여 토마와 그 동료들(1991)이 제안한 방법은 DIT에 대한 반응을 토대로 실제로 선택한 행동과 문항평점에 함축된 행동의 경향성을 비교하는 것이다. 이 방법이 DIT에 대한 피험자의 반응에 적용될 때, U(utilizer)-점수라는 통계치가 산출된다. 그러므로 U-점수는 실제로 선택한 행동과 함축된 행동결정 간의 일치도에 대한 경험적 추정치로서, 피험자가 어느 정도 정의추론에 의존하는가를 나타내는 척도이다. 1988년 현재 U-점수는 DIT 채점 프로그램에서 자동적으로 계산된다.

U-점수를 이용한 연구

U-점수를 이용한 첫 번째 주요 연구는 DIT점수와 도덕행동 간의 관계가 U-점수를 고려함으로써 잘 설명될 수 있는지 없는지를 다룬 것이다(Thoma et al., 1991). 앞서 기술한 바와 같이, 이것은 U-점수와 그것을 기초로 하는 모형이 공헌할 것으로 가정되었던 주요 영역이다. 만약 U-점수가 제2요소의 작용과 도덕행동 간의 관련성에 관하여 부차적인 정보를 거의 제공하지 않는다는 것이 밝혀진다면, 이 방법론은 더 이상 의미가 없을 것이다.

U-점수가 도덕판단과 도덕행동의 관계에 어느 정도 공헌하는지를 규명하기 위하여 토마 등(1991)은 5개의 연구를 수집하여 분석했는데, 이 연구들은 DIT점수와 다양한 도덕행동을 관련시킨 것이다. 이 연구에는 비행행동, 수련 중인 의사의 임상수행이 포함되고, 협동 행동, 정치적 선택, 법에 대한 태도를 실험장면에서 측정한 자료들이 포함되었다. 따라서 이 연구에서는 U-점수가 특정 행동영역 안에서 일반화된 효과를 미치는지, 아니면 다소 특정한 영역에만 영향력을 미치는지를 추정할 수 있었다.

U-점수가 DIT와 도덕행동 간의 관계에 미치는 영향을 탐색하기 위하여 각 자료를 재분석하였다. 첫째, 도덕행동과 DIT점수의 관계를 측정하였다(이 결과는 원래의 분석결과를 반복해서 보여 주었다). 둘째, 피험자의 U-점수를 고려하여 관계를 재분석한 결과와 원래 결과를 비교하였다. 각 분석에서 DIT점수와 도덕행동의 관계의 강도는 U-점수가 상승함에 따라 함께 증대될 것으로 기대되었다. 즉, 도덕판단력과 도덕행동의 관계는 정의추론을 우선시하는 피험자들에게서 더 강해야 한다는 것이다.

이 연구의 결과는 U-점수의 설명력을 증대시켰다. [그림 12-1]과 같이 도덕판단과 도덕행동의 관계는 U-점수 정보가 분석에 포함될 때 더 강화되었다(즉, 보다 더 많은 행동 변량을 설명하였다). 연구결과는 또한 U-점수가 각기 다른 유형의 행동들에도 일반화될 수 있음을 나타낸다. 따라서 U-점수는 양자 간의 관계가 더 강한 피험자를 가려내는 데 효과적인 것으로 나타났다.

이 연구 이래로 적어도 두 명의 추가 연구자들이 U-점수 정보를 자신의 연구에 포함시켰다. 모간(Morgan, 1990)은 64명의 성인(32쌍)을 대상으로 DIT점수와 의사소통 행동의 관계를 분석하는 연구를 수행했다. 모간

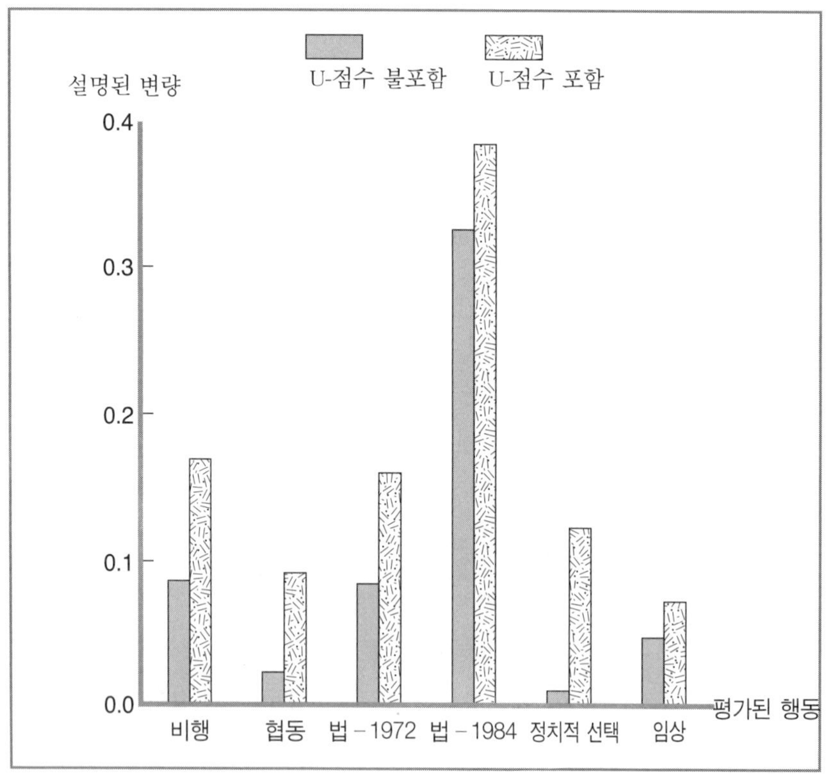

[그림 12-1] U-점수의 포함 여부에 따른 DIT점수와 도덕행동

비행: 비행지수, 협동: 실험실 상황에서의 협력적 행동, 법-1972: 법-질서검사(1972), 법-1984: 법-질서검사(1984), 정치적 선택: 1976년의 대통령선거, 임상: 인턴들의 임상수행

은 개인의 의사소통 패턴의 적합성과 도덕판단력 발달 간의 관계에 관심이 있었다. 아울러 피험자들의 의사소통 패턴에 대한 그들의 지각도 평가하였다. 의사소통에 대한 두 검사에서, U-점수 정보는 단독으로, 그리고 DIT점수와의 상호 작용에서 의사소통과 통계적으로 유의미한 상관이 있었다. 따라서 토마 등(1991)이 사용한 것과 매우 유사한 절차를 거쳐 모간은 U-점수 가설을 입증하였다.

한(Hahn, 1991)은 다른 접근을 사용하여 U-점수가 정의추론 지향과 관련되는 정도를 직접적으로 측정하였다. 그는 튜리엘(Turiel, 1983)이 개발한 영역구분을 사용하여 개인들이 정의추론(복지 · 정의 · 권리의 개념을 포함하는 도덕적 영역), 사회인습적 추론(문화적으로 규정된 행동규칙을 포함하는 사회적 규범), 개인적 선택(개인에게만 특수하다고 지각되는 행동)에 기초한 사회적 판단을 한다고 제안했다. 그는 질문지를 사용하여 다양한 사회 · 경제적 수준과 연령층에 있는 피험자 244명의 영역선호도를 평가하였다. 예측한 바와 같이, 그는 도덕판단력 발달과 인구통계학적 특성과는 상관없이 도덕영역을 우선시하는 피험자들의 U-점수가 다른 사람들보다 더 높다는 사실을 발견했다.

마지막으로, 토마는 U-점수에서 연령과 성별에 따른 차이를 측정했다. 선행 연구와는 달리, 이 연구의 의도는 U-점수에 대한 기술적 자료를 제공하려는 것이었다. 토마는 연령과 교육 정도가 다른 950명 이상의 피험자들의 혼합표본을 사용하여, 연령 · 교육 수준에 따른 차이를 발견했고 성차는 없음을 밝혔다([그림 12-2] 참조). 일반적 성숙과 교육수준 중 어느 것이 U-점수와 더 크게 관계하는지 확인하기 위한 추후 분석에서 교육수준이 일반적 성숙보다 더 큰 상관이 있음을 발견했다. 따라서 교육환경은 도덕판단력 발달을 자극할 수 있을 뿐만 아니라(예컨대, Rest, 1986), 정의추론에 의하여 제2요소를 결정하는 데 영향을 미칠 수 있다.

또한 흥미로운 것은 통계적으로 유의미한 성차가 발견되지 않았다는 사실이다. '정의에 기반을 둔 도덕성'에 대한 보다 지속적인 비판 중의 하나는 성편향성 주장이다(예컨대, Gilligan, 1977). 간략히 말하면, 길리건(Gilligan)과 그 동료들은 여자는 남자와 동일한 정도로 정의추론을 우선시하지 않을 수도 있음을 주장했다. 그러므로 여성들이 정의에 기반을 둔 도덕판단 척도로 평가를 받으면 점수가 유의미하지 않거나 부정확할 수 있다. 비록 정의에 기반을 둔 척도를 사용한 대부분의 측정연구에서는 성차가 나타나지 않았지만(예컨대, Thoma, 1986; Walker, 1984), 다양한 해석체계에서 우선순위를 두는 데는 미묘한 차이가 존재할 수도 있다.

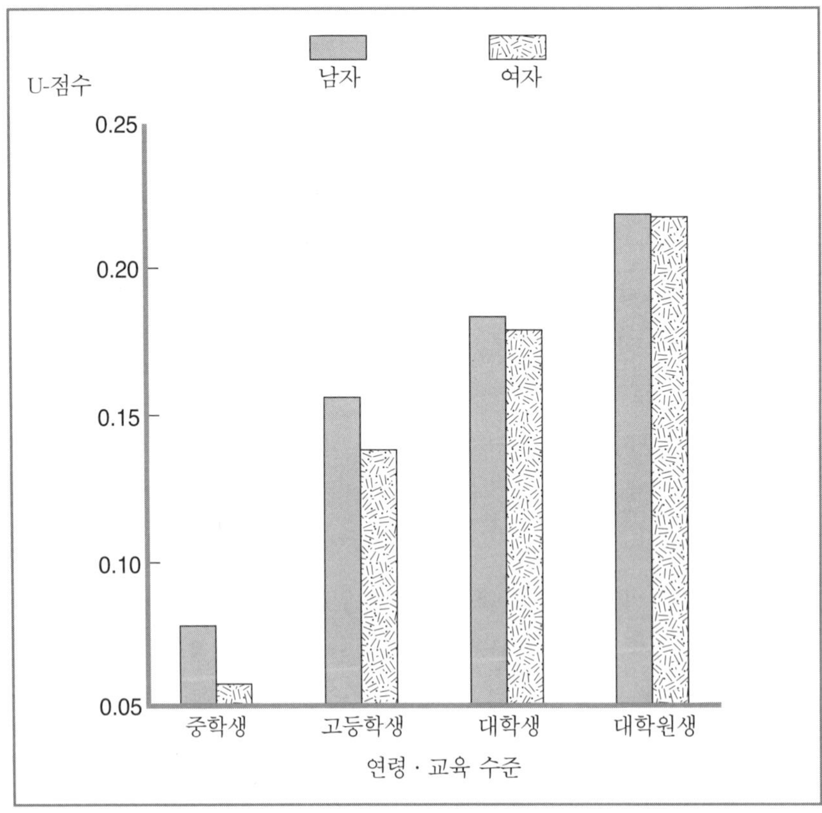

[그림 12-2] 연령 · 교육 수준별 U-점수 분포

U-점수에서 성차가 없다고 말할 때의 성차는 이러한 두 번째 유형의 성차를 말하는 것이지, 정의추론에 우선순위를 두는 데 있어서 성별 차이가 있음을 뜻하는 것은 아니다. 도덕판단력 발달척도에서와 마찬가지로, 성별에 따라 U-점수의 차이가 없다는 것은 매우 인상적이다.

전반적으로 U-점수에 관한 연구가 점점 늘어나는 현상은 이 방법론의 주요 가정들이 타당성을 갖고 있다는 것을 시사한다. 사람마다 정의추론이 도덕판단에 정보를 주는 정도에 차이가 있는 것은 분명하다. 마찬가지로 이러한 결과들은, 도덕판단과 도덕행동의 관계를 적절하게 평가하기 위해서는 피험자들이 의존하는 다양한 해석체계를 평가할 필요가 있음을 시사한다.

결 론

이 장에서는 도덕판단과 도덕행동의 관계에 관한 연구의 추세를 밝히고자 하였다. 특히 DIT 연구의 일반적 추세와 4-구성요소 모형이 도덕행동 연구에 미친 영향을 중시하였다. 이 장은 도덕판단이 행동과 관련이 있다는 잘 정립된 연구결과에서 출발했다. 따라서 문제는 관련성이 존재하느냐 않느냐가 아니라 도덕행동에 대한 이해를 어떻게 향상시키는가이다. 그러나 이 목표를 달성하기 위한 연구에 적합한 모형은 최근까지 개발되지 않았다.

여러 가지 측면에서 4-구성요소 모형은 도덕판단과 도덕행동의 문제에 관한 제2세대 연구를 시작하도록 도왔다. 이 모형은 도덕판단력의 발달에 대한 전통적 설명을 확장하는 다른 모형들과는 달리 도덕행동에 초점을 두고 시작되었다. 더 나아가, 그동안 제시된 도덕성에 관한 여러 가지 다양한 이론적 관점들을 통합하기 위해 레스트가 시작한 이 모형은 기존의 다양한 연구문헌들을 바탕으로 정립되었다. 따라서 4-구성요소 모형은 아래와 같이 도덕행동 연구에 매우 분명한 방향을 제공할 수 있었다. 먼저, 정의추론이 모든 것이 아님을 밝혔다. 도덕행동을 이해하려면 다른 과정들도 탐색하여 도덕판단과 연결시킬 필요가 있다. 그리고 이 모형은 이러한 다양한 구성요소들이 도덕체계에 제공하는 기본적 특징들을 명시했으며, 그렇게 하는 데 있어서 각기 다른 구성요소에 관한 일련의 새로운 연구들을 시작하도록 도움을 주었다.

U-점수 연구는 4-구성요소 모형의 두 번째 초점을 강조한다. 도덕판단에 대한 선행 모형들과는 달리, 이 모형은 정의추론은 단지 도덕판단을 이끄는 많은 과정들 중의 하나라고 제안한다. 여러 과정들의 존재는 동일한 구성요소 안에서 경쟁하는 체제들 간의 흥미롭고 유익한 상호 작용의 가능성을 시사한다. 이러한 구성요소 내의 과정들에 대한 측정 중의 어떤 것은 U-점수와 매우 흡사하게 모형화될 수 있고, 한 체제를 다른 체제들보다 일반적으로 더 선호하는 데 초점을 두고 기술될 수 있다.

전반적으로 4-구성요소 모형을 토대로 하여 실시된 최근의 연구 프로그램의 성취는 향후의 도덕행동 연구를 위한 핵심적 메시지를 전해 준다. 즉, 앞으로는 특정 상황 안에서 도덕행동의 구성과 실행에 관련된 과정들을 중점적으로 규명하는 연구를 통해 도덕행동에 대한 이해가 크게 진전될 것이라는 점이다. 도덕발달에 관한 연구의 초점을 넓힘으로써 우리는 도덕행동을 더욱 깊이 이해하게 될 것이다.

참고문헌

Ajzen, I. (1988). *Attitudes, personality, and behavior.* Chicago: The Dorsey Press.

Arnold, M. (1989). *Moral cognition and conduct: A quantitative review of the literature.* Paper presented to the Society for Research in Child Development, Kansas City.

Blasi, A. (1980). Bridging moral cognition and moral action: A critical review of the literature. *Psychological Bulletin, 88,* 593–637.

Colby, A., & Kohlberg, L. (1987). *The measurement of moral judgment.* Cambridge, MA: Cambridge University Press.

Gilligan, C. (1977). In a different voice: Women's conceptions of the self and morality. *Harvard Educational Review, 49,* 481–446.

Hahn, I. G. (1991). *The role of domain predominance and its relationship with utilization in moral decision-making.* Unpublished doctoral dissertation, University of Wisconsin, Madison.

Kohlberg, L. (1969). Stage and sequence. The cognitive-developmental approach to socialization. In D. Goslin (Ed.), *Handbook of socialization theory and research* (pp. 347–480). Chicago: Rand McNally.

Lawrence, J. A. (1979). The component procedure of moral judgment making (Doctoral dissertation, University of Minnesota, 1977). *Dissertation Abstracts International* , *40,* 896B.

Morgan, E. J. (1990). *The relationship of moral development to dyadic communication behaviors.* Unpublished doctoral dissertation, Raleigh, North Carolina State University.

Pedhazur, E. J. (1982). *Multiple regression in behavioral research.* New York: Holt, Rinehart & Winston.

Rest, J. R. (1983). In P. Mussen (Series Ed.) & J. Flavell & E. Markman (Vol. Eds.), *Handbook of child psychology: Vol. 3. Cognitive Development* (pp. 24–40). New York: Wiley.

Rest, J. R. (1986). *Moral development: Advances in research and theory.* New

York: Praeger.

Thoma, S. J. (1986). *On improving the relationship between moral judgment and external criteria: The utilizer and nonutilizer dimension.* Unpublished doctoral dissertation, The University of Minnesota, Minneapolis.

Thoma, S. J. (1993). The relationship between political preference and moral judgment development in late adolescence. *Merrill-Palmer Quarterly, 39,* 359-374.

Thoma, S. J. (in preparation). *Formal education and moral decision making.*

Thoma, S. J., & Rest, J. R. (1986). Moral judgment, behavior, decision making, and attitudes. In J. R. Rest (Ed.), *Moral development: Advances in theory and research* (pp. 133-175). New York: Praeger.

Thoma, S. J., Rest, J. R., & Davison, M. L. (1991). Describing and testing a moderator of the moral judgment and action relationship. *Journal of Personality and Social Psychology, 61,* 659-669.

Turiel, E. (1983). Domains and categories in social cognitive development. In W. Overton (Ed.), *The relationship between social and cognitive development.* Hillsdale, NJ: Lawrence Erlbaum Associates.

Walker, L. (1984). Sex differences in the development of moral reasoning: A critical review. *Child Development, 55,* 677-691.

Chapter 13

향후 연구방향: 무엇이 가능한가

– 레스트, 나바에즈/미네소타대학교

요약

이 장은 앞선 12개 장의 연구들을 개관하면서 앞으로 전문직 윤리연구를 발전시키기 위한 연구방향을 논의한다. 첫째는 기존의 측정도구를 사용하여 전문인 집단 간의 비교연구 및 전문직 교육 프로그램의 효과연구를 수행하는 것, 둘째는 효과적인 도덕교육 프로그램을 개발하는 것, 셋째는 각 전문직 분야별로 영역의 특수성을 반영한 도덕성 측정도구를 개발하는 연구, 넷째는 도덕적 행동을 더 잘 예측하기 위한 연구, 즉 전문직의 의사결정과 도덕추론 간의 관계 연구가 그것이다. 앞의 12개 장에서는 이 네 가지 주제를 이미 다루었다. 그러므로 이 장을 먼저 읽고 12개의 장을 본다면 기존의 연구들을 범주화할 수 있는 방법, 각 연구의 특징 및 한계점, 그리고 향후 연구를 더욱 발전시키기 위한 방향까지 파악할 수 있을 것이다.

앞의 여러 장에서 우리는 응용윤리학 연구의 다양한 가능성에 대해서 논의했다. 각 장에서 제안한 연구내용, 연구결과, 제안점 등은 서로 달랐다. 만약 이 책의 여러 저자들이 서로의 제안을 받아들인다면 연구 프로그램들이 좀 더 완전해질 것인가? 이 장에서는 그러한 가능성에 대한 논의를 간략하게 정리해 보고자 한다.

여기서 '완전한 프로그램(complete program)'이라고 말할 때 이는 그 프로그램 이상으로 만들 수 없다는 것을 의미하지는 않는다. 그보다는 현재 기술적으로 가능한 다양한 연구를 제안하고자 하는 것이다. 이러한 제안을 모든 전문직 영역에 적용해 본다면, 이는 야심찬 연구 프로젝트가 될 것이다.

이 장에서는 네 개의 주제를 다룰 것이다. 첫째 기존의 측정도구를 가지고 도덕추론을 설명하는 것, 둘째 더 효과적인 도덕교육 프로그램을 위한 아이디어를 모색하는 것, 셋째 도덕심리학 분야에서 새로운 측정도구를 개발하는 것, 넷째 도덕판단과 행동을 연결시키는 것 등이 그것이다.

기존 측정도구에 의한 도덕추론의 설명

연구자들이 수행하는 첫 번째 연구 중의 하나가 다양한 사람들을 대상으로 표준화된 도덕판단력 측정도구(예를 들면, MJI, DIT, 사회도덕적 사고검사)로 검사를 실시하는 것이다. 어떤 측정도구를 사용할 것인가의 문제는 다양한 조건에 달려 있다. 앞 단원에서 우리는 측정도구 선택에 대한 다양한 이유들에 대해서 논의한 바 있다.

도덕판단력 점수는 어떤 차이를 나타내는가? 제1장의 논의를 따르면 도덕판단력 점수는 기본적인 해석의 틀을 제시하는데, 이때 기본적인 해석의 틀이란 사람들이 자연적이고 자발적으로 도덕문제 해결을 위해 사용하는 것(기본 도식, 도덕적 딜레마를 이해하기 위한 개념들의 기본 원리)이다. DIT의 P-점수가 50 이하라는 것은 한 개인이 도덕철학자가 도덕적 문제를 개념화하는 방식(개인의 이익을 조절하고, 그 사회를 구성하는 각 구성원들의 이익을 최대화하고, 유리한 지위나 영향력을 최소화하는 사회적 관점으로부터 도덕적으로 옳은 것을 결정하는)으로 도덕문제를 개념화하지 않는다는 것을 의미한다. 이는 곧 낮은 점수를 받은 학생들은 윤리학의 읽기 자료들, 특히 도덕철학자들이 쓴 통찰력 있는 글을 이해하지 못한다는 것을 의미한다. 낮은 점수를 받은 학생들은 훌륭한 글에 있는 많은 단어들을 단지 보기만 할 뿐이며, 그것들을 복잡한 낱말 덩어리로 여길 뿐이다. 이 학생들에게 중간 정도 수준의 개념에 대한 토론(예를 들면, 충분한 설명에 근거한 동의, 온정적인 거짓말 등–1장 참조)은 그들의 인지구조 내에서 기본원리로 작동할 수가 없다. 이들은 이런 개념들을 인식하지 못한 채 그저 피상적인 문제해결책으로 여길 뿐이다. 낮은 도덕판단력 점수를 받은 학생들에게는 윤리적 문제에 대한 원리화된 해결책이 암기 등을 통해 학습해야 할 어떤 것으로 여겨지는데, 왜냐하면 그들의 도식은 원리화된 해결책에 대한 일반적인 관점을 제공해 주지 못하기 때문이다. 이러한 학생들은 학습한 내용을 넘어서 그 원리를 확장시키는 것을 어려워한다. 그들은 서로 다른 관념들이 모순을 일으킬 때 당황한다. 이것은 낮은 도덕판단력 점수를 받은 학생이 실제 생활에서 여러 상황들을 과도하게 단순화할 가능성을 의미한다. 그들이 비록 좋은 기술과 의도를 가지고 있을지라도 자신의 이해력을 넘어서는 윤리적 문제를 마주치게 되면 이를 해결하기가 쉽지 않을 것이다.

도덕판단력 측정도구를 사용하는 연구를 다음의 세 종류로 나누어 볼 수 있다. 첫 번째는 전문인 집단의 한 하위집단과 다른 집단을 비교하는 연구이다. 두 번째는 직업훈련 프로그램을 이제 막 시작한 학생과 그 프로그램을 마친 학생들의 도덕판단력 수준을 비교하는 연구이다. 세 번째는 도덕교육과 관련된 특별한 교육과정이나 교육 프로그램에 대한 사전 · 사후 평가를 위해 기존의 검사를 사용하는 연구이다.

전문직 분야 간의 비교연구

우선 비교연구를 생각해 보자. 간호사 초년생, 혹은 회계사, 교사들의 도덕판단력 점수를 수집할 경우, 연구자들은 이들 집단의 점수를 비슷한 교육수준의 다른 집단의 점수와 비교하게 된다. 만약 연구대상 집단의 점수가 비교 집단보다 낮다면, 그 집단이 도덕판단력에 있어 다소의 결함을 보이는 것으로 여겨진다. 파네만과 가바트의 회계학과 학생들에 관한 연구(6장), 창의 사범대학 학생들에 관한 연구(4장), 셀프, 볼드윈, 올리바레즈의 수의학과 학생들에 관한 연구(9장), 브레드마이어와 쉴즈의 운동선수들에 대한 연구(10장)는 이러한 견해를 보여 준다. 반면에 녹스(1989)는 실수로 간호사들의 DIT점수가 낮다고 기술하였다(그리고 그녀는 간호사들이 정의에 관한 문제에 관심이 없다고 결론을 내리기도 하였다.). 그러나 듀켓과 라이든(3장, Duckett et al., 1992)은 만약 DIT의 정확한 점수를 비교하였다면 간호사들과 간호학과 학생들이 도덕판단력에 있어 그러한 결함을 보이지는 않았을 것이라고 하였다(녹스는 원점수와 백분율 점수를 혼동했다. 예를 들면, 30점의 원점수는 50점의 백분율 점수이다.).

연구자들은 전문인 집단 간의 비교연구뿐 아니라 특정 전문직업인 집단 내에서의 비교연구에도 흥미가 있었다. 예를 들어, 파네만과 가바트(6장)는 선임 회계사가 후임자보다 도덕판단력 점수가 높지 않다는 것을 밝혔고, 캐나다의 회계사들이 미국 회계사들보다 도덕판단력 점수가 높다는 사실도 밝혔다. 맥닐(2장)은 인문학을 전공하는 3, 4학년 학생들은 전문직업에 관련된 학과의 3, 4학년 학생들보다 도덕판단력 점수가 높다는 것을 밝혔다. 셀프와 볼드윈(8장)은 의대에 다니는 남학생과 여학생을 비교했는데, 여학생이 남학생보다 도덕판단력 점수가 높다는 것을 밝혔다. 듀켓과 라이든(3장)은 간호학을 전공하는 어린 학생과 나이 많은 학생들을 비교했는데, 나이 많은 학생들이 도덕판단력 점수가 더 높다는 것을 밝혔다. 셀프와 볼드윈은 의과대학 지원자들을 대상으로 연구하였는데, DIT점수는 입학 여부의 결정과 관계가 있다는 것을 밝혔다. 즉, DIT점수가 높은 지원자가 의대에 들어갈 확률이 더 높다는 것이다. 이상이 이제까지 연구된 집단 비교연구 중 일부를 요약한 것이다.

전문직 교육 프로그램의 효과

두 번째 종류의 연구는 다년간의 전문교육 프로그램에서 시작단계에 있는 학생들과 졸업을 하게 되는 학생들을 비교하는 것이다. 1장에서는 학교교육 연한이 도덕판단력 발달과 관련이 있을 것이라고 보고했다. 맥닐(2장)은 대학 신입생과 대학 4학년 학생들에 대한 22개 연구를 대상으로 메타분석 결과를 보고하였다. 도덕판단력에 대한 대학 4년간의 효과 크기는 약 .80이었다. 이 정도의 효과 크기는 대학교육의 효과 중 크기가 가장 큰 것의 하나로 도덕판단력을 포함시키기에 충분한 것이었다(Pascarella와 Terenzini의 1991년에 행해진 수백 개의 연구들에 대한 보고서 참고). 맥닐이 측정한 바에 따르면 대학 신입생들의 평균 DIT점수는 35.7이고, 4학년은 46.4점이었다. 이전의 다른 연구에서는 대학의 모든 학년 학생들의 평균 점수만 보고되었다(1장에서 보면, 평균점수 42.3). 그래서 맥닐의 자료는 우리에게 보다 정확한 정보를 제공해 준다.

1장의 연구는 형식적인 학교교육이 학생들의 지적인 측면을 계속 자극함으로써 도덕판단력에 영향을 미친다는 것을 보여 준다. 맥닐은 대학의 교조주의와 교화가 어떻게 도덕판단력의 발달을 저해하는지를 보여 주었으며, 교양교육(질문과 탐구, 그리고 증거와 논쟁에 대해 개방적인 태도)이 도덕판단력 발달을 촉진시키고 있다고 설명했다. 맥닐은 대학 프로그램이 너무 직업 지향적이거나(직업훈련의 기술적인 면에만 너무 초점을 두고 있는) 또는 너무 교조주의적이어서(질문과 탐색에 대하여 폐쇄적인) 도덕판단력의 발달을 저해한다고 주장했다. 그래서 보수적인 종교적 신념을 가르치는 대학들이 교조적이거나 교화를 주로 사용한다면 학생들의 도덕판단력 발달을 저해할 수 있다고 주장하였다. 그러나 맥닐은 종교를 가지는 것 자체가 도덕판단력 발달을 저해하는 것은 아니라는 점을 지적하였다. 그는 베델대학을 예로 들면서, 자유교양교육을 강조하는 접근이 매우 강한 종교적인 신념과 양립 가능하며, 둘 다에서 도덕판단력을 발달시킬 수 있다고 했다.

맥닐은 또한 대학에서 직업에서의 성공, 입신출세주의(careerism)를 강조하는 프로그램이 도덕판단력 발달을 늦추게 된다는 것을 밝혔다. 입신출세에 대한 강조는 교육과정의 특성과 학생들의 특성 모두에서 기인할 수 있다. 다른 장에서는 전문직업교육이 도덕판단에 미치는 효과를 어떻게 논의하고 있는지 살펴보자.

그런데 어떤 장에서는 직업교육이 도덕판단력 발달에 긍정적으로 기여한다고 했으나, 다른 장에서는 그렇지 않았다. 셀프, 볼드윈, 올리바레즈(9장)는 수의학과 학생들을 위한 프로그램에서 수의학 교육과정과 도덕판단력 발달 간의 관계에 관한 일반적인 증거를 찾지 못했다. 다만 수의학과에서의 교육 경험이 도덕판단력의 발달을 저해하는 것처럼 보인다. 이와 유사하게, 셀프와 볼드윈(8장)은 의과대학 학생들이 정규교육을 모두 받은 후에 일반적으로 기대되는 도덕판단력의 향상을 보이지 않는다고 했다. 파네만과 가바트(6장)는 회계학과 학생의 경우 일관된 연구결과를 보이지는 않았지만, 교양교육 과정 내에서 회계학 프로그램을 이수한 학생들은 도덕판단력 발달의 증진을 보였다고 결론지었다. 비보(7장)

는 교육과정에 윤리학 요소를 통합시킨 이후에 도덕판단력이 향상되었다고 보고했다. 이와 유사하게, 듀켓과 라이든(3장)은 그들의 간호학과 프로그램 내에서 도덕판단력의 유의미한 향상을 보였다고 보고하였다. 요약하자면, 실제적이고 기술적인 훈련을 강조하는 직업교육 프로그램들 중의 몇 가지는 도덕판단력 향상에 기여하지만, 다른 것은 그렇지 않았다. 그러면 무엇이 그 차이를 만드는지 살펴보도록 하자.

교육 프로그램의 효과

표준화된 측정도구를 사용하는 세 번째 종류의 연구는 특별한 교육 프로그램 실시 이전과 이후를 평가하는 연구이다. 레스트(1986, 3장)는 그러한 프로그램 56개를 검토했다. 스프린달, 맥닐, 듀켓과 라이든, 셀프, 볼드윈과 올리바레즈 등은 이 책에서 효과연구에 대하여 언급하였다. 이 모든 연구에서, 일반적으로 실험집단은 통제집단보다 통계적으로 더 많은 도덕판단력의 유의미한 향상을 보였다. 그렇다면 성공적인 교육 프로그램의 특성은 어떤 것인가? 이에 관하여 다음 절에서 살펴보고자 한다.

도덕교육 프로그램의 실시

도덕교육 프로그램을 위하여 중요한 제안을 하자면 다음의 네 가지로 요약될 수 있다. 첫째는 직접적인 경험과 반성적 사고를 통합하는 것, 둘째는 도덕수업을 설계하는 데 4-구성요소 모형을 사용하는 것, 셋째는 중다과정 계열 학습모형(Multi-Course Sequential Learning model)을 사용하는 것, 그리고 넷째는 논리학과 철학의 기본내용들을 직접 가르치는 것이다.

직접 경험과 반성

스프린달은 20여 년 동안 교육 프로그램을 고안하고 발전시켜 왔다(5장). 그는 도덕교육이 효과가 있는지 알아보기 위해 사전 · 사후 평가를 실시하였다. 계획적인 심리학 교육(deliberate psychological education)이라는 그의 개념은 다음의 세 가지 요인을 결합한 것이다. 세 가지 요인이란 심리학 저서를 읽는 것, 적극적인 봉사활동, 그리고 학문적 이론과 실생활의 경험을 통합하는 반성적 세미나이다. 스프린달은 듀이처럼 직접적인 경험과 적극적인 문제해결이 중요하다는 것을 강조했다. 이론에 대한 강의식 수업은 개념을 직접적인 경험의 수준에 있는 어떤 것과 연결시키지는 않는다. 1장에서 살펴본 바와 같이 문제해결의 적극적인 실천활동이 중요하다. 그러나 듀이와 스프린달은 경험이란 그 경험의 상징적인 표상을 만들어 내는 것을 동반해야 한다고 말하였다. 어떤 순간에 중요한 사건이 일어났다는 단순한 감정으로는 충분하지 않다. 경험으로부터 무엇인가를 배우기 위해서는, 그리고 그것을 미래에 당면하게 될 사건에 대한 정보의 원천으로 삼기 위해서는 인지적인 이해구조가 발달되어야만 한다. 스프린달은 5장에서 반성의 기회가 없는 교육적 경험은 효과가 없다고 했다.

4-구성요소 모형의 활용

비보(7장)는 교육 프로그램을 기획하고 평가하는 지침으로서 4-구성요소 모형을 가장 확실하게 사용한 연구자이다. 이 접근에서 중요한 개념들 중의 하나는 정서와 인지를 통합하는 것이다. 그녀는 도덕발달이 몇 가지 요인의 과정들을 포함하고 있으며, 도덕교육은 이 모든 요인을 포함해야 한다고 언급했다. 또한 듀켓과 라이든(3장)은 그들의 수업에서 구성요소들을 구분하였으며, 제4요소를 자아강도와 사회적 기술로 세분화하였다. 이와 유사하게 스프린달은 역할채택을 강조했으며, 맥닐은 다양한 요소를 도덕교육 프로그램에 통합시키는 데 있어서 공감의 중요성이 간과되어 왔음을 지적하면서 이를 포함시켰다.

중다과정 계열 학습모형

듀켓과 라이든(3장)은 전문직업인의 도덕교육 프로그램을 중다과정 계열 학습모형(Multi-Course Sequential Learning model, MCSL)으로 접근했다. 이 모형의 기본 아이디어는, 윤리는 일회적 수업이나 다른 과정에 부차적인 한 부분으로 포함되어 가르쳐질 수 없다는 것이다. MCSL은 마치 경험에서 자연히 발생하게 되는 윤리적 문제를 다루는 것처럼 전체 교육과정에 윤리를 다루는 부분이 일정하게 배치되도록 하는 접근이다. 이러한 교육과정은 높은 수준의 정교한 설계와 교수진의 협력을 요구한다. 듀켓과 라이든의 접근이 성공할 수 있었던 것도 바로 명료한 설계와 교수진의 참여 덕분이었다. 학생들이 보인 향상이 바로 교육과정의 효과를 증명한다.

기본 원리의 직접적인 교수

맥닐은 2장에서 도덕교육에 대한 펜의 공헌에 대해서 논의하였다. 펜(1990; 1992a; 1992b)은 특정한 논리적, 철학적인 개념이 원리화된 사고를 형성하는 데 매우 중요하다고 주장했다. 또한 이러한 기본 개념들을 직접적이고 변증법적으로 가르칠 수 있다고 했다. 펜은 학생들의 적극적인 문제해결 과정의 중요성을 반대하는 주장을 했다기보다는 아무것도 없는 것에서 항상 새로운 어떤 것을 만들어 낼 필요는 없다고 주장하였다.

예를 들어 화학을 가르치는 경우, 학생들에게 단지 실험실을 가르쳐 주는 것이 아니라 무엇을 섞으라는 말을 하게 된다. 그들의 실천적이고 직접적인 경험은 기본적인 지식을 통해 정보를 얻고 실험을 통해 안내받게 된다. 이와 같은 방식으로 펜은 도덕교육이 어떤 형식 없이 완전히 도덕적 문제를 해결하는 것에만 관심을 두는 것이어서는 안 되며, 논리적이고 철학적인 요인들을 먼저 가르치는 것으로부터 효과를 볼 수 있다고 주장하였다. 기본적인 개념의 획득을 통해 학생들은 도덕적인 문제해결 과제를 다룰 수 있게 된다. 펜의 주장의 이론적인 타당성은 경험적 근거가 지지해 준다. 그의 프로그램의 효과는 다른 어떤 도덕교육 프로그램보다도 높은 DIT점수의 향상을 보여 주었다. 맥닐은 2장에서 펜의 교수방법과 교수자료에 대하여 설명하고 있다.

윤리학에서 합의의 문제

이제까지 언급했던 네 가지 제안은 도덕교육의 효과를 증진시키기 위해 실제로 적용되고 있는 요소들이다. 그러나 언급해야 할 몇 가지 것들이 아직 남아 있다. 응용윤리학의 세 가지 가정을 언급했던 서문을 상기해보도록 하자.

가정 1: 어떤 윤리적 판단은 다른 판단보다 더 정당하다.
가정 2: 도덕판단의 전문가들 사이에 어떤 동의가 있다.
가정 3: 윤리학 수업은 구성적인 방식으로 학생들에게 영향을 미친다.

이제까지의 연구들이 가정 1과 3에 주의를 기울인 데 비해, 가정 2에는 거의 주의를 기울이지 않았다. 윤리학을 가르치는 사람은 누구든 학생들을 평가해 왔을 것이다(한 추정치에 따르면, 매년 1만 개의 수업에서 이를 행하고 있다.). 학생들을 평가하는 과정에서 윤리학을 가르치는 사람은 학생들의 작업이나 사고에 대한 사례를 모으고, 학생들의 과업을 평가하고 점수를 매겼을 것이다. 여기서 뭔가 부족한 것은 한 교사가 내린 평가와 다른 교사의 평가를 비교하고 이를 보고하는 과정이다. 이것이 바로 전문가 간의 합의이다.

비보(7장)는 윤리적 판단이 단지 개인의 특수한 견해에 불과하다고 생각하는 학생들의 의견을 인용하였다. 그리고 경험 있는 검사 실시자 간의 합치된 규준을 확보하는 측정도구의 개발과정에 대하여 기술하였다. 예를 들면, 비보의 치과윤리 감수성 검사(DEST)를 위한 채점 규준은 경험이 많고 존경받는 치과 의사들 및 미국치과의사협회원(Fellow of the American College of Dentist)의 논의와 합의를 거쳐 만들어졌다. 따라서 채점자들이 이러한 규준을 사용하고 그들의 평정자 간 신뢰도를 점검하는 것은 평가가 단지 한 사람의 개인적인 견해를 넘어서는 기반을 마련하는 것이다. 미국의 여러 학교에서 DEST를 사용하였는데, 윤리학에서의 평가가 완전히 개인적인 견해가 아니라는 증거를 보여 주었다. 게다가 그것은 서로 다른 연구기관에 있는 윤리학 교수가 그들의 평가업무, 규준, 그리고 학생들의 수행 사례 등을 교환하고 학생에 대한 교수 간의 평가가 일치한다는 것을 보여 주기 위한 좋은 기초가 될 것이다. 이는 가정 2를 충족시키기 위한 일련의 작업이다.

도덕성 측정을 위한 새로운 도구

도덕성을 측정하기 위한 새로운 도구에 대한 연구 관심은 두 가지 방향에서 시작되었다. 첫 번째는 더 적절하고 새로우며, 전문분야의 영역 특수적인 도덕판단력 측정도구를 개발하고자 하는 것이다. 두 번째는 콜버그 단계개념으로 측정되는 도덕판단력 이외에 도덕성에는 더 많은 측면이 있다는 인식에서부터 시작되었다.

우선 도덕판단력을 측정하는 새로운 도구의 개발에 대해서 살펴보자. 이는 도덕성의 제2요인에 해당하는 것으로 창(4장), 웨스트브룩(11장)의 연구를 통해 소개되었다. 이들은 판단과 행동의 연결을 강하게 하려는 기대를 가지고, 자신들의 주제에 보다 적합한 딜레마 상황을 이용하려 하였다. 창과 웨스트브룩은 새로운 검사를 개발하는 과정에서 네 개의 중요한 결정을 내려야만 했다. 첫 번째는 자료수집 기술을 결정하는 것이었고, 두 번째는 어떤 판단이 다른 판단들보다 더 낫다고 주장하기 위한 근거를 확립하는 것이었다. 세 번째 결정은 타당성을 입증하기 위한 전략을 개발하는 것이었고, 네 번째 결정은 지표를 개발하는 것이었다.

첫 번째 결정은 자료들이 어떻게 수집되어야 하는가라는 문제와 관련된다. 예를 들어, 도덕 딜레마에 관한 인터뷰를 통해 자료를 수집한다면 채점 규준에 부합하는 반응이 어떤 것인지를 알아야 한다. 그리고 DIT의 딜레마와 문항으로 이루어진 검사를 통해 자료를 수집한다면 채점방식과 순위매기기 방식을 개발해야 한다. 당시의 논쟁적인 주제에 대한 에세이를 통해 자료를 수집하거나 비디오테이프의 내용에 대한 반응으로서 자료를 수집한다면, 혹은 역할극을 통해 자료를 수집한다면 어떻게 해야 할 것인가? 창과 웨스트브룩은 새로운 측정도구를 개발하는 데 있어 DIT의 형식을 따랐다. 이들의 측정도구가 DIT와 다른 점은, 창은 교사직에 적합한 딜레마를 사용했고 웨스트브룩은 언론인 딜레마를 사용했다는 점이다. 딜레마를 구성하기 위한 아주 중요한 특성은 딜레마가 두 개의 서로 갈등하는 이상적 가치를 포함하고 있어야 한다는 점이다. 그래서 딜레마를 해결하는 것은 단순히 이상적 가치를 발견하는 것이 아니라 이상적 가치들 간의 갈등을 해결하는 것이어야 한다.

당대에 논쟁이 되는 문제들이 종종 최고의 딜레마가 되기도 한다. 그것은 현재의 뜨거운 관심사이며 자주 논쟁거리가 되기 때문에 좋은 것이다. 따라서 베트남전쟁에 대한 논쟁과 같이 오래된 딜레마는 피험자의 경험으로부터 너무 멀리 떨어져 있어서 그리 좋은 딜레마가 되지 못한다. 확실히 피험자의 관심을 끄는 것이 중요한데, 사람들의 관심은 당시의 뜨거운 화제에 있게 마련이다. 그러나 당시의 뜨거운 화제를 사용할 때 문제는 너무나 많이 인구에 회자되고 논쟁거리가 되었기 때문에 이 문제에 대한 대답이 피험자 자신의 사고구조로부터 나온 것인지 다른 사람의 말을 반복하는 것인지를 구별하기가 어렵다는 점이다. 기억해야 할 점은 도덕판단력을 측정한다는 것은 피험자가 사회적 문제의 의미를 생각해 내는 자연스러운 사고방식을 그려내는 것이지, 그 문제에 대한 신문기사나 TV 쇼에서 오고간 여러 언사를 얼마나 기억하고 있는가를 의미하는 것은 아니라는 점이다. 만약 너무나 관심을 많이 끄는 화제여서 슬로건들이 해결책으로 등장하였다면 우리는 도덕판단을 위해 그 슬로건을 이용하려고 할 것이다.

웨스트브룩은 이렇게 주장했다. "저널리즘 윤리에서 연구자에게 가장 어려운 문제는 복잡한 윤리적 문제에 대한 원리적 사고와 일상적으로 얻어진 사고, 그리고 거의 이해하지 못한 채 사용하는 언어들을 어떻게 구분할 것인가 하는 점이다." 그는 길고 복잡한 법의 결정으로부터 나온 '틀에 박힌 속기 구절'과 더욱 확장된 토론이 가능한데도 그것을 정제시켜 버리는 속기 구절, 그리고 직업적 요인으로서 기계적으로 획득하게 되는 일상어나 표어들에 대하여 이야기하였다. 따라서 인터뷰 문항을 작성하거나 인터뷰 자료를 해석하는 데 있어 중요한 문제는 같은 언어가 같은 내용을 의미하지 않는다는 것이다.

이 문제를 최소화하기 위해서 DIT 문항을 고안하는 데 사용한 특징들은 다음과 같은 것들이다.

1. 문항은 긴 단어보다 짧은 단어들을 사용하여 만들라.

2. 이슈를 제안하는 문항을 만드는 데 있어 서술적인 명제 형태를 취하기보다는 질문을 사용하라(단정적인 평서형 문장보다는 질문으로 제기된 사안들이 그 사안을 미리 생각해 보지 않았던 사람들에게 덜 뻔한 것으로 여겨지므로).
3. 각 문항의 문장의 길이와 복잡성을 비슷하게 하도록 노력해라.
4. 내적 신뢰도를 확보하기 위해 의미 없는 문항을 도입하라(복잡한 문장과 특수한 단어를 포함하고 있는).

아마 이러한 장치들은 새로운 검사도구를 개발하는 데 유용할 것이다.

두 번째 결정사항은 어떤 도덕판단보다 더 나은 다른 도덕판단의 형식(좀 더 발달적으로 앞서 있거나 혹은 철학적으로 더 잘 옹호될 수 있는)이 무엇인지를 결정할 수 있는 규준을 마련하는 것이다. DIT는 콜버그의 6단계 이론을 그 핵심으로 사용한다(비록 약간의 차이가 있을지라도, Rest, 1979, 2장 참조). 웨스트브룩의 기자들을 위한 도덕판단력 측정도구 역시 발달의 순서를 주장하기 위하여 콜버그의 단계기술과 이론적 근거에 의존하였다. 그러나 창의 TTMR은 콜버그의 단계를 도덕추론의 형식을 설명하는 기준으로 사용하지 않았으며, 어떤 도덕적 추론이 다른 도덕적 추론보다 발달되었다는 것을 설명하기 위해서 콜버그의 단계이론을 사용하지 않았다. 오히려 그녀는 다른 전문가들과 토론을 했으며, 전문가들의 판단에 더 가까운 반응을 높은 발달단계라고 하고, 그렇지 않으면 낮거나 중간 정도의 수준으로 측정하였다. 창은 규준을 설정하기 위해 더 일반적인 콜버그의 분석에 따르기보다는 중간 수준의 개념에 초점을 맞추었다(1장). 그것은 비보가 규준을 설정한 방식과 비슷한데, 비보는 전문가 판단의 일치를 그 규준으로 사용하였다.

요즘 응용윤리 수업에서 진행되고 있는 것을 읽어 보고 그 수업에서 제시한 읽을거리들의 목록을 보면, 많은 윤리학 수업이 중간 수준의 개념에 초점을 두고 있는 것 같다. 이러한 수업에서 전문적인 결정을 하기 위해 사용된 개념은 중간적 수준의 개념(예를 들면, 충분한 설명에 근거한 동의나 온정적인 거짓말, 그리고 비밀보장의 원칙 등의 개념)이다. 그래서 우리는 이러한 중간 수준의 개념에 맞는 도덕판단력 측정도구를 개발할 필요를 느꼈다. 규준을 설정하기 위한 전문가의 일치된 판단을 확인하고자 하였던 비보와 창의 접근법을 사용하려면 전문직 분야의 특수성을 반영한 중간 수준의 도덕판단력 검사를 만들기 위해 해야 할 일이 굉장히 많을 것이다. 현재 윤리학 강의를 하고 있는 사람들이 말하는 주제와 평가 규준이 딜레마를 수집하고 규준을 설정하는 출발점이 될 수 있다. 윤리학 교수는 표준화된 평가도구를 개발하는 데 관건이 되는 중간 수준의 개념을 제공할 수 있다.

세 번째 결정은 검사의 타당성을 위한 사례를 구축하는 것과 관련된다. 타당성을 위해 사례를 구축한다는 것은 어떤 연구가 수행될 수 있으며 연구결과가 보여 주는 것이 무엇인지를 생각해 보는 것을 의미한다. 제1장에서는 DIT의 타당성을 입증하는 7가지 유형의 연구가 소개되었다. 사실상, 이러한 것들을 DIT의 타당성 규준으로 볼 수 있다. 물론 다른 타당한 규준의 설정도 가능하다. 예를 들면, 창(4장)은 교사들의 도덕추론 검사(TTMR)를 위해 타당한 자료를 수집하는 데 사용했던 7개의 규준을 기술하였다. 거기서 중요한 점은 측정도구의 개발과정에는 검사도구의 타당화 연구가 포함되어야 한다는 것이다.

타당성을 위한 규준을 가짐으로써 우리가 고안한 절차가 언제 작동하는지를 알게 된다. 그렇지 않으면 측정도구를 만들어도, 우리는 다음의 사항에 대해서 거의 알기 힘들다. 즉, 그 도구가 측정하고자 했던 것을 정확하게 측정하는지, 또는 그 도구의 어떤 부분이 다른 부분보다 더 좋은지에 대해서 알지 못하게 된다. 예를 들어, 도구는 두 가지 종류의 요인들을 포함하고 있다. 높은 수준의 문항은 더욱 옹호될 수 있는 도덕적 사고를 나타내고 낮은 수준의 문항은 그렇지 않은 도덕적 사고를 나타내는 것이라고 해 보자. 더 전문적인 집단과 덜 전문적인 집단의 피험자를 대상으로 검사를 실시하였다. 그러면 그 검사는 두 집단에 대하여 실제로 서로 다른 점수를 보여 주는지를 결정하는 기초를 마련한 셈이 된다. 이에 덧붙여 특정 도구의 특정 문항을 검사하는 기초도 마련한 셈이다. 만약 문항들이 제대로 작동하지 않는다면 다시 만들어야 한다. 그래서 측정도구의 개발과 경험적 검사의 순환과정은 유용한 측정도구를 생산하는 방법이 되는 것이다.

네 번째 결정사항은 아주 다양한 특수한 반응들로부터 나온 정보를 결합하여 전반적인 점수나 지표를 만들어 내는 방식에 관한 것이다. 이러한 절차를 지수화라고 한다. 예를 들어, 창(4장)은 교사들의 도덕판단력 검사에서 20개의 점수를 얻기 위해 다섯 개의 이야기마다 가장 중요한 네 개의 진술문에 대해 순위를 매기도록 하였다. 20개 점수를 하나의 점수로 통합한 전체 점수가 피험자의 사고를 나타나는 것이었는데, 이것이 바로 지수화 작업이다.

창의 글에서는 많은 부분이 지수화의 다양한 방식을 실험한 내용이다. 그는 문항 반응을 통합하는 데 있어서는 가장 먼저 떠오른 생각이 가장 좋은 지수를 만든다고 가정하지 않았다. 오히려 그는 가장 타당한 점수를 일관되게 생산해 내는 지수화 방식을 알기 위하여 자신의 타당성 규준을 체계적으로 사용해 보았다. 그는 측정도구 개발을 위해 경험적 연구방법을 사용하였다.

최근에 이벤스(Evens)는 DIT의 더 나은 지수를 만들기 위한 방법으로 다차원적인 측정방법을 연구하는 박사학위 논문을 쓰고 있다. 우리의 동료인 마크 데이비슨(Davison, 1977; Davision & Robbins, 1978)은 이 방법을 DIT 자료에 적용했다. 그때 데이비슨이 했던 연구자료들은 제한되어 있었으며, 실망스럽게도 1970년의 그의 연구에서 얻은 지수는 일관된

P-점수를 산출하지 않았다. 현재, 이벤스는 이 방법을 다시 시행해 보기 위해서 5만 8000개가 넘는 어마어마한 DIT 데이터베이스를 다시 검토하고 있다. 그녀의 연구는 진행 중이므로 DIT를 가지고 어떻게 새롭게 지수화할 수 있는지 아는 데는 시간이 걸릴 것이다. 그럼에도 만약에 다른 연구자들이 경험적 연구자료를 가지고 상대적으로 더 나은 문항이 무엇인지를 결정하려고 한다면 이 측정기법을 새로운 측정도구(TTMR과 같은)에 적용해 보고자 할 것이다.

새로운 검사와 관련하여 마지막으로 4-구성요소 모형은 도덕판단력을 측정하는 검사 외의 다른 측정도구가 필요하며, 이는 전문인의 전반적인 도덕성 발달을 측정하는 데 적합한 것이어야 함을 보여 준다. 치과의사를 대상으로 제1요소인 도덕감수성을 다룬 비보의 연구(7장)는 또 다른 구성요소에 대한 연구에도 그대로 적용될 수 있다. 비보는 7장에서 다른 구성요소를 측정하는 아이디어에 대해서도 기술하고 있다. 맥닐(2장) 역시 대학생들의 도덕감수성을 측정하기 위한 도구의 개발에 대하여 보고하고 있다. 모든 전문직에 적합한 4-구성요소를 측정하고자 하는 것이 우리의 바람이다. 이는 전문직 윤리에 관한 연구의 거대한 기획이 될 것이다.

도덕행동과의 연결

행동을 예견하지 못한다면 이러한 요소들을 측정한다는 것이 무슨 소용이 있겠는가? 도덕교육을 통하여 이러한 측정도구 상에서 수치의 증가를 보였다고 하더라도 그것이 실생활과 연결되지 않는다면 그러한 도덕교육 프로그램은 무슨 소용이 있겠는가?

실생활의 행동을 예측하는 것은 연구의 오래된 관심사였다. 1장과 12장은 이것에 대한 수백 가지의 연구들에 대해서 언급했다. 이러한 연구들의 결론은 도덕판단과 행동 간에는 일관적이고 통계적으로 유의미한 관계가 있다는 것이었다. 그러나 그 관계는 미약하다.

이 책의 여러 장들 또한 도덕판단과 행동 간의 유의미한 관계를 보고하고 있다. 창은 도덕판단과 학교 수업의 다양한 측면 간의 연결을 보고하였으며, 브레드마이어와 쉴즈(10장)는 운동선수들의 도덕판단과 행동 간의 관계를 보고하였다. 또한 셀프와 볼드윈(8장)은 의사들의 도덕판단과 행동 간의 관계를, 파네만과 가바트(6장)는 회계사들의 도덕판단과 행동 간의 관계를 보고하였다. 스프린달(5장)은 고등학생들의 행동에 대해서 연구하였으며, 비보(7장)는 윤리위원회와 문제를 가지고 있는 치과의사들에 대해서 보고했다.

아마도 듀켓과 라이든(3장)의 연구가 지금까지 다른 어떤 연구보다 도덕판단과 행동 간의 연구에서 중요한 발견을 보고한 연구일 것이다. 간호학과 학생의 1학년 때 DIT점수는 그 이후의 임상실습의 점수와 .58이라는 놀랄 만한 상관을 보였다(이는 입학 시에 높은 P-점수를 받은 학생은 임상실습에서 간호사로서의 수행에서 높은 점수를 얻었다는 것을 의미한다. .58의 상관은 사회과학 연구에서 상관이 매우 높은 것이다).

토마(12장)는 이러한 관계가 U-점수를 사용하면 더욱 강하게 나타날 것이라고 제안하였다. U-점수는 DIT에서 산출되는 것으로서 부가적인 검사시간을 요구하지 않는다. 이것은 이미 얻은 DIT점수로부터 컴퓨터 작업을 통해 산출된다. 토마는 DIT의 P-점수와 행동 사이의 관계에 대해서 이미 연구된 다섯 개의 연구를 다시 분석하였다. 그는 P-점수에 U-점수를 덧붙임으로써, DIT(P-점수와 U-점수)와 행동 간의 관계를 상당히 증가시켰다([그림 12-1] 참조. 다섯 개의 연구 모두에서 증가를 보임). DIT와 행동 사이의 연결을 설명하고자 하는 연구에서 그의 U-점수를 사용한다면 더 명확한 결과들이 나올 것이다.

파네만과 가바트(6장)는 행동 연구의 또 다른 접근방법에 대하여 논의하였다.

1. 전문직에서 의사결정의 특수한 예를 결과변인으로 규정하라(예를 들어, 재정적인 문서를 읽을 때 거짓의 발견, 프로젝트에 보냈던 시간을 실제 시간보다 짧게 보고하는 것 등).
2. 의사결정에 사용될 수 있는 다른 정보들을 적어 보고, 서로 다른 처치집단에 다른 정보를 주어라.
3. 서로 다른 피험자의 특성을 측정하라(예컨대, 전문직 경험의 정도, DIT 점수 등).
4. 주어진 정보와 전문직의 의사결정을 이끌어 내는 피험자의 특성 간의 상호 작용이 어떠한지를 결정하라.

이 연구는 전문직에서 의사결정의 세부적인 과정을 강조한다. 파네만과 가바트는 의사결정을 내리는 데 있어 P-점수와 제공된 정보 간의 중요한 상호 작용의 관계를 발견하였다. 다른 전문직 분야에도 이러한 연구를 적용해 봐야 할 것이다.

마지막으로, 우리는 행동을 더 잘 예측하기 위해서 4-구성요소의 모든 요인들을 연구하고자 하였다. 토마는 이러한 접근을 논의하였으며, 브레드마이어와 쉴즈(10장)는 세 가지 맥락에 따라 4-구성요소의 과정을 분류함으로써 12개 요소의 행렬을 제시하고 이에 대한 연구 프로그램을 제안하였다.

결 론

앞서 살펴본 여러 장의 논의를 볼 때, 직업윤리에 대한 연구 프로그램은 많은 가능성을 갖고 있음을 알 수 있다. 지금까지 연구자들이 제시한 참고문헌을 살펴보고, 이를 바탕으로 전문직의 윤리발달을 좀 더 깊이 있게 탐구하는 연구들이 이루어지길 바란다.

참고문헌

Davison, M. L. (1977). On a unidimensional, metric unfolding model for attitudinal and developmental data. *Psychometrika, 42,* 523–548.

Davison, M. L., & Robbins, S. (1978). The reliability and validity of objective indices of moral development. *Applied Psychological Measurement, 2*(3), 391–403.

D' Souza, D. (1991). *Illiberal education: The politics of race and sex on campus.* New York: The Free Press.

Duckett, L., Rowan–Boyer, M., Ryden, Crisham, P., M. B., Savik, K., & Rest, J. R. (1992). Challenging misperceptions about nurses' moral reasoning. *Nursing Research, 41*(6), 324–331.

Evens, J. (in preparation). *Indexing moral judgment using multidimensional scaling techniques.* Unpublished doctoral dissertation, University of Minnesota, Minneapolis.

Nokes, K. M. (1989). Rethinking moral reasoning theory. *Image: Journal of Nursing Scholarship, 21,* 172–175.

Pascarella, E. T., & Terenzini, P. T. (1991). *How college affects students.* San Francisco: Jossey–Bass.

Penn, W. Y., Jr. (1990). Teaching ethics–A direct approach. *Journal of Moral Education, 19*(2), 124–138.

Penn, W. Y., Jr. (1992a). *A logic primer: Skills for critical reasoning.* Unpublished manuscript, St. Edward's University, Austin, TX.

Penn, W. Y., Jr. (1992b). *Seeds of justice: A study of principled moral reasoning.* Unpublished manuscript, St. Edward's University, Austin, TX.

Rest, J. R. (1979). *Development in judging moral issues.* Minneapolis: University of Minnesota Press.

Rest, J. R. (1986). *Moral development: Advances in research and theory.* New York: Praeger.

|찾|아|보|기|

인 명

내 용

도덕심리연구실 소개

어떤 사람들이?

도덕심리연구실(Moral Psychology Lab)은 문용린 교수의 지도 아래 서울대학교 사범대학 교육학과 대학원 안에 꾸려 놓은 학문공동체로, 연구영역에 따라 Moral-SIG(도덕성팀), MI-SIG(다중지능팀), EI-SIG(정서지능팀) 등 세 팀으로 나누어진다. 현재 문용린 교수를 중심으로 각자 개성 넘치고 저마다의 학문적 열정을 참지 못하는 40여 명이 넘는 연구자들이 인연을 맺고 서울대 안에서뿐만 아니라 미국과 영국, 호주 등 해외 대학, 각급 학교의 교육현장, 연구소, 기업 등에서 다양한 주제에 대한 탐구를 끊임없이 진행하고 있다. 보금자리는 서울대학교 11동 433호 문용린 교수 연구실이며, 가상공간(moral.snu.ac.kr)을 마련하여 관심을 가진 사람은 누구든지 자유롭게 방문할 수 있도록 하였다.

무엇을?

Moral-SIG는 도덕성 측정도구(K-DIT)를 개발하고, 우리나라 현실에 적합한 도덕성 교육프로그램을 탐색하고 있는 연구팀이다. 도덕성 발달에 있어 인지발달론적 접근, 인성 교육(Character Education), 도덕성 발달의 성차, 도덕판단력과 행동 및 정서 간의 관계 등에 관심을 갖고 연구를 진행하고 있고, 최근에는 전문직 윤리(Professional Ethics)의 관점에서 의료윤리와 교직윤리 분야의 연구를 수행한 바 있다. MI-SIG는 다중지능이론을 주로 공부하면서 연구 프로젝트를 진행한다. 다중지능이론의 특성에 맞는 측정 도구와 종합적성진로진단검사를 개발해냈고, 다중지능이론을 적용한 다양한 교육프로그램을 개발하여 학교와 기업에 적용하고 있다. EI-SIG는 1995년 우리나라에 처음으로 소개된 정서지능(EQ)에 대한 연구를 진행한다. 가정, 학교, 기업을 중심으로 정서지능 계발 프로그램을 제작했고 정서지능을 보다 한국적인 개념으로 분석하고 소화하여 그 모델과 구성 요소를 새롭게 재정립하는 연구를 진행하고 있다.

어떻게?

13년 전부터 매주 한 번씩 여는 세미나를 지금까지 600여 차례가 넘게 계속해 왔다. 구성원들은 함께 모여 최신의 국내외 연구서적을 읽고, 번역하고, 토론한다. 지금까지 번역서를 포함하여 수십 종의 단행본과 수백 건의 논문, 연구보고서를 세상에 내놓았다. 현재 도덕 이론과 정서지능 연구뿐만 아니라 성공지능(SI) 등 일반인과 기업에 적용할 수 있는 다양한 프로그램의 연구 개발에도 힘을 쏟고 있고, 특히 최근 초등학생에게도 적용할 수 있는 도덕성 측정도구(K-DIT)를 개발하여 도덕성 연구의 새로운 기틀을 마련하였다.

구성원은?

도덕심리연구실은 문용린 교수와 40여 명이 넘는 그의 대학원 제자들로 구성되어 있는 학문공동체이다. 이들은 현재 Moral-SIG(도덕성팀), MI-SIG(다중지능팀), EI-SIG(정서지능팀) 등으로 나뉘어, 국내는 물론 해외의 대학 및 연구소 등지에서 도덕성 발달 및 교육, 다중지능이론, 정서지능이론 등의 영역을 활발하게 연구하고 있다. 본 연구를 주도한 Moral-SIG(도덕성팀)의 구성원을 간략히 소개하면 다음과 같다.

문용린

서울대학교 교육학과와 미국 미네소타대학교에서 교육심리학을 공부하고 대통령직속 교육개혁위원회 상임위원과 교육부장관 등을 역임했으며, 현재 서울대학교 교육학과 교수로 재직 중이다. 도덕성 연구와 관련된 주요저서로 《Moral Development: Advances in Research and Theory》, 《도덕성의 발달과 심리(역), 도덕 심리학(역)》, 《콜버그의 도덕성 발달 이론(역)》 외 다수가 있다.

홍성훈

서울대학교 대학원 교육학과에서 박사학위를 받고 현재 여주대학에서 교육심리, 인간관계론 등을 가르치고 있다. 주요 논문으로는 《의료윤리 교육 프로그램의 개발 연구》, 《인지발달론의 관점에서 본 전문직 도덕성 연구의 현황과 과제》, 《도덕심리학 연구의 최근 동향과 향후 전망》 등이 있다.

이승미

서울대에서 대학원 교육학과에서 박사학위를 받고, 특히 발달 심리와 인성교육과 관련하여 연구를 해왔다. 주요 논문으로는 《인권교육 프로그램의 효과검증 연구》가 있으며, 서울대, 서강대, 이화여대 등에서 교육심리 및 도덕성 발달로 강의를 해왔다. 정신문화연구원의 초빙연구원과 국가인권위원회 인권교육담당을 역임하고, 현재는 유네스코 아시아태평양 국제이해교육원의 연구개발팀장으로 재직 중이다.

김민강

서울대학교 대학원 교육학과에서 박사과정을 수료하고 현재 서울대학교 치의학전문대학원 치의학교육실에서 프로페셔널리즘 교육과정 개발연구의 팀장으로 재직 중이다. 치과의사의 도덕추론에 관한 문화비교연구로 박사학위 논문을 준비 중이다.

김지영

서울대학교 대학원 교육학과에서 박사학위를 받고, 성균관대학교 의과대학 의학교육실의 연구교수로 재직 중이다. 논문으로 《대학교육과 도덕판단력의 관계 연구》 가 있다.

문미희

서울대학교 대학원 교육학과에서 박사학위를 받고, 서울대, 공주교대 등에서 교육심리 및 도덕성 발달로 강의를 담당하고 있다. 논문으로 《사범대 학생을 위한 인권교육 프로그램 개발 연구》가 있다.

이지혜

서울대학교 대학원 교육학과에서 석사학위를 받고, 성균관대학교 의과대학 의학교육실에 재직 중이다. 논문으로 《도덕민감성 척도 개발 및 특성에 관한 연구》가 있다.

저 자 소 개

드위트 볼드윈(DeWitt C. Baldwin, Jr.)
Yale Medical School을 졸업한 소아과 및 정신의학 전문의이다. 그는 American Medical Association 산하 의학교육 및 연구정보부장을 역임하였으며, 현재 University of Nevada 의과대학의 신경정신 및 행동과학교실 명예교수이다.

뮤리엘 비보(Muriel J. Bebeau)
University of Minnesota에서 교육심리학을 전공하였으며 현재 미네소타대학교 치과대학 예방과학교실의 부교수이자 Center for Bioethics의 겸임교수이다. 또한 그녀는 같은 대학 내 Center for the Study of Ethical Development의 소장을 역임하고 있다.

브렌다 브레드마이어(Brenda Jo Light Bredemeier)
Temple University에서 체육교육학을 전공하였으며 University of California at Berkeley에서 인간 및 생체역학교실의 교수를 역임하였다. 현재 University of Notre Dame에서 Center for Sport, Character & Culture의 소장을 역임하고 있다.

폰 이얀 창(Fon-Yean Chang)
University of Minnesota에서 교육심리학을 전공하였으며, 현재 Taiwan Pingtung Teachers College의 상담 및 교육심리학과 교수로 재직하고 있다.

로라 듀켓(Laura J. Duckett)
University of Maryland에서 간호학을 전공하였고, University of Minnesota에서 교육심리학을 공부하여 박사학위를 받았다. 현재 미네소타대학교 간호대학에서 부교수로 재직하고 있다.

데이비드 가바트(David R. L. Gabhart)
Bentley College 회계학과 교수로 재직하였다.

스티븐 맥닐(Steven P. McNeel)
University of California에서 심리학을 전공하였으며 현재 Bethel College에서 심리학과 교수로 재직하고 있다.

다샤 나바에즈(Darcia Narváez)
University of Minnesota에서 교육심리학을 전공하였으며, 교육심리학과 부교수로 재직하였다. 현재 University of Notre Dame에서 교육심리학과 부교수로 재직하고 있다.

마기 올리바레즈(Margie Olivarez)
Texas A&M University 의과대학에서 의료인문학교실의 연구원으로 재직하였다.

로렌스 파네만(Lawrence A. Ponemon)
Union College에서 회계윤리학을 전공하였다. Binghamton University에서 Center for the Study of Ethics and Behavior in Accounting의 소장을 역임한 후, Ponemon Institute를 설립하였다.

제임스 레스트(James R. Rest)
University of Minnesota 교육학과 교수로 재직하였다. 그는 1982년 미네소타대학교 내에 Center for the Study of Ethical Development를 설립하고 초대 소장을 역임하였으며, 도덕판단력 검사(DIT: Defining Issue Test)를 개발하였다. 1999년 타계하기 까지 그는 도덕성 발달에 관한 100여 편이 넘는 논문을 발표하여 도덕 심리학 연구에 큰 기여를 하였다.

뮤리엘 라이든(Muriel B. Ryden)
University of Minnesota 간호대학 교수로 재직 중이다. 그녀는 또한 Research Center for Long-Term Care of Elders의 소장을 역임하였다.

도니 셀프(Donnie J. Self)
현재 Texas A&M University 의과대학에서 의료인문학교실 교수로 재직하고 있다.

데이비드 쉴즈(David Lyle Light Shields)
University of California at Berkeley의 Peace and Conflict Studies에서 강의를 하였다. 현재 University of Notre Dame에서 Center for Sport, Character & Culture에 재직하고 있다.

노먼 스프린달(Norman A. Sprinthall)
University of Minnesota의 교육심리학과 교수로 재직하였다. 그는 North Carolina State University로 옮겨 상담교육학과 교수로 재직하였으며, 현재 같은 대학교 명예교수이다.

스티븐 토마(Stephen Thoma)
University of Minnesota에서 교육심리학을 전공하였고, 현재 University of Alabama의 인간발달 및 가족학과 부교수로 재직하고 있다.

탐 웨스트브룩(Tom Westbrook)
현재 텍사스 샌안토니오에 위치한 University Heights Baptist Church의 담임목사이다.

역 자 소 개

문용린

서울대학교 교육학과와 미국 미네소타대학교에서 교육심리학을 공부하고 대통령직속 교육개혁위원회 상임위원과 교육부장관 등을 역임했으며, 현재 서울대학교 교육학과 교수로 재직 중이다.

홍성훈

서울대학교 대학원 교육학과에서 교육학 박사학위를 받고 현재 여주대학에서 교육학을 가르치고 있다. 아동 및 청소년의 도덕성 발달, 도덕성의 측정과 계발, 전문직 윤리(의료 및 교직윤리 등) 분야에 관심이 있다.

이승미

서울대학교 대학원 교육학과에서 교육학 박사학위를 받고 특히 발달심리와 인성교육과 관련하여 연구를 해왔다. 정신문화연구원의 초빙연구원과 국가인권위원회 인권교육담당을 역임하고, 현재는 유네스코 아시아태평양 국제이해교육원의 연구개발팀장으로 재직 중이다.

김민강

서울대학교 대학원 교육학과에서 박사과정을 수료하고 현재 서울대학교 치의학전문대학원 치의학교육실에서 프로페셔널리즘 교육과정 개발연구의 팀장으로 재직 중이다.

윤리경영시대의

전문직업인의 윤리발달과 교육

2006년 6월 5일 1판 1쇄 인쇄
2006년 6월 13일 1판 1쇄 발행

지은이 · James R. Rest, Darcia Narváez
옮긴이 · 문용린, 홍성훈, 이승미, 김민강
펴낸이 · 김진환
펴낸곳 · 학지사
121-837 서울특별시 마포구 서교동 352-29 마인드월드빌딩 5층
대표전화 · 02)326-1500 / 팩스 02)324-2345
홈페이지 · http://www.hakjisa.co.kr
등　록 · 1992년 2월 19일 제2-1329호

ISBN 89-5891-310-X 93370

정가 15,000원

“여러분의 일상생활에 대한 질문”

이 질문지는 여러분의 일상생활에 대한 생각을 알아보려는 것입니다. 여기에는 맞는 답이나 틀린 답이 없습니다.

이 질문지의 결과는 컴퓨터로 처리되어 집단 점수로만 활용될 것이므로, 여러분의 이름이나 질문에 대한 생각은 결코 다른 사람에게 알려지지 않을 것입니다.

이 질문지는 3개의 짧은 이야기와 그 이야기에 대한 여러분의 생각을 알아보려는 12개의 질문들이 있습니다.

다음 〈보기〉를 잘 읽고, 이와 같은 방법으로 여러분의 생각을 표시해 주시기 바랍니다.

※ 본 검사지의 사용 및 채점에 관한 문의사항은 서울대학교 교육학과 도덕심리연구실에 연락하시면 자세한 안내를 받으실 수 있습니다.

〈연습보기〉 자전거 사기

철수의 아버지는 차로 30분 가량 걸리는 회사에서 일하고 있다. 그러나 교통이 막히면 한 시간도 넘게 걸린다. 그래서 철수 아버지는 오래전부터 자전거를 하나 사서 회사도 다니고, 시장을 보거나 운동을 하는 데에도 사용해야겠다고 마음먹고 있었다. 그러나 막상 사려고 하니 생각해 보아야 할 일이 많이 있음을 알게 되었다.

1. 만약 당신이 철수 아버지의 입장에 놓인다면 어떻게 하겠습니까?

① 자전거를 산다. (∨)　　② 잘 모르겠다. ( )　　③ 사지 않는다. ( )

2. 자전거를 사는가 안 사는가 하는 결정에 다음의 질문들은 어느 정도로 중요한가? (해당란에 ∨표 하세요.)

매우 중요하다 ①	대체로 중요하다 ②	약간 중요하다 ③	별로 중요하지 않다 ④	전혀 중요하지 않다 ⑤	질　문
			∨		1. 동네에 있는 가게에서 살 것인가, 시내의 백화점에서 살 것인가? (이 질문은 '별로 중요하지 않게' 생각되어 ④에 ∨표 되었다.)
	∨				2. 오래 두고 볼 때, 새 것과 쓰던 것을 사는 것 중 어느 것이 더 이득인가? (이 질문은 '대체로 중요하게' 생각되어 ②에 ∨표 되었다.)
∨					3. 가격은 비싸지만 품질이 좋은 것을 살 것인가, 품질은 좀 떨어지더라도 값이 싼 것을 살 것인가? (이 질문은 '매우 중요하게' 생각되어 ①에 ∨표 되었다.)
				∨	4. 엔진의 크기가 어느 정도 되어야 하는가? (이 질문은 자전거를 사는 것과는 전혀 상관이 없으므로 '전혀 중요하지 않게' 생각되어 ⑤에 ∨표 되었다.)
		∨			5. 짐 틀의 크기가 어느 정도로 커야 하는가? (이 질문은 '약간 중요하게' 생각되어 ③에 ∨표 되었다.)

3. 위의 질문 중에서 중요하다고 생각되는 4개의 질문을 고른 후, 중요한 순서대로 그 질문의 번호를 쓰시오.

가장 중요한 질문의 번호　(3)
둘째로 중요한 질문의 번호 (2)
셋째로 중요한 질문의 번호 (5)
넷째로 중요한 질문의 번호 (1)

지시에 따라 다음 페이지로 넘어가시오. >>>

남편의 고민

한 부인이 이상한 종류의 암으로 거의 죽어가고 있었다. 그래서 남편은 아내를 데리고 병원에 갔다. 의사는 암이라고 말하면서, 집에서 가까운 약국에 그 암을 치료할 수 있는 약이 있다고 했다.

그런데 약국 주인은 그 약을 만드는 데 돈과 시간을 많이 쓰고, 고생을 했기 때문에 그 약값을 아주 비싸게 받으려고 했다. 그래서 남편은 약값을 준비하기 위해 열심히 일을 했지만, 약값의 반밖에 벌지 못했다.

그래서 남편은 그 약국에 가서 주인에게 "아내가 죽어가고 있어요. 그 약을 반값에 주세요. 나머지 반값은 다음에 드리겠습니다."라고 애원했지만, 주인은 "미안하지만 안 되겠습니다."라고 거절했다.

그래서 남편은 아내를 살리기 위해 많은 걱정을 하다가, 약을 몰래 훔치는 수밖에 다른 방법이 없다고 생각하기 시작했다.

1. 만약 당신이 이 남편이라면, 당신은 어떻게 하겠습니까?

① 훔친다. (　) ② 잘 모르겠다. (　) ③ 훔치지 않는다. (　)

2. 남편의 훔칠까 말까 하는 결정에 다음의 질문들은 어느 정도로 중요한가요?
(순서대로 자신의 생각을 ∨표 하세요.)

매우 중요하다 ①	대체로 중요하다 ②	약간 중요하다 ③	별로 중요하지 않다 ④	전혀 중요하지 않다 ⑤	질 문
					1. 이유가 무엇이든 법이 정한 일은 지켜야 하지 않을까?
					2. 정말로 아내를 사랑한다면, 약을 훔쳐서 아내를 살려야 하지 않을까?
					3. 그 약을 먹어도 아내가 살지 죽을지 모르는데 감옥에 갈 일을 할 필요가 있을까?
					4. 부모님이 도둑질은 나쁜 짓이라고 하셨으니, 약을 훔치지 말아야 하지 않을까?
					5. 아내를 위해서 약을 훔칠까? 아니면 남편인 자신을 위해서 약을 훔칠까?
					6. 그 약을 만든 약국 주인의 노력과 고생도 중요하지 않을까?
					7. 약을 훔치다 잡히면 감옥에서 오랫동안 벌을 받아야 하지 않을까?
					8. 아내와 남편은 각자 무엇이 더 중요하다고 생각할까?
					9. 남편이 약을 훔친 것을 초등학교 때 선생님이 알게 되면 화를 많이 내시지 않을까?
					10. 이럴 때, 법을 지키는 것은 사람의 목숨을 살리는 데 오히려 방해가 되는 것이 아닐까?
					11. 약국 주인은 너무 욕심이 많고 마음씨가 나쁘니까, 도둑을 좀 맞아도 되지 않을까?
					12. 약을 훔쳐서라도 아내의 목숨을 살리려고 하는 것이 그냥 가만히 있는 것보다 더 나은 일이 아닐까?

3. 위의 질문 중에서 중요하다고 생각되는 4개의 질문을 고른 후, 중요한 순서대로 그 질문의 번호를 쓰시오.

가장 중요한 질문의 번호 ( )
둘째로 중요한 질문의 번호 ( )
셋째로 중요한 질문의 번호 ( )
넷째로 중요한 질문의 번호 ( )

탈옥수

어떤 사람이 10년을 감옥살이를 해야 하는데 1년을 살다가 감옥에서 도망을 쳤다. 그리고 다른 지방으로 가서 이름을 바꾸고 8년간 열심히 일해서 큰 부자가 되었다.

부자가 된 그는 양심적으로 회사를 운영하고, 월급도 잘 주고, 가난한 사람을 많이 도와주어 훌륭한 부자로 유명해졌다.

그러던 어느 날 옆집 부인이 이 부자가 감옥에서 도망친 범인이라는 것을 우연하게 발견하게 되었다. 그리고 경찰에서는 아직도 그를 잡으려고 열심히 찾고 있다는 사실을 알게 되었다.

부인이 이 부자를 경찰에 신고하면, 경찰은 범인을 잡아서 다시 감옥에 보내게 될 것이다. 그 대신 그 부자의 회사는 망할 것이고. 더 이상 좋은 일을 못하게 될 것이다.

부인은 이 사람을 경찰에 신고해야 할지 말아야 할지 망설이고 있다.

1. 만약 당신이 이 부인이라면, 당신은 어떻게 하겠습니까?

① 고발해야 한다. (　) ② 잘 모르겠다. (　) ③ 고발하면 안 된다. (　)

2. 부인의 신고를 할까 말까 하는 결정에 다음의 질문들은 어느 정도로 중요한가? (순서대로 자신의 생각을 ∨표 하세요.)

매우 중요하다 ①	대체로 중요하다 ②	약간 중요하다 ③	별로 중요하지 않다 ④	전혀 중요하지 않다 ⑤	질 문
					1. 감옥에서 도망친 후 그가 한 8년간의 착한 일은, 그 사람이 나쁜 사람이 아니라는 것을 보여주는 데 충분하지 않을까?
					2. 감옥에서 도망쳐도 잡히지 않으면, 감옥에서 도망치려고 하는 범인이 점점 많아지지 않을까?
					3. 벌을 다 받지 않고 감옥에서 도망치는 일은 나쁜 일이 아닐까?
					4. 그 범인은 착한 일을 많이 했으니까 옛날에 법을 어긴 일은 용서받을 수 있을까?
					5. 그 부자를 다시 감옥으로 보내는 일은 그 사람이 한 착한 일을 무시하는 것이고, 앞으로 계속해서 착한 일을 하지 못하게 만드는 것은 아닐까?
					6. 감옥에서 도망치다가 걸리면 더 큰 벌을 받으니까 도망치지 말아야 하지 않을까?
					7. 그 사람을 다시 감옥으로 보내는 것은 얼마나 인정이 없고 나쁜 짓인가?
					8. 그 범인을 신고하지 않으면, 도망치지 않고 감옥에서 착하게 벌을 받고 있는 다른 범인들에게는 억울한 일이 아닐까?
					9. 이 일을 알기 전에, 그 부인은 이 범인과 어느 정도 친하게 지냈는가?
					10. 이유야 무엇이든 간에 도망친 범인을 신고하는 것은 우리가 당연히 할 일이 아닌가?
					11. 한 사람의 생각과 다른 많은 사람의 생각이 다를 때, 사회는 이 문제를 어떻게 해결할까?
					12. 그를 다시 감옥으로 보내는 것은 그 범인을 위해서인가, 다른 사람들을 위해서인가?

3. 위의 질문 중에서 중요하다고 생각되는 4개의 질문을 고른 후, 중요한 순서대로 그 질문의 번호를 쓰시오.

가장 중요한 질문의 번호 ( )
둘째로 중요한 질문의 번호 ( )
셋째로 중요한 질문의 번호 ( )
넷째로 중요한 질문의 번호 ( )

환자의 애원

어느 젊은 여자가 암에 걸려 6개월 밖에 살 수 없게 되었다. 이 암은 그 여자를 너무 아프게 했다. 너무너무 아파서 그 여자는 정신을 잃기까지 한다.

강한 진통제를 주면 덜 아프게 해줄 수는 있지만, 이것은 너무 강한 것이어서 환자를 오히려 더 빨리 죽게 할 위험이 있었다.

가끔 고통이 멈추었을 때 이 환자는 조금 많은 진통제를 주어서 아픔 없이 죽게 해달라고 애원했다. 여자는 너무 아파서 참기도 힘들고 어차피 죽을 것이니까 편안하게 죽게 도와달라고 의사에게 울면서 부탁했다.

의사는 이 환자의 애원대로 고통 없이 죽을 수 있게 해주어야 할지 말아야 할지 고민하고 있다.

1. 만약 당신이 이 의사라면, 당신은 어떻게 하겠습니까?

① 들어 준다. ( ) ② 잘 모르겠다. ( ) ③ 들어 주면 안 된다. ( )

2. 환자의 애원을 들어 줄까 말까 하는 결정에 다음의 질문들은 어느 정도로 중요한가?(순서대로 자신의 생각을 ∨표 하세요.)

매우 중요하다 ①	대체로 중요하다 ②	약간 중요하다 ③	별로 중요하지 않다 ④	전혀 중요하지 않다 ⑤	질 문
					1. 환자의 가족들은 어떤 생각을 하고 있을까?
					2. 의사가 아닌 사람이 진통제를 주어서 사람이 죽게 되면 당연히 죄가 되는 것처럼, 의사가 그렇게 해도 똑같이 사람을 죽이는 일이 아닐까?
					3. 사람을 죽이는 사람을 하느님이 용서할 수 있을까?
					4. 의사가 실수한 것처럼 일을 꾸며서 환자의 부탁을 들어 줄 수도 있지 않을까?
					5. 나라의 법은 스스로 죽고 싶어 하는 사람을 억지로 못 죽게 할 수 있을까?
					6. 일부러 사람을 죽이는 일은 의사가 해서는 안 되는 일이라고 배우지 않았는가?
					7. 의사는 환자를 덜 아프게 해주는 일에 신경을 써야 하는가, 아니면 다른 사람이 자신을 어떻게 생각할지에 더 신경을 써야 하는가?
					8. 사람이 편안하게 죽게 도와주는 일이 어떨 때는 더 좋은 일이 아닐까?
					9. 오직 하느님만이 사람의 목숨을 생각하고 자신의 일을 해야 하는가?
					10. 의사는 무엇을 가장 중요하게 생각하고 자신의 일을 해야 하는가?
					11. 어떤 사람이 스스로 죽고 싶어 할 때, 법은 그 사람이 스스로 죽게 허락할 수 있을까?
					12. 사회는 자살을 허락하면서, 또 살고 싶은 사람들의 생명을 지켜주어야 하는 반대되는 두 가지 일을 잘 할 수 있을까?

3. 위의 질문 중에서 중요하다고 생각되는 4개의 질문을 고른 후, 중요한 순서대로 그 질문의 번호를 쓰시오.

가장 중요한 질문의 번호 (   )
둘째로 중요한 질문의 번호 (   )
셋째로 중요한 질문의 번호 (   )
넷째로 중요한 질문의 번호 (   )